教育部古委會資助項目《西南大學新藏石刻匯釋》（編號［2015］1504）
西南大學基本科研業務費專項資金創新團隊項目資助（SWU1509395）
西南大學專項資金項目（SWU1709214）

出土文獻綜合研究
專刊之十四

西南大學新藏石刻拓本滙釋

釋文卷

毛遠明　李海峰　編著

中華書局

圖書在版編目(CIP)數據

西南大學新藏石刻拓本匯釋/毛遠明,李海峰編著. —北京:中華書局,2019.11
(出土文獻綜合研究專刊)
ISBN 978-7-101-14124-5

Ⅰ.西… Ⅱ.①毛…②李… Ⅲ.石刻-拓本-匯編-中國
Ⅳ.K877.4

中國版本圖書館 CIP 數據核字(2019)第 203922 號

責任編輯:徐真真
美術編輯:劉　麗
封面題字:秦效侃

出土文獻綜合研究專刊
西南大學新藏石刻拓本匯釋
(全二册)
毛遠明　李海峰 編著
*
中 華 書 局 出 版 發 行
(北京市豐臺區太平橋西里 38 號　100073)
http://www.zhbc.com.cn
E-mail:zhbc@zhbc.com.cn
北京市白帆印務有限公司印刷
*
787×1092 毫米 1/8 · 103½印張 · 600 千字
2019 年 11 月第 1 版　2019 年 11 月北京第 1 次印刷
印數:1-600 册　定價:1600.00 元

ISBN 978-7-101-14124-5

目録

序言

一

鐫刻有文字、圖案或者宗教造像等，作爲承載信息、傳遞情感、表達思想的石質載體謂之「碑刻」，或稱「石刻」。其主要應包括三個要素：一是石質材料，二是以刻寫、雕鐫爲手段，三是文字符號、圖案、造像等文化信息。凡是符合這三個要素的都應該稱作「碑刻」。

碑刻文獻産生的歷史十分悠久，而且源遠流長。我國最早的碑刻文獻可以追溯到殷商時期，現存的石刻文字的實物有兩種：其一，一九三五年在河南安陽殷墟侯家莊 1003 號殷人墓的墓道中出土石刻一種，鐫刻文字兩行；其二，石編磬樂器三件，分别鐫刻「永」「永余」「夭余」等字，被著録在于省吾《雙劍誃古器物圖録》中，實物現藏北京故宫博物院。這表明石刻文字的産生與甲金文字同步。現存規模較大的碑刻文獻當數戰國時期的《石鼓文》《監囿守丘刻石》等。至秦代，著名刻石則有《嶧山刻石》《泰山刻石》《琅琊臺刻石》等。總體來看，整個先秦時期的碑刻數量偏少，但水平較高。

西漢時期，碑刻數量亦不是很多，銘文一般都較短。著名的如五鳳二年《魯孝王刻石》、居攝二年《上谷府卿墳壇》《祝其卿墳壇》、始建國天鳳三年《萊子侯刻石》等。到了東漢，碑刻大發展，碑文各體如碑碣、石闕、摩崖、墓記、畫像題字、石經等基本齊備，碑刻形制體式亦趨於定型，鐫刻的碑石遍及天下，出現了長篇銘文。著名的如《嵩山三闕銘》《曹全碑》《史晨碑》《尹宙碑》《華嶽廟碑》《景君碑》等。

魏晉南北朝三百六十餘年，碑刻文獻一方面承繼東漢石刻繁榮的餘風，前代所有的石刻樣式繼續發展，同時因爲佛教文化的傳播、推廣，又産生出造像記這一新的碑刻文獻樣式，如洛陽龍門石窟造像。還因爲禁碑政策的影響，又促使了幽埋誌墓銘刻的發展，墓誌從形制和内容上逐漸被固定下來。造像題記、墓誌銘成爲該時期數量最多、最有特色的兩種碑刻文獻。

隋代雖然國祚短，但目前出土的碑刻材料已多達一千餘通。唐代是碑刻發展的鼎盛時期，不僅雕刻精美，而且數量龐大，産生了大量的豐碑巨製。著名的有《同州聖教序碑》《顔氏家廟碑》《九成宮醴泉銘碑》《昭仁寺碑》《石臺孝經碑》等，據我們初步統計有近五千種。至於墓誌，已出土且有原石或拓片現存者已近兩萬種。

宋代以後，碑刻開始走下坡路，不再有唐碑那樣雄渾的氣勢，凝重的風格，豐滿的内容，以及靈活的形式。雖然也産生過一批豐碑巨製，包括御製碑等，但是從内容和形式等方面綜合考察，已經難以感受到唐碑巍峨宏博的氣勢和蓬勃向上的活力。不過，宋代以後的碑刻文獻也有新的特色：一是少數民族古文字碑大量産生，成爲研究民族歷史文化和民族語言文字不可多得的材料。二是法書碑，將帖書刻之于石，再打拓下來，以便廣泛流傳。三是製作了一定數量的圖碑，留下一批科技史資料。四是産生了一定數量的白話碑，使用的語言同當時的口語實際基本一致。五是從明代開始，以反映社會經濟、生産狀況、工商業方式、各階層生活面貌的碑刻大量産生，如農業、水利、賦税、漕運、貿易、工商會館、社會治安、民間規約等，爲研究社會形態、生産水平、社會制度、風俗習慣等提供了最直接、最可靠的實物證據。

自新中國成立以來，隨着我國考古事業的突飛猛進，大量石刻特别是墓誌不斷出土，碑刻作爲出土文獻的一個大宗，日益受到人們的重視。

二

有豐富的文獻，便有豐碩的研究。碑刻的研究在古代屬於金石學，在中國學術史上占據重要地位，前人很早便開始關注。西漢司馬遷撰《史記》曾全面著録秦刻石，可稱金石學的草創。北魏酈道元《水經注》著録碑刻數百種，其中十多種漢代興修水利的讚頌銘記，可惜至今無一存者。南朝梁元帝曾作《碑英》，惜後世不傳，内容、體例不可知。唐代在陝西鳳翔發現石鼓，引起轟動，不過其文獻價值没有得到足够的重視，而祇是被視爲神聖的古物和古代的寶器而受到文人的頌揚。

從學科史的角度考察，真正意義的金石學研究應開始於宋代。此時期伴隨着崇古之風興起的碑刻文獻的整理研究，主要體現在編寫目録，撰寫跋尾，側重於碑款提要，對石刻的出土、流傳情況作簡要介紹及相關歷史考證；當然亦著録部分碑刻釋文，並開始關注碑別字。歐陽修《集古録》首開其端，之後有趙明誠《金石録》，金石都不分家。真正意識到碑刻文獻獨特價值者，則是洪适，他的《隸釋》《隸續》是其代表，他嚴式迻録碑銘，跋語考證文史，將石刻文獻的整理與研究提高到一個新的臺階。

元明時期受學術衰退的影響，石刻研究相當冷落，但仍偶爾有零星成果問世，算是不絶如縷。到清代，金石學發展到鼎盛，研究隊伍龐大，研究成果豐碩。學者將考據學和金石學相結合，從而使碑刻文獻的地位得到前所未有的提升。此時期的研究主要體現在大規模訪碑、編目和録文；大規模跋尾式的研究，成果異常豐富，内容涉及歷史考證、書法賞析、文化史考論等多個方面，對碑别字、疑難字詞的考釋亦多所關注；還涉及碑刻拓本的校勘、辨僞，碑刻形制介紹，碑刻條例的總結等方面。其代表人物及其著作如錢大昕《潛研堂金石文跋尾》、王昶《金石萃編》、陸增祥《八瓊室金石補正》等都算得上劃時代。祇是封建時代的碑刻文獻研究一直都處於傳統金石學的水平。

晚清民國時期，隨着甲骨文、敦煌寫卷的發現，簡牘帛書的發掘，大量墓誌的出土，突顯了出土文獻的重要地位，也孕育並催化了另一門新興學科考古學的誕生與發展，進而帶動了中國學術研究出現革命性的質的飛躍。在新的學術思潮的衝擊下，碑刻文獻方面無論是研究的領域，研究的重點、熱點，還是研究的理論、方法的探討，都有了新的突破。該時期較早以石刻專題來研究歷史的當首推羅振玉，而趙萬里等踵其後，在研究思路、路徑等方面有所開拓。

新中國成立以來，隨着我國考古事業的蓬勃發展，不斷有新的石刻出土，考古類期刊如《考古》《文物》《考古學報》《考古與文物》《江漢考古》《中原文物》、《文博》等不斷有新出土石刻的發掘簡報及其相關研究文章刊佈。近二十年來，碑刻文獻的研究開始從零散的、局部的研究，逐漸轉向綜合性的研究；對圖録的集中公佈，對歷代碑刻的概況、分類、形制演變、語言文字、紋飾及其背後的歷史文化都有所注意，使得石刻研究走向深入。

三

碑刻作爲出土文獻，具有不同於傳世文獻的獨特功能，與其他出土文獻如甲金文、簡帛、敦煌寫卷等在内容、形式、性質等方面都有所不同，其文獻研究的價值是巨大的，也是其他文獻不能代替的。大致説來，碑刻文獻在文獻方面的特殊價值主要表現在以下幾方面：

首先是碑刻文獻材料異常豐富。我國碑刻文獻歷史悠久，源遠流長，流傳下來的石刻銘文極爲豐富，可以提供充足的、可供系統研究的文獻。祇是材料比較散碎，情況不明，家底不清，使得這份很有價值的材料至今還没有得到更有效利用和更科學發掘。中國上下幾千年，製作的各種碑刻，其數量到底有多少？至今還没有進行過全面的統計，有待學人去全面搜集清理。自民國尤其是建國以來，地不愛寶，又有大量石刻，特别是幽埋墓誌出土。保守估計，清代以前的碑刻，應在十萬件以上，而且今後還會有大量石刻陸續出土。如此豐富的材料，是我們從事各學科多領域研究的寶庫。

其次，碑刻文獻反映的内容十分廣泛。我國各種文章樣式在碑刻中基本齊備，而以墓碑、讚頌碑、祠廟碑、墓誌銘、造像記、摩崖題刻爲主，内容涉及社會生活的各個方面，包括了政治、經濟、軍事、歷代職官、古代地理、民族融合、人口遷移、姓氏名號、世系譜牒、典章制度、風俗習慣、思想意識、道德觀念、天文曆法等廣泛的領域。尤其是很多材料是其他文獻没有記載的，如幽埋冢墓石刻、造像題記等，就更加珍貴。内容的豐富、廣泛，爲利用石刻從事多學科、多領域的研究提供了十分廣闊的空間。研究者可以根據需要，從不同的分支學科、不同角度切入，進行斷代、分域、分項、分專題研究，其研究的前景十分廣闊。

其三，碑刻文獻真實性强。語料是否真實，直接影響到研究結論是否可靠。傳世典籍一般都曾經過後人的整理，加上書籍輾轉傳抄翻刻，不大可能保持原貌，尤其是文字的改變就更大。碑刻屬於出土文獻範圍，文字一經上石，本身就不易改動，碑誌在出土之前，深埋地下，無人篡改，一如地下檔案。一經出土，便成了最原始的文獻資料，屬於「一次性文獻」。因此，其真實性特别强。雖然也有翻刻和僞刻，但好的翻刻一般不怎麼失真，對於文獻利用影響不是很大，僞刻可以鑒别，予以剔除；拓本也有先後，一些著名碑拓，往往不止一個本子，有的拓本雖可能會經過後世的挖洗補綴，但語言文字上的改動不會很大，而且可以通過衆本進行校勘。材料的可靠性爲研究結論的可信性提供了重要保障。

歷代碑刻有一部分在傳世文獻中有記載，我們將碑刻原物或者拓本與之相比勘，處處可見兩種文獻的相異之處，傳世文獻的弱點便明顯地暴露了出來。清顧炎武《日知録》取唐石經與傳本《儀禮》對勘，補正了傳本的多處訛脱。阮元作《十三經校勘記》使用了大量石經材料。利用大量碑刻材料，不僅可以重編全兩漢文、全魏晉六朝文、全唐文、全宋文等，可以對歷代總集、别集進行輯佚，而且還可以對已經編纂成書的典籍進行詳細校勘，爲今後的研究提供更加完整、真實、準確的文獻材料，以保證研究結論的可靠性。

其四，産生時間、地點基本可考。碑刻産生年代、刻立地點一般是自足的，銘文一般都要列出鐫刻的時間，少數碑刻自身没有時間，但是可以通過與之同時出土的相關材料、鐫刻工藝、書法風格以及出土環境等，做出比較準確的判斷。還可以在文獻本身的字裏行間、用詞特徵等方面找到蛛絲馬迹，進而做出判斷。完全不能斷代的材料極少。刻立地點也多可在碑銘中尋覓到。碑刻實物産生的準確時間、地點，爲鑒定器物減少了許多麻煩，更重要的是能够保證對文獻材料的準確利用及斷代、分域研究。

四

前人利用碑刻文獻的研究，目光主要集中在字形學、書法學、歷史學等方面，其研究成果的形式有一部分是專著，而大部分是筆記雜録，或隨興感發式的跋尾，點染一二。真正有分量的、産生巨大影響的研究專著，實際上並不太多。其研究的廣度、深度乃至成果的社會影響，都不能與其他出土文獻相比。碑刻文獻的豐富性，研究價值的重要性，同目前碑刻研究的成果現狀相比，實在是很不相稱，存在很多問題和不足，不能令人滿意。我們認爲主要有以下幾個方面：

其一，材料散碎、原始，全面搜集、整理不够。過去的研究没有明確目標，没有具體規劃，缺乏理論指導。表現在對碑刻文獻原始資料的清理不够，雖然學界從不同角度、不同層面、不同領域、不同方式，對碑刻文獻作了部分搜集、分類、綜合整理工作，但並没有全面展開。學界面臨的現狀是碑刻文獻的家底不清、情況不明。目前亟待投入精力對碑刻文獻進行斷代、分類的全面搜集，把資料彙集起來。在此基礎上，進行認真細緻、負責任地整理，比如辨僞、録文、標點、注釋等。然後將整理的成果公佈於世，以供各領域研究之需。出版物應該是釋文與圖版配套，以便研究時復核。只有這項基礎工作做好了，碑刻文獻的研究才會得到基本保證。

其二，研究缺乏系統性、科學性。前代學者對碑刻文獻的研究，成果稱得上豐富，不少研究在某些點上還相當深入，但是也應該看到，過去的研究大多仍然比較零散，没有宏觀規劃，也没有分專題進行全面、系統、深入的研究。研究的理論、手段、方法都缺乏系統性與科學性。如何對過去的研究進行全面清理，實事求是地評價，總結經驗教訓，從中汲取營養，受到啓發，然後提出新的研究思路，制定新的研究計畫，以便使這份寶貴的文獻得到最有效的利用，最科學的發掘，無論是在研究的内容上，還是研究的思路及研究手段、方法上，都還值得深入探討。

其三，碑刻文獻學理論和碑刻文獻學史的研究欠缺。碑刻文獻學作爲文獻學的一個分支，自然有文獻學的共性，有共同遵守的規律，亦有可供借鑒的共同理論和方法。但是，由於文獻載體不同，其文獻表現形式和内容又有其獨特個性，應該在理論和方法上進行全新而科學的探索。諸如碑刻文獻的類别、文獻制度、文獻的保存方式、文獻的搜集整理、文獻的斷代、文獻的辨僞、文獻的著録、文獻的研究等，都應在全面調查的基礎上，進行深入細緻、切合實際、具體有效的分析研究，做出必要的理論歸納和規律揭示。事實上，對碑刻文獻研究的理論、方法，取得的成果，積累的歷史經驗，存在的問題和教訓等，至今還没有進行系統清理。在歷史上，研究碑刻文獻有影響的人物和他們的論著，金石學家研究的彼此異同，相互影響，傳承關係，各自的研究特色和風格，以及在碑刻文獻研究中的歷史地位，對中國學術界的影響等，雖然已有一些零星的介紹，但也還没有進行全面清理，更没有進行科學描述和客觀中肯的評價。

五

碑刻文獻的全面搜訪和科學整理，是碑刻文獻研究最基礎的、也是最重要的工作。國家各級部門收藏的石刻有的已經整理公佈，有的在今後亦會陸續出版。至於流散在民間的石刻，則應引起高度重視。大量石刻文獻新材料可以提供研究的新信息，而新信息則可以拓展研究的新領域，獲得研究的新成果。特别是因爲各種原因陸續新出土的墓誌，是一份真實可靠的重要材料。祇是這些材料大多散在各地，特别是流散在民間，需要搜訪，纔有機會發現；文獻原始，需要整理，纔便於科學利用。基於這樣的認識，我們於二〇一〇年開始到全國各地搜集材料，幾年下來，收獲是令人滿意的。本書搜訪到的這批材料，大多流散民間，藏於私人。經過認真鑒别，剔除了部分僞刻，個别疑似而不能確定者，棄之可惜，故予以收録，而在提要中説明，請讀者自行擇取。這樣下來，居然接近三百通，這是之前没有料到的。看到這批材料，感覺很欣慰，搜訪時的各種艱辛，也隨之霧散。高興之餘，便決定公佈於世。經過識讀和整理，形成今天這個樣子，奉獻給學界，庶望能爲中華文化事業的不斷繁榮昌盛增添一份力量。

墓誌與史傳最爲接近，一通墓誌，往往就是一篇人物傳記，是研究歷史的重要材料；而大多要詳記姓氏源流、宗族世系，故於姓氏名號、家族譜牒的研究也很重要；墓誌中涉及大量地理，特别是涉及大量鄉亭里社、山脈溝河、津關隘堡，又是研究古地理不可多得的材料；墓誌幾乎都要涉及古代職官、禮法、典制，則更是研究文化史的第一手材料。誌主及其誌文所涉相關人物，傳統史籍多不載，或者雖然記載，而又彼此有詳略，有出入。因此相合者，可以互相補充證明；不合者，則可供討論，辨其是非，評其得失，論其優劣。既以史驗石，更以石證史，補其缺漏，正其訛誤。有關情況，我們在提要或注釋中大多有所提示，可供參考。

墓誌銘刻又是文字的原始面貌，不像傳世文獻那樣磨滅了文字的原始形式，因此它是研究文字學、漢字發展史最直接、最可靠、最理想，幾乎是不可或缺的材料。誌銘用字爲我們展示了漢字發展的歷史軌迹，無論是外部形式，形貌體態的變化，造字思路和方法的改變，還是用字習慣的社會特徵，都在碑版銘刻上具體表現出來。文中出現的大量俗訛字、簡體字、類化字、古文隸定等，無不爲漢字字庫提供新的成員。

碑刻銘文的撰寫，有不少是文章高手，研究史傳文學，不能忘掉這份材料，過去的文學史家對這個領域很少關注，出現不應有的忽略。本書著録中有不少名篇，如陸長源《靈泉寺玄林禪師碑》、令狐德棻《王德表墓誌》、潘炎《高力士墓誌》、韋應物《宇文弁才墓誌》、杜確《安元光墓誌》等，排比鋪陳，用典使事，委婉含蓄，散文與韻文並重，典雅凝重中又不乏清新的氣息。

墓誌又是書手展示書法藝術才華的樣本，大多數墓誌，其書法藝術都比較高，有的還是特定時期的代表之作。本書所收碑誌篆書、隸書、楷書、行書，各體兼備，風格多樣。魏體的雋秀俊美，楷書而蘊含隸意，正書而雜篆隸；唐隸的規整，行書的飄逸流暢，都可以在墓誌中找到典型。有的碑誌書丹人在書法史上有過記載，但對他們的書法藝術風格，大多是文字描述，不見真迹，即使有真迹，亦數量有限，而碑誌書法正好真實呈現出他們的藝術神韻，這便爲各家書法藝術提供了實證。如顔真卿撰文並書丹的《臧懷亮墓誌》，書文俱佳；《臨壇大戒德律師碑》，韓擇木書丹，史惟則篆額，二人屬唐隸四大家，而韓擇木爲之首；張少悌書《高力士墓誌》，書法勁拔疏朗，清圓秀麗，章法嚴整而不死板，行氣疏朗而不鬆散；史鎬書《楊鉷墓誌》，史鎬爲唐代書法家，善隸書，墓誌提供了其隸書真迹；《李悦墓誌》，安景之書丹，唐玄度篆額，安景之《寶刻叢編》曾著録其行書碑一通，不見真迹，墓誌爲之提供了寶貴書迹。很多書手，在歷史上都没有記載，碑誌給他們留下名字，又爲我們研究書法史提供了難得的材料。如《靈泉寺玄林禪師碑》不載書丹人，其字勢挺拔峻峭，流利生動，堪稱行書的上乘之作。

本書的完成得到多方師友的支持和幫助。在訪碑過程中，西安碑林博物館的王其禕、張永民，著名收藏家宗鳴安，陝西省考古研究院的馬瑞等先生曾提供很多方便。王其禕先生爲拓本真僞辨别付出不少心血，九十高齡的書法前輩秦效侃先生欣然爲之題簽，部分拓片經曹建、胡長春、宗鳴安等先生題跋，增色很多。西南大學何山、徐海東、李海峰等老師在材料搜集、圖片製作等方面參與了大量工作；我的博士郭洪義、邱亮、張海艷，碩士楊林、鄒虎、杜瑩、朱遂、王遲遲、周祥、陳琳、楊薇薇、周玲、鄧艷萍、劉新暉、付小燕、譚平、段卜華、王富久、羅順、楊鰲麒、龍俊旭、湯亞琴、白艷章、徐梅、何艷芳等在碑銘釋文、書稿編排過程中給予了很多幫助。教育部古委會對本項目的完成提供了寶貴的經費資助；書籍的編輯出版得到中華書局的大力支持，編輯徐真真老師認真負責，付出了大量心血，在此一併表示衷心的謝意。

毛遠明

二〇一五年十一月二十五日於西南大學

凡　例

一　本書收録西南大學石刻研究中心近幾年來新藏石刻共二百七十七通，包括個别磚刻。這批石刻大都來自私人藏家，屬於流散文物，多數石刻是首次公佈。在搜訪過程中和選入本書時進行了嚴格認真的真僞鑒别，具有很高的史料價值。石刻出土地點一般不十分確定，而衹有大致地域。個别石刻他書曾有著録，但一般都没有釋文，或雖有釋文而有没注釋。爲了反映遞藏情況，故亦酌情收録。

二　石刻製作的時間大都是自足的，衹有個别石刻本身没有具體時間，如西漢磚瓦銘文，但根據出土情況和本身的文字、紋飾等特徵，可以確定大致朝代。因此，本書所著録全部石刻，一律按時間先後排列（臧懷亮先後刻有兩通墓誌，後一種與其妻合葬時所刻，爲便於比較，將其放在一起，未按時間排序）。造像記以造像製作時間爲序，墓碑、墓誌以葬期爲序，個别無葬期者，則以卒期爲序。個别雖無具體年月，但根據内容可考知者，放到相應的帝王年號或朝代之後。完全無具體年月者，則放在全書之末。

三　所收石刻一律製作成高清圖版，整面予以公佈，以保證整體面貌；個别大碑巨製，則既公佈整面，又適當剪割成局部，以便於識讀。

四　著録的所有石刻，均以楷書録文。由於有拓本對照，爲録入和排版方便，文中的異體字、古體字、隸古定字、俗字等大部分徑直改録爲通行繁體漢字，少部分比較特殊的字和需要考釋的字，則原形照録。原刻中的衍字、脱字、倒文等均保持原貌，未予改正，衹是在注釋中予以更正。唯訛字，因影響閲讀，則徑録爲正字，然後加注説明，有的還説明改正的理由，並輔以考證。

五　原文一律使用現代標點，並根據石刻内容適當分段，以便閲讀。原石每行末字下增加斜綫「/」，以區别行款。原石中的空格、空行未予保留，以省篇幅。

六　原石殘損泐蝕，實在無法確認的字，用「□」號標示；不能確知所泐字數者，加圓括號「（　）」，注明闕泐字數；隱約疑似之字，根據殘畫，參以文例録文，並加注説明，以備參考。暫時不識的疑難字，照原文形體摹録，並加注特别提醒，以供方家研究考證。

七　石刻標題一律用簡稱，而不用首題。一般題爲「某某碑」「某某墓誌」「某某造像記」等，一般不冠仕履，以求簡明。已婚婦女則稱「某某妻某某碑」「某某妻某某墓誌」「某夫人某氏墓誌」「某某夫人某某造像記」等。同姓名者，則冠以最高職銜，或加籍貫，以便區别。

八　每通石刻，包括碑刻題名、碑款提要、楷書録文、注釋考辨等内容，圖版單獨成册，便於使用者比勘、復核。

九　每通石刻的碑款提要，簡要説明石刻出現的時間、地點；石刻的形制、尺寸，附刻圖案、碑額、誌蓋，有無界格，書體等；與該碑刻相關的歷史人物和事件，包括與之相關的碑銘、墓誌等，都予以説明，意在爲利用石刻作進一步研究提供盡可能多的信息。

一〇　注釋側重於疑難字詞、原刻訛誤脱衍現象，以及史傳無載或載而不同的歷史人物、事件和地理等資訊。注文力求簡潔實用，不枝不蔓。所引書證以能説明事實爲限。爲了方便閲讀，個别字詞、史實的注釋偶有重出，免於前後翻找，但一般不雷同，互有詳略，可以互參。

一一　部分石刻拓片，有書法家、金石收藏的題跋，在製作圖版時一律予以保留，作爲石刻的附加信息，以供參考。

〇〇一　西漢磚瓦集拓　西漢時期（公元前二〇二—公元八年）

集拓集西漢磚和瓦當，出土於陝西省西安市内，舊漢代長安内廷。其中石室朝神宫帶字瓦當，二十一世紀初出土於西安市郊區西漢宣帝杜陵；另有一瓦當，上有道德真君坐像，則是六朝舊物。西安藏家宗鳴安先生贈賜。拓片高 68 釐米，寬 112 釐米，有一磚主體爲朱雀，飾以人物、魚、樹木圖案；二瓦爲朱雀、玄武圖案，一瓦爲坐像，無文字。其餘均有文字，均篆書。

【一】萬歲／未央。／

【二】千萬歲富貴，宜子孫。／

【三】石室朝神／宫。／

【四】海内皆臣。／歲登成熟。／道毋飢人。／踐此萬歲。／

〇〇二　君子九思磚文　西漢時期（公元前二〇二—公元八年）

此磚出土於陝西省西安市漢后土祠舊址，所刻内容出自《論語·季氏》，這在漢代磚文中是僅見的。磚高 49 釐米，寬 24 釐米，銘文四行，行八字，篆書。結字方整，骨肉均匀，曲直合度，典雅而藴含野趣，端方而不乏奇崛，實爲漢磚之佳品。

君子有九思：視思明，/聽思聰〔一〕，色思温，貌思/恭，言思忠，事思敬，疑/思問，忿思難，得思義〔二〕。/

【注釋】

〔一〕聰：原刻作「窓」，當爲「聰」簡省俗字。

〔二〕得思義：《論語》各本「得」上有「見」字。是磚文爲追求行文整飭而去「見」字，還是《論語》本來就無「見」字，待考。

〇〇三　長生未央題字磚　西漢時期（公元前二〇二—公元八年）

此磚出土於陝西省西安市漢長安城北未央宫舊址。拓片高33釐米，寬32.5釐米，銘文二行，行二字，篆書。磚面分四框，對角二框，一爲銘文，一爲圖案，四周有邊框，造型對稱工整，文字渾樸。西安宗鳴安先生題跋並見贈。

長生。/未央。/

〇〇四　長樂未央磚　西漢時期（公元前二〇二—公元八年）

此磚出土於陝西省西安市漢宫遺址。磚高36釐米，寬37釐米，銘文二行，行四字，篆書。結字古樸厚重，疏密匀稱，璽印文字特徵明顯。磚兩側鐫刻菱形幾何紋飾，亦漢代風格。

長樂未央，/世世永安。/

〇〇五　家富昌磚

西漢時期（公元前二〇二—公元八年）

此磚出土於陝西省西安市漢宮遺址。磚高35釐米，寬25釐米，銘文三行，行四字，篆書。其書法因字賦形，方圓並用，奇崛而不詭怪，粗獷而有法度。前賢治印主張「印外求印」，用宏取精，引申觸類，所謂「道在瓦壁」。善治印者可取法焉。

家富昌，田/大得穀，後世/長樂未央。/

〇〇六　鄭孫買地券

西漢建元七年（前一三四）三月十二日

買地券二〇〇七年出土於陝西省咸陽市北郊漢代墓群中。地券爲陶質，青色，長方形，高30釐米，寬13釐米，厚4釐米。券文內容從右至左竪行刻寫，銘文六行，滿行十五字，字口內填朱砂，隸書。買地券，簡稱「地券」、「幽契」、「墓莂」等，是我國漢代以來古墓中常見的以地契形式隨葬的一種反映土地私有權及其觀念的明器，也是已故者通往冥間去處的憑證。地券濫觴於漢代，盛行於唐、宋，沿用至明、清，至今陝西、甘肅等地民間喪葬活動中仍有使用。早期買地券一般是鉛券，券上文字多半是刻畫鑿寫而成，也有一些用鉛、銅金屬澆鑄而成，還見有少量的朱墨書寫。券文內容多模仿真實土地買賣文書，有較高的史料價值。歷代地券有木質、鉛質、石質、鐵質、玉質、陶瓷、紙質等，券文內容多格式化，並帶有濃厚的神話色彩，多具有民俗學研究價值。此券製作時間有爭議。馬瑞、宗鳴安《新見鄭孫買地券考略》（《中國歷史文物》二〇〇一年六期）有相關研究。

建元七年三月十二日〔一〕，鄭孫酒醉物故。／今與孫買張侯地，東西二百步。顧官絹／卅匹，顧錢九千九百九十九。若有地／下前死之者，諍田不了，可詣請詔／書誰里。時人田凱彊，故野子證。／知者先王母，故記之。如律令。／

【注釋】

〔一〕建元七年：歷史上以「建元」紀年者很多，十六國劉聰於西晉建興三年（三一五）改元建興，歷二年；東晉康帝司馬岳於咸康九年（三四三）改元建元，歷二年；十六國前秦苻堅於甘露七年（三六五）改元建元，歷七年；南朝齊蕭道成立國改元建元，歷五年。其中前秦苻堅建元歷七年，與買地券吻合。但從此件實物自身携帶的歷史證據和出土信息，即地券形制、質地、包漿、鏽色、出土地點、其他隨葬品素陶罐等，以及銘文文字、書法、用詞來分析，又似爲西漢時物，而不類苻堅時物。姑記於此以俟考。

〇〇七　漢石經《周易》殘石

東漢熹平四年—光和六年（一七五—一八三）

東漢石經的刻立始於靈帝熹平四年，迄於光和六年，鐫刻儒家經典，立於京都洛陽太學，計有《周易》《尚書》《魯詩》《儀禮》《春秋》《公羊傳》《論語》，凡七經。石經歷漢末、魏晉戰亂，至北魏漸次廢毁，到唐貞觀初，魏徵收聚殘餘，已十不存一，以後竟至於全毁。北宋開始在洛陽陸續發掘出一些殘石，《周易》殘石便是其中之一。此石一九二二年於河南省洛陽市朱圪壋村出土，石現存陝西省西安碑林博物館。殘石兩面刻。正面高34.5釐米，寬67釐米，起「［上九有］孚，威如終吉」，止中孚之「大川」，殘存銘文二十七行，行最多存十二字，共涉及二十五卦。背面殘高36釐米，寬67釐米，殘存銘文二十行，行字數不等，多者十二字，少者僅五字，內容涉及《乾文言》《坤文言》《説卦》。據馬衡先生研究，漢石經《周易》爲京氏本。因文字過殘，僅照存字録文，不成文者，據《周易正義》本略微補充成句，補字加方括號，以示區別。

正面

[上九，有]孚，威如終吉。䷥睽，小事[吉。]/

上九，睽孤，見豕負塗，載[鬼一車。][一]/

[九]五，大蹇崩來[二]。上六，往蹇[來碩，吉。]/

[六五，君子維有]解，吉。有孚于小人。上六，[公用射隼于高墉之上，獲之无不利。]/

[六三，三人行，則損]一人；一人行，則得其友。/

六二[三]，或益之十朋之龜，[弗克違，永貞吉。]/

[上九，莫益之，或擊之。]立心勿恒，凶。䷪夬，揚于[王庭。]/

[九四，臀无膚，]其行次且，牽羊悔亡，聞[言不信。]/

[九三，臀无膚，其行次]且，厲无大咎。九四，包无[魚，起凶。]/

[往无]咎。六二，引吉，无咎。孚乃[利用禴。]/

[初六，允升大]吉[四]。九二，孚乃利瀹[五]，无咎。九三[六]，[升虛邑。]/

[九二，困于]酒食[七]，朱紱方來，利用亨祀，征[凶无咎。][八]/

[上六，困于葛藟，于臲卼。曰動悔有]悔征吉。䷯井，改邑不改井。无[喪无得。]/

[九]五，井洌寒泉，食。上六，井收，勿[幕，有孚元吉。]/

[九五，大人虎變，未]占有孚[九]。上六，君子豹辯，小人[革面。]/

[九四，鼎]折足，覆公餗，其刑剭[一〇]，凶。六五，鼎[黃耳金鉉，利貞。][一一]/

[勿逐，七]日得。六三，震蘇蘇，震行无省[一二]。九[四，震遂泥。][一三]/

[初六，艮其趾，]无咎，利永貞。六二，艮其腓不拯[其隨。][一四]/

〇〇七　漢石經《周易》殘石　東漢熹平四年—光和六年（一七五—一八三）

[六二，]鴻漸于般[一五]，飲食衎衎[一六]，吉。九三，鴻[漸于陸，夫征不復。]

[歸妹，征凶，]无攸利。初九，歸妹以娣，披能履[一七]，[征吉。]/

[上六，女承筐无實，士]刲羊无血[一八]，无攸利。䷶豐，亨，王假[之。]/

[遇其夷]主，吉。六五，來章有慶譽，[吉。]/

[九四，旅]于處[一九]，得其齊斧，我[心不快。]/

[九三]，頻巽吝[二〇]。六四[二一]，[悔亡，田獲三品。]/

[九四，商兑未寧，介]疾有憙[二二]。九五，[孚于剥有厲。]/

[九五，渙汗其大號，渙王居，]无咎。上九[渙其血，去逖出，无咎。]/

[中孚，豚魚，吉。利]涉大川，利[貞。][二三]/

背面

[將叛者其辭慙，]中心疑者其[辭枝。][二四]/

曰乾，元亨利貞。初九[二五]/

[九二曰。見龍在田，利見大人，何]謂也？子曰：龍德而正中者[也]。/

[子曰：君子進德脩]業[二六]。忠信所以進德也，脩辭立其[誠所以居業也。]/

[子]曰：上下无常，非爲耶也。進退无[恒，非離羣也。]/

[聖人作，而]萬物睹[二七]。本乎天者親上，本乎地者[親下[二八]，則各從其類也。]/

[終日乾]乾[二九]，行事也。或躍在淵，自試也。飛[龍在天，上治也。]/

[飛龍在]天[三〇]，乃位乎天德。亢龍有悔，與時[偕極。]/

[時乘]六龍，以御天也。雲行雨施[三一]，天[下平也。]/

［《易》曰：「見龍在田，利見大］人」，君德也。九三，重剛而不中，［上不在天，下不在田。］╱

［夫大人者，與天地合其德，］與日月合其明，與四時合其［序，與鬼神合其吉凶］。╱

知進退存亡，而不失其正者〔三二〕，［其唯聖人乎。］╱

［臣弑其君，子］試其父〔三三〕，非一朝一夕之故。其［所由來者漸矣。］〔三四〕╱

［直方不大，不習无不利，則不疑其］所行也。陰雖有美含之，以從［王事，弗敢成也。］〔三五〕╱

［君子黄中通理，正位居體，美在其中，］而暢於四支〔三六〕，發於事業，美之［至也。］╱

［窮理盡性，以至於］命〔三七〕。昔者聖人之作《易》也，［將以順性命之理。］╱

［天地］定位，山澤通氣，雷風相［薄，水火不相射。］╱

［帝出乎震，齊乎巽，相］見乎離，致役乎坤，説言［乎兑，戰乎乾，勞乎坎，成言乎艮。］

［聖人南面而聽天下，嚮明而］治，蓋取諸此也。╱

艮〔三八〕，東北之卦也。╱

【注釋】

〔一〕載：泐蝕，尚存殘畫，輪廓可見。

〔二〕寋：《周易正義》作「蹇」，下同。　崩：《周易正義》作「朋」，用本字。

〔三〕六二：《周易正義》作「六五」，各本均同，是也。

〔四〕吉：殘，僅存「口」。

〔五〕孚乃利瀹：《周易正義》作「孚乃利用禴」，他本亦同。「瀹」通「禴」，古代宗廟祭祀名，殷商春祭之名，周代改稱夏祭之名。亦泛指祭祀。

〔六〕三：殘，僅存二横畫。《周易》原文「九二」，接以「九三」，《周易正義》亦作「三」。

〔七〕酒：上部殘損，據殘畫，參以《周易正義》録文。

〔八〕征：右下角殘損，輪廓尚可見。參以《周易正義》録文。

〔九〕占：上部微泐，但輪廓基本清楚。

〔一〇〕刑剭：《周易正義》作「形渥」，各本同。「刑」與「形」同源通用。「剭」，當作「屋」，因受「刑」的影響，文字類化，改變形符，作「剭」。

〔一一〕鼎：下部殘泐，僅見「目」。

〔一二〕省：通「眚」，過失，災禍。《周易》各本作「眚」，乃後世改爲專字。

〔一三〕九：右下角殘泐，尚存輪廓。

〔一四〕抍：从扌，从升，會以手提升之意，爲「拯」的異體字。

〔一五〕鴻：原刻無「氵」，从鳥，工聲。下同。　般：《周易正義》作「磐」，各本同。《漢書・郊祀志上》：「鴻漸于般。」可證古本作「般」。

〔一六〕衎衎：《周易正義》作「衎衎」，各本同。

〔一七〕披：《周易》各本作「跛」，當是後世改爲本字。

〔一八〕封：殘毁，僅存右下角殘痕。

〔一九〕于：殘損，僅見殘痕。

〔二〇〕頻：左半殘毁。

〔二一〕四：右下角泐蝕，輪廓尚可辨。

〔二二〕疾：左上角微泐，基本輪廓可辨。

〔二三〕涉：泐損，僅存右下角殘畫。　利：泐蝕，僅存右側殘畫。

〔二四〕以上爲《易・繫辭》語。

〔二五〕此及以下爲《易・乾文言》。

〔二六〕業：上半泐蝕，下足尚可見。

〔二七〕萬：泐蝕，僅隱隱見殘痕。

〔二八〕地：模糊，但輪廓可辨。　者：僅存殘痕。

〔二九〕乾：上半泐損，但尚可見下半。

〔一〇〕天：上部泐損，僅見垂足。

〔一一〕施：左邊微泐，大體輪廓尚可辨。

〔一二〕者：泐蝕，僅存殘畫。

〔一三〕此以下爲《坤文言》。

〔一四〕其：泐蝕，僅存殘痕。

〔一五〕以：模糊，但尚見輪廓。　從：泐蝕，僅隱隱見殘痕。

〔一六〕而：部分泐蝕，尚存殘畫。

〔一七〕此以下爲《易·説卦》文。

〔一八〕良：模糊，僅見殘痕輪廓。

〇〇八　惠圓造像記

北魏太安三年（四五七）九月二十三日

造像石出土於陝西省西安市境，具體出土時間、地點不詳。造像碑形，穹窿頂，右上角略有殘毀。正中大龕内鎸刻一坐佛，背光有火焰紋，佛像全身有曲綫水波紋。左右兩側，各鎸刻一坐像。下面刻三層，每層刻六尊立身像，像雙手抱胸，胸插道具，旁刻榜題。下層鎸刻發願文。拓片高 102 釐米，寬 64 釐米。榜題十八行，發願文十七行，行字數均不等，正書。發願文多簡體字，且六朝不見字例，疑是現代人補刻。至於造像，則可信。

邑子惠圓供養，邑子惠彦供養，邑子醜爾供養，/邑子天虎供養，邑子樊神供養，邑子僧西供養，/邑子董次供養，邑子元姜供養，邑子買奴供養，/邑子景文供養，邑子門勝供養，邑子安生供養，/邑子胡安供養，邑子僧成供養，邑子㝈爾供養，/邑子明月供養，邑子仲和供養，邑子啃仁［供養］。/

太安三年九/月廿三日〔一〕，歲/次丁酉，清信/士宋興僞/命過亡女猔/香，造作釋迦/文佛像，願先/師，七世父母，/外内眷屬，/全知識。亡女猔香，一切衆/生，生生共其/福，所往生，/值遇諸佛，/永離苦因，必/獲此願，早求/菩提大道。/

【注釋】

〔一〕太安：在南北朝時期有五個政權曾經使用此年號：西晉惠帝司馬衷，歷三年；十六國前秦苻丕，歷二年；十六國後涼吕光，歷四年；北魏文成帝拓跋濬，歷五年；柔然郁久閭那蓋，歷十五年。據「歲次丁酉」，可知應是北魏文成帝年號。

〇〇九　張後進五家七十人等造像記

北魏神龜二年（五一九）七月七日

造像石清嘉慶三年（一七九八）出土於陝西省西安市臨潼區櫟陽，石現藏臨潼博物館。原为柱形，四面造像。碑陽拓片高 172 釐米，寬 73 釐米，上鑿一龕，内造一坐像，二立侍，龕上方鐫刻蟠螭，左右兩邊及下段鐫刻立身供養人像，共六層，各層多少不等，有榜題。碑陰拓片高 176 釐米，寬 74 釐米，上方鑿一龕，内鐫一坐像，左右二立侍，龕上左右鑿兩小龕，右鐫坐像二尊，左鐫坐像一尊，造像峨冠博帶，應是道教造像；下段鐫刻立身供養人像五層，多有榜題，有四像無榜題，當是待捐資補刻；右上邊民國八年題跋、下方正中民國七年題跋各一款，左下角鐫刻馬一匹和花紋。碑右側拓片高 174 釐米，寬 26 釐米，上方鑿一佛龕，内鐫坐像一尊，龕上鐫刻火焰紋，下鐫燈燭，兩側鐫刻供養人像各一尊，有榜題；下段鐫刻發願文，銘文八行，滿行約三十三字不等，一律爲五言韻語。左側拓片高 174 釐米，寬 26 釐米，上鑿一龕，内鐫一坐像，頭部已損壞，周圍圖案已模糊，據造像發願文應是道教老君像；下段刻供養人像四層，每層二尊，均有榜題。

碑陽

第一層

仙師，/邑師王神傑一心/

第二層

侍者張牛奴。/

第三層

彈官王幼進，/邑老田清。/仙童，/仙童。/録生王光明，/録生馮道念。/

第四層

邑子王小猥，/邑子王延興，/典邑子張繼伯，/録生王磨尔，/録生王老，/邑子魏定周，/録生王儀真，/典録生王道勖。/

第五層

邑子王平望，/邑子劉喬興，/邑子張道興，/録生劉寅但，/録生王盛，/録生姜迴洛，/邑子蔡世興，/邑子張定周。/

第六層

□□□默，/邑子魏定周，/邑子王道，/邑子王道万，/邑子張三周，/邑子趙興族，/邑子姜神憙。/

碑陰

第一層

邑子王神生一心，/邑子紀老樂一心，/邑子劉神蔭，/彈官紀季敬，/邑政紀伯奴，/邑子紀迴真一心。/

第二層

邑子姜當川，/邑子劉法賢，/邑子姜輔相，/壇衛王世市，/邑子王元始，/邑子王方思，/邑子王道奴，/邑子王顯業。/

第三層

邑子張柏建一心，/邑子田小洛，/邑子張珍香一心，/邑子張万歲一心，/邑子姜清龍一[心]，/邑子劉道則，/邑子王石陽，/邑子張輔相。/

第四層

邑子張安周/邑子張映周/邑子劉映宗/邑子蔡神洛/邑子田朖世，/邑子姜映歡、邑子王璠俊。/

第五層

邑子張益周，/邑子張奴子一心。/

右側

邑子張後進〔一〕，/邑子王迴玉一心〔二〕。/

巍〃大聖尊，天地萬物根。單泊任無爲，出于太空元。神化/布無外，自然玄中玄。俗帝歸仰宗，託身投道門。受炁無常定，/代謝如轉輪。減割五家財，建齋求神仙。奉師敬三寶，愛樂靈文篇。合邑善興意，思/造良福田。記功入瓊籍，開光七十人。

當今大巍世，神龜初二年。七月戊寅朔，七日至甲/申。刊石出真容，輟於路首邊。萬代不可敗，千載而彌堅。南俠大衢道，北託白渠川。/西據蜷逌曲，東有達通千。福地無過是，名書於九天。行夫輟足顧，儒生執而虔。功就得崇訖，願見/太上君。邑子茲茂盛，師徒普延年。同疇兆劫壽，練質願虔仙。/皇帝統無窮，國興身萇存。□□□平治，治世出明賢。鎮主守令等，同享受自然。有願天必從，生死斯蒙恩。/

左側

第一層

侍者劉映族。/邑政馮元生。/

第二層

邑子張文德一心。/録生王石生。/

第三層

録生張黑退。/邑子王神儁。/

第四層

邑子魏道歡。/邑子張牛虎。/

【注釋】

〔一〕後：右下角泐蝕，據殘畫録以備參。

〔二〕玉一心：三字左側微泐，餘清楚。

〇一〇　王子悦造像記

北魏正光元年（五二〇）正月

造像碑一九九九年七月出土於陝西省咸陽市涇陽城關南側涇惠渠旁先鋒隊農田中，其地原是北魏咸陽郡治所。二〇〇〇年移至涇陽縣城太壺寺，現藏於該地。石高 206 釐米。碑身寬 70 釐米，碑首寬 88.5 釐米，厚 25 釐米。碑四面刻，銘文標注東南西北方位，碑頂蟠螭。碑陽拓片高 206 釐米，寬 75 釐米，上鑿方形龕，内鐫刻一坐像二脅侍，龕楣飾刻帷幔、流蘇、蓮花、螭龍紋。左右刻尊者各一人，侍者各三人，手持儀仗。兩側均有題名；下段題名三層，每層行數及行字數均不等。碑陰拓片高 206 釐米，寬 70 釐米，上方鑿方形龕，内鐫刻一坐像二脅侍，兩側鐫刻螭龍紋。左右刻尊者各一人，侍者各三人，手持儀仗，其上鐫刻鳥獸紋飾，製作精美。兩側均有題名；下段題名十二層，最後一層僅一字，餘爲空白石面，各層參差錯落，並不整齊，每層行數及行字數均不等。碑右側拓片高 137 釐米，寬 26 釐米，上方鑿一龕，内鐫刻一坐像，像下題名兩行，再下爲發願文，銘文十一行，滿行四十字。左側拓片高 152 釐米，寬 26 釐米，上方鑿一龕，内鐫刻一坐像，左右二脅侍，龕上鐫刻屋頂圖案。下段鐫刻造像題名，共七層，各層用粗綫隔開。第八層未刻字。所有銘文均正書。因石面磨蝕，文字有的已模糊。

南面碑陽

龕右側

鎮南將軍、金紫光禄大夫、并州大中正、/行咸陽郡事、晉陽子、安定伯王子悦。/二人四像/主王迴周/一心供養。/

龕左側

中堅將軍、前萇城太守、原/州州都、咸陽郡承、獨頭/子、萇城縣開國子周天寶。/南面像/主王暫玉/一心供養。/

第一層

比丘孫惠方、/邑子王平生、/邑子王歸生。/

假鎮軍將軍、西秦州刺史邑謂宋虎頭，/假龍襄將軍、齊州魏郡太守邑子王龍保，/假中軍將軍、岐州刺史邑謂王史，/假龍驤將軍、齊州魏郡太守邑子王勝，/假輔國將軍、清州北海太守邑子段谷，/假輔國將軍、洛州始平太守張兜，/假伏波將軍、冀州廣川令邑子王引孫，/假龍驤將軍、齊州魏郡太守化主王延明，/假龍驤將軍、齊州魏郡太守王僧，/假伏波將軍、夏州廣洛令邑子典録王清，/假陵江將軍、澄城令馬小奴大段道，/假伏波將軍、涇州安定令邑子王伯孫，/假龍驤將軍、齊州魏郡太守邑子王歡，/假臨江將軍、陽州石門令邑子化主張市德，/假鎮軍將軍、南歧州刺史邑子維那張保，/假伏波將軍、雍州涇陽令邑子冉引興。/

大化主涇州冠軍將軍、安定太守王伯孫，/假輔國將軍、兖州高平太守邑子程宗，/假龍驤將軍、齊州魏郡太守典録張儀，/假伏波將軍、清州蘭陵令邑子王龍俱，/假江陵將軍、秦州略陽縣令邑子張令安，/假伏波將軍、雍州杜縣令邑子王安符，/大化主、平南騎兵參軍李歡，邑子王平城，/邑主冉定，但越主張洛周，邑子邴杜奴，/冠軍將軍、寧州東鄉太守邑子王朝脱，/維那程重興，邑子劉買興，/江陵將軍、南梁州循水令杜伏猥〔一〕，/假伏波將軍、安州安市令邑子高龍歡，/咸陽郡市令邑子王敬歡，典録劉薩寶，/咸陽郡太學博士王早生，假江陵將軍、清州安西令馬法興。/

第二層

假鎮軍將軍、岐州刺史邑子劉□進，/假龍驤將軍、相州穎上太守邑子□□魯，/假龍驤將軍、兖州僕陽太守邑子□□生，/假伏波將軍、荆州永安令、維那王□生，/假龍驤將軍、齊州魏郡太守、邑子□□小，/假伏波將軍、齊州壽張令邑子□□□，/假伏波將軍、夏州朔方令邑子□□雲，/假伏波將軍、定州率城令典坐□□起，/假龍驤將軍、齊州魏郡太守邑子□塠，/假伏波將軍、燕州馬城令邑子□平，/假伏波將軍、夏州廣武令邑子□□丑，/假伏波將軍、夏州永豐令邑政□兼特，/假龍驤將軍、齊州魏郡太守邑子□婆仁，/假陵江將軍、清州西安令、香火馬法興，/假伏波將軍、華州華陰令邑子□見，/假伏波將軍、東秦州敷城令邑子法樹，/假龍驤將軍、北雍州建中太守楊回紇。/郡主簿、郡中正、秀容令巨鹿魏神□，/假伏波將軍、楊州西華令邑子張□□，/假龍驤將軍、齊州魏郡太守邑子張□□，/假陵江將軍、清水縣令邑子張令□，/郡功曹史、郡中正兼丞册、行池陽令□淨，/假陵江將軍、趙平太守路富，堡主杜□□，/防魏分堡大都督、義士都督王輔興，/郡五官華郡功曹史太原王邈字景□，/兼州西曹書佐、義士都督張弼字輔□，/邑子劉歸洛，邑子冉洛，/邑子李舍歡，邑子冉歡熹，邑子張智，/邑子慶海，邑子厲威將軍、都督程迴周，/邑子邴忻，邑子程金保，邑子邴午，/邑子慶德珍，邑子馬校奴，邑子馬校□。/

第三層

假鎮軍將軍、秦州刺史尹文表，/假鎮軍將軍、梁州刺史尹道德，/中堅將軍、岐州刺史尹道文，/邑子王莀生，郡主簿尹紹先，/邑子龐顯達，/邑主王迴，/邑子王武昌，/邑子王祖玉，/邑主王迴，/邑主王雙達，/邑子冉定，/邑子袁韓，/邑子王和玉，/邑子王德，/邑子王神敬，/邑子王文康，/邑子王京起。/

邑子王允引，/邑子王心貴，/邑子王輔相，/邑子段道生，/ 邑子王湨，/邑子王神敬，/邑子王秉憙，/邑子王文康，/邑子楊普文，/邑子劉潤，/龍相將軍、中散大夫祥川戍，王鼂文，/平南府倉曹參軍馬世明，/平南府默曹參軍朱族，/邑子楊景明，/邑子賈海，/邑子劉思崇，/邑子劉景明，/邑子程令威。/

北面碑陰

通直騑（散）騎嘗（常）待（侍）、平南將軍、都督，/南陽子、昌樂縣開國伯韓山靖，/北面像主王安都，/第壹上施主堯智。/

第一層

比丘道嚴，/比丘法舍，/比丘惠璨，/比丘法端。/

第二層

比丘僧豐，/比丘法鄉，/比丘惠殪，/比丘惠暢，/比丘僧進，/比丘僧儁，/比丘智林，/比丘僧猛，/比丘智藏，/比丘法明，/比丘法悦，/比丘法盛，/比丘智通，/比丘僧寶，/比丘法景，/比丘法和，/比丘智敬。/

第三層

宋山壽，王仵朗，/馬雙猥，/張靈愛，/張苻，/蔣靈會，/張長魯，/張万，/張僧城，/假陵江將軍、秀容令魏神纍。/張景煇，/沙彌僧敬，/沙彌僧顯，/比丘惠□，/比丘智輝，/比丘法千，/比丘法潤。/

第四層

陽天生，/鮑三玉，/宋杞樓，/魏馬栓，/王德宗，/馬天覆，/王文化，/王法德。/上化主王萇生，/馮安保，/劉龍虎，/宋虎頭，/王郎虎，/張樹易，/張忘愁，/但越主張鳳皇，/張胡郎，/張祖胡，/王槃陀，/王万壽。/

第五層

邑子王小道，/邑子王文朗，/邑子張道秀，/邑子冉苟緒，/邑子文對，/邑子程祖德，/典坐張歡，/典録程光世，/化主程永，/張顯和，/咸陽郡中正、職人都督劉紹穆，/通直散騎常侍郎劉紹遵，/邑子程金保，/邑子程伏歡，/邑子萬道顯，/維那皇甫伯。/

第六層

邑師惠興，/邑師惠祥，/邑師法王，/邑主王龍俱，/化主劉世，/邑主張小敬，/維那王敬，/邑日張鄰苻，/化主馬法興，/典坐張金脂，/化主王肆虎，/邑日王安洛，/邑主張洛周，/典坐王思，/化主王市願，/化主馬映周，/郡五官兼主簿馬子恢。/襄威將軍、鎮東禅録事參軍張□，/郡中正魏世茂，邑子劉道顯，龐□，/假鎮軍將軍、靈州刺史陽豐，/邑子張叶，/邑子馬安周，邑子張在休，/邑子張天安，/邑子張賢，/邑子張智通。/

第七層

邑主張善業，/化主楊陀仁，/邑子張養，/王定周，/典坐田壽，/邑主張要歡，/邑香火張神，/香火王但稜，/邑子張迴安，/邑子張胡，/治律張胡仁，/邑子劉僧主，/典坐張□□，/化主□□□，/典坐□□□，/化主□□□。/

第八層

化主王萇生，/□□宋始進，/[邑]子王市歡，/[維]那冉定，/[邑]子劉他仁，/[邑]子張他仁，/[邑]主劉義，/[邑]主劉遵，/[邑]子劉杜周，/[邑]子劉虎生，/□子阿隨，/駱萇保，/鮑小可，/鮑道遵，/鮑阿都，/鮑歡慶，/楊阿馗，/楊耕奴，/ 楊榮祖，/秦宗秀，/劉佰宜，/孫文秀，/孫龍虎。/

第九層

邑子程苟，/邑主王定洛，/香火宋延慶，/邑子王文淫，/邑子劉顯，/[邑]子楊普文，/邑子劉永，/邑主冉元，/邑子成儁，/邑子成雙，/邑子張鍾馗，/邑子王天義，/ 邑子張達，/像主張伏奴，/象主王魄，/像主王略，/化主李橋歡，/化主馬紹隆，/化主宋廷康，/邑謂張紹，/邑謂王族，/邑主張道元，/邑主王但族，/邑主王僧眷，/維那王義和，/維那王顯祥，/典録王景和，/典録王延達。/

第十層

邑子王論川，/邑子王輔政，/邑子司馬遠，/邑子王及，/典坐馬薩，/典坐程迴周，/邑子王祖生，/唯那張神業，/邑子楊普熹，/邑子張苟生，/邑子王承光。/邑子王僧顯，/邑子王朱猛，/邑子法信，/邑子王伏敬，/邑子王元顯，/邑子張宜，/邑子劉征，/邑子郭昌和，/邑子張元景，/邑子畦惠璪，/香火宋法和，/香火王文，/ 香火張集僧，/香火王肆如，/典坐王元，/典坐陽□。/

第十一層

邑子王僧和，/邑子張法定，/邑子楊仵女，/邑子王文知，/邑子翟景，/邑子輔延慶，/邑子蕭遵慶，/邑子辛畢生，/邑子王夫敬，/邑子王神智，/邑子宋僧寶，/邑子王郁沛，/邑子王純陀，/邑子劉映周。/

第十二層

邑。／

東面碑右

東面像主馬羣得〔二〕，東面謂張鳳皇〔三〕。／

夫人能弘道，非道弘人。信于冥宗〔四〕，澄静□□，非□鬱無以闡其蹤；津途殊託，非曠識無以弘其一。欽惟釋迦□／人，託迹權應，和光緯世。雖濟涉殊津，而□□一致。故淺識之徒，尋龕迹而局迷；曠達之士，體玄蹤而等壽。□／靈武池陽郡城鄉老□邑子等〔五〕，悉亦靈和宿啓，機覺淵曠。會至常之永逸，體生滅之煩度。攬殊徒之要，悟／同歸之趣。

故平好等願，以正光元年正月□日，率□衣食之資，爲匠造石□大四像天宫石像四面。真容既／就，妙相備舉。菩薩非天侍衛，寶綵雜麗。恍焉若降之自於天，惚焉如湧之出於地。頂相巍巍，非十住之□／所能窺其好；津途曠莫，豈二乘之士所能□其宗。觀者堂堂，于韻于信。知人力之所經，而罔知所以成，是／故不思議也。將釋福田之上業〔六〕。人天之所□□居秦川之中，中鄉仁義之理。勢椐慈娥靈山衍其背，膏腴／涇原坦其前。觀矚周游，顧望山雲，又乃□□□□，過者遲遲先規，改思奸惡。更惟平生之願，展於一□；龍／花之會，首兹一運。嗟玉石金剛，匠飾窈妙。啚□□□，□制唯新。言之不足，故作頌云：／

山川通氣，烟烟愠愠，惟聖是從，觀矚周流，顧□□雲。既見如來，又睹世尊。化澤既流，不肅不純。塵外之／士，超俗之賓。不士王侯，高尚覺津。易以言容，□□志親。既聞其語，又見其人。／

西面碑左

第一層

鎮西將軍、石安令元賢，／郡中正程迴，／郡中正魏道顯，／比丘僧佚，西面像主、／郡中正益定鄉，／郡中正程邈，／佛弟子程猛虎，／職人都督劉士延，／主簿畦元儁，／郡五官牛遵慶。／

第二層

化主龐邕，/邑子趙卑，/邑子趙妙敬，/邑子孟伏洛，/邑子王問，/佛弟子張嵩，/佛弟子侯元，/佛弟子強永安，/佛弟子強苟生。/

第三層

邑子劉景文，/邑子魏万歲，/邑子牛超，/邑子傅湛，/邑子劉犢子，/邑子焦預〔七〕，/邑子田樂，/邑子如業，/邑子杜景儁，/邑子劉顯龍。/

第四層

邑子高阿世，/邑子程伏，/邑子蔣義棡，/邑子弟五苟，/邑子高通，/邑子牛虎子，/邑子劉宗，/邑子朱猛虎，/邑子車息樂，/邑子王始引，/邑子蘇鳳棡。/

第五層

邑子弟五生，/邑子蔣阿□，/邑子朱道儁，/邑子張遠，/邑子曹珎，/邑子邵賢和，/邑子邴杜得，/邑子張槃龍，/邑子任伯年，/邑子梁願，/邑子劉義達。/

第六層

□□□法輝〔八〕，/[邑]子姚願，/邑子劉令義，/佛弟子趙儁，/[佛弟]子孔道達，/[佛]弟子魏無休，/[佛]弟子馮難，/[佛]弟子秦普和，/[佛]弟子李顯，/佛弟子杜文儁，/□□□□榮宗〔九〕。/

第七層

佛弟子劉歡，/佛弟子馬始歡，/佛弟子竇法進，/佛弟子田安周，/佛弟子弟五金保，/佛弟子劉軌仁，/佛弟子陽顯族〔一〇〕，/佛弟子魏令，/郡主薄龐樂。/

【注釋】

〔一〕偤水：當是縣名，典籍不載，具體地點不明。《魏書·地形志》有南梁州，惜郡縣闕。

〔二〕暈：上部「與」作「夫」，似俗字，録以備參。

〔三〕謂：當作「邑謂」，疑原刻脱「邑」字。

〔四〕冥：原刻爲俗字。

〔五〕池陽：古縣名，西漢置。《漢書・地理志》：「池陽，惠帝四年置。嶻嶭山在北。」注：「應劭曰：在池水之陽。師古曰：嶻嶭，即今俗所呼嵯峨山是也。」北魏咸陽郡治池陽。《魏書・陸真傳》：「後鄭縣民王稚兄弟聚二千餘人，招引趙昌，始平、石安、池陽、靈武四縣人皆應之，衆至五千。」又《地形志》「咸陽郡」下：「池陽，郡治。二漢屬左馮翊，晉屬扶風，後屬。有鄭白渠。」據造像記，北魏曾爲池陽郡。

〔六〕業：原刻左邊加「土」，爲俗字。

〔七〕集：字形清楚，但文字草率，似「集」的俗字，而不能定，存疑待考。

〔八〕□□□法輝：首二字據下文文例，當是「邑子」。

〔九〕□□□□榮宗：前三字據上下文，應是「佛弟子」。「榮」字左上角泐蝕，據殘痕，疑是「榮」字，録以備參。

〔一〇〕族：微泐，且爲俗字。

○一一　王業洛等一百卌人造像記

北魏正光三年（五二二）九月十四日

造像石出土於陝西省境，具體出土時間、地點不詳。柱形，四面造像，二〇一一年獲得拓片三紙。第一紙，拓片高197釐米，寬62釐米，上鑿方形佛龕，内鐫坐像一尊，左右鐫立身二脅侍，龕上端鐫刻房頂屋脊，再上爲朱雀相向，龕座玄武相對，下端鐫佛燈，龕左右及下方鑿小龕，内均各鐫一坐像；下段鐫刻造像題名，凡二層，每層行數和每行字數不等。第二紙，拓片高192釐米，寬52釐米，上方鑿一方形龕，略有收分，内鐫一坐像，左右鐫立身二脅侍，龕上刻垂幔屋頂，龕左右鐫刻立身人像各二尊；龕下鑿小龕五層，每層九尊小立像；下面鐫刻造像發願文，銘文十二行，滿行十六字，石面有泐蝕，滿紙石花。第三紙，拓片高197釐米，寬52釐米，亦上鑿方形佛龕，内鐫坐像一尊，左右鐫立身二脅侍，龕上端鐫刻房頂屋脊，左右及下方鐫刻人物、大象、怪獸等，再下鐫刻小龕五層，每層七小龕，内各鐫一坐像；下段鐫刻造像題名三層，每層行數和行字數不等。所有銘文均正書。

第一紙

最右一行

都化主都督王□洛，都佛堂主□宗主王業洛，南面佛堂主巴東郡守王令儁。／

最左一行

邑子王定安一心，都邑主□□□令王□儁。

第一層

父王□仁，息邑謂衆集。／父王堯平，息唯那虎子〔一〕。／父王由達，息霍龍櫕　。／父王幼達，息道隆。／父王道虬，息邑主彌陁。／父呂興明，息治律敬憙。／父王永玉，息邑平望宜昏〔二〕。／父王德□，息小豐。／比丘僧釋法詳。／邑師比丘法洛一心。／化主比丘釋僧映一心。／父王真祖，息邑主伏興。／父王文達，息善櫕〔三〕。／父呂僧明，息黑退。／父王略之，息邑謂始燮。／父王幼子，息唯那道明。／

第二層

父王定宗，息邑正始龍。／父王思祖，息邑正衆明。／父王長壽，息典坐定始。／父王顯明，息典録王安。／父王德昌，息邑子傒祖。／父王定保，息邑子伏生。／父王定宗，息邑子始洛。／父王魯太，息邑子迴□。／父王阿歡，息化主王□。／父王三真，息邑子王□。／父王道明，典録令安。／父王蚝，息邑子阿巳。／父王客，息典坐□□。／父王明智，息邑平望興族〔四〕。／父王小善，息邑子祖興。／父呂櫕，息邑子舍洛。／

第二紙

東面佛堂主王三□合邑□□□□□□曹王叔〔五〕。／

歲次壬寅，大魏宣武皇帝特準下州□□/富平縣東□邑子一百卅人，共造石象一/軀，上願帝主延年，州刺史守令安□〔六〕，及七/世所生，衆將來□□能人品靈覺，於自/□凝湛，則道越於名相，至韵隨澄淵，絶□/□側。妙等無爲，非言像之所期；俟事既無，/豈生滅之能偕〔七〕。然道不自運，共敷在人。是/以如來，郭□託迹，□□□生，右□道揚。六/年證果菩提，偕宗於常樂。理合于不澄，用/乃□訓鹿野，設三乘之級；□迹□羅，演常/住之敬。化緣既周，遷彼□□。遂使三□魏/宗，湛復靡誌。次□五□，更知攸覺。自非哲/識幽期，□能□□宅，萇辭於生者哉。/合村一百卅人造百十七佛。/

正光三年九月十四日造既〔八〕。

尊僧濟一心，/□外王喬薩，姪□興，邑子趙育，/比丘道永，父王洪秀，息邑子小池。/邑子王玉捷〔九〕，邑子王英興。/

第三紙

最右一行

西面佛堂主拄仗菩薩□□邑長□正王輔賢。/

第一層

父王始暢，息香火景哲。/父王令覆，息邑子伏仁。/父王真虎，息香火儀興。/父王紇，息都唯那金勝。/父王令覆，息邑子思洛。/父王文胡，息邑子永□。/比丘慈玉一心。/父王僧暢，息邑子豐洛。/父王喬祖，息邑子天興。/父王始慶，邑子神茂。/父王道欽，息邑子早生。/父王僧貴一心，息邑子大□。/□□□□□□□□□。/

第二層

王道龍祂安像。/邑子王天猥。/邑子王榮茂。/

【注釋】

〔一〕父堯平息唯那虎子：「堯」字略有石花，但輪廓基本可辨。「子」字泐蝕，模糊，據殘畫録以備參。

〔二〕息邑平望宜昏：「望」字左上角泐蝕，餘清楚。「昏」字上部模糊，下部尚可見，據殘畫輪廓録以備參。

〔三〕善：下部泐蝕，上部基本可辨，據殘畫録以備參。

〔四〕族：垂足泐蝕，上部基本可辨，爲俗體。

〔五〕東面佛堂主王三□合邑□□□□□曹王叔：此行文字在造像左側，部分文字已泐蝕。

〔六〕州刺史守令安□：「安」下一字部分泐蝕，據殘畫，似「寄」字，但「安寄」與造像發願文之文例不合，存疑待考。

〔七〕俟、偕：二字均微泐，有殘缺，且有石花干擾，據殘畫録以備參。

〔八〕既：左邊似「食」，疑是俗字。

〔九〕捷：左半泐蝕，右半清楚，從「疌」聲的字有「渫」、「腱」、「崨」、「捷」、「婕」、「睫」、「倢」、「啑」、「諜」等，據殘畫，暫録作「捷」以備參。

○一二　劉翼等七十一人造四面像記

北魏正光四年（五二三）七月二十六日

造像出土時間、地點未詳。以師氏家族爲主，當是家族邑社造像。石呈柱形，頂部圜首，四面造像，分拓四紙。碑陽、碑陰拓片高216釐米，寬77釐米。碑陽上部鑿一大龕，內鐫一坐佛，二立身菩薩，四周鑿小佛龕十四層，每層多少不等。每龕內鐫刻坐像一尊，頭上高髻，道教特徵明顯。下部鐫刻供養人立像二層，第一層十尊，左右各五尊，相向而立；第二層九尊，右四左五，亦相向而立，再下題名三層，最後一層僅二人，餘爲空白石面。額鐫刻蟠螭拱抱圓形圖案。空白處刻宋元祐八年六月八日帖。碑陰上部鑿一大龕，內鐫一坐佛，二立身菩薩，龕兩側及下方鐫立身供養人像，有榜題。龕兩側及下方還鐫刻車馬出行、蟠龍、鳥獸動物圖紋，分佈頗雜。龕上鐫刻蟠龍。額題宋紹聖元年閏四月初十日帖。左、右拓片高77釐米，寬28釐米。右側上鑿一龕，內鐫一坐像，上部鐫穹窿形圖案；龕下立身供養人像二層，有榜題，另鐫一馬；再下爲造像發願文，銘文十行，滿行二十四字。左側上鑿一龕，內鐫一坐像，似道教老君像，上部鐫屋頂圖案；龕下爲造像題名，共七層，每層行數不等。四面文字均正書。

碑陽

佛弟子劉見□，/佛弟子劉翼，/邑子師真德，/典坐師伯度，/邑政師小護，/香火師伏安一心，/香火師道珍一心，/邑子師清鷁，/邑子師萇壽，/邑子師天起，/邑子師由安。/

邑子師世興，/邑子師尚，/邑子師憙，/邑子師文壽，/邑子師鑾，/邑子師雙保，/邑子師神虎，/邑子師定，/邑子師小憙，/佛弟子師鳳安。/

師樹黨，/師慶詳，/師永詳，/師道成，/師延儁，/師道彊，/師儁宜，/師道進，/師神歡，/師榮族，/師仙迴，/師買勖，/師把樓，/師羅朱，/師石生，/師虎仁，/師良仁，/師金生，/師進歡，/師珍洛，/師進王，/師保昌，/師□□。/

師景儁，/師阿伏，/師伯宜，/師歸生，/師道乾，/師枚舉，/師珍茂，/師景，/師歡，/師□，/師顯珍，/師景倫，/師道壽，/師要洛，/師景珍，/師買德，/師伯支，/師宏生，/師迴洛，/師禄，/師歸生。/

師仲與，/師儁達。/

碑陰

邑子師靈欄，/檀越主師和穆。/

邑子師清仁，/邑政師靈哲。/

邑師王白龍，/

像主師真興一心供養。/

邑政師德子，/典坐師興光，/邑子師道貞，/□□師三真，/化主師早生，/典録師王暈。/

邑子師市買，/邑子師元生，/邑子師本興，/彈官師元愛，/香火師世珍一心，/香火師世猥一心，/邑子師世安，/邑子師金仁，/邑子師□榮，/邑子師安世。/

邑子師安平，/邑子師金壽，/邑子師安德，/邑子師老生，/邑子師鳳起，/唯那師安武，/邑子師買奴，/邑子師榮安，/邑子師玉進，/邑子師萇生。/

邑子師衆歡，/邑子師社生，/邑子師元進，/邑子師元智，/邑子師鳳連，/邑子師承歡，/邑子師社歡，/邑子師馗，/邑子師據，/邑子師道玉。/

邑子師僧英，/邑子董託畔，/邑子師迴憙，/邑子師韶憙，/邑子師舍奴，/邑子師合憙，/邑子師合歡，/邑子師阿樹，/侍者師迴多，/邑子師智惠。/

道民師歡，/道民師映族，/邑子師安洛，/邑子師延，/邑子師買，/邑子師映同，/邑子師雙，/邑子師歡，/邑子師黑，/邑子師始歡，/邑子師道暢，/邑子師輔相，/邑子師始進，/邑子師稚。/

碑右側

道養

第一層

邑日師慶憙〔一〕，/邑師段法昌，/像主師護。/

第二層

邑子師阿初〔二〕，/邑子師挺勝。/

發願詞：

夫刑嚮生于□□，自仰至道淵廣，□□自然，无爲刑嚮。是以/如來大聖，至道□延。分形散化，内外啓徹。佛道合慈，无爲是一。/實想不可得而毁，至真不可刑而滅。逕涉空筩，彭志不移。視之/不見其刑，聽之不聞其聲。空寂之宗，妙極之旨。故從神□於大/猷〔三〕，宛烏兔於日月。神爽能然，發初能爾。使麗光暫照，大明曀其/暈〔四〕；至道隨化，須付等其量。輪轉九天，偏滿虚空，靈澤流演，乃濟/群生。慈敏普育，苞合一切。

合宗邑子七十一人等，宿嚮冥因，心/樂三寶。是以大魏正光四年，歲次癸卯，七月乙酉，廿六日庚戌，/邑等右發共心，立石像一區。上爲皇帝陛下，下爲七世父母，所/生父母，歷劫仙師，因緣眷屬。龍華三會，願在初首，所願如是。/

碑左側

第一層

師道□一心，/師道□一心，/師王一心，/師僧垣一心，/師勖一心，/師驕一心，/師過一心，/師洪㯳一心，/師曾一心，/師明一心，/師□□一心。/

第二層

□□□一心，/□□泉一心，/師道景一心，/師箕子一心，/師大胡一心，/師洪濟一心，/師遠一心，/師道蓋一心，/師僧明一心，/□□□□□。/

第三層

□□□一心，/師□彪一心，/師□□一心，/師道淵一心，/師牛仁一心，/師道汪一心，/師山崖一心，/師道願一心，/師天生一心，/師道度。/

第四層

師道□一心，/師道舉一心，/師道媚一心，/師天護一心，/師衆敬一心，/師延生一心，/師□□一心，/師洪明一心，/師道熾一心，/師洪祖一心。/

第五層

師道勝一心，/師洪安一心，/師苟一心，/師天敢一心，/師道猥一心，/師宗㯳一心，/師胡一心，/師輔德一心，/師山壽一心〔五〕。/

第六層

□□女一心，╱師元壽一心，╱師世奇一心，╱師市一心，╱師郡一心，╱師小德一心，╱師阿對一心，╱師天乞一心，╱師伯勝一心，╱□□□□歡。╱

第七層

師道次一心，╱師蚝一心，╱師榮歡一心。╱

附録一：碑陽上額宋元祐八年六月八日帖

□□□墳院子，僧□□經╱官，有狀稱有師叔省强於╱□□着墳院子，地土通╱前兩契買到。東西闊□十╱五步半，南北長四十五步。╱東至周大伯，西至姜三伯，╱南至道，北至周大伯。其師╱叔省强，因患身死，乞將省╱强税名改割在真稟名下。╱經官出給，着身文帖照會，╱尋行勘合。得委□的資己╱關，鄉司改正税名在真稟╱名下，送納不詞。╱

元祐八年六月八日帖。╱

縣尉權縣事李，╱權主薄陳，╱右班殿直□酒税務，╱權主薄雷，╱右寧義郎權知縣事薛，╱主持僧□□。╱

附録二：碑陰上額宋紹聖元年閏四月初十日帖

代州□□出具齋院，僧真□，╱縣西□□□□院主，僧╱真禁陳狀乞不妨本院看管╱□□□師墳，□□靈□勾當，╱蒙官文帖付僧，真稟仰准此。╱不妨本院看管先師墳院子╱勾當者。╱

紹聖元年閏四月初十日帖。╱

縣權尉主簿李，╱權主簿陳，╱右宣德郎知縣事張，╱住持僧真稟，╱本師和尚賜紫僧正□奇，╱師叔僧□强，╱師兄賜紫僧温紀，╱師弟僧真興，╱同師法眷共四百八十餘人，╱北五臺院。╱

【注釋】

〔一〕日：上部微泐，有石花，暫録爲「日」字以備參。

〔二〕師：泐蝕，僅存左上角殘痕，據前後題名，參以殘畫，録以備參。

〔三〕故從神□於大猷：「神」下一字基本清楚，但文字簡率，存疑待考。

〔四〕暈：應是「暉」字，光輝。構件位移而成異體，六朝碑刻銘文屢見。

〔五〕師山壽一心：「壽」下部泐蝕，僅存上部，據殘畫録文以備參。下文「師元壽」之「壽」字寫法可以比勘。「一心」二字全泐，據造像記文例録以備參。

○一三　張太和墓誌

北魏太昌元年（五三二）十一月十九日

墓誌出土於河南省洛陽市北邙山，具體出土時間、地點不詳。拓片誌高 44.5 釐米，寬 45 釐米；誌文二十行，滿行二十二字，正書，有縱横界格。誌蓋盝頂，四煞未拓，拓片頂面高、寬均 28 釐米，陰文正書，題「故脩武侯張君墓誌銘」，無圖案。

魏故龍驤將軍、太中大夫、脩武侯張太和之墓誌。/

君諱太和，字元穎，南陽人也。始乃軒轅皇帝少子，誕生神/祚，理策張皇，因名氏焉。世纂淳風，歷有善慶。故金貂玉飾，/襲自攸代。秦州使君之孫，北地府君之子。

君稟德五才，資/靈二像。神鑒明悟，幼等成人。暨年弱冠，便風概峻立，倜儻/不群。鄙軀於悋毛〔一〕，高節義於磨踵。每求諸己，用俟知人。屬/陽九在時，百六多難，忠義競奮，奸權互起。廢置去來，莫適/定主。無罪見逃，募以列爵。非事濫刑，禍必覆族。而君獨敦/大義，莫不翔集。譬之奔鴿，蔑以加也。於是譽傾遐邇，名播/海內。造謁公卿，則群賓駭席；單馬孤遊，則影迹如市。雖魯/朱之獨擅一時，郭解之標名身後，方之於君，異世齊衡。年/在强士，被辟車騎開府行參軍。俄遷爲龍驤將軍、太中大/夫，賞爵脩武侯。

報善應微，景命不融。春秋五十有六，太昌/元年，歲次壬子，六月九日卒於洛京，其年十一月辛卯朔/十九日己酉，葬於北芒朱墳南。賓故朋僚，執義友生，痛芳/蘭之奄馥，悲薰桂之摧根。託不朽於玄石，聊歌頌以慰魂。/庶千齡與百代，雖身滅而名存。其辭曰：/

爰有哲士，挺植蕭森。如彼栵木，獨秀高林。如彼洪淵，湛潭/其深。既隱潛龍，亦宿奔禽。信唯天質，義出衷衿。顯報未崇，/形命已沉。銜施抱惠，載悲載吟。鐫銘不朽，式昭德音。/

【注釋】

〔一〕鄙軀於惞毛：據文例，此句應脱一字。

〇一四　高慈妻趙夫人墓誌

東魏元象元年（五三八）四月二十一日

墓誌出土於河南省安陽市，具體出土時間、地點不詳。拓片高35釐米，寬35.5釐米；誌文十九行，滿行十九字，正書，有縱横界格。誌蓋缺。

魏故鎮遠將軍、步兵校尉高慈妻趙夫人墓誌銘。/

夫人南陽白水人也，其先軒轅之苗裔，魏文帝趙/侯之胤〔一〕。資土運以開源，因封菜而命氏。莖條散而/彌蘭，枝芳注而惟馥。蘊德與金石等音，流名與風/聲同遠。冠冕不殞其舊，朱輪華轂，結駟相望。祖鑒，/素貫清規，貞俗所重。離居關外，隨運昇降，遂據京/都，今爲魏郡臨漳人也。前冀州唐陽縣令趙安石/留之長女〔二〕。夫人體局貞正，容貌和邕，仁義禮端，弱/性怡悦。奉節上下，室家穆穆。閨門之内，無怨之言。/常以禮將，仁風不失。

應受天百福，永兹偕老。冥善/無徵，奄隨物化。春秋六十有六，天平四年三月廿/四日，没於室。行路酸慟，五親悲切。粤以元象

元年，/歲次戊午，四月己丑朔，廿一日己酉，葬於西門祠/西南三里，窆于其地。乃作銘曰：/

巖巖峻始，邕邕有終。其猶雲布，有若星宮。鴻漸不/已，鳳鳴望風。珠生漢水，玉出荆隆。有婦如林，德比/後王。行邁伯姬，契素恭姜。彼倉者天，殲我人良。清/風肅肅，墳塋芒芒。玄幃虚静，埏隧幽長。空宫奄迹，/瑶石泉堂。/

【注釋】

〔一〕魏文帝趙侯之胤：魏文帝曹丕不見有趙侯，墓誌撰文者不知何據，存疑。

〔二〕唐陽縣：兩《唐書·地理志》均不載，僅《新唐書·諸公主傳》有「唐陽公主」。《舊五代史·符道昭傳》：「及滄州之圍也，不用騎士，令道昭牧馬于唐陽。」《續通典》卷一二二：「冀，復蒲澤縣爲唐陽縣。按此據《寰宇記》。」墓誌可提供一個證據。

〇一五　仇法超造像記

西魏大統四年（五三八）六月八日

造像石出土於陝西省境内，具體出土時間、地點不詳。石呈柱形，四面造像。碑陽拓片高 184 釐米，寬 76 釐米，石右上角殘毁一小塊，上部鑿一圜拱形佛龕，内鐫一坐佛，左右二脅侍。左右側及下部刻造像題名。石面漫漶嚴重，圖案及下部題名均已不見。陰面拓片高 184 釐米，寬 75 釐米，上鑿一龕，内鐫一佛，二脅侍，龕上鐫刻穹窿屋頂，再上鐫刻左右二飛天，飄帶飛舞，極富動感。龕四周鐫刻各種花卉、垂幔，左右背向二龍，垂幔下鐫刻博山爐，其餘鐫刻供養人像三層，均峨冠博帶，手拈蓮花，有榜題；最下刻造像題名二行。左、右兩側拓片均高 178 釐米，寬 43 釐米。右側上部鑿一佛龕，内鐫一尊立身像，龕外兩側鐫刻二立身人像；上部鐫刻穹窿頂，飾以花卉垂幔紋飾，頂上綫刻二人像，略模糊。龕下鐫刻四尊立身沙彌像，均有榜題。再下爲造像發願文，銘文十二行，滿行十四字。左側上部鑿一佛龕，内鐫一尊立身像，龕外兩側鐫刻二立身人像；上部鐫刻屋頂圖案，再上鐫刻火焰紋飾。龕下鐫刻立身人像三層，峨冠博帶，兩手相拱，手持花枝，上二層旁爲榜題，第三層無榜題。造像四面銘文均正書。

碑陽

沙彌齊法矩。/

沙彌齊伏敬。/

邑子齊何景，/邑子齊叉仁，/邑子齊全興，/邑子仇元樹。/

邑子仇漢榮，/邑子仇趥趲，/邑子齊國珍，/邑子齊景和，/邑子徳齊興[一]，/邑子□之興。/

邑子□□通，/邑子唐□合，/邑子□舍訖。/

碑陰

比丘李法濟，/鄉邑大都邑師仇法超，/像主齊阿蓋真，/邑老齊舍玉[二]。/

比丘仇僧訓，/比丘仇法光，/香火仇嵩岳，/邑老仇文超，/邑老符道引，/邑老齊長歡。/

比丘齊法暈[三]，/比丘呂法忩，/比丘齊法玉，/邑子衛白柱，/邑子仇石虎，/邑子齊舍洛。/

比丘法超開佛眼，/比丘法忩開眉間白豪。/

右側

沙彌齊法崇，/沙彌齊法和，/沙彌劉法進，/沙彌衛法達。/

夫至道虚寂，隱暈玄空。神光□耀，悮/覺倉生。是以邑師法超，道俗邑子卅/人等，妙契玄其，同心上世。體解空宗，玄識幽旨，化導諸人，信心開悮。減割/家珍，敬造石像一區。上爲帝主延境，/遐方啓化。國富民豐，罷兵休鉀。時康民溢，庶物自鞋[四]。下及邑子父母，七世/師徒，歷劫亡者，卑天居世安吉，子孫/興隆，留演萬代。學不匠成，神惠超悮。/士進日遷，位登公相。宅富人昌。七珍/盈足。及此同善，獲如是福，略述云爾。/

大統四年，歲次戊午，六月八日訖。/

左側

沙彌仇道保，/比丘仇法萇，/比丘仇法龍，/沙彌仇法淵。/邑子仇舍洛，/邑子齊僧保，/邑老仇舍郎，/邑子仇辛王。/

【注釋】

〔一〕德：似「德」的異體字。存疑待考。

〔二〕老：原刻從先，從人，會先人爲老之意，爲以意會意的新造會意字，在六朝碑銘中屢見。或以爲是「老」字的訛變。

〔三〕暈：「暉」的構件位移異體字，六朝銘刻習見。下同。

〔四〕鞋：原刻如此，但「自鞋」費解，據上下文義，當是指自然生長。存疑待考。

〇一六　李騫墓誌

北齊天保元年（五五〇）十二月十日

墓誌出土時間、地點不詳。誌主之兄李希宗的墓誌一九七五年於河北省石家莊市贊皇縣南邢郭村出土。以此推測，本墓誌亦可能出土於這一地區。拓片誌高77釐米，寬76釐米。誌文三十六行，滿行三十六字，正書，含隸屬筆意，有縱横界格。誌蓋缺。誌主《魏書》卷三六、《北史》卷三三有傳；其兄李希宗亦附《李順傳》，且《李希宗墓誌》亦出，可以互參。金傳道《北朝〈李騫墓誌〉考釋》（《河南科技大學學報》二〇一四年六期）有相關研究。

齊故侍中、使持節、都督殷滄二州諸軍事、車騎大將軍、儀同三司、殷州刺史，謚曰文惠李公銘。/

君諱騫，字希義〔一〕，趙郡柏仁人，趙相廣武君後也。漢魏以來，恒爲著姓。曾祖宣王，少以儒雅取進，/晚節爲將，掃清河右。文武之道，無二一時。祖兖州，兄弟四人，咸以盛德高名，顯居朝列。萬鍾四/牡，同日共時。父尚書令文竫公〔二〕，少爲國華，早結民譽。勝範清規，標映朝野。

君承芳桂薄，襲美芝/田。因橋木而挺幹，出鐘山而爲寶。志識和明，姿神秀傑。率情以孝，因心則友。足不履影，行未踐/迹。動合名教，發中規矩。畜風雲於懷抱，藏山藪於匈臆。英英與白雲共遠，皎皎與秋月連暉。出/言有章，何適非道。白圭無待三覆，玄珠止於一貫。始自童牙，灼然秀異。故取目黄中，見奇眸子。/珠玉不盡其名，神仙豈足爲喻。雖取匹騕褭，標名繭角，鄉稱曾子，里號顔淵，自此而觀，亦何能/尚。魏明幼年，有志於學，大開庠序，廣命貴遊。釋菜致祀，降禮師聖〔三〕。絃誦之舉，唯帝難之。

年十四/見召，爲國子學生。于時比舍連房，莫非世族。故已託苗山上，擢本層城。懷伯魯之心，同仲由之/對。君研精道味，備踐堂室。淫書翫古，人寢不眠。既達禮樂之情，實睹聖人之面。太保崔公，任居/師氏，尚齒貴德。朝望同歸，頻奏經通。明皇親自策試，雖龍趙分塗，齊韓異軌，盧鄭賈馬之辭，鄒/夾服杜之説〔四〕。發言中指，聽者忘疲。既饗大賓，仍縻好爵。起家爲太宰主簿，加陵江將軍，又除中/散大夫、征虜將軍、左將軍、太中大夫、開府長史、通直常侍、典儀注、中書舍人、殷州大中正、中軍/將軍、散騎常侍。玄貂映首，紫泥在握。從容顧眄，室内生光。轉鎮南將軍、尚書左丞〔五〕。繩違舉直〔六〕，夕/不暇旦。權豪斂手，臺閣肅然。潘勖竭誠庶官，傅咸亮直匪懈，持以爲匹，此無愧辭。

既玉帛未巡，/銅柱猶闕。欲先文德，必有羈縻。顧懷終賈，實應其選。復拜散騎常侍〔七〕，爲聘梁使主〔八〕。眷彼東南，非/唯竹箭，國不可小，彼有人焉。而君辭擅翰林，言窮辯囿。莫不心醉神駭，懷我好音。使還，尋以公/事去職。後兼太府少卿，除給事黄門侍郎。位列親近，任參宰斷。公家之事，實有力焉。

天道輔仁，/不言而信。斯若可恃，宜其永年。而亭午淪暉，中霄墜羽。長收玉樹，永敗菆蘭。以武定七年四月/廿七日卒〔九〕。魏詔贈使持節、都督殷州諸軍事、征南將軍、太常卿、殷州刺史。齊詔贈侍中、使/持節、都督殷滄二州諸軍事、車騎大將軍、儀同三司、殷州刺史。君性理明慧，志識超遠。出言必/雅，非德不行。御雜以和，養交唯敬。又抽奇石室，剖異名山。盡老屋之遺文，窮毁塚之殘册。迴千/載於目前，置四海於掌上。兼思比興雲，辭同寫水。實見賞於休弈，非假名於嗣宗。加以世有達/人，門多貴仕。雖七公十侯之重，五馬六龍之盛，未能加也。而虚心引拂，殊流共歸。敵年齊軫，父/黨畢至。高堂日滿，罇酒不空。散膏澤於樞機，流光華於几席。莫不周章藻績，被服威容。而唯生/與位，俱未報善，遽信鍾君之言，遂負建平之相。天之不厚，良驗於茲。以天保元年十二月十日，/窆於黄石山東十里。慮亡陜遺簡，有乖事實。圖金寫石，豈異幽明。乃作銘曰：/

累土巖巖，長原森森。至人何貴，非魚非鳥。不顯弈葉，師韓相趙。自斯以降，藍田生寶。宣王邁種〔一〇〕，/位隆衮衣。兖州樹績，功立名歸。令君垂範，没有餘暉。三組若若，四牡騑騑。世留舊德，家鍾餘慶。/之子之生，金相玉映。天情信厚，率由孝敬。蘭室同歸，清流可泳。亦既從仕，實應嘉招。文酋綸閣，/神王宰朝。夕郎務理，揆轄功高。輶軒遠萃，實颺華貂。行驅逸足，方矯輕翰。年光未邪，生塗始半。/命之不淑，遽收遐算。儵如烟聚，忽同霧散。即宫曠野，飲餞嚴城。風酸夜鐸，霧繞晨旍。山禽自響，/壟月徒明。物是時異，空見哀生。

長兄希遠，州主簿〔一一〕。二兄希宗〔一二〕，殷州刺史，司空文簡公。三/兄希仁〔一三〕，侍中、領左右、太子詹事、靈武縣開國男〔一四〕。第五弟希禮，太常卿，兼廷尉卿〔一五〕。長女湘華/□帝嬪〔一六〕。大兒元卿，第二兒仲卿〔一七〕，第二女寶勝，小女寶女。/

【注釋】

〔一〕君諱騫字希義：《魏書》、《北史》本傳同。《李憲墓誌》云：「第四子騫，字景讓。」《八瓊室金石補正》卷一八《儀同三司文静公李憲墓誌》補正：「騫，字景讓，與《傳》言希義者不同。疑初名希義，後改爲騫，遂以名爲字也。」今按：以數子名希遠、希宗、希仁、希禮例之，希義當是名；以數子字景沖、景玄、景山、景節例之，疑名希義，字景讓，後改名希騫，又省名「騫」。《古今姓氏書辯證》卷二一亦載其名「希騫」。唐元和十二年《唐故譙郡永城縣令趙郡李府君墓誌》謂李嵩「五代祖諱希騫，有盛名于元魏也」；大中十年《唐故柳州刺史趙郡李府君墓誌銘》謂李璞「八代祖希騫，仕後魏爲黄門侍郎」。《新唐書·宰相世系表二上》謂其名「希騫，字希義」，恐非是。

〔二〕文諍公：李式之子李憲，字仲軌。《魏書》本傳作「文静公」，當以墓誌更可靠。

〔三〕禮：右側略有石花，金傳道釋作「祉」，誤。

〔四〕鄒：微泐，排除石花，輪廓基本清楚。金傳道釋文缺。

〔五〕尚書左丞：「尚」字泐蝕，僅存殘畫；「丞」字全泐蝕，據文例，參以《魏書》本傳録文。

〔六〕違：泐蝕，但尚存殘畫，據殘痕輪廓，參以文例録文。

〔七〕拜：泐蝕，僅存右下角殘畫，據殘痕，參以文例録文。金傳道釋作「兼」，不取。

〔八〕爲聘梁使主：《魏書》本傳載其事，但僅作「仍以本官兼散騎常侍使蕭衍」，不載其官職。

〔九〕以武定七年四月廿七日卒：《魏書》本傳載，誌主「死於晉陽」，未言死因，疑非善終。

〔一〇〕邁：原刻作「勱」，爲異體字。「邁種」出《尚書》。金傳道釋作「勵」，誤。

〔一一〕州主簿：《魏書·李順傳》：憲長子「希遠，字景沖，早卒。」不載曾官「州主簿」。

〔一二〕二兄希宗：《魏書·李順傳》附希宗，字景玄，曾「出行上黨太守，尋而遘疾，興和二年四月卒於郡，年四十。贈使持節、都督定冀滄瀛殷五州諸軍事、驃騎大將軍、司空公、殷州刺史，謚曰文簡」。《李希宗墓誌》與之相合。殷州刺史是其贈官。

〔一三〕希仁：「希」字模糊，「仁」字構建「亻」泐蝕，據殘畫，參以史傳録文。《魏書·李順傳》：「希宗弟希仁，字景山。武定末，國子祭酒、兼給事黄門侍郎。」墓誌所載官爵與史傳多不合。

〔一四〕靈武縣開國男：「靈武」、「男」三字微泐，但輪廓基本可辨。

〔一五〕兼廷尉卿：四字微泐，但輪廓可見。《魏書·李順傳》：「騫弟希禮，字景節。武定末，通直散騎常侍。」墓誌所載職官與史傳亦不合。另據《魏書·李順傳》載「希遠兄長鈞，興和中，梁州驃騎府長史」「希遠庶兄長劍，興和中，梁州驃騎府長史」。因爲是庶出，墓誌不載，而史傳兩處出現，長鈞、長劍，疑實爲一人。

〔一六〕長女湘華□帝嬪：「長女湘華」、「帝」五字微泐，但輪廓可見。金傳道據《李憲墓誌》記載，李騫僅有一女，名寶信，認爲此當即李騫長女。但墓誌明載「長女湘華」，其説恐非。

〔一七〕仲：微泐，據殘畫，參以文例録文。李騫子女《魏書》、《北史》本傳均不載，墓誌可補其缺。

〇一七　高淹夫人馮娑羅墓誌

北齊天保四年（五五三）九月一日

墓誌近年出土於河北省邯鄲市臨漳縣古鄴城遺址附近，拓片高43釐米，寬44釐米，誌文二十五行，滿行二十八字，隸書，有縱横界格。原石自右向左斜斷左上角，經黏合，文字均可辨。誌蓋缺。誌主之夫高淹，北齊太祖獻武帝高歡的第七子，文宣帝高洋之弟。《北齊書》、《北史》均有傳。

大齊平陽王國故昭妃馮氏墓銘〔一〕。／

妃姓馮，諱娑羅，長樂信都人。基構崇深，原流濬遠。冠冕繼軌，德行相承。四／葉公門，不獨盛於往日；九世卿族，豈足比於當今。高祖魏大司馬、假黄鉞、／昌黎武王；曾祖侍中、尚書、東平公；祖司空公，並以積行累功，自致貴仕。匡／時勤志，爲前代良臣。父光禄大夫，體度沖邃，識懷惇厚。

妃生於深閨，剋挺／正氣。禀家風而自遠，習世業以大成。職是女工，固已閑於絺綌；不圖博士，／而亦略觀經傳。加以尊敬師傅，聽從阿保。五禮聿脩，四德爰備。用能具兹／百兩，作配千乘。身潤家肥，聲高實遠。及鼎命惟新，憲章在昔。天保元年九／月七日有詔：朕受天明命，君臨萬邦。錫符魯衛，分器河楚。奄有千乘，／作輔王室。驃騎大將軍、開府儀同三司、尚書令，兼御史中丞、京畿大都督，／平陽王妻馮，以兹令問，入配皇枝。國禮家情，宜崇名秩，可爲其國妃〔二〕。雖復／名號已隆，車服加等。而能處滿不溢，在貴逾撝。豐禮約躬，先人後己。夙夜／無殆，造次弗違。美紘綖而必親，譏服繡之違典。識悟通遠，容止閑華。物論／挹其風儀，朝旨嘉其婉順。庶膺上壽，永贊懿蕃。天不假年，奄從朝露。／春秋廿二。以天保四年七月辛酉朔，十五日乙亥，薨於國邸。朝廷嗟愍，有／詔：平陽王國妃馮氏，作配蕃闈，聲望俱允。不幸早世，情以傷惻。哀往飾終，／抑唯典禮。可贈平陽王國妃，追謚曰昭。以其年九月庚申朔，一日庚申，遷／葬於鄴縣之西堈。居諸易久，陵谷難常。聊鐫金石，粗寄餘芳。其詞曰：／

於穆高門，世傳風則〔三〕。爰挺淑令，芳猷允塞。女也有行，自家形國。延葛著美，／居巢表德。是稱柔婉，實號仁明。由中察外，望顔知情。容華灼灼，顧步亭亭。／如花方茂，比月斯盈。花亦茂矣，未繁者實。月既盈哉，奄虧其質。媚兹伉儷，／和猶琴瑟。一朝至此，萬事長畢。方辭甲第，永即玄宫。玄宫此始，甲第斯終。／前旌委霧，挽唱隨風。恨深泉壤，悲感倉穹。水必東注，日常西下。窮理拔山，／孰能匡者。鐃吹去國，威儀適野。藹藹荒原，素車白馬。車馬暫合，親戚長違。／幽埏獨掩，孤櫬不歸。嗟乎大夜，終古爲期。春秋非己，日月徒輝。／

天保四年九月一日。／

【注釋】

〔一〕平陽王：高淹，北齊太祖獻武帝高歡之子，穆氏所生。高洋禪位後，於天保元年封高淹爲平陽王。《北齊書・文宣帝紀》：天保元年六月「尚書左僕射淹爲平陽王」。又，七月「乙卯，以尚書令、平原王隆之爲録尚書事，尚書左僕射、平陽王淹爲尚書令」。與墓誌多相合，唯没有驃騎大將軍、開府儀同三司、御史中丞、京畿大都督，乃史傳舉其大者言之。至於乾明元年，「以前司空、平陽王淹爲太尉」；皇建元年，「以太尉、平陽王淹爲太傅」；太寧元年，「以太傅、平陽王淹爲太宰」；河清三年十二月「己未，太宰、平陽王淹薨」，那已是夫人死後之事，故墓誌未及。

〔二〕封馮氏爲王妃之事，史傳不載。

〔三〕則：當殘斷處，但殘畫輪廓尚可辨。

〇一八　杜欑墓誌

西魏元欽二年（五五三）十一月二十五日

墓誌出土於陝西省西安市長安區，具體出土時間、地點不詳。拓片高 36 釐米，寬 37.5 釐米；誌文十八行，滿行十八字，正書，有縱横界格。誌蓋缺。誌主是北魏皇室元澄女婿，追隨孝武帝入關中，受到重用。《周書・杜杲傳》曾提及，但作「杜瓚」。

魏故使持節、都督東秦州諸軍事、車騎大將軍、/東秦州刺史、刈陵縣開國子杜君墓誌。/

祖嗣伯，雍州州都，贈京兆太守。/父道進，武功太守，贈秦州刺史，謚曰文宣公。/

君諱欑〔一〕，字寄茂，京兆杜陵人也。幼以孝第垂名，/長以廉平著稱，年十八，爲員外散騎侍郎，除太/僕少卿，又除給事黄門侍郎、散騎常侍。俄遷度/支尚書，又授使持節、安西將軍、岐州刺史、當州/都督。又除驃騎將軍、東雍州刺史，又除東秦州/刺史。以從駕入關，封刈陵縣開國子，食邑四百/户，尋除車騎大將軍。

春秋卌五，以大統四年八/月薨于長安。朝廷追悼，贈北雍州刺史，謚曰惠。/公妻元氏，新豐公主〔二〕，河南洛陽人也。父司空/

公，任城王澄。夫人體度端凝，四德咸備。春秋廿/九，永熙二年六月遘疾，薨于長安。朝廷追贈京/兆郡公主。二年歲次癸酉〔三〕，十一月庚申朔，廿五/日甲申〔四〕，合葬于小陵原，天長地久，乃立誌焉。/

長子士⿱艹史〔五〕次子士峻，次子士林，次子士旋。/

【注釋】

〔一〕檟：《周書・杜杲傳》作「瓚」，《北史・杜杲傳》作「攢」。當以墓誌更可信。

〔二〕新豐公主：北魏孝武帝之妹。《文獻通考》以爲孝武帝女，誤。《周書》、《北史》、《册府元龜》均作「孝武妹」。《周書・杜杲傳》：「杜杲，字子暉，京兆杜陵人也。祖建，魏輔國將軍，贈豫州刺史。父皎，儀同三司、武都郡守。杲學涉經史，有當世幹略。其族父瓚，清貞有識鑒，深器重之。常曰：『吾家千里駒也。』瓚時仕魏爲黄門侍郎、兼度支尚書、衛大將軍、西道行臺，尚孝武妹新豐公主，因薦之於朝廷。」

〔三〕二年：指西魏前廢帝元欽二年。據墓誌，夫人永熙二年卒，六年以後，誌主於大統四年卒，於前廢帝元欽二年合葬。

〔四〕十一月庚申朔廿五日甲申：考長曆，西魏前廢帝元欽二年十一月己未朔，閏十一月己丑朔，其二十五日均非甲申。該年九月庚申朔，二十五日正值甲申，「十一月」應爲「九月」之誤。

〔五〕⿱艹史：字書不載。疑是「艾」的俗字，存疑待考。

〇一九　王子敬造像記

北齊天保五年（五五四）九月二十九日

造像碑出土於河南省鄭州市境，具體出土時間、地點不詳。拓片高35釐米，寬45釐米，銘文十六行，滿行十五字，正書，有縱横界格。石左半殘損，拓片未全拓造像，僅拓造像發願文和左側佛龕的一半，從殘存佛龕造像，可知造像爲一佛二菩薩。佛像主尊坐於覆蓮，有背光。

大齊天保五年〔一〕，歲次甲戌，九月甲申/朔，廿九日，王子敬造。/

夫妙法沖豊〔二〕，旨理幽賾。非形無以表其/原，非言莫能曉其趣。是以大聖如來，欲/使迷駕迴輪，以路改轍，故託迹駕夷，應/生曰淨。化緣既周，唱滅雙樹。

是以合邑/卅餘人等，□仰念慈顔〔三〕，如飢若渴，迭相/契率，舍竭家珍，敬造天宮石像一塸。坎/室巖危，真容想備。可謂光連霄漢，暉拂/雲池。殊姸獨妙〔四〕，莫之能並。仰爲皇祚永/延，四夷慕化。干戈摧輪，戎車息駕。又願/師僧父母，因緣眷屬，願使騰空三界，託/趣道場。龍華三會，俱登上首。逮及法界/有形，普沾道澤，同獲妙果。其辭曰：/

巍巍寶塔，拂漢過雲。陵霄度月，日下無/群。以斯殊妙，一切同遵。/

【注釋】

〔一〕大齊：「大」字全泐，「齊」字僅存殘痕，據文例録文。

〔二〕夫：泐蝕，僅見垂足。據文例録以備參。

〔三〕□仰念慈顔：「仰」上一字基本清楚，但草率，似「然」字，但文意費解，存疑待考。

〔四〕姸：原刻作「玭」，爲異體字。

○二○　道邕造像記

北齊天保九年（五五八）二月九日

原碑出土時間、地點未詳。造像碑上爲一坐佛，頭部已殘損；中間鑿一龕，内雕鐫一佛，龕上及左右題銘文；下部鑿一龕，内亦雕鐫一坐佛，龕上方及其左右爲造像發願文。拓片高77釐米，寬31釐米，發願銘文十二行，行字數不等，均正書。

天保九年，/二月九日，比丘/道邕，仰/爲亡師造/像。願亡師/［託］生淨土彌勒佛所。/

同州石匠武遇，/河府石匠孫福〔一〕。/

大齊天保八年，十二月辛未/朔，廿五日，懷州武德郡人，/佛弟子梁弼，前虎旅將軍、/攝徐男，後加中堅將軍，行/□□□爲本州別/駕。至廣□□□/□之。爲亡考造觀/世音像一區，願使亡父/託生西方妙樂國土，後/爲阿孃兄弟姊妹家/口，見存德福，後爲國王/帝主，衆生俱登彼岸。/

大齊天保八年十二月辛未。/

衛州獲嘉縣羅吉，嘉祐二年申酉所記立〔二〕。/

【注釋】

〔一〕河府石匠孫福：「河府」，具體不知所指。作爲行政區劃，北齊不稱府，唐代以後始稱府。「孫」字甚簡率，録以備參。

〔二〕嘉祐：北宋仁宗年號，説明該行爲後人補刻。

○二一　元儒墓誌

北周明帝二年（五五八）九月三十日

墓誌出土於陝西省西安市長安區，具體出土時間、地點不詳。拓片誌高、寬均 44 釐米；誌文八行，滿行九字，正書。墓誌有餘石面，但未刻銘詞，乃是草率製作。誌蓋缺。

燕郡公墓誌。/

公諱儒，字子仁。何南洛/陽〔一〕，魏文皇帝弟九子〔二〕。/魏後三年正月〔三〕，封燕郡/公。

元年二月十八日薨〔四〕。/二年九月卅日，窆于小/陵原。

陵谷不常，爰立玆/誌，令知公墓焉。/

【注釋】

〔一〕何南：通「河南」。河南元氏，本鮮卑拓跋氏，原居代北，在今山西大同、雁門關以及内蒙、遼東一帶。太和十九年北魏孝文帝南遷洛陽後，改拓跋氏爲元氏，並著籍河南，後世遂稱河南人。

〔二〕魏文皇帝：應指西魏文帝元寶炬。詳參《北史・魏本紀》。

〔三〕魏後三年：西魏前廢帝三年春，宇文泰殺元欽，擁立文帝第四子拓跋廓即位，是爲恭帝，無年號，史稱魏後帝。歷時三年，於恭帝三年十二月遜位於宇文氏，北周孝閔帝宇文覺即位，西魏滅亡。詳參《北史・魏本紀》。

〔四〕元年：無帝王年號，當是北周明帝。北周閔帝即位，於次年薨逝。九月，周明帝即位，初亦無年號，史稱明帝元年。下之「二年」當即北周明帝二年（五五八）。

○二二　拓王道貴墓誌

北周武成二年（五六〇）正月二十一日

墓誌出土於陝西省西安市郊區，具體出土時間、地點不詳。拓片誌高、寬均37釐米；誌文八行，滿行十一字，正書，有不規則縱横界格。碑文簡短，無履歷事迹。誌蓋缺。拓王氏曾改爲王氏，西魏、北周時恢復舊姓拓王。

顧拓王道貴墓記〔一〕。/

道貴，魏普大元年十月十五/日〔二〕，在秦州身喪。今周武成二/年正月廿一日，遷葬在山北/縣御宿北原所。陵谷〔三〕，故立銘/記。/

周武成二年正月癸丑朔，廿/一日己未〔四〕。/

【注釋】

〔一〕顧：當作「故」，典籍不見二字假借文例，疑是誤書。

〔二〕普大：即「普泰」，北魏節閔帝年號。建明二年二月，節閔帝即帝位，改元普泰，該年十月安定王即位，改元中興。則誌主身喪秦州在同月。當時北魏已處於衰亡邊緣，内部依靠不同的政治勢力，互相殘殺。誌主可能非壽終。

〔三〕陵谷：此處應有漏刻。據墓誌文例，一般表示恐陵谷遷改，故立銘記之類的内容。墓誌製作草率，不僅没有銘辭，而且文未刻完，可能是爲了趕埋葬時間，來不及刻完全文。

〔四〕廿一日己未：據長曆，北周武成二年正月癸丑朔，廿一日應是癸酉，「己未」誤。

〇一三　張道元造像記　北周保定二年（五六二）

造像石出土於陝西省境内，具體出土時間、地點不詳。四面造像，下有方形底座。拓本只拓了碑座發願文和造像題名，未拓造像。拓片陽、陰兩面均高33釐米，寬90釐米，左、右兩面均高33釐米，寬81釐米。一面刻發願文，銘文三十三行，滿行約十三字不等，有縱綫界格。其餘三面鐫刻立身供養人像，綫條流暢優美，各有出資人榜題。銘文均正書。

第一張

夫至性體寂，故託像以應娑婆；真/容静廓，現質以歸敬。是以波斯鑄/金，憂田尅木，並戀仰聖顔，爲含生/歸厝。至於隱顯神變，化必異端，理/絶言教，非下地所惻，於是尊之以/資身，憑之抑苦。

有像主張道元/及四部大衆一百人等，體别/心同，建八關邑〔一〕。半月懺悔，行籌布/薩。夙宵不眠，慚愧自憤〔二〕，策列五情，/心居正念，改往修來，志超彼岸。故/能各捨已珍，慕崇真趣。於周武成/二年，歲次庚辰，仰爲皇帝陛下，/晉國公，群僚百辟，及法界有形，造／无量壽像一區。菩薩侍童，金剛天／華，皆剋木金度，五色神播，六十五／口，建立寶幢，高六十尺。

至保定二年，歲次壬午，像主張操／□復師合造釋迦像一區。採石冥／山，匠盡奇思，光顏赫弈，衆相具足。／置善會寺庭，聞者踴躍，競奔見則，／瞻無暫捨。可謂能人再現於／周世，鹿野重宣於當辰。群心／顒顒，何以能盡，再忻再躍，銘／讚興頌，其辭曰：／

巍巍至性，玄哉叵測。應感娑／婆，化周寂嘿。亹亹迷徒，時／無救護。鑄金剋木，虔恭流布。／慇慇四部，半月懺悔。戒行／明潔，十地無㝵。顒顒群心，／體別志同。採石冥山，匠盡□／工〔三〕。赫赫靈容，万相純備。能／人再現，鹿野重熾。／

邑長張北野〔四〕。

第二紙

第一層

□□□□□，／邑子鄒神姜，／邑子周金光，／邑子楊小女，／邑子張榮好，／邑長辛午陽，／邑□李勝妃，／邑主龐男俗〔五〕，／化主任龍姬，／比丘尼明藏，／比丘尼淨林，／比丘尼法明，／比丘尼惠興，／比丘尼僧化，／比丘尼智玉，／比丘尼智香，／比丘尼僧閏，／比丘尼僧姿，／比丘尼法雲，／比丘尼智静，／邑子馬僧伏，／邑子程景徽。／

第二層

邑子張始映，／邑子劉金妃，／邑子尉乙姬，／邑子杜隴妃，／邑子夏侯端□，／邑子周先妃，／邑子丁畔姬，／邑子劉郝諸，／邑子曹市先，／邑子魏阿容，／邑子董香，／邑子張道姿，／邑子王舍女，／邑子張娥容，／邑子魏妙勝，／邑子秦阿花，／邑子梁花容，／邑子馬婆女，／邑子段荀女，／邑子劉白女，／邑子張承先，／邑子冉肆。／

第三紙

第一層

邑子馬巴奴，／邑子郭昌和，／邑子王定和，／邑子王道和，／邑子王僧豊，／邑子王良翟，／邑子王婁，／邑子馬神達，／邑子王大隴，／邑子張要歡，／邑子程迴周，／邑子韓善榮，／邑長房智儁，／邑長王徽坦，／邑長劉長樂，／邑長鄭遠，／邑長王曇遠，／邑長王祖伯，／光明主王

但生〔六〕，/□□主王醜。/

第二層

邑子焦買，/邑子張和徽，/邑子王緒，/邑子王徽禮，/邑子王順和，/邑子劉老生，/邑子王聞達，/邑子程僧和，/邑子程僧粲，/邑子張景徽，/邑子楊和順，/邑子王賀拔，/邑子劉保得，/邑子馬伯順，/邑子王僧起，/邑長楊元哲，/邑長楊顯業，/邑長王元引，/登明主王□□，/□□□□。/

第四紙

第一層

都維那王暉景，/都維那王興族，/邑□崔永，/都化主王念，/邑師比丘法信，/邑師比丘洪正，/邑師比丘法生，/邑師比丘法巍。/邑師比丘法景，/邑師比丘曇義，/邑師比丘道容，/比丘法銘，/比丘法僑，/比丘惠辯〔七〕，/化主樊嵩。/花□王徽業。/

第二層

齋主□□□，/典坐李道茂，/侍者王伏宜，/治律魏景標，/典録王伏保，/邑長王義起，/化主王顯達，/釋迦像主士張操，扶風人。/

無量壽像主張□元，/化主張□少，/典録王遠，/治律胡突騎，/侍者楊思歸，/典坐王景略，/齋主田婆羅。/

（中部上鐫刻香爐，下刻二造像題名）

香火王舍愁，/香火王奐。/

【注釋】

〔一〕八關邑：當是指「八關齋」，典籍不見有稱「八關邑」者。

〔二〕憒：應是「責」的加形字。

〔三〕匠盡□工：「盡」下一字泐蝕，僅存殘痕，疑是「巧」字，存疑待考。

〔四〕邑長：同「邑主」，社邑職事名，爲社邑的主持者。六朝造像中多作「邑主」。不過本造像「邑長」與「邑主」並提，似又有區别，存疑待考。

〔五〕男：略有石花，似「男」或「界」字，暫定作「男」。
〔六〕光：泐蝕，僅存殘痕，據殘畫，參以文例，應是「光」字。
〔七〕辯：原作「⿱巧言」，爲六朝新造字，會巧言爲辯之義。

○二一四　拓跋濟墓誌

北周保定二年（五六二）閏二月

墓誌出土於陝西省華陰市境，具體出土時間、地點不詳。拓片誌高、寬均34釐米；誌文十三行，滿行十四字，正書，有縱橫界格。誌蓋缺。誌主爲北魏皇室。孝文帝南遷洛陽，拓跋氏改姓元氏，北周時恢復舊姓。

周故使持節、車騎大將軍、儀同三司、/大都督、左金紫光禄大夫、趙平郡守、/冀州刺史、吐故縣開國侯拓跋濟墓/誌銘〔一〕。/

君諱濟，字肆周，恒州人也。春秋六十/六，以保定二年閏月中薨〔二〕，遷葬於華/陰之里。

濟祖倍斤，襄常山王品。除/平原鎮都大將，後除東雍州刺史。/祖親赫連昌妹。/

濟父老德，孝文皇帝內三郎〔三〕，北秀容/太守。濟母爾朱氏杜真斤女。/

濟亡妻真氏，恒州鶉武郡君。/妻王氏，靈州永豐郡君。/

【注釋】

〔一〕吐故縣：典籍不載。唐代其他墓誌亦不見。存疑待考。
〔二〕以保定二年閏月中薨：據長曆，北周保定二年閏二月辛丑朔。閏月中，指二月的某一天，原刻没有確切時間，這在墓誌中是少見的。
〔三〕內三郎：北魏宮中宿衛官，《魏書·官氏志》不載，但書內曾見，如《陸真傳》：「世祖初，以真膂力過人，拜內三郎。」

○二五　王洛根等造像記

北周保定五年（五六五）四月八日

造像石出土時間、地點不詳。拓片高24釐米，寬12釐米。上部鑿一佛龕，内鐫刻一坐佛，二脅侍；兩側有題記；下部刻發願文四行，行字數不等，均正書，文字草率，石面略模糊。

龕右側

皇□利。/

龕左側

大周保定五年，歲次乙酉，四月癸丑/朔，八日庚申，佛弟子葉高和，減（下缺）/

王洛根敬造石像一傴，□□□七/世父母，所生父母，合家眷属，常与/善俱。三徒八難〔一〕，速令解脱。生生/世世，咸同斯福，願願從心。/

【注釋】

〔一〕三徒：當作「三途」，「徒」通「途」，亦作「三塗」。

○二六　拓跋昇墓誌　北周天和二年（五六七）三月一日

墓誌出土於陝西省西安市郊區，具體出土時間、地點不詳。拓片誌高40釐米，寬45釐米；誌文二十一行，末行刻於石左側，滿行二十字。正書，有縱横界格，誌蓋缺。

大周光州刺史拓跋君墓誌。/

君諱昇，字長宗，河南洛陽人也。洪基遠胄，焕諸方策，/可略而言矣。蟬聯冠冕，世不乏賢。祖通直散騎常侍，/兼該文武。父上洛郡守，具敏孝忠。

君夙傳家業，立清/白之操；早殉國誠，厲風霜之節。解褐威烈將軍、奉朝/請。屬關東寇繞，大駕西遷。去逆歸從，備嘗夷險。又補太祖親信，便煩左右。翼翼小心，調爲都督。轉鎮/東將軍、金紫光禄大夫、帥都督，戍王壁。以寬仁御下，/剛毅威邊。俄授東垣縣開國子，食邑二百户。若不效/同吴耿，豈得享斯封爵；功次韓彭，何以祚兹茅土。

爲/峰始遘，一匱遽頽〔一〕。遇疾于家，奄從物故。春秋五十有/一。天子嗟傷，朝府痛惜。追贈光州刺史，本官如故，/禮也。以天和二年，歲次丁亥，三月癸卯朔，一日壬申，/葬於京兆郡山北縣小崚原。嗣子慶集，風樹之悲既/深，蓼莪之思彌結。是以或鐫金石，旌此嘉猷。乃爲銘/曰：

綿綿遐裔，世有英奇。通直早達，上洛生知。猗歟/夫子，夙禀庭規。振威邊境，奮節臨危。忠誠慷慨，識變/知機。勲公效績，光烈前徽。平生未聘，莊志長違〔二〕。龜筮/有限，窀穸已及。絳旐飄飄，龍輴岌岌。壟霧晨昏，松風/夜入。道長世促，天遐地久。用勒幽泉，式旌無朽。/

妻尉遲氏，息慶集，息何師，息女婆女。／

【注釋】

〔一〕匱：通「簣」。

〔二〕莊：原刻爲俗字，通「壯」。

○二七　薛君妻叔孫多奴墓誌

北齊武平元年（五七〇）十二月十七日

墓誌出土於二〇〇八年南水北調工程安陽段第九標段M3，石現藏河南省安陽市中國文字博物館。誌石高54釐米，寬55釐米；誌文十八行，滿行二十字，隸書，已含楷法。誌蓋高67.5釐米，寬50釐米，陰文篆書，二行，行四字，題「故叔孫夫人墓誌銘」，左右兩側中部有二鐵環，已經鏽蝕。

齊翊軍將軍、豫州別駕薛君妻叔孫夫人墓誌銘。／

夫人諱多奴，清都成安人也。締緒前王，命氏中葉。人／俊繼軌，世禄不渝。祖安都，魏南安王友、燕州刺史。／崇標逸概，有美時談。父季文，魏石門男，高情勝託，／見推士友。

夫人禀粹開靈，含和挺質。神韻清舉，風制／柔閑。縱容圖史之間，慇懃針縷之迹。顧眄婉而成則，／衆姬仰之不逮。亦既有行，作配君子。虔以奉上，惠而／接物。一壺致如賓之敬，二族無可間之言。琴瑟已和，／疵孽斯屏。宜遂偕老，剋終輔佐。

而苕華獨茂，桂枝先／落〔一〕。一罷荀倓之宴，空餘潘子之悲。以大齊武平元年／九月廿六日遇疾，終於豫州北薛寺。其年十二月庚／辰朔，十七日丙申，歸窆於鄴城西南卅里所，泉火徒／然，墳香且歇。惟徽音之可寄，顧玄石之在茲。其銘曰：／

玉以瑜潔，蘭亦幽香。猗歟淑媛，譬彼貞芳。榮曜秋菊，/明厲冬霜。觀箴敕己，問史知方。惟邦之令，配時之良。/聲和灌木，價重河魴。手裁冰霧，饋潔醠漿。綢繆姻戚，/婉孌匡床。秋風淒戾，夜水湯湯。繁華一落，厚夕何長。/扇塵餘笥，琴留故房。來遲空作，無慰神傷。/

【注釋】

〔一〕桂：原刻形訛，似「柱」，乃是「桂」字省去一横畫。誌文「桂枝」與「苕華」對舉，故應爲「桂」字。

○二八　劉通墓誌

北齊武平三年（五七二）十一月二十三日

墓誌出土於二〇〇七年南水北調工程安陽段第九標段M1，石現藏河南省安陽市中國文字博物館。誌石高68釐米，寬68釐米，誌文二十七行，滿行二十七字，隸書，有縱横界格。誌蓋高68釐米，寬68釐米，陽文篆書，三行，行三字，題「齊故開府儀同劉公銘」。兩側中部原有鐵環各一，已鏽蝕脱落。誌主《魏書·崔休傳》曾提及。傳世文獻一般作「劉殺鬼」。《北齊書·樊遜傳》、唐裴孝源《貞觀公私畫史》、唐張彦遠《歷代名畫記》等多見記載。劉通作爲北齊丹青聖手，該墓誌的出土，對於北朝史特別是中國繪畫史的研究，具有重要價值。

公諱通，字殺鬼〔一〕，太安狄那人也。昔咒起華封，唐朝富其貽厥；圖開水市，/炎運啓其維翰。金行不競，避地遼海。雖負荷未遠，而析薪彌盛。乃祖乃/考，世爲鄉酋。有文有武，立功立事。

公膺半千之運，懷體二之才。幼表希/聲，長多壯節。少以哀家之胄，占募有功。解巾積射將軍。魏鼎方輕，周川/以震。太祖神武皇帝奮此長轡，初弘霸圖。公室對中陽，勳參上墋。/以正都督除代郡太守，轉中散大夫。高仲密以虎牢外叛，遠結秦隴。赫/赫東都，群飛不制。我爲先路，殪彼觸山。除河陽鎮將〔二〕，久之，遷使持節、梁/州諸軍事、征虜將軍、梁州刺史。地惟魏徙，都會在焉。吹臺餘哥管之聲，/沮渙濯黼黻之色。人物殷雜，澆僞攸生。公術以剬之，一變成道，以本將/軍尋除潁州刺史〔三〕。

皇齊改物，復遷郢州刺史，封蒙水縣子，食癭遥縣/幹〔四〕。別封新市縣開國男，邑二百户。又除驃騎大將軍，儀同三司，尋加開/府，出爲瀛州六州大都督。公機神標映，牆寓凝深。事必生知，無待名教〔五〕。/雖南林擊猿之術，南皮射雉之工，道秘枕中，兵傳圯上。攀雲而舉，捧日/而遊。令圖共金石相宣，逸氣與烟霞俱上。及位侔星鼎，望高廊廟。顧龍/祈如糞土〔六〕，比富貴於浮雲。故以榮辱兩忘，得喪俱遣。

方斯仁者必壽，永/贊隆平。而劉禎之疾忽侵，雍門之悲奄及。武平三年四月三日，薨於所/部。以十一月廿三日，窆於鄴城西南廿五里野馬崗南。詔贈使持節、安/平趙三州諸軍事、趙州刺史、中書監，禮也。道長世短，海徙山藏。將恐桂/陽縣裹，無復人民之舊；闕里宅内，唯餘琴瑟之聲。若不銘此貞石，訖兹/幽壤，何以識滕令之城，表曹侯之墓。詞曰：/

探珠南海，採玉西崐。我求明德，還因盛門。高車四馬，長載旌旙。知希則/貴，道在爲尊。昌源不已，猗歟才子。孝充竭力，忠遺虚己。内結權奇，外贊/英峙。寒交每折，春水方生。戈船旦動，櫪馬宵驚〔七〕。將軍擁劍，秉律横行。衛/霍非武，孫吴媿名。屢属褰帷，遂膺衮服〔八〕。民庶載仰，台階遺肅。鵬飛息海，/鴻漸罷陸。天下嗟傷，辰中發愴。冠軍知寵，長安照葬〔九〕。文物葳蕤，聲鳴寥/亮。佳城一掩，祁山已望〔一〇〕。昔遊京洛，道上光生。金素荒隴，相看涕澪。霜才/草色，風動松征。人生到此，空擅高名。/

【注釋】

〔一〕殺：左上角稍殘，但輪廓清楚，據以録文。

〔二〕河陽鎮將：河陽，春秋晉邑，在今河南省孟縣西，以其在黄河之北，故稱。其地南臨黄河，一直爲洛陽週邊重鎮。河陽鎮將，史傳不載，可補史缺。

〔三〕潁：原刻「水」訛似「天」，字形示意不顯，於是加「氵」偏旁累增。

〔四〕癭遥縣：應作「廮陶縣」，古縣名，西漢置，屬鉅鹿郡。《後漢書・桓帝紀》：「勃海王悝謀反，降爲廮陶王。」李賢注：「廮陶縣，屬鉅鹿郡，故城在今趙州廮陶縣西南。」

〔五〕待：原刻作「侍」，六朝碑刻中「亻」「彳」常訛混。

〔六〕祈：文意費解。疑應是「旂」的俗字。龍旂，畫有兩龍蟠結的旗幟，天子儀仗之一。《周禮·考工記·輈人》：「龍旂九斿，以象大火也。」鄭玄注：「交龍爲旂，諸侯之所建也。」賈公彦疏：「九斿，正謂天子龍旂。」

〔七〕宵：原刻作「霄」，爲異體字。

〔八〕膺：原刻微泐，排除石花，輪廓大體可辨。

〔九〕照：基本清楚，疑應是「照」的俗字，録以待考。

〔一〇〕祁山已望：「已」字右下角微泐，據輪廓應是「已」字。「望」字原刻模糊，排除石花干擾，據殘畫輪廓，參以押韻，應是「望」字，據以録文。

○二九　建崇寺造像記

北周建德三年（五七四）二月二十八日

碑石出土於清光緒十四年（一八八八）甘肅省秦安縣城南鄭家川，一九五四年入藏西安碑林，現藏西安碑林博物館。拓片碑石下有榫頭，碑座佚失。石高111釐米，寬50釐米，厚10釐米。四面刻，三面有造像，有長篇發願文和題名。額爲四螭交蟠式，高30釐米，寬50釐米。碑陽呈三級造像，開小方形龕，内鑿一座佛，碑身爲開屋形楣拱，龕頂並列七佛小龕，主龕鐫刻一佛二菩薩，二羅漢。下部刻造像發願文，銘文十六行，滿行十一字。碑陰額豎刻題額一行爲「建崇寺」，碑身上部開尖拱卷端式佛龕，内鐫刻一佛二菩薩二羅漢二比丘，龕側刻供養人題名和飛天圖案。下刻造像題名，拓片高65.3釐米，寬39.3釐米，銘文十六行，滿行十四字，左側題名二行，右側泐蝕不可辨，均正書，含隸書筆意，有縱横界格。因石面泐蝕，釋文僅供參考。《北京圖書館藏中國歷代石刻拓本匯編》（簡稱爲《北圖拓本匯編》）題名爲《宇文建崇石浮圖銘》，拓本不全。《隴右金石録》、《關中石刻文字新編》、《金石萃編補遺》及李舉綱、樊波《甘肅秦安出土北周〈宇文建崇造像碑〉》（《甘肅省博物館學術論文集》，三秦出版社，二〇〇六年，第二一四頁。簡稱「李、樊文」）等釋文有闕誤。

碑陽

惟建德三年〔一〕，歲次甲午，二月/壬辰朔，廿八日己未，佛弟子/本姓吕，蒙太祖賜姓宇文建崇。/

夫靈像神容，遺形異品，毗倫/贊道，敷五神之劫化〔二〕，顯揚設/教，斯疇百代。聚沙起塔，欲崇/虚之妙旨。崇寔因業淺，又□〔三〕/別將法和，爲國展效，募衝戎/首。從柱國、銚國公益州征討〔四〕，/因陣身故。是以削竭家珍，興/起福財〔五〕，造浮圖三級〔六〕，石銘壹立，/師子乙雙〔七〕。輒於冥積，採取將/來之因，身骸別流，欲追之懷，/寓於乙念之善〔八〕。又願帝祚永隆，萬國來聘〔九〕。普濟乙切，曠劫/師宗，六道衆生，同登斯福。/

碑陰

亡祖秦州都酋長吕帛冰，女定羌女。/驃騎大將軍、南道大行臺、秦州刺史、/顯親縣開國伯，亡伯興成，伯母帶神。/龍驤將軍、都督淅州刺史亡父興進，/亡母元要，亡母男娥，亡母僧姿。/亡叔法成，叔雙進。兄天猥〔一〇〕，弟道徇〔一一〕。/亡姊李姿，姊男姿，妹相男〔一二〕。/輔國將軍、中散都督，開國子宇文建〔一三〕。/輔國將軍、中散大夫，都督宇文嵩〔一四〕。/弟進周，崇息雍周、法達，孫洪濟。/崇妻王光容。

息女含徽，□子明月，/息妻王花，侄季和，/侄子孝，子慎，子恭，保和，達和，善和。/伯母王阿松，佐阿男，兄妻仵思妙〔一五〕，/弟妻王還輝，/侄女仙輝，小輝，卉女〔一六〕，/弟婦權常妙〔一七〕，息□女，侄王女〔一八〕。/

碑左側

佛弟子權法超，佛弟子王淳書〔一九〕，佛弟子權仕賓。/

妹皂花，妹明光。/

【注釋】

〔一〕德：模糊，據殘畫輪廓，參以干支，發願文「歲次甲午，二月壬辰朔，廿八日己未」，正是北周武帝宇文邕建德三年。

〔二〕敷五神之劫化：「神」、「之」二字微泐，殘畫似此二字。

〔三〕又□別將法和：「又」下一字原刻字形輪廓似「息」字，待考。

〔四〕銚國公：《關中石刻文字新編》、《金石萃編補遺》等均作「銚國公」，但查《周書》及其他史傳，不見銚國公。《周書》有越野王盛字立久突，武成初封越國公。但無征討益州事。《周書・文帝諸子傳》：「譙孝王儉，字侯幼突。武成初，封譙國公，邑萬户。天和中，拜大將軍，尋遷柱國，出爲益州總管。建德三年，進爵爲王。」《獨孤藏墓誌》「（武）帝第十弟譙王，作牧庸蜀，崇重英賢。」宇文儉曾出爲益州總管，與征討益州相合，但他在武成初封譙國公。姑存疑以待考。

〔五〕財：泐蝕，僅存殘畫，據輪廓録以備參。

〔六〕三：原刻有竪彎鈎，疑是衍畫。《關中石刻文字新編》《金石萃編補遺》等均釋作「七」，不取。

〔七〕師子乙雙：「乙」字用同「壹」字。「雙」字原刻上從「兩」，下從「隻」，會兩隻爲雙之義，是南北朝新造的異體字。

〔八〕寓：《關中石刻文字新編》、《金石萃編補遺》等釋文作「竊」，不取。

〔九〕聘：《隴右金石録》作「助」，李、樊文沿襲，恐非。

〔一〇〕猥：《隴右金石録》作「孺」，不取。

〔一一〕徇：微泐，《西行日記》作「伯」，存疑待考。

〔一二〕相：《隴右金石録》、《西行日記》、李、樊文均作「伯」，輪廓不類，恐誤。

〔一三〕宇文建：史傳不載。據造像發願文「佛弟子本姓吕，蒙太祖賜姓宇文建崇」，可知亦是少數民族，大抵是氐人。考北周賜姓宇文者多，但並無吕氏的記載，可補史傳之缺。

〔一四〕輔國將軍中散大夫都督宇文嵩：造像題名中有職官者有祖吕伯冰、伯父吕興成、父吕興進、宇文嵩等，史傳均不載，可補史缺。

〔一五〕作：微泐。

〔一六〕卉：微泐。

〔一七〕常：微泐。

〔一八〕侄王女：「侄」字微泐，《隴右金石録》、《西行日記》均作「姉」，存疑待考。「王」字，《隴右金石録》、李、樊文作「赤」。李、樊文作「姐赤女」，恐非。

〔一九〕王淳書：「書」，或以爲是書丹之「書」，或以爲是人名。以原碑三人同排並列，且在中間，與一般書丹者題名不類，疑仍當作人名爲是。

○三○ 陸君夫人李華墓誌

北齊武平七年（五七六）十一月九日

墓誌二〇〇八年出土於南水北調工程安陽段第九標段M119，石現藏中國文字博物館。誌石高67釐米，寬69釐米，銘文二十二行，滿行二十三字，字體在楷隸之間，有縱横界格。誌蓋高68釐米，寬68釐米，陽文篆書三行，行三字，題「齊故陸鄭州李夫人銘」，左右兩側中間有二鐵環，已鏽蝕。石從右向左斜斷，經黏合，基本完整。

齊故鄭州刺史陸君李夫人墓誌銘。/

夫人諱華，隴西狄道人也。世冑綿峻，門貺潛流。祖東徐使君/君〔一〕。考安州使君。並以道望優重，譽高當世。

夫人神情婉淑，姿/度端明。弱擅女師之風，幼協婦宗之美。時竊筆研，問覽箴圖。/投契千齡，了然無異。至如斑氏詩賦，知而弗語；蔡家音律，慙/之不爲。慇懃組織之工，留連酒醴之術。見稱邦族，行遠兄弟。/故司州主薄、著作郎、衛尉卿、鄭州刺史陸君名公秀子，令聞/令望。委禽云屬，御輪伊佇。於是家不息火，親結其褵。勖以箕/箒之勤，申以夙夜之戒。上殫孝敬，傍竭仁厚。敦教率禮，閨門/載穆。

但此生如寄，良人遽往。顧惟一子，罔識煢然。貞而弗渝，/志不可奪。厲心秉操，過人實遠。弘兹一節，作範二門。庶乎天/道，方期永錫。而風雨貽疾，營衛愆和。徒聞上池之水，俄深下/世之痛。以武平六年，歲次乙未，癸未朔八月廿日壬寅〔二〕，卒於/鄴都之第。春秋卌有三。暨武平七年，歲次丙申，十一月丙子/朔，九日甲申，祔葬於鄭州舊塋。海則成田，山聞爲隙。敬圖徽/範，永留貞石。其銘曰：/

升丘感雲，望闕邀氣。潛靈自遠，道存斯貴。峻趾崔嵬，長波費/冑。蘭菊無隕，芬芳可味。資此淳率，載誕閑幽。言工備舉，容德/兼脩。內瞻風裁，外揖聲猷。爰從嬿爾，終成好仇。乾乾肅慎，蒸/蒸祭祀。譽宣公族，室虧君子。窮孀孤胤，塊焉相恃。高節令名，/曷云能擬。俄辭館舍，奄同舟壑。窮埏再啓，幽魂永託。愁景蒼/茫，悲風蕭索。一棺方盡，千秋靡作。/

【注釋】

〔一〕君君：其中一「君」字爲衍文。

〔二〕癸未朔八月：據行文通例，應爲「八月癸未朔」。

〇三一　華端墓誌

隋開皇元年（五八一）

墓誌出土於陝西省西安市郊區，具體出土時間、地點不詳。拓片誌高41.4釐米，寬42釐米；誌文二十三行，滿行二十四字，正書，有縱横界格。誌蓋盝頂，高35釐米，寬34釐米，頂面陽文篆書，題「大隋華使君之墓誌銘」，四煞失拓。墓誌不載具體卒葬年月，僅載「大隋之初，即任東宫右内率」，不久便卒，姑且暫記於開皇元年。

大隋華使君之墓誌。/

君諱端，字世端。大寧武城人也。盤根始於微子，葉散殷王。既而/冠冕蟬聯，光于晉魏。祖爽，本郡太守。考紹，位重聲高，才匡王室。/孝昌之始，解褐奉朝請，歷任大行臺右丞、中書舍人、黄門侍郎、/使持節、驃騎大將軍、開府儀同三司、大都督、文州刺史，封高唐/縣開國侯，邑一千五百户。薨贈燕、幽二州刺史。

惟公神風挺秀，/寶器天成。樹玉嶺於藍田，起金峰於麗渚。拜袁將軍而懷橘，江/夏愧神通之名；對李府君而高談，北海稱孤璧之號。志成孝節，/文武才兼。弱冠登朝，彈冠入仕。門籍勳蔭，令問有聞。天和五年，/出身任給事中。士既劬勞匪懈，獻替扶輪；禁衛綢繆，常倍帷幄。/建德五年，遷横野將軍、大府中士。洪溝不割，龍駕東飛。静燕趙/之埃塵，掃青徐之芥霧。鴻門壯士，樊將軍之有功；潼關烈臣，許/亭侯之猛衛[一]。誠節既著，榮賞即褒，授大都督。驅馳清幹，在任有/功。宣政之年，轉授天官府内府上士。任參文武，勤勞效績。大象/二年，詔授黄瓜縣男，邑二百户。大隋之初，即任東宫右内率，領/帥都督兵。

方當被功山岳，貴極台星。學賈不成，爲山劬覆。壽未/立年，早鍾長夜。春秋卅有七，薨於家堂。嗚呼哀哉！乃窆于大興/縣小陵之原。終君之有傷國，顔子之永痛。可謂家碎掌珠，物摧/連璧。朝光送節，夜漏催晨。式載芳猷，千齡不朽。/

洪緒遐載，貴戚綿邈。先德乘乾，中宗封岳。漢有冠纓，魏稱惇學。/貴爵門推，劍綬傳握。器惟文武，六藝兼該。庸城敵散，平原陣開。/或遊春路，乍賦陽臺。孔徒流痛，漢室銜哀。胡桑葉落〔二〕，易水風悽。/遼東鶴叫，薊北烏啼。市朝潛草，年世終迷。空餘松櫃，時向墳低。/

【注釋】

〔一〕許：右上角微泐，但殘畫輪廓基本清楚。

〔二〕胡桑：典籍不載，疑當作「扶桑」。參《山海經·海外東經》。

〇三二　李公夫人崔芷蘩墓誌

隋開皇二年（五八二）十二月二十六日

墓誌出土時間、地點不詳。拓片誌高83釐米，寬81釐米；誌文三十行，滿行三十字，正書，有縱橫界格。誌蓋缺。誌主父、祖，《魏書》卷五七有傳。

維大隋開皇二年，歲次壬寅，十二月辛未朔，廿六日丙申，齊故侍中、開府儀同/三司、吏部尚書、殷州刺史李公夫人崔氏墓誌銘/

夫人諱芷蘩，博陵安平人也。自咨岳成基，表海爲輪〔一〕。或剗迹于秦世，或飛聲于/漢朝。高節偉人，代稱不朽。祖挺，光州使君，蹈德履仁，譽動蕃岳。父芬〔二〕，儀同、吏部/尚書，猛概雄規，聲振冠冕。

夫人稟氣方祇，降精圓魄，風神孤立，容止絶倫。婉嫕/女工之儀，孝養成人之德。南陔無以戒，北宮未之比。及家難薦臻，茹荼泣血。孔/姬齊女，異世同塵。作合來儀，玆焉左僻。纂組聿修，環佩有序。冀氏野饋之賢，梁/婦房中之敬。題名責實，千載一時。侍中、文昭公，保乂皇家，羽儀列辟，朝野傾心，/舩驥斯在。於是陽唱陰和，予回女弼，剋玆名業，內有力焉。

日去月來，百齡非久。/逝者如斯，良人不作。夫人義則祈天，禮便從子。莫不教以義方，遷以儒宅。至於/先人後己之惠，重節專志之心，有一於此，今古無競。惟夫人履行淹和，率性明/敏。爰始窺圖，及於待傅。斑家容德之教，蔡室文翰之風，得自胸懷，無籍陶染。加/以緝諧衆口，得意一人。娣姒仰以爲師，中外取而成則。自夜光俱棄，玉樹同殞。/憂既傷人，形體非故。明鑒未兆，實似羊舌之妻；仁智絶時，還同叔敖之母。宜其/規模列閫，容範庶姬。未及懸車，輪暉已戢。以開皇二年九月十五日薨於都仁/鄉吉遷里，春秋七十。即以其年十二月廿六日，祔於舊塋。恐谷徙陵移，期于萬/古。勒兹翠石，置諸泉户。銘曰：/

敬姜達義，好静知機。斑昭習禮，有順無違。眷言往烈，自此連暉。名家奇女，異論/同歸。窈窕帷中，徘徊閤裏。硯臺弄筆，書箱問史。亦既作配，實嬪君子。輪度知賢，/窗開識士。馳光不任，敵體先傾。白珪無玷，黄鵠騰聲。家承節儀，世仰賢明。裁悲/父伯，忍别王經。金石猶弊，浮生詎久。桃李何言，獨先蒲柳。泣視遺扇，悲看奠酒。/燈照帷前，塵飛帳後。丹旐翩翩，出宿寒田。山頭落月，松裏飛烟。風吟小樹，露濕/長阡。墓傍莘表，方度千年。/

長子公源，字孝譚。大司馬府參軍事，襲爵靈武縣開國男。妻夫人第二兄/汲郡公宣猷長女[一]。生一子，字善願。願娶猷兄子龍子女，生子，字寶息。/

第二子公統，字仲微。太尉府參軍事、員外散騎侍郎。妻青州崔氏，襄城縣/開國男肇師第三女。生一女，字解脱，適王元構第二息處行。/

第三子公恕，字孝緒。開府參軍事。妻夫人第三兄襄垣太守宣度第四女。/

第四子公績，字季緒。/

長女玉相，太原王元構妻。

小女佛相，勃海高義昇妻。/

【注釋】

[一] 輪：疑是「翰」的訛刻，存疑待考。

〔二〕父芬：當是指崔孝芬，墓誌省文。《魏書·崔挺傳》附崔孝芬。《崔孝芬墓誌》已出土，詳參《漢魏六朝碑刻校注》。

〔三〕宣猷：崔孝芬次子。《魏書·崔挺傳》附載。《崔宣猷墓誌》亦出，與史傳多相合。詳參《漢魏六朝碑刻校注》。

〇三三　劉歸墓誌

隋開皇三年（五八三）十月七日

墓誌一九九七年六月出土於河南省安陽市果園新區電纜公司，石現藏中國文字博物館。誌石高、寬均44釐米，厚8釐米；誌文十九行，滿行十九字，字體在楷隸之間，四周稍漫漶，文字略有殘損。誌蓋盝頂，頂面陽文篆書，題「齊故銀青光禄劉君銘」，上下兩邊有鐵環，已鏽蝕，存泐痕。四煞紋飾已模糊。

君諱歸，字士環，河澗平舒人也。倉精降神之始〔一〕，玄/鳥呈瑞之初。託姬源而興□□，□金天而作厥氏。/逮於三王以後，二漢以前，弈世緡紳，蟬聯冠蓋〔二〕。

君/承茲重葉，纘此嘉猷〔三〕。博達不群之操，深□□行之/節。清潔愛己，孝友養身。聲擅古今，名流遐邇。孝昌/元年十月，敕用爲内三郎。三年，遷强弩將軍，俄轉/虎賁中郎將。拾遺補闕，獻否成可。除鎮遠將軍、朱/衣直閤。弼諧元首，理屬鹽梅。百僚師其多藝，群公/謝其翹楚。永安三年，除撫軍將軍、銀青光禄大夫。/佩貂紫閣，曳組丹墀。比狐腋以垂名，標白馬而馳/譽。

方期遠大，許以遐長。而寸陰難留，尺波易逝〔四〕。齊/天保三年十月一日，以疾薨於都城廣明里，時年/六十五。大隋開皇三年，歲次癸卯，十月七日，遷柩/於相州城西，與夫人侯氏合葬於靈泉里。君既以/道藩主〔五〕，用禮通交。餘愛惠人，遺芳在物。刊石記德，/傳之不朽云爾。其詞曰：

猗猗哲人，□□佐主〔六〕。/行合伊旦〔七〕，道同規矩。猛若秋霜，温如夏雨。□文之/寄，□□□□。雹光易没〔八〕，風燭難留〔九〕。人事既往，鬼路/攸攸。日經墳上，烟浮隴頭。泉門一奄，拱木千秋。/

【注釋】

〔一〕倉精降神之始：「倉」字微泐，文字略模糊，據輪廓似「倉」字。「精」字泐蝕，據殘痕，參以文意，疑是「精」字。録以待考。

〔二〕誌文述其族源，出自黄帝，其實不可信。以誌主曾官内三郎，此職唯北方之非漢族所任，可證是匈奴屠各種所改。唐獨孤及《唐秘書監獨孤府君墓表》及《新唐書・宰相世系表》等以爲是後漢沛獻王劉輔之後劉進伯後裔，均非。

〔三〕嘉：右半泐蝕，存左半殘畫，參以文意録以備參。

〔四〕逝：已泐蝕，僅存殘畫，據殘痕輪廓，參以文意録以備參。

〔五〕君既以道藩主：「既」、「藩」二字微泐，文字模糊，據殘痕録以備參。

〔六〕佐：泐蝕，僅存部分殘畫，據殘痕參以文意録以備參。

〔七〕行：泐蝕，僅存部分殘畫。「行」與「道」對舉，文意通暢，行文諧婉。

〔八〕没：左半泐蝕，僅存右半部分殘畫。「没」與「留」反義對舉。

〔九〕留：下半泐蝕，僅存上部分殘畫，與「攸」「頭」「秋」叶韻。

〇三四　開皇四年造像記

隋開皇四年（五八四）九月二十一日

造像石出土於陝西省境，具體出土時間、地點不詳。造像未拓，僅拓造像發願文。拓片高43釐米，寬44釐米；銘文九行，滿行十字，正書。石面剥泐，多石花。

大維開皇四年〔一〕，歲次甲辰，/九月庚申朔，廿一日庚辰，/佛弟子翊軍將軍〔二〕、順陽郡/□□□爲妄妻□□女□，/敬造阿彌陀佛壹塸，觀世/音二菩薩，願法界衆生，斷/一切惡，脩一切善。願從今/身，乃至佛身，共一切衆，同/謁大乘，□□□□。/

【注釋】

〔一〕大維開皇四年：行文不順，據造像記文例，應是「惟大隋開皇四年」。造像題記多草率，此爲一例。

〔二〕佛弟子翊軍將軍：「佛」「弟」二字泐蝕，僅見殘痕，難以辨識，據造像發願文例録以備參。「翊軍將軍」，疑當是翊衛將軍。

〇三五　王珍墓誌

隋開皇五年（五八五）十月二十六日

墓誌出土於陝西省西安市長安區，具體時間、地點不詳。拓片高49釐米，寬50釐米；誌文二十三行，滿行二十三字，正書，有縱横界格。誌蓋缺。

隋故上開府南梁郡開國公王公墓誌〔一〕。/

公諱珍，字買奴，河南洛陽人也。世德家風，道光史册。父萬壽，/儀同三司，勝質天挺，聲實已高。公地則良家，門標有將。學劍/輕一人之敵，投筆懷萬里之心。每從戎旆，累功行賞，封啓寧/縣開國男，進爵爲子，食邑六百户。周氏初基，東夏未一。烽柝/相望，干戈歲動。我有英略，屢先啓行。投袂横行，推鋒直指。前/無强陣，每必先鳴。以軍功授都督，轉帥都督、大都督，授撫軍/將軍，總軍旅事。即領父兵，仍授使持節、車騎大將軍、儀同三/司，襲封平棘縣公，食邑二千四百户。授驃騎大將軍、開府儀/同。戎秩逾厚，幕府洞開。此曰勳賢，斯不虚授。詔除直州諸軍/事、直州刺史。政著仁明，去有遺愛。尋還上開府、合川鎮將。擁/旄作鎮，戎政剋宣。夷夏讋威，方隅載謐。授南梁郡公。世資威/武，早聞韜略。同離剪之嗣業，合孫吴而不窺。必勝必取之能，/九攻九拒之策。故以頡頏方邵，顧蔑韓彭。當戰争之辰，值風/雲之會。躍馬竦劍，飛纓曳組。

方亨大年，奄隨川逝。春秋七十/有二，開皇五年三月三日，卒於合川鎮。謚曰莊公，禮也。其年/十月廿六日，合葬於長安縣之北原，其詞曰：/

祖武貽厥，良治良弓〔二〕。聿脩不墜，世禄世功。載生君子，基構逾/隆。刷羽將奮，瞻天已沖。世值雲雷，野交鋒鏑。出入莫府，驅馳/壃場。氣冠群雄，威陵勍敵。大樹雖坐，高勳每策。出車分閫，績/茂戎軒。斑條布政，譽動名蕃。旂交廣路，駟入高門。功成宦立，/芳猷尚存。眇眇寒皋，紛紛會葬。文物飒灑，賓徒悽愴。思鳥鳴/山，愁雲臨壙。千秋方遠，九原空望。/

【注釋】

〔一〕南梁郡：《魏書·地形志》記載有二：一屬譙州，領縣四：慎、梁、蒙、譙。一屬合州，今安徽合肥。《宋書·孝武帝紀》：六年二月「乙巳，改豫州南梁郡爲淮南郡，舊淮南郡并宣城。」又《前廢帝紀》：前廢帝六月「戊寅，以豫州之淮南郡復爲南梁郡，復分宣城，還置淮南郡。」《陳書·宣帝紀》：太建七年五月乙卯，「合州之南梁郡，隸入譙州。」南北朝政區分合變化很大。又，據墓誌，至隋代仍有南梁郡，但《隋書》有梁郡，而不載南梁郡。

〔二〕治：原刻作「治」，形近訛混。

○三六　趙羅墓誌

隋開皇九年（五八九）十月一日

墓誌近年出土於河南省洛陽市北郊，具體出土時間、地點不詳。拓片誌高、寬均 49 釐米，誌文二十一行，滿行二十一字，隸書，有縱横界格；石面保存完好。誌蓋盝頂，加四煞高 49 釐米，寬 49.5 釐米，頂面不加邊，高、寬均 40 釐米，陽文篆書，題「故河陰功曹趙君之銘」；四煞無紋飾。

君諱羅，字士廓，南陽南陽人也。魏太常卿□之曾孫，中/散大夫和之子。世傳禮樂，景德銘于鼎鍾；代襲簪纓〔一〕，聲/績光於舊史。

君幼而岐嶷，早著通理之名；齠齓恭勤，夙/有神童之稱。懷橘負米，孝友稱自州閭；悦禮敦詩，信惠/彰于家國。探賾索隱，精義入神。天爵在躬，志不營禄。執/卑之訓，丘壑迢然。倚喻馬蹄，沖虛自守。閨門有禮，妻子/肅如。取與之間，廉讓必著。下學上達，遠近承風。鳴鶴在/皋，邦君佇德。齊乾明元年，本縣令楊公召署平正。周大/象元年，梁公復召爲功曹。大隋開皇七年，元公召授主/簿。祖厝所在，展禽欲去不能；父母之鄉，袁安徒斯罄力。/五教咸叙，曲盡贊弼之功；四術兼施，賴我三良之助。匡/衡百石，杜業材官。以今望古，彼多慚德。

景福雖盛，報施/有期。開皇八年三月十三日，遘疾薨於私第。開皇九年/歲次大梁十月辛酉朔，一日辛酉，葬于河陰鳳凰鄉鳳/凰里。銜索不絶，過隟難留。童童屬屬，癯憂何已。窮號孺/慕，終天莫追。鐫石紀功，庶傳不朽。其詞曰：/

於赫我君，性合天道。宣慈惠和，起自繦褓。温恭左右，德/禮莫愆。怡怡令色，恂恂謀言。朝夕誠著，寤寐思虔。五秉/安親，公西止足。日加四金，展生維禄。不宰不營，誰言寵/辱。師我袁安，訓斯邦族。逝川處往，風樹難留。梁木其壞，/即此玄丘。家捐金玉，邦喪良舟。佳城鬱矣，梓宅千秋。/

【注釋】

〔一〕代襲：二字大部分泐蝕，僅存殘痕，據輪廓録文。「世傳」與「代襲」對舉，文意亦諧。

〇三七　張盛墓誌

隋開皇十二年（五九二）九月十二日

墓誌出土於河南省洛陽市北邙山，具體出土時間、地點不詳。拓片高、寬均 40 釐米，誌文十六行，滿行十六字，正書，有縱橫界格。書法挺拔峻峭，結體嚴整。誌蓋缺。

維大隋開皇十二年，歲次壬子，九月甲辰/朔，十二日己卯。故陝州大中正張君墓誌。/

君諱盛，字僧賢，河北郡安戎縣人也。父四/龍，以才膺濟世，德贍高華。魏永熙元年，解/褐伏波將軍，稍遷清河縣令。祖醜，太和二/年任安西將軍，尋遷陽平郡太守、金紫/光禄大夫、太常少卿。

君家蔭宿隆，身名早著。/齊天保元年，解褐奉朝請。稍遷蕩寇將軍、/徐州孤山郡丞〔一〕、陝州大中正。君心閑寂滅，/志崇玄妙。施兹家産，敬造一切尊經，才成/七伯卷，奄從深夜。其年八月廿九日，春秋/六十有九，卒於洛陽。殯在芒山之南，漲分/橋之北、遊豫園西、馬安山東，馮村西北一/里。此地原平，實爲勝所。乃鐫銘曰：/

芳德素振，暉猷早熙。弈弈明明，俾民攸祇。/風低松蓋，霜白山衣。智亡星殞，仁没蘭衰。/

【注釋】

〔一〕孤山郡：隋及以前典籍、各史地理志均不見記載。

〇三八　裴使君墓誌

隋開皇十二年（五九二）十月十二日

墓誌出土時間、地點不詳。拓片高 32 釐米，寬 32.5 釐米，誌文七行，滿行七字，正書。誌蓋缺。

大隋開皇十二年，/歲次壬子，十月癸/酉朔，十二日甲申，/使持節、上開府、儀/同三司、宋海二州/諸軍事、海州刺史，/吉陽公裴使君墓〔一〕。/

【注釋】

〔一〕吉陽公：應是吉陽縣公。《隋書·地理志》：「金川，梁初曰上廉，後曰吉陽，西魏改曰吉安，後周以西城入焉。舊有金城、吉安二郡，開皇初並廢。十八年，改縣爲吉安。」

大業三年，改曰金川，置西城郡。又後周置洵州，尋廢。」

○三九　辛瑾墓誌

隋開皇十四年（五九四）正月二十六日

墓誌出土於陝西省西安市長安區，具體時間、地點不詳。拓片誌高 57.5 釐米，寬 57 釐米；誌文二十九行，滿行二十九字，正書，有縱横界格。誌蓋盝頂，高 57.5 釐米，寬 57 釐米；陽文篆書，題「大隋儀同辛君墓誌銘」，四周鐫刻連環圓圈，四煞刻纏枝卷葉紋飾。誌主在掃除南朝陳之餘部的戰爭中戰殁，史傳不載。

大隋大將軍弘農辛公之墓誌銘。/

公諱瑾，字明瑾，隴西狄道人也。昔金吾出守〔一〕，王鳳於焉抗表；軍師杖節，馬懿/所以全兵〔二〕。自玆已降，人物彌重。祖靈安，散騎常侍，贈秦州刺史。父景亮，使持/節、車騎大將軍、儀同三司、散騎常侍、雲陽縣開國子。並昇文省，俱立武功。威/振邊夷，譽動簪紱。

公禀靈川嶽，挺秀芝蘭。英風雅贍，逸氣遒舉。讓梨蒙賞，温/杖見奇。漁獵百家之書，尤重萬人之敵。加以巧逾楊葉，妙甚戟支。落朱雁於/雲間，下玄猨於木末。起家周孝閔皇帝直寢，轉授齊王府樂曹參軍、馮翊郡功/曹。鄧禹生平，靡希斯任；寇恂功業，階此成名。後頻從齊王東討剋捷，轉大都/督〔三〕、使持節、儀同三司、齊王府屬。建德七年平齊功，授開府儀同三司，封博陵/縣開國侯。羊叔子之勤王，方開莫府；鄧昭伯之勳戚，始儀同〔四〕。兼而兩之，綽有/餘裕。

大象二年，以平尉迥功，授大將軍，封崇政縣開國公，食邑一千户，轉封/弘農郡開國公。李貳師之縱横於塞表，爵止海西；霍將軍社稷之功臣，封唯/博陸。我居其地，良無愧焉。開皇二年，從衛王征突厥有功。特蒙殊錫。陳主銜/璧，餘妖未殄。乃命公率樓舩之陣，徑指日南；勵次飛之士，直往林邑。文身剪/髮，蟻聚蜂飛。帶甲持矛，抗輪舉尾。公揮戈迥進，陷入賊營。叱咤則人馬俱驚，/鼓譟則幡旗亂靡。冰離雪散，滿谷填江。血灑塵飛，蔽日丹地。

開皇十一年十/月十七日薨於戰場。公春秋五十九。十二月二日，靈柩洎於京師。/皇帝罷朝，公卿臨吊。詔賜物二百段，米二百斛，禮也。十四年正月廿六日，/葬於雍州長安縣合交鄉高陽原。惟公有孝於家，有勳於國。善音律，美談咲。/轉環奇正之術，暗合孫吴九拒三略之方。懸同黃墨，棄班超之筆；遠度玉門，/據馬援之鞌，遂臨銅柱。世子公度，孝感幽明，痛切瘡巨，顯親來葉，乃述斯銘。/銘曰：/

忌處漢朝，毗居魏室。志略紛糾，詞鋒秀逸。秦州偉器，雲陽令質。德邁一時，榮/過往秩。誕茲髦士，奇才偉量。玉樹凝階，珠庭起狀。少陪雕輦，長參戎帳。月壘/分營，星文合將。初開莫府，獨拜昇壇。蓮花入劍，電影承鞌。吞齊併楚，馘趙俘/韓〔五〕。威加莫北，聲振樓蘭。閩越未静，樓舩爰整。電掃桂林，風馳梅嶺。奇謀迥發，/鋭氣先挺。珠名舊郡，銅標漢境。誠臣報主，輕生重義。路有飛蒭，師無垂翅。國/難斯殄，功名已被。馬革空歸，人生如寄。哥凄壯士，詔葬將軍。朱旗擁路，玄甲/臨墳。夜臺無日，空山足雲。詎知楊子，頌此高勳。

【注釋】

〔一〕金吾：辛慶忌，字子真，西漢人。官至執金吾。詳參《漢書·辛慶忌傳》。墓誌以辛慶忌爲其遠祖。

〔二〕軍師杖節：指辛毗，字佐治。其先建武中自隴西東遷，毗隨兄評從袁紹，後歸曹操。詳參《三國志·魏志·辛毗傳》，墓誌以誌主爲辛毗之後。

〔三〕都：泐蝕，據文例録文以備參。

〔四〕始儀同：此句表意不明，行文亦不諧，「始」下應有一個單音動詞，如「封」之類。

〔五〕馘：原刻作「醎」，訛誤。

○四○　劉長遷墓誌

隋開皇十四年（五九四）二月七日

墓誌近年出土於河南省安陽市境内，具體出土時間、地點不詳。誌石高40釐米，寬41釐米；誌文十五行，滿行十五字，隸書，有縱横界格。銘辭不見，是未刻，還是刻於別處而失拓，存疑待考。誌蓋缺。

隋故郡功曹劉君墓銘。/

君諱長遷，字季顔，彭城人。晉丞相隗之/後也。祖汝陰郡守，父散騎常侍，莫不經/文緯武，公侯必復者哉。君稟精淳粹，生/此膏腴。風骨早成，英靈早著。初爲郡功曹，/鴻翼始舉，即望沖天；驥足初騰，便希/絶影。方之至德，似郭丹之涖民；譬彼高/能，如馮勤之處事。方謂天道輔仁，神祇/祐善。懷慈大德，膺彼遐齡。而長路始履，/高軒已頓。春秋五十有六。隋之十四年〔一〕，/歲次甲寅，二月丙寅朔，七日壬申。二月/四日己巳，終於相州相縣之別宅。即以/其年二月七日，權殯於相縣西南十里〔二〕。/恐大海成田，高山如礪〔三〕。故鐫金石，貽之不朽。爲銘，其詞曰〔四〕：/

【注釋】

〔一〕隋之十四年：原刻不載帝王年號。考長曆，隋文帝開皇十四年，歲次甲寅，二月丙寅朔，七日壬申，干支均合。

〔二〕墓誌記載卒、葬，前後相重。通例應爲「隋開皇十四年，歲次甲寅，二月丙寅朔，四日乙巳，終於相縣之別宅。即以其年二月七日壬申，權殯於相縣西南十里」。

〔三〕高山如礪：與上下文意不相協，且墓誌無此文例。

〔四〕其詞曰：以下原刻缺銘辭。

○四一　徐建墓誌

隋仁壽二年（六〇二）三月二十二日

墓誌近年出土於河南省安陽市勝利社區建築工地。誌石高、寬均39.5釐米；誌文十六行，滿行十六字；書體在正書與隸書之間，是隸書兼楷法的北朝書風，偶雜篆書。誌蓋僅拓頂面，高、寬均44釐米，雙鈎篆書，題「徐君墓銘」四字。

隋故齊記室參軍徐君墓誌銘。/

君諱建，字皇，高平人也，伏羲之後。自昔開/源，命氏分邑。冠蓋相傳，略而言矣。祖〔一〕，魏太/和十五年，除鎮東將軍、兗州司馬。父□〔一〕，齊/天保七年，尚書吏部郎，除定州騎兵參軍。/

君禀承先籍，少纂家基。幼踵英風，門隆盛/德。趙郡王辟爲記室參軍〔二〕。恭以事上，愛以/接下。辨事高明，器幹並備。仁風被於鄉閭，/芳芷遺於千室。

生滅易窮，運往有竭。以仁/壽二年，三月十五日，終於淳風鄉智力里/之第，春秋年四十三。粤以其年歲次壬戌，/三月己卯朔，廿二日庚子，葬在相州安陽/城壕北三里驛道東。其詞曰：/

邈哉遐宙，洪基早彰。乃祖乃父，功立名揚。/蘭花吐馥，桂秀抽芳。誰言夏日，忽被秋霜。/朝辭華堂，夕入冥室。寶坐無人，百味徒設。/

【注釋】

〔一〕「祖」、「父」之下，墓誌原刻均缺，失其名諱。又，「祖魏太和十五年除鎮東將軍兗州司馬」，父「齊天保七年尚書吏部郎除定州騎兵參軍」，其間相距六十五年，除非長壽，方可如此。

〔二〕趙郡王：不知具體何指。檢史傳，高歡之弟高琛，字永寳，天統三年贈假黄鉞、左丞相、太師、録尚書事、冀州刺史，進爵爲趙郡王。子高叡，小名須拔嗣。武定末，除太子庶子。顯祖受禪，進封爵爲趙郡王。見《北齊書·趙郡王琛傳》。實不能定，録以備參。

〇四二　陳虔墓銘

隋仁壽二年（六〇二）十月二十九日

墓誌近年出土於河南省安陽市境内，具體出土時間、地點不詳。拓片誌高40釐米，寬48.5釐米；誌文十八行，滿行十二字，正書，兼含隸意。誌蓋拓片僅拓頂面，高22釐米，寬22.5釐米，陽文篆書，題「陳君墓銘」。

陳君墓銘。/

君諱虔，字叔儒，許昌潁川人也〔一〕。/魏車騎、齊州史君十三世之孫。/

君稟兹世襲，雅操淵停。奉璋俄/俄，若崐山之上素；威儀濟濟，延/長松之下風。解褐奉朝請。

誰知/春蘭始盛，忽被夏霜俱摧。以仁/壽二年，七月七日，終卒相州安/陽縣淳風鄉之第〔二〕。陽秋五十有/八。即以其年十月廿九日，埋於/萬金鄉。鐫石泉門，傳芳不朽。乃/爲銘曰：/

人在榮世，易葉重光。唯祖乃君，/名流宗鄉。日沉光影，河墜神/舟。兩儀忽忽，四氣攸攸。身從/川逝，名隋地久。有美徽音，空□/不朽〔三〕。泉庭不朗，幽室長昏。荒/碑字滅，孤墓獨存。/

【注釋】

〔一〕許昌：即許昌郡，《魏書·地形志》：「天平元年分潁川置」；隋開皇初廢，歸潁川郡，許昌降爲縣。墓誌製作於仁壽二年，誌文稱「許昌潁川人」，則隋仁壽初又有許昌郡，且潁川縣屬之。

〔二〕相州：北魏天興四年（四〇一）分冀州置。治鄴，在今河北臨漳縣西南鄴鎮。東魏天平初改名司州，北周建德末復名相州，大象時移治安陽。隋初沿襲，後改爲魏郡廢。《隋書·地理志》：「魏郡，後魏置相州，東魏改曰司州牧，後周又改曰相州，置六府。宣政初，府移洛，以置總管府，未幾，府廢。」又「安陽，周大象初置相州及魏郡，因改名鄴。開皇初郡廢。十年復名安陽，分置相縣，鄴還復舊。大業初廢相入焉，置魏郡。」

〔三〕空□不朽：「空」下一字清楚，但暫不識，存疑待考。

〇四三　楊弘墓誌

隋大業三年（六〇七）四月二十四日

墓誌出土於陝西省西安市郊區，具體出土時間、地點不詳。拓片誌高、寬均 49.5 釐米；誌文三十一行，滿行三十一字，正書，有縱横界格。石面剥泐，文字略有殘損。誌蓋缺。誌主是隋文帝楊堅從祖堂弟。《隋書》有傳，與墓誌有同有異。本誌多可補史傳之缺。

隋上柱國、太子太保、雍州牧、河間恭王墓誌銘〔一〕。/

王諱弘，字義深，弘農華陰人也。若其分峰地軸，起別秀於瓊崖；漸潤天池，泒洪源/於碧浪。故以家承祭阼，國啓荆燕。禮貴惟城，封建侯於四履；爵隆上等，車服尊其/九命。超往代之八才，實皇家之千里。祖上柱國，司徒、河間簡公，父孫尚書令、定州/刺史，河間懷公。並以偉器奇才，爲而弗宰，韜光晦迹，有志無時。儻來之運不追，身/後之榮徒賁。

王辰象降靈，山川炳秀。珪璋十德，早擅特達之姿；金石九奏，且見希/聲之遠。風神和雅，顧盼生光。進退謙恭，折旋貽則。襟懷坦蕩，寵辱無□於心；識度/虚通，將迎豈疲其照。加以天情仁厚，孝性純深。點玉慎其樞機，兼今重其然諾。學/書學劍，文武之道必該；爲龍爲光，問望之華載遠。起家授大都督、儀同大將軍。聚/塵成岳，蓋唯覆簣之初；積水爲淵，實乃濫觴之始。既而帝出膺圖，皇明御極，文/韶武穆，具爾周親，錫土分圭，式光彝典。

開皇元年，初封永康公，授右衛將軍。尋改/封河間王，邑五千户。進授右衛大將軍。頃之，加上柱國。禮數光□，徽章允被。既兼/本枝之茂，義重磐石之宗。自王業初基，國繇草創。九黎亂德，三邊未静。關鳴虜鏑，/塞起胡塵。王總是元戎，用申薄伐。既而引弓之民，犬羊爲伍；叩寨之旅，山谷爲量。/王運奇有素，制勝在懷。部勒輕鋭，隨機掃撲。剪彼渠魁，若摧枯朽。殲厥醜虜，俾無/遺類。故以勳高臨軒，威震梁河。毛頭種落，遠竄無人之地；都護壓境，更築受降之/城。振旅凱歸，勳庸允集。開皇三年，授使持節、總管寧敷豳三州諸軍事、甯州刺史。/王宣風導俗，愛利爲先。恤獄緩刑，哀矜在念。所以寬□惟宜，聲績斯遠。尋轉秦州/總管。逖矣西土，俗尚雄豪，棄本逐末，家無斂積〔二〕。王乃御以銜□，課其農畝。倉廪既/實，禮節以行。塗歌里訟，式播成績。未幾，改授蒲州刺史，俄而徙鎮江都。王德望隆/重，治道光邵。下車布政，所在見稱。

大業元年，授豫州牧。卜洛崇建，荆河威重。翼化/東都，寔資親懿。王朝野具瞻，條政允洽。承華養德，守器惟賢。眷求保乂，允歸令範〔三〕。/大業元年，授太子太保。王優遊亮采，克光軌訓。祇奉元良，載弘成德。大業二年，授雍州牧。神州天府，京輦帝城。萬國攸歸，百城取則。王嶷然雅鎮，綽有餘美。

盛德方/被，而景命不融。大業三年三月廿三日，遘疾薨殞。粤以其年四月廿四日，遷葬于/高陽里。天長地久，猶於不朽，乃爲銘曰：/

皇天帝緒，悠哉遠胄。帶地開/源，虧天聳構。乘軒服衮，才高德茂。載誕人傑，寔惟靈授。其一。神華綺歲，譽發齠年，飛/芳桂圃，吐潤瀛田。令問光集，清徽在旃。逸足浮景，驤首騰烟。其二。大君有命，承家開/國。式是扞城，光敷懿德。本枝惟盛，王猶尤塞。惟慎惟恭，有典有則。其三。入參禁旅，出/總蕃條。風宣政績，化動歌謡。輝被西陝，保乂東朝。方倍紀禪，遽落扶摇。其四。傳此金/石，人誰長久，杳杳深泉，茫茫崇阜。日沉悲谷，雲霾隴首。盛範芳猷，傳之不朽。/

【注釋】

〔一〕河間恭王：楊弘封河間王，謚恭。據《隋書·高祖紀》：開皇元年「五月戊子，封邗國公楊雄爲廣平王，永康郡公楊弘爲河間王」。

〔二〕積：「積」的加形字。

〔三〕令範：二字泐蝕，僅存殘痕，據殘畫，參以文例録文。

〇四四　蕭妙瑜墓誌

隋大業三年（六〇七）八月二十六日

墓誌出土於陝西省華陰市境，具體出土時間、地點不詳。拓片誌高59釐米，寬58釐米；誌文二十四行，滿行二十四字，正書。誌蓋盝頂，高62釐米，寬60釐米，銘文五行，行五字，陽文篆書，題「周故大將軍淮魯復三州刺史臨貞忠壯公後夫人蕭氏之墓誌」，煞面似未鐫刻圖案。誌主丈夫楊敷，楊素之父，《周書》有傳。

周故大將軍、淮魯復三州刺史、臨貞忠壯公楊使君後夫人蕭/氏墓誌〔一〕。/

夫人諱妙瑜，南蘭陵人，梁高祖武皇帝之孫，丞相武陵貞獻王/之女也。條分若木，知慶緒之高；派別天潢，驗靈源之遠。是以蕙/性攸稟，穠華早茂。令範洪於閨房，淑問流乎蕃戚。有梁之日，封/淮南公主。采翟榮隆，油軿禮盛。既而市朝變俗，蘭桂移芳。家同/杞宋之苗，族邁神明之後。雖非仕晉，遂等留秦。忠壯公早喪元/妃，方求繼德。夫人見稱才淑，言歸于我。肅恭箕帚，自秉柔順之/心；正位閫闈，彌流慈撫之迹。朝廷以夫尊之典，授千金郡君。命/光禮袟，餝顯環珮。秋朝春禊，飛軒並轂。松筠茂矣，琴瑟和焉。/

先公任居方牧，時逢交争，徇義忘家，捐軀異境。夫人孀居守志，/無勞匪石之詩；晝哭纏哀，自引崩城之慟。於是寄情八解，憑心/七覺。炳戒珠於花案，發意樹於禪枝。至如懸針垂露之工，蔡女/曹姬之藝。婣賞承訓，閨門取則。

而西駕難留，東川易遠，栝無延/壽之驗，木有長年之悲。仁壽三年正月廿五日遘疾，薨于長安/之道興里，春秋七十四。粤以大業三年，龍集丁卯，八月丁丑朔，/廿六日壬寅，祔葬華陰東原之塋。嗟嗟予季，望望增哀。宅營魂/於神域，勒芬芳於夜臺。銘曰：

祚肇郊禖，源因子姓，宋襲殷後，梁承天命。德既不孤，必有餘慶。／流芳未已，誕兹淑令。惟蘭有薄，惟桂有辛。姚宗寓媯，劉族居秦。／高門作配，君子斯嬪。榮參纁綬，寵協朱輪。運剥時艱，天分地絶。／義彰齊繼，情過魏節。獨悟因果，深知生滅。方冀山高，遽嗟川閲。／衛離周合，撫昔悲今。郭門遼遠，泉路幽深。曉鐸催挽，秋雲結陰。／唯當壟月，直照松心。／

【注釋】

〔一〕楊使君：墓誌不載名諱。揆以史料，北周爵號「臨貞」，謚曰「忠壯」，且姓楊者，只有一人，即楊敷，爲隋楊素之父。《周書》卷三四《楊敷傳》記北周天和六年，楊敷任汾州諸軍事、汾州刺史，北齊將領段孝先圍攻汾州。城中糧盡，楊敷率衆突圍被擒，死於鄴。與誌文「先公任居方牧，時逢交争，徇義忘家，捐軀異境」所載完全吻合。《周書·楊敷傳》：「高祖平齊，贈使持節、大將軍、淮廣復三州諸軍事，三州刺史，謚曰忠壯。葬於華陰舊塋。」其中「淮廣復」三州刺史與墓誌所記「淮魯復」三州刺史有異，而大業三年《楊素墓誌》追溯其父楊敷之職時，亦稱「淮魯復三州刺史」。《隋書》卷三〇《地理志中》「襄城郡魯縣」條：「魯陽郡，後置魯州。」錢大昕《廿二史考異》卷三三根據《魏書·地形志中》「廣州，永安中置。治魯陽」的記載，認爲《隋書》魯州「當爲廣州之誤」。楊守敬《隋書地理志考證》、王仲犖《北周地理志》都採納錢大昕的看法。岑仲勉《隋書求是》則進一步認爲，隋仁壽年間因避楊廣之諱，「廣州」改爲「魯州」。由此，《周書》「淮廣復」三州與墓誌「淮魯復」三州記載並無矛盾。

○四五　楊休墓誌

隋大業三年（六〇七）十一月四日

墓誌近年出土於陝西省華陰市境，具體出土時間、地點不詳。拓片誌高、寬均 56.5 釐米，誌文三十三行，滿行三十三字，正書，有縱横界格。誌蓋盝頂，拓片加四煞，高、寬均 60 釐米；不加四煞，頂面高、寬均 45.5 釐米；陽文篆書五行，行四字，題「大隋故使持節大將軍平武縣開國公瀘州刺史楊使君之墓誌」。四周鐫刻纏枝卷葉紋飾，四煞刻四神紋，飾以纏枝卷葉花紋。

隋故使持節、大將軍、平武縣開國公、瀘州刺史楊使君墓誌銘。／

公諱休，弘農華陰人也。昔若水分枝，處弘農以稱胄姓；姚墟派葉，在關右而號曰貴宗。／太尉則漢氏棟樑，司徒則魏朝肱輔，五侯曾何並盛，七貴未得儔興。公之鴻源，非可編／述；公之基漸，難以載言。祖鈞，侍中、驃騎大將軍、七兵尚書、北道大行臺、恒州刺史、司空／臨貞文恭公。父儉，侍中、衛將軍、金紫光録大夫、北雍州刺史、華州大中正、夏陽莊公。

公／承藉高華，世稟資蔭。博涉經史，甄明無愧於邴原；著述篇章，新綺何慚于應璉。大統元／年，授武平王掾。王以英蕃懿戚，僚采未易其人。以公文藻掞天，所以遂膺德祖之選。于／時，王以讚持帷扆，賴公籌策，無謝子房之謀。武成二年，授武鄉縣令，可謂衣錦，晝遊鄉／邦，以爲榮顯。治有聲稱，未擬弱翁莅茂陵之時；績致功成，誰比子廉任長陵之日。公復／以英武見知，旅力過於群輩；雄圖奮決，實冠絶於等倫。樊噲詎得爲前，許褚終歸在後。／

大統十七年，鄭國公以國家弼輔，權斷則越于蕭何；朝廷委寄深崇，譎變則逾于白起。／奉辭罰罪，以討華陽；總督長駈，用殲梁漢。奏公副貳，以稟成規。公每運三術之能，前無／横陣；公恒秉六奇之智，後必倒戈。若脆蘀之值秋飆，似凝霜之逢冬日，篾可喻也。公旋／旆凱歸，功居第一。即册拜儀同三司，以酬勳矣。保定四年，從千金公，討紫溪之賊。爾日／賊衆，雲羅當時。妖群蟻合，彼徒我寡，糧運不通〔一〕。公製變設奇，其凶醜瓦解。張遼斷橋之／男，豈得同榮；韓信降城之功，可與同時共美。公盡節三朝，止以一心爲志。有駟馬之貴，／恒思沖素之謙；有鍾鼎之尊，常以抑損自處。

皇運初臨，優詔仍發。以公周室舊臣，／德望隆重，故授上儀同三司、大將軍。昔六國縱横，廉頗以英雄始居今任；三方鼎峙，費／禕以儁傑俯降斯官。以古論今，同榮等貴耳。其年七月，重除瀘州刺史，封平武縣開國／公，食邑二千户。苴茅而立社，啓朱户以置蕃。自非功若彭王，乃可當茲土宇；勳同曹相／相〔二〕，方得膺此璧珪。公祇斯授，實無愧色。牧瀘蕃之時，巴夷共處，强以侵弱，競相淩掠。公／拯溺抑豪，風俗大改。同趙子都之訓潁水，等韓長公之治東郡。出堺而買鹽豉，入府自／持薦席。清畏人知，濁吏自解。公愛接人士，田氏豈獨擅其聲名；舉薦所知，何但荀君偏／稱其令望。

百年促迫，萬古儵焉。以開皇三年十一月薨於私第。花豔春園，空悲往日；菊／舒秋苑，徒歎昔時。樹古逈絶攀桂之人，臺平即斷長裾之客。以大業三年，龍集丁卯，十／一月丙午朔，四日己酉，葬于華陰縣東原之塋。第二子奮武尉師等，並孺慕攀號，痛傷松／鳥。

追尋崩切，空薦筭魚。旐含露而流風，鐃吟松而結響。舊友愴宿草之蒼茫，故人悼長/楊之蕭颾。傳徽表德，迺寄銘云：/
長源鼎胄，弈葉台門。四公安漢，三惑無煩。公之繼德，依槐寔論。策運丹帷，功酬赤土。沮/邑風流，瀘川規矩。功越王離，勳逾馬武。南通黑水，西平紫溪。或揚塵米〔三〕，或振鶩雞。儵忽/風雲，逡巡霜露。笳咽松聲，薤悽人慕。昔日歌鍾，先時弦管。蘭蔵旅陳，椒漿徒滿。迥中孤/月，空處愁雲。虎辭爲侶，雁送成群。藤公舊隴，樗里故墳。千年詎別，萬古寧分。金玉留響，/蘭菊傳芬〔四〕。鐫諸玄石，以固斯文。/

【注釋】

〔一〕糧：疑是「糧」的異體字。
〔二〕勳同曹相相：衍一「相」字。
〔三〕塵米：典籍不見用例，疑是「麤米」之俗寫，存疑待考。
〔四〕菊：原刻爲異體。

〇四六　元府君夫人崔暹墓誌

隋大業三年（六〇七）十一月二十七日

墓誌出土時間、地點不詳。拓片誌高、寬均42釐米，誌文二十行，滿行二十字，隸書，有縱橫界格。誌蓋盝頂，頂面高、寬均35釐米，陽文篆書，題「崔氏墓銘」，四周鐫刻十二生肖紋飾，已經模糊，四煞失拓。

淮南化明縣丞夫人故崔氏墓誌銘〔一〕。/
夫人姓崔，諱暹，北海益都人也。其遠祖齊太公之苗/裔。曾祖南青州刺史，祖樂安郡太守，父年纔弱冠，奄/從風燭〔二〕。

夫人四德揔理，始備家門；三從合義，終歸他/族。年十七，出嫁魏郡元氏。從夫千里，不憚飄颻。方期/百年，唯勤巾櫛。性閑工巧，知無不爲。元氏爲淮南縣/丞，夫人同往赴任。桑榆之年未迫，風雨之病忽侵。膏/肓之疾，和緩不救。以仁壽二年，歲次壬戌，廿六日，卒/於縣所。夫人存亡無子，喪主是闕。贊府親護喪事，哀/慟過禮。寒蓬根斷，雖轉異處；枯桑葉落，會須還本。靈/轜復路，魂兮歸來。粵以大業三年，歲次丁卯，十一月/丙午朔，廿七日壬申，窆於隋興縣孝信鄉〔三〕。寒來暑往，/循環不息。日居月諸，我將萬古。金石非朽，乃銘曰：/

大岳垂胤，姜水派源。迺祖迺考，位重望尊。女勞父第，/婦爵夫門。内外芬馥，彼此蘭蓀。女主莫比，婦容絶/群。素裁團扇，錦織迴文。洛浦疑雪，陽臺似雲。宛如今/見，何獨前聞。夫妻從宦，榮華共時。異室方偶，同穴/先辭。昔張軒蓋，今轉靈轜。千金匪惜，一咲無期。膝/下無瑾，掌上少珠。臨轜叫鶴，向旐啼烏。雲昬壙野，風/攪蕖株。泉門湓閉，永隔歡娯。/

【注釋】

〔一〕化明縣：據《隋書・地理志》，化明縣屬鍾離郡，而非淮南郡。與墓誌不合。

〔二〕奄：泐蝕，僅存殘痕，據文例録文以備參。

〔三〕隋興縣：「隋」，當爲「隋」。《隋書・地理志》汲郡下有隋興縣：「開皇六年置。後析置陽源縣，大業初併入焉。」

○四七　張君及夫人李氏墓誌

隋大業四年（六〇八）八月九日

墓誌近年出土於河南省安陽市西郊，具體出土時間、地點不詳。拓片高、寬均 37.4 釐米，誌文十五行，滿行十七字，正書，而含隸意。石面略有泐蝕，文字稍損。誌蓋缺。

隋故長兼行參軍張君李夫人合墓誌銘〔一〕。/

君諱□，字士建，南陽菀人也，因封氏焉。波流/浩汗。祖龍，懷州城局參軍，又加騎都尉。父愛，/立身簡素，器博淵明〔二〕。除楚州南陽郡守。

君秉/質英才〔三〕，風韻閑雅。爲開府長，兼行參軍。君丘/園自悦，不涉預於朱軒；嘯咏堦庭，本無心於/紫蓋。

春秋五十有二，以開皇十二年五月十/四日，早從崩墜。夫人晚遭孀閨，煢居在疚。嗟/鴛鴦之獨寢，悼龍劍之孤飛。年卌有八，大業/二年七月八日，卒於家第。卜其宅兆，而安厝/也。大業四年，歲次戊辰，九日己酉〔四〕，合葬安陽/城西北五里白素鄉。却臨野崗，前帶渌水。若/不勒石泉門，何以揚名後世。銘曰：/

槃根百丈〔五〕，抽榦千尋。孤遥雪嶺，獨迥芳林。昔/作雙□〔六〕，今成兩樹。死生先後，埋殯同處。/

【注釋】

〔一〕隋故長兼行參軍張君李夫人合墓誌銘：「兼」字模糊，「行」字右半泐蝕，據殘畫輪廓録文以備參。下文有「爲開府長，兼行參軍」，與此可以比勘。「長」，即開府長，應是「開府長史」的省縮。「銘」字右下角缺泐。

〔二〕淵：泐蝕，僅存殘畫，據殘痕輪廓録以備參。

〔三〕質：上部殘泐，僅見左上角殘畫，下部可見。據輪廓録文。

〔四〕九日己酉：不載月份。考長曆，大業四年，八月辛丑朔，九日爲己酉，則所脱月份，應是八月。

〔五〕槃：右上角泐蝕，下部「木」有石花干擾。據殘畫，參以文意録文。

〔六〕昔作雙□：「雙」字原刻微泐，似上从兩，下从隻，爲「雙」的異體字。下一字似「瓦」，不能確定，存疑待考。

○四八　任清奴墓誌

隋大業八年（六一二）十一月一日

墓誌出土於一九八九年在河南省安陽電廠，石現藏中國文字博物館。誌石高、寬均 44 釐米，厚 10 釐米。誌文十七行，餘三行未刻，滿行二十字，正書，有縱橫界格，文字多草率俗訛。誌蓋缺。

魏郡安陽縣積善鄉任清奴墓誌。／

君諱清，字阿奴，北代朔州人也。自皇始相承〔一〕，家傳部／洛。祖湛，衛將軍、朔州鎮將。父善，征虜將軍、殷州鎮□／清〔二〕。大業二年八月廿七日卒，權瘞。今與妣張氏合葬〔三〕。／君武備文兼，朝銓將任。齊興和六年，出身盪寇將軍〔四〕。／十忍莫尋，萬夫懷望。皇建二年，加中堅將軍，備身左／右。四表吞聲，五陵馳譽。河清元年，加安東將軍。布水／火而兼行，舉絃□而並濟〔五〕。武平元年，除驃騎大將軍。／信義唯撫，敬讓齊施。武平五年，除勳武前鋒都督，自／然素約，無勞舉〔六〕。粵遭荼蓼，免歸禮制，逍遥不仕。忽以／芝田望遠，川逝難留。八十有一，奄捐館室。大業八年，／歲次壬申，十一月丁丑朔，葬安陽城西五里，窆延鄉／之地，權村西八百餘步〔七〕，西連長野。嗚呼哀哉！／迺爲銘曰〔八〕：

瑞洛開圖，祥雲受籙。帝之戚〔九〕，公侯之族。／龜組蟬冠〔一〇〕，鳴鑾珮玉。賤馬如羊，輕金類粟〔一一〕。石臺生蔓〔一二〕，／丹竈無烟。幾著木落，俄閟重泉。霧登荒隧，月照空田。／惟餘碑樹，依希万年。／

【注釋】

〔一〕皇始：北魏道武帝拓跋珪年號，當東晉太元二十一年（三九六）晉安帝隆安二年（三九八），歷三年。北魏自拓跋珪始興。從墓誌叙述，頗疑是北方少數民族但歷史上不見有少數民族改任姓者，或者是北方任姓漢族雜居於少數民族中。

〔二〕殷州鎮□清：「鎮」下一字略模糊，但輪廓尚可見，而不知何字。「□清」，不知爲何官職，存疑待考。

〔三〕今與妣張氏合葬：按墓誌通例，「大業二年八月廿七日卒，權瘞」，應在下文「忽以芝田望遠，川逝難留」之後；「與妣張氏合葬」，應在「歲次壬申，十一月丁丑朔」之後。今橫插於此，行文不諧調。

〔四〕齊興和六年：考史傳，北齊無興和，興和乃東魏孝静帝年號。《魏書·静帝紀》載，孝静帝元象二年（五三九）十一月改元興和，於興和五年（五四三）正月壬戌朔，改元武定，歷四年，因此興和無六年。所謂興和六年，已是武定二年（五四四）。以誌主大業二年（六〇六）卒，「八十有一，奄捐館室」推之，其「出身盪寇將軍」，年已六十二歲了。

〔五〕舉絃□而並濟：「絃」下一字清楚，似「草」字，但「絃草」費解，且竪畫爲竪鈎；又似「尊」的俗字，「絃尊」，大抵謂絃歌、酒尊，只是字形相去較遠，除非原刻訛誤。終不能定，存疑以俟方家。

〔六〕無勞舉：句行文不諧，表意亦不明。原刻應脱一字。

〔七〕八：原刻先刻爲「四」，後改刻爲「八」，兩字相重。

〔八〕廼：原刻作「西」，乃是缺刻「辶」部。碑刻銘文常見缺刻筆畫，是刻工脱刻，與俗訛字性質不同。

〔九〕帝之戚：行文不協調，原刻脱一字，據文意，疑「帝」下當脱「王」字。「帝王」與「公侯」對舉，文意纔通暢。

〔一〇〕龜組：二字甚草率。據大致輪廓，參以文例録文。

〔一一〕類：原刻作「頪」。頪，《玉篇》釋爲「面長也」，即長臉。《龍龕手鑒·頁部》釋爲「光也」，即閃電。墓誌中爲「類」的俗字，成爲形音義均無聯繫的同形字。

〔一二〕蔓：微泐，文字略模糊，據殘畫録文。

〇四九　藺義墓誌

隋大業九年（六一三）二月二十八日

墓誌二〇〇六年出土於河南省安陽市文源緑島社區。拓片高51釐米，寬50釐米；誌文二十二行，滿行二十二字，隸書，而楷法明顯。誌蓋盝頂，拓片僅拓頂面，高、寬均45釐米，陽文篆書，題「藺君墓銘」，無紋飾。

隋故逸民藺君墓誌銘。/

君諱義，字道仁，趙將相如之後也。夫其命世佐時，推誠抗/節，故亦壯氣未亡，餘風可想。祖哲，魏恒州石邑縣令。鳴琴/在堂，化成朞月。父遵，魏鎮南將軍，運籌於帳，智決千里。

君/禀自淑靈，色斯雅量。高則靡逾，深唯不測。垂帷志學，得泗/上之微言；抵掌談玄，探柱下之幽致。弱冠，齊彭城王辟爲/行參軍〔一〕。俄而王室陵遲，風雅咸缺。運之既否，道固無行。遂/迴絶樊籠，長住林壑。風月會琴罇之賞，山水叶仁智之心。卓/爾不羈，蕭然無事。且優游以卒歲，須當貴其何時。

而物有/推遷〔二〕，人非金石，一瞬不留，百齡詎幾。以大隋仁壽二年，七/月五日終於家，春秋五十，有藺道仁。夫人姬氏，襲蟬聯之/休緒，體芬芳之淑性。行秀閨房，好和琴瑟。宿志莫從，空存/偕老之誓；人世非久，奄至同穴之期。以大業九年，歲次癸/酉，二月乙巳朔，廿八日壬申，遷厝於魏郡安陽之積善里。/嗚嘑！樵蘇致禁，是貴賢人之隴〔三〕；圓石斯在，長表逸民之墓。/乃爲銘曰：

綿綿鴻緒，昭昭世功。慶逾靈筭，業譬良弓。載誕/令德，是嗣清風。談玄極妙，掞藻稱雄。懸旌降辟，濯纓入仕。/得夫四字，躍自千里。王曆將終，國難方始。反迹丘園，遺名/朝市。追宴阮嵇，希風莊惠。無競於時，不羈於世。去日難留，驚波/以逝。忽夢東里，俄臣北帝。有美嘉媛，河洲作匹。百年共往，/千齡俱畢。薤露淒寒〔四〕，松風蕭颷。悲矣佳城，何時見日。/其内仍酒，注終時年。幾及今葬，時月朔日。/

【注釋】

〔一〕彭城王：高漵，封彭城王。據《北齊書·文宣帝紀》：「癸未，詔封諸弟青州刺史浚爲永安王，尚書左僕射淹爲平陽王，定州刺史漵爲彭城王。」墓誌謂「齊彭城王辟爲行參軍」，當是定州刺史行參軍。

〔二〕推：原刻作「堆」，形近而訛。

〔三〕人：原刻作「久」，乃「人」之變形，結果與「久」字訛混。

〔四〕寒：字草率，似「寒」字，録以備參。

○五○　元誠墓誌

隋大業九年（六一三）十月十四日

墓誌出土於陝西省西安市郊區，具體出土時間、地點不詳。拓片誌高、寬均 52.5 釐米；誌文二十八行，滿行三十字，正書，有縱橫界格；石面剥泐較爲嚴重，文字有殘損。誌蓋盝頂，拓片僅拓頂面，高46釐米，寬47釐米，陽文篆書，題「大隋故梁州白雲縣令元府君之墓誌銘」。

大隋故白雲縣令元府君之墓誌銘并序〔一〕。/

君諱誠，字孝恭，河南洛陽人也。派源天漢〔二〕，滔滔帶地之□；□□神敖，隱隱□□/之氣。國史方乘〔三〕，言之詳矣。祖□，魏使持節、驃騎大將軍、開府儀同三司、侍中、□/右衛大將軍、尚書右僕射、青冀徐兗五州諸軍事〔四〕、五州刺史、司徒□□□□□/王。式居端右，見執法之尊；乃作司徒，弘在寬之教。親賢並寄，功德□□。□□車/服兼隆，寵□光於踐土。父政，魏使持節、驃騎大將軍、開府儀同三司、散騎常侍、/大行臺左丞、侍中、著作郎、吏部尚書、大宗正卿、魯郡公，贈徐兗二州刺史，謚曰/威。

公世濟明德，禮崇八命。俞往惟才，任兼五省。山濤啓事，多謝得人。□默侍言，/有慙諸□。既曰宗英，是稱國寶。君籍胄葭莩，早承教義。禀靈醇粹，□□□□。事/親孝敬，鄉邑化其移家；立志清貞，時輩推其脩己。長波萬頃，譽毁□□。其□□/蓋，千凝霜露，寧虧其色。加以温恭自度，敏博多聞。終朝造席，若飲醇□；累日□/傍，詎寢明鏡。豈直迎門倒屣，所謂王公之孫，一見嗟欽。方知曜卿之□，若斯而/已哉。

當塗既謝，曆命歸周。凡厥維城，皆爲崇德。□□風移，□變舊□。□宮□□/金相希更□□。君以聲高洛下，器蓋宗中。方□□之馬□□魏家之□□□□□/寘彼周行，□□請調。周大象元年，授司土上士〔五〕。既屬中秩之官，寶佐□□□□。/君盡勤薄□，物土惟宜。疏導隨方，塗泥咸乂。故使途□復道，曾無蟻□□□□□/曰休功，歲月留畬之益。

皇隋應樂推之軍〔六〕，用億兆之心，下搜揚之書，□□官/之選。以君績著前朝，名高□士。特□優旌，仍□棫樸〔七〕。開皇二年，授梁州白雲縣/令。華陽黑水，是曰舊邦。□屬寇讎，□爲新□。風□□夷，井田彫弊。君洞識□情，/深知治術。下車布教，罕任威刑。先之□□，□□□本之心；課以耕桑，移其□□/之性。學備鄉閭，禮讓侔於鄒魯；家脩廉恥，草竊遠於藋蒲。故以考冣□□□□/鄰邑。

方當騁之□壯，追從杜邵。運促道悠，逝川無反。仁壽二年四月十二日終，/春秋六十有九。以今大業九年，歲次癸酉，十月辛未朔，十四日甲申，遷窆於大/興縣小陵原。雖則青烏相□，何救埋玉之冤；碧海爲田，永瘗沉珠之恨。世□□/雄，哀過庭而莫訓，痛陟岵

而長號。永□無愧之辭，少慰蓼莪之感，銘曰：／

漢稱藩輔，周曰維城。於赫有魏，亦寄宗英。乃因□□，□襲公卿。鴻都□伏，□□／揚名。顯允夫君，□慙踵武。譽高先輩，功□□□。□□□□，□□□□。□□□□／家殷箱□。未摶逸翮，遽委窮泉。荒郊淒切，寒野□□。松濤□□，□□□□。□□／原之不變，歷萬古而攸傳。／

【注釋】

〔一〕大隋故白雲縣令元府君之墓誌銘并序：「白雲」、「元府君」五字泐蝕，據誌蓋題名及墓誌下文「開皇二年，授梁州白雲縣令」録文，以備參考。

〔二〕天：上横畫模糊。

〔三〕乘：下部微泐，據文例録文。

〔四〕五州諸軍事：此處墓誌謂「五州諸軍事」，而只列「青冀徐兗」四州，原刻恐有遺漏，或只是省稱、概舉。

〔五〕士：泐蝕，僅存殘痕。

〔六〕樂：微泐，但輪廓尚可見。

〔七〕棫：左半微泐，餘可辨。棫樸，《詩・大雅》之篇名。

○五一　張順墓誌　隋大業九年（六一三）十一月九日

墓誌出土於山西省上黨地區，具體出土時間、地點不詳。拓片誌高、寬均42釐米；誌文十九行，滿行十九字，隸書，有縱横界格。誌蓋缺。

君諱順，字珍和，南陽白水人也。黄帝廿五子，得姓／者十有四人。至於立事建功，張氏首居其一。晚有／運籌帷幄〔一〕，孤擅於西京；研覈淵微，獨高於東漢。自/斯以降，英賢繼踵。祖定，郝陽府君〔二〕；父歡，馮翊太守，/並專城分竹，惠澤在民。樹遺愛之碑，勒清德之頌。/

君稟和成質，敏惠夙彰。虎檻稱奇，猶爲童子；龍門/見異，尚在青襟。以衣冠之子，少仕齊室。初爲神武/挽郎，仍轉東宮侍讀。君神彩俊異，簡在帝心，擢爲/内史舍人，專掌綸誥。往還長樂，出入承明。高文與/閒玉争華，清論與懸河競寫。天保之末，釁起簫墻。/内外騷動，人情危懼。君扶老携幼，涉水登山。既奔/其區〔三〕，停軒居此。乃不交人事，惟墳典自娱。大隋開/皇二年八月五日寢疾，終於斯第。夫人王氏，太原/望族。孀居自畢〔四〕，遽等逝川。大隋大業九年，歲次癸/酉，十一月辛丑朔，九日己酉，合葬於上黨城東五/里。其辭曰：

祖馨漢室，胄馥齊都。行言準的，風/流楷模。擬陂萬頃，方松一株。史稱涉獵，經號淳儒。/其一。百年電速，一世風驚。沉淪珠玉，埋没賢英。龍摧/人滅，蓋起松生。勒兹翠石，不絶芳榮。其二。/

【注釋】

〔一〕晚有：原刻如此，但内容費解。

〔二〕郝陽：典籍不載有郝陽這個郡縣名。如果不是僞刻，便是文字有誤。存疑待考。

〔三〕奔：字清楚，但形體頗怪異，似「奔」的異體字，録以備參。

〔四〕畢：原刻少下横。

〇五二一　謝善富銘記

隋大業十一年（六一五）四月十六日

墓誌出土於陝西省西安市郊區，具體出土時間、地點不詳。拓片誌高、寬均59釐米；誌文七行，滿行七字，正書，有縱横界格。誌蓋素面無文字。

大業十一年，/歲次乙亥，四月癸/亥朔，十六日戊寅。/今於京兆郡大興/縣龍首鄉，殯永寧/鄉安邑里〔一〕。清信男/謝善富銘記。/

【注釋】

〔一〕安：上部微泐，據殘畫輪廓似「安」字，録以備參。

○五三　竇儼墓誌

隋大業十二年（六一六）七月十八日

墓誌出土於陝西省西安市郊區，具體出土時間、地點不詳。拓片誌高、寬均58.5釐米，誌文三十行，滿行三十一字，正書，有縱橫界格。誌蓋盝頂，高、寬均45釐米，頂面陽文篆書「隋故河堤使者西河公竇君誌」，四行，行三字。

大隋故河堤使者西河公竇君墓誌。/

夫稟靈惟嶽，既挺希世之材；積德依仁，必膺壽考之報。常謂爲然，徒虚語耳。天之/福善，何其爽歟。

君諱儼，字福曾，扶風郡平陵人也。章武勞謙，疏爵西漢；安豊知廢，/奉圖東夏。瓜瓞綿綿，朱紫相及；晉鍾彝鼎，可覆視焉。祖虘，胄實膏梁，譽因遊藝，發/迹關右，高宦成周。甫綰銀青，將階樞轄。屬元氏不綱，豔妻始亂。伊川水竭，遂履亡/鼎之期；柳谷圖生，先見討曹之兆。魏武帝狼狽遷都，具臣皆喪。虘以扶持屯險，誠/績居多，賜封義安郡公，贈大將軍、荆洛二州諸軍事、洛州刺史。父景，隋使持節、/大將軍、總管安鄂隋順應士温沔黄九州諸軍事、安州刺史、西河公。價重十朋，量/猶千頃。以高人之略，奉樂推之運。建旟南楚，百姓仰其仁明；維翰東藩，四嶽稱其/風德。有事君之小心，保抍薪之重任。克全名器，其不優乎。

君繈抱而孤，三歲襲爵，/徒稱服冕，曾未勝衣。母氏于夫人，太傅燕安公之第二女也〔一〕。婉順柔閑，有聞邦媛。/年在桃夭，家迾陪鼎。每逼不諒之言，終守共姜之誓。撫存念亡，顧復彌切。同徙宅/之嚴訓，弘大被之深慈。故能岐□夙成〔二〕，孝敬淳至。雖云染習，抑有天然。未及三加，/已通五典。追荀孟之伏膺，陋惠□之誕放〔三〕。加以性若虚舟，貌疑拱璧。澄陂莫際，連/城纔擬。懸針垂露，兼擅工奇。體物緣情，皆窮綺繢。至於指困濟士，拭席延賢，不失/禮於賤貧，無違言於然諾。清談謐坐，亹亹泉流；雅步來儀，軒軒霞舉。譬毛羽之鳳/麟，猶卉木之蘭桂。唯器唯材，粤不可稱已。

起家謁者臺通直郎。大業八年，轉授員/外郎，優遊無綜，幸事琴書。肴核日陳，足賞風月。英俊並遊，得起所好。十一年，遷河/堤使者，輓渭浮河，雖仍舊貫。宣房瓠子，時其改作，職修民賴，君實有焉。

涵牛之鼎，/方升廊廟，夢竪爲災，奄然蒿里。大業十二年三月十五日，終於東都，春秋廿有五。/即以其年七月乙卯朔，十八日壬申，歸葬於京兆郡大興縣小陵原。令問多能，既/齊衡於往哲；修齡貴仕，獨茫昧於斯人。室有孀妻，喪唯稚主。琴臺寂漠，已絶子期/之弦；書池瀲淡，空思伯英之翰。嗚呼哀哉！友人史令卿，道合斷金，契同寄死。撫孤/流慟，羊□之淚無從；望柩漣洏，元伯之交可想。以爲青松列樹，或見薪蒭；玄礎長/存，宜旌珪璧。遂託庸音，銘之云爾：/

晉賢之裔，漢室之甥。家傳金紫，世踐誠貞。義安惟烈，西河有聲。負荷堂構，復在高/明。襁褓岐嶷，髫丱夙成。行履純粹，質潤珪珩。建侯服冕，筮仕垂纓。器爲世寶，望實/民英。民英伊河，進退可則。因心達教，自家形國。未始程材，方期輔德。謂仁者壽，天/道奚忒。昔辭戚里，楊柳依依。今歸玄霸，親友相悲。青松一別，白日何期。俾千秋與/萬古，識無愧於斯詞。/

【注釋】

〔一〕燕安公：于謹之子于寔，字賓實，襲爵燕國公，謚安。詳參《周書·于寔傳》。

〔二〕故能岐□夙成：「岐」下原刻空一字格，據文意，應是「嶷」字，不知何以缺而不刻。

〔三〕陋惠□之誕放：「惠」下原刻空一字格，不知何以缺而不刻。據後文「誕放」，所缺疑應是「莊」字。惠莊，惠子、莊子，崇尚自然，不拘禮法，故稱「誕放」。

〇五四　張嬪墓誌

唐武德四年（六二一）閏十月七日

墓誌出土於陝西省西安市東郊，具體出土時間、地點不詳。拓片誌高、寬均52釐米。誌文十九行，滿行二十字，正書，有淺綫縱横界格。誌蓋缺。

唐故張嬪墓誌。/

嬪張氏，吴郡吴人也。其先策名强國，光輔五君。納説/霸圖，決勝千里。自兹以降，繼軌連衡。懿德清猷，無絶/於世。避地江左，仍爲冠族。詳諸史策，溢於民聽。祖據，/梁湘東王府諮議參軍〔一〕，周灊州司馬。父鋭，上開府、尚/書憲部郎中。

嬪天姿閑淑，幼而警悟。組紃之藝，無待/外習；環珮之節，體自生知。遂得升奏洛陽，來備椒房/之别；移家戚里，寔表高門之貴。袂良得位，柔順愈彰。/貫魚升序，無虧端肅。

既而銀環始進，玉液無徵。蕣草/摧芳〔二〕，靈芝殞秀。武德四年十月廿三日，薨於别館。有/詔贈嬪，使者持節册贈，禮也。粤以其年，歲次辛巳，閏/十月甲寅朔，七日庚申，窆於芷陽縣之見子原。懼舟/壑之屢遷，儻陵谷之將變。式銘貞石，以紀餘芬。其詞/曰：/

軒轅之緒，承家得姓。文成作師，通神翊聖。鍾鼎駢羅，/龜組交映。羽儀南國，徽猷無競。挺生懿淑，璧潤蘭芳。/林星比曜，昴宿騰光。譽流彤管，恩隆玉堂。道悠世促，/桂樹銷亡。卜兆有期，自庭即野。悽鏘挽鐸，踟躕驂馬。/深谷烟凝，荒郊雁下。千秋萬歲，空悲松檟。/

【注釋】

〔一〕梁湘東王：梁元帝蕭繹，初封湘東王。詳參《梁書·武帝紀》。

〔二〕蕣：本作「瑶」，因「瑶草」連用，受其影響類化爲「蕣」。

○五五　王裕墓誌

唐貞觀元年（六二七）二月十九日

墓誌出土於陝西省西安市長安區，具體出土時間、地點不詳。拓片誌高、寬均57釐米，誌文三十二行，滿行三十一字，正書，有縱横界格。誌蓋盝頂，加四煞高、寬均67釐米，不加四煞高47釐米，寬46釐米。頂面陽文篆書，題「大唐故隨州刺史上開府王使君之墓誌」，内外四邊鐫刻連環空心圓圈，中間夾纏枝卷葉紋飾；四煞刻四神紋，飾以卷葉紋和雲水紋。《新唐書·藝文志》載「王裕注《象經》一卷，《今古術藝》十五卷，《名手畫録》一卷。」誌主尚同安長公主。

大唐故隨州刺史、上開府儀同三司王使君墓誌之銘。/

公諱裕，字長弘，太原祁人也。自郃邑導源，用光配天之業；岐山肇構，載興累德之/基。世祀所以克昌，分枝所以增茂。火運告終，司徒抗忠貞之節〔一〕；土德云季，太尉顯/仁義之風〔二〕。台鉉相望，英賢繼踵。祖思政〔三〕，周侍中、河南道大行臺、尚書左僕射、荆州/刺史，太原忠公。懿德清徽，邁夔龍而高視；元功懋績，躡伊吕而齊蹤。王佐人傑，於/斯爲盛。父秉〔四〕，侍中、使持節、襄州總管、襄州刺史、上柱國，太原公。雅量弘深，兼資文/武。擁旄杖節，家聲克嗣。

公承世載之美，應川嶽之靈。孝友居心，寬仁成性。雖復公/門卿族，擊鍾陳鼎，朱輪結駟，軒蓋成陰。而公雅素爲懷，沖虚在志。寵辱兩忘，名利/俱遺。值周歷將改，霸道初基。相府肇開，群賢畢集。爪牙之任，以斯爲重。隨高祖藉/甚高名，虚心引納，乃以公爲親衛，尋轉千牛。以家艱去職。公至性通神，哀情過禮。/頓伏苫廬，殆將毁滅。自是閑居養志，多歷年所。脱略簪纓，棲遲衡泌。三旌九辟，莫/得而干也。大業九年，敕授始平縣令，屈此上才，治斯下邑。曾未朞月，仁風遠被。/

太上皇雖龍德未昇，而帝圖先兆。肅雍爰適，妙簡才良。公以華胄高名，允膺時選。/乃尚同安長公主〔五〕。既攀附風雲，騁其智力。宣平結援，佐氾水以立功；固始連姻，/知春陵之應讖。投誠效命，竭心推奉。蒙授上儀同三司。武德八年，詔除隨州諸/軍事、隨州刺史。此地漢東大國，水陸衿帶。值隨鼎將遷，兵飢薦及。皇運之始，流散/稍還，而惰疲成俗，彫弊猶甚。公寬猛相濟，威德兼行。乃勸以農桑，省其徭賦。危冠/長劍，並襲儒衣，帶牛配犢，咸歸南畝。風化之美，藉甚當時。

以此聲績，方期遠大。豈/謂水激龍門，尺波逝而無反；光沉烏次，寸陰馳而不續。未變中階，遽違昭世。以武/德八年五月十二日遘疾，薨於官舍，春秋五十有九。惟公少懷節概，不群於俗。澄/陂澹遠，奉高莫辯其涯；虛室窅然，端木不窺其奧。及濯纓入仕，盛府嘉招，凡厥同/昇，無非貴戚，莫不邀名借譽，以祈榮顯。唯公晦迹銷聲，蕭然無累。文皇彌以嘉揖，/顧眄逾深。曁親地兼隆，任遇彌重。而謙撝儉素，始終如一。加以妙達苦空，深思迴/向。運心攝念，晨宵無怠。信施殷重，薰脩不絶。豈非明識哲人，篤行淳深者也。粤以/今貞觀元年，二月甲寅朔，十九日壬申，改窆于雍州萬年縣之小陵原，贈物二千/段，禮也。惟壑變而舟移，信天長而地久。播德音而無絶，傳芬芳於不朽。乃作銘云：/

姬水開源，岐山聳構。掩映遥緒，蟬聯華胄。累葉公才，繼蹤民秀。龍光鳳彩，桂貞松/茂。積善必昌，篤生君子。汪汪雅量，昂昂高軌。顯晦語嘿，卷舒行止。濯纓膺務，彈冠/入仕。結姻帝室，佐命興王。禮崇名器，時逢會昌。擁旄杖節，仁風載揚。允光多士，寔/曰惟良。智效克宣，徽猷方遠。將陪瘗玉，向升華衮。風燭難駐，崦暉遽晚。潤掩連城，/芳銷九畹。兩楹已撤，玄扃戒期。卷舒丹旐，容曳靈轜。野霧晨合，松風夜悲。永矣遺/愛，方留去思。/

【注釋】

〔一〕司徒：當指東漢末年的王允，官至司徒，曾與吕布密謀誅殺董卓，後卓部部將犯長安，被李傕、郭汜殺害。詳參《後漢書》本傳。

〔二〕太尉：當指三國魏王祥，官至太尉。詳參《三國志·魏志·陳留王傳》。

〔三〕思政：王思政，字思政，太原祁人。《周書》卷一八有傳。

〔四〕秉：原刻缺下撇、捺二畫。王秉，宋陳思《寶刻叢編》卷三引南豐《集古録》所録《後周常樂寺浮圖碑》：「周保定四年立，記室曹胡達撰。其辭云：襄州刺史王秉，字孝直，建常樂寺塔七層。其碑文作在開元寺塔院。其文字書畫無過人者，特以後周時碑文，少見于世，故存之。」

〔五〕同安長公主：唐高祖李淵之妹。詳參《舊唐書·后妃傳·高宗廢后王氏》《竇建德傳》、唐張説《張燕公集》卷一六《唐故夏州都督太原王公神道碑》。

○五六　李建成墓誌

唐貞觀二年（六二八）正月十三日

墓誌近年出土於陝西省西安市郊區，具體出土時間、地點不詳。拓片高 52 釐米，寬 53 釐米；誌文七行，滿行九字，正書，帶隸書筆意。誌蓋盝頂，拓片僅拓頂面，高 40 釐米，寬 40.5 釐米，陽文篆書，題「大唐故息王墓誌之銘」，無紋飾。誌主是唐高祖李淵長子，在李世民發動的宫廷政變中被殺。兩《唐書》均有傳，生平事迹甚詳。高全欣《唐李建成墓誌探析》（《中國書法》總二五八期）有相關研究。

大唐故息隱王墓誌〔一〕。／

王諱建成，武德九年六月四日，薨於京師。粤以貞觀二年，歲次戊子，正月己酉朔，十三日辛酉，葬於雍州長安縣之高陽原〔二〕。

【注釋】

〔一〕息隱王：即「息王隱」，太子李建成，太宗同母兄。太宗即帝位，追封建成爲息王，謚曰隱。詳參《舊唐書·隱太子建成傳》。原刻「隱」是刮磨之後重刻。《唐會要》卷八〇《謚法》記載貞觀二年李建成謚號的争論，或奏爲「戾」，或奏爲「靈」，均不許，乃改爲「隱」。學者據此認爲刮磨前或是「靈」字，或是「戾」字，後者似更可靠。

〔二〕據《舊唐書·隱太子建成傳》：建成死後，太宗「以禮改葬。葬日，太宗於宜秋門哭之甚哀」。史傳不載具體葬日，亦不載葬地，墓誌詳載，可補史書之缺。

○五七　郭摩墓誌

唐貞觀四年（六三〇）十一月十二日

墓誌具體出土時間、地點不詳。拓片高、寬均 43 釐米。誌文十五行，滿行十五字，正書，有縱橫界格，書法秀美，合於規矩。石面甚新，字口如新鑿，葬地、葬時亦含糊其辭，疑是僞刻，姑録以備參。

君諱摩，字孟仁，西河介休人也。漢徵/君郭泰之後，家傳金石，竹馬著於童兒；世/載珪璋，鹿弁形於古老。祖通，汾州主簿。/父黑，揚武將軍。並依墳遊藝，德茂松筠。/入孝出忠，道芳蘭菊。

公早標令譽，夙擅/英聲。恂恂懷孔司寇之風，滔滔有山吏/部之度。川澄内映，嶽峙形高。冠冕羽儀，/人倫龜鏡。居壇作寶，價重十城。在器稱/珍，精逾百練。

豈期金壺漏盡，玉電烱/沉。隋大業十一年，卒于家第，春秋六十三。/唐庚寅歲，十一月癸酉〔一〕，葬城西二里。峴/山之石，猶足傷酸；湘川之筠，終將灑淚。/乃爲銘曰：

啓封文照，磐基蒼宿。象輿/八命，龍旂九就。胤裔瓌奇，蟬聯茂秀。二/豎成災，三壇不救。松枝偃蓋，草苗披綬。/

【注釋】

〔一〕唐庚寅歲十一月癸酉：墓誌不載帝王年號，實爲疏漏。考長曆，以「大業十一年卒于家」推之，入唐第一個庚寅是唐太宗貞觀四年（六三〇）。該年十一月壬戌朔，十二日爲癸酉日。

〇五八　陳辯墓誌

唐貞觀六年（六三二）正月十九日

墓誌出土時間、地點不詳。拓片誌高、寬均 59 釐米；誌文三行，滿行八字，正書。誌蓋缺。

貞觀六年，正月十/九日，大唐車騎將軍/陳辯之銘。/

○五九　王賨墓誌

唐貞觀十四年（六四〇）十月二十一日

墓誌近年出土於陝西省西安市郊區，具體出土時間、地點不詳。拓片高55.5釐米，寬54.5釐米；誌文三十一行，滿行三十二字，正書，有縱橫界格。誌蓋缺。據墓誌，誌主是在隋末戰亂中，爲隋王朝而戰歿。另有《王世静墓誌》已出，與本墓誌内容有同有異，製作時間不同，疑是一人二墓誌。

隨故武賁郎將王君墓誌。/

公諱賨，字世静，天水城紀人也。將軍受脤，鍾鼎銘功；安國建侯，山河勒誓。況復司空/懿德，藉甚竹林；龍驤茂積，謳謡星紀。然則布濩前哲，渙汗後昆；靈根祉葉，有自來矣。/

曾祖仁，魏大將軍、疊州諸軍事〔一〕、疊州都督、蘭香縣開國公〔二〕。伯寧持譽淮海，方其總戎；/君久無伐膠東，同其昨土。祖紹，周使持節、河州諸軍事、河州刺史、略陽郡開國公。博/陽剋讓，倫類少卿；荆衡致治，踵武叔子。父綱，隨驃騎將軍、開府儀同三司，襲爵蘭香/縣開國公。去病暉焕，異代同風；玄成弈葉，殊時共貫。

公筮抽嶰谷，即有宫商；質挺崐/山，自然琬琰。范宣幼志之歲，六藝允文；仲昇棄筆之年，七德允武。彎由基之繁弱，落/雁吟猿；跳延壽之亭樓，拔距投石。既而風驚紫塞，塵暗白羊。擊鳴鏑於河南，列穹廬/於北假。公纔聞烽燧，即憤雄圖；始命偏裨，便參戎律。隨開皇十九年，從尚書右僕射、/越公楊素，薄伐獫狁，致果八陣。隨將軍而臨瀚海，卷旆千里；從車騎而上燕然，籌預/帷幄。功參介冑，書勳王府。其年授儀同三司。若乃闗張攘袂之材，孫吴鞠旅之術。俱/未厥角，咸總牢籠。廿年，受右軍騎將軍。三春蘭茂，既曰斯馨；九皋鶴唳，終聞於野。大/業四年，轉左衛道源府鷹楊郎將，尋轉左武衛順政府鷹楊郎將〔三〕。熊羆搏噬，勇逸孟/賁；雕隼鷙擊，義冠行父。十一年，授左衛武賁郎將。仲躬之與文舉，伯昭之與桓階，以/此設官，同彼分職。況復上封削槀，昔嗣張純；遇直含毫，曾參潘岳。鶡冠旌德，銀章表/容。異御武之桓桓，顯扞城之赳赳。

洎炎精不競，區宇板蕩。天網失紐，地網絶維。公推/轂八川，任留四輔；識三靈之改卜，知九鼎而將遷。猶抱葛瞻之誠，卒亡西蜀；仍握臧/洪之節，終淪東郡。大業十一年八月，薨於方州，春秋五十。

公猗猗勁竹，藹藹貞松，不/落寒彫，詎喧暑茂。貪泉攸酌，與處默而連衡；膏腴載處，共君魚而方駕。雖叔節而去/三惑，伯起而慎四知，譬此徽猷，豈得同年而語矣。有子文度，使持節、廓州諸軍事、廓/州刺史。少居方伯，既有荀羨之姿；久治專城，固邁喬卿之譽。六條攸寄，雖罄忠貞，百/行居躬，猶先孝德。所以聞王褒之風什，譬攸永懷；想蘇韶之疇昔，於焉改葬。粤以貞/觀十四年庚子，十月乙丑朔，廿一日乙酉，遷厝於雍州萬年縣東廿五里少陵原。恐/兩宮挾壙，終成樗里；千年見日，卒遇滕侯。庶百世之可知，冀萬古而無沫。式鐫徽烈，/用紀幽泉。嗚呼哀哉，乃爲銘曰：/

安國佐漢，將軍翼秦。邦家髦彦，社稷宗臣。既銘鍾鼎，永扇芳塵。丘陵雖古，遺烈猶新。/鴻源浚流，鄧林竦榦。高枝必茂，長波自遠。渥洼驥馭，嶰谷竹斷。定有龍媒，非無鳳管。/乃祖乃父，或季或昆。公侯之裔，將相之門。照耀珠玉，芬馥蘭蓀。君之祉葉，即此靈根。/三略遊藝，七德允武。戎律贊務，雄圖匡輔。介胄軌躅〔四〕，銀章規矩。亭伯莫箴，亞夫載睹。/逝川弗息，隟駟難留。薤露一及，窀穸千秋。恐同樗里，慮屬滕侯。勒銘泉壤，用紀徽猷。/

【注釋】

〔一〕疊州：《魏書·地形志》不載，但《周書·李遷哲傳》、《北齊書·慕容紹宗傳》、《隋書·高祖上》均提及。

〔二〕蘭香縣：史傳不見，可補史缺。

〔三〕道源府、順政府：均軍府名，負責警衛。《隋書》不載，其他典籍亦不載，可補史缺。

〔四〕胄：原刻加形符「釒」，成爲形聲字。

○六○　路通墓誌

唐貞觀二十三年（六四九）十月十四日

墓誌出土於河南省靈寶市境内，具體出土時間、地點不詳。拓片高、寬均41釐米，誌文二十一行，滿行二十二字，正書，有縱横界格。誌蓋缺。

大唐故武騎尉路君之墓誌銘。/

君諱通，字子明，陽平郡清淵人也。帝嚳之元緒，后稷之宿/苗。晉弘農太守路勘之後[一]。勘以高才博達，挺世英儒，弈葉/相承，遂居河南閿鄉之縣，故又爲縣人焉。齊徐州刺史路/崇，即君之高祖也。周渭毗郎將政，即君之曾祖也。隋/成安縣令善，即君之祖也。

君生年聰敏，少則仁賢。長/者愛其神奇，鄉閭美其篤行。河上公之逸氣，鬱爾盈襟；柳/下惠之清風，蕭然邁俗。公府再辟，朝庭累徵，厚利尊名，終/莫能屈。及桑榆向晚，蒲柳方秋，委棄六經，綜求三學。

既而/井藤垂露，岸樹臨崩，春秋八十有三，奄卒於家。夫人王氏，/太原王佰成之苗裔，不幸尋亡。粤以貞觀廿三年，歲次己/酉，十月壬申朔，十四日乙酉，窆葬于閿鄉之部。南瞻荆岳，/則嶄絶崇巒；却背長河，則蒿流懸寫；東望原隰，跨據臨高；/西帶長川，則逶迤淥沼。唯其勝地，孰越兹乎？孝三才、文才等，居喪盡禮。爰屬下才，乃爲銘曰：/

猗歟路氏，固本澄源。百尋豐榦，万里清瀾。其一。高士挺生，風/規秀上。德被親鄰，名昭鄉黨。英華外逸，沖玄内朗。寵辱誰/論，清虚自賞。其二。日既西夕，川亦東窮。舟航六度，照燭三空。/一心無爽，二諦斯融。精靈勝託，身世長終。其三。夙昔風流，生/平氣息。一朝泉壤，千年荆棘。隴月收光，松雲奄色。悲酸行/路，徘徊罔極。其四。/

【注釋】

〔一〕晉弘農太守路勘：典籍不載。《古今姓氏書辯證》「路」下僅載「裔孫嘉，字君賓，晉安東太守」。《新唐書・宰相世系表》：「路氏出自姬姓，帝摯子玄元，堯封於中路，歷虞夏，稱侯，子孫以國爲氏。漢符離侯博德始居平陽。裔孫嘉，字君賓，晉安東太守。孫藻，藻二子纂、建。」均不見有路勘。

〇六一　任衡墓誌

唐永徽三年（六五二）十月十三日

墓誌出土於河北省大名市境内，具體出土時間、地點不詳。拓片高、寬均62釐米，誌文二十七行，滿行二十七字，正書，有縱横界格。誌蓋缺。

唐故左武衛長史、弘文館學士任君墓誌銘并序。/

君諱衡，字處權，樂安千乘人也。大坰之野，虺敷文而作誥；信都之域，光/懋功而胙土。移風表乎循吏，行古蔚乎儒林。列代飛芳，累仁貽慶。曾祖/華，魏青州刺史；祖思明，齊齊州别駕，並凝清輝而鑒物，基懿德以立身。/爰結遺謡，道光直筆。父子琳，齊殿中將軍，炫朱服以推鋒，排青牛而衛/主。忠愨之軌〔一〕，有稱前載。

君稟淳和之休氣，含英粹以挺生。覆簣爰興，望/干雲而斯在〔二〕；濫觴惟始，窮方舟而可屬。乃綜括書林，網羅文囿。總丘山/於靈府，振風□於詞條。四端流鄉曲之譽，三德睦閨門之美。大業云季，/郡舉高才。屬君子道銷，辭不赴會。於是振衣名岳，躡商山之遐軌；濯足滄流，訪桃源之逸迹。蔭松攀桂者將半紀焉。暨天步載康，議先蒲軸。降/絲綸之命，弘旌賁之典。貞觀初，授鄄縣主簿，轉中書主書。錦城之潤極/膏腴，鴛沼之榮參涣汗，在君非好，每申衷款。又蒙優旨，還盧氏令。至/官未幾，移病言歸。就除齊王記室。安期目人倫之表，叔寧推國史之才。/握籍文闈，聲高曩烈。

尋以府廢，從征遼海。任總軍書，草成馬上。軍還，加/輕車都尉。遂息心人外，相土山陽。葺宇穿池，有終焉之志。既而前星增/

耀，望苑招賢。爰賜令書，恩禮優洽，授崇賢館學士、左衛率長史。永徽/之歲，擢自宮寮，遷左武衛長史、弘文館學士。君迴翔兩館，升降二府。素/心清規，允標時望。志謝軒冕，情馳丘壑。究權實於真際，混得喪于玄津。/雖外雜囂埃，而內融虛白。

方欲退耕辭禄，反服還山。希上覺以棲神，保/中和而養性。美志不遂，奄然長往。永徽二年五月廿四日，終於京師，春/秋六十有八。悲纏寮友，切夫人之深慟；澤被哀榮，延送終之縟禮。以/永徽三年，十月十三日丁酉，葬魏州貴鄉縣遐泰里舊塋。夫人東平呂/氏，辭[三]萊婦之高風，隨莊妻而夙殞。義遵同穴，永祔幽魂，式紀泉途。銘曰：

大垌義闡，阿陵業盛。載誕人英，克隆家慶。率性由道，因心履正。寔鏡精/微，允優詞令。行惟中潔，身無外彫。韜光丕運，降賁清朝。形留簪紱，志邈/雲霄。希莊鶩景，望釋馳鑣。逝登玄軫，方騫羽翼[四]。遽迫龍蛇，俄捐館舍。去/矣貞範，悠哉大夜。人世可窮，徽音罔謝。/

【注釋】

〔一〕慤：微泐，據殘畫，參以文意録文。

〔二〕干：微泐，但殘畫尚大體可辨。

〔三〕辭：泐蝕，文字模糊，據殘痕似「辭」字，録以備參。

〔四〕翼：泐蝕，據文意，參以押韻，録以備參。

〇六二　尹暢墓誌

唐永徽五年（六五四）十二月十九日

墓誌出土於陝西省西安市郊區，具體出土時間、地點不詳。拓片誌高、寬均45釐米；誌文二十六行，滿行二十五字，正書，有縱橫界格。誌蓋缺。

隋故戎安府鷹揚郎將、正議大夫尹府君墓誌銘并序。/

公諱暢，字孝宣。其先鉅鹿人也。漢繡衣使者賓，即公之十六世祖/也。屬平帝末，王莽竊命。避地天水，因家冀焉。逮乎後昆，即天水冀/人也。四世祖顏，既列棘後秦，遂寓居京兆。曾祖父矩，魏雍州東曹/掾。層搆分空，太華疏峙。澄漪派遠，靈河導源。祖真明，京兆郡功曹。/馳順上之英風，道光三輔；擅匡成之懿德，名高一畿。父和賓，郡主/簿、秘書丞。周鎮東將軍、車騎將軍、左銀青光禄、隋郡太守、中散大/夫、金紫光禄大夫。玄蓋飛陰，祥飆與德風覃遠；彤輪翥軌，醴泉將/惠澤潛幽。

公爍水凝神，則智遊丹穴；踐言沖想，一信叶太蒙。葩耀/九芝，漱靈根於石瀨；華鮮八桂，擒惠葉於金飆。承慶緒餘，貽班中/士。未終武秩，俄謝戎軒。建德中，授建州高平縣令。崇軌物於三異，/匪懈在躬；敦聲教於一同，進思成務。周道云季，投筆從軍。隋授大/都督，除戎安府鷹揚郎將，加正議大夫。計韞六奇，必勝之功斯在；/威肅五校，失律之咎無聞。莫不剿殄鯨鯢，廓清氛祲。歸大功於魏/闕，勒元勳於景鍾。

既而漏盡金徒，時窮玉琯。窘良木之將壞，悲泰/山之其隤。粤以大業十二年七月□日遘疾，終於館舍，春秋六十/有七。前夫人韋氏，恒娥永逝，游桂輪而不歸；後夫人王氏，婺女長/辭，去珠星而莫反。以永徽五年〔一〕，歲次甲寅，十二月壬寅朔，十九日/庚申，合葬於長安杜陵之南，高陽之地，禮也。空筵暮撤，輕翣晨飛。/儼神容而長往，撫靈轜以言歸。顧荒埏之啓隧，悲玄堂之墐扉。刊/銘勒而何已，庶風塵之在兹。其詞曰：

自天生德，惟岳降神。/慶覃英裔，德嗣猗人。九迴疏節，八水潛珍。不貪斯寶，主善惟鄰。戎/袟功存，宰寮德懋。遊神夜泣，馴翬朝雊。時屬屯蒙，思安亭侯。榮參/珥鶡，司存禦寇。英威七萃，功冠三軍。貞心照日，勇氣飛雲。名昭雅/道，勣著元勳。策無遺算，藹有餘芬。落景既沉，隤山何仰〔二〕。浮生大暮，/哲人長往。髣髴昔時，依稀遺象〔三〕。刊兹銘勒，藏諸泉壤。/

【注釋】

〔一〕永徽五年：「永」字全泐，「徽五」二字亦微泐，但尚存殘痕，據殘畫輪廓録文。考長曆，唐高宗永徽五年正是歲次甲寅，十二月壬寅朔，十九日庚申，干支相合。

〔二〕隤：原刻「貴」訛作「責」。

〔三〕象：微泐，文字已殘缺，排除石花，殘畫應是「象」字，文意可通，韻亦相叶。

〇六三　王世静墓誌

唐永徽六年（六五五）二月二日

墓誌近年出土於陝西省西安市郊區，具體出土時間、地點不詳。拓片誌高 57.5 釐米，寬 57 釐米；誌文三十五行，滿行三十五字，正書，有縱横界格。石面部分泐蝕，文字偶有殘損。誌蓋缺。誌主於隋末戰亂中戰殁。此墓誌與《王賓墓誌》多有重複，亦有差異，疑應是一人。至於是一人而二誌，還是兄弟二誌，還是其中一種是僞刻，不能遽斷，故兩存之，以供參考。

隨故武賁郎將王君墓誌銘并序。/

君諱□，字世静，太原人也〔一〕。□世祖安，□鎮秦隴，因家於秦州天水郡之成紀縣焉。匡堯佐舜，/名播於五世；輔商作周〔二〕，慶垂於七百。聞鳳鳴於洛浦〔三〕，肇開命氏之源；驗策馬於漢圖，代有異/主之□。尋其崇基自遠，芳枝疊秀。匹崑峰韞玉，與造物而俱興；漢水孕珠，畢天壤而無竭。祖/安西將軍、蘭香公〔四〕，仰符上將之文，俯運中權之勇。父綱，周明帝主簿，贈河州刺史〔五〕。君入幕之/重恩，洽於生前；褰帷之贈禮，縟於身後。既以地稱丹穴〔六〕，載誕西申之資，水号渥□，永育東來/之驥。啼猨落雁之伎，得之於天然；玄女黄石之書〔七〕，無替於家業〔八〕。開皇中，起家爲左親衛。又任/爲郎。始階於尺木，才屈於位；未摶於九霄，踠足行間，非其好也。稍遷親/侍隊正，尋轉校尉。俄/而，波騰瀚海，火照甘泉。空窮池水之役，竟擾天田之固。越國公屯營細柳，將事桑乾。

方將展/衛霍之威，實資甘陳之士。公感知己之遇，奮決勝之奇。既斃射雕之奇〔九〕，無復牧馬之虜。授儀/同三司，特奉敕事秦□王爲進□〔一〇〕。尋改左翊衛道源府鷹揚郎將〔一一〕。及三韓九種，不供/職貢。煬帝天兵地陣，將弘弔伐。公以千夫之長，當一校之隊。推轂行間，拒輪莫擬。斬將搴旗/之勢，匹鶖鶚之制微禽；陷陣摧堅之功〔一二〕，喻賁育之吞孺子。帝用嘉之，擢爲夔政郡太守〔一三〕。進勳/秩爲正議大夫。駐馬待期，赴童兒之信〔一四〕；停車決訟，息奸吏之謀。接君子以蘭芬，誅小人以薙/本。豈直夜無吠犬，晝有盜烏。故□俗變齊兒，氓歌邵父。酌泉而鎮藩服，吴起之清心逾勵；腰/劍而趍軒陛，史慈之壯志方申。入爲武賁郎將。

屬炎精告厭，鳳德已衰。沴氣挻妖，蝟毛斯盛。/屯轘轅而據鞏洛，非獨張方之壘；踐銅駞而窺金墉，更深劉曜之逼。君忠爲己任，盡節安危。/寄命鋒刃之端，立功名義之地。運九天之妙筭，獻三捷之深功。强寇慴其餘勇，危城以之倍/氣。掌據亡軀，冀清趙虜；石越殉命，庶滅燕軍。惜乎！知勁草於疾風，忽摧霜露；辨青松於歲晚〔一五〕，/翻碎斧斤。酷甚典韋，恨深周處。三軍爲之飲淚，千載仰其遺風。于時南征之駕不旋，北宸之/政斯替。公雖身没王事，忠不上聞；名爲國傷，賞不下逮。竟闕褒贈，時論冤之〔一六〕。

夫人晉陽郡李/氏，四德克宣，六行具舉。自宜其家室，爰主中饋。工備組紃，允光内則。既而龍分劍匣，空切武/昌之水；鶯息隴樹，終期韓氏之塋。胤子上柱國、右武候將軍□度〔一七〕，文武兼資，忠孝齊舉。是曰/名家之駒，堯傳良冶之業。始驗芝蘭之室，不替其芳；公侯之門，必復其始。昔在童孺，早丁艱/棘。陷讎人之壘，莫申灌夫之志；展罔極之痛，庶竭董永之資。粤以大唐永徽之六年二月，遷/措於少陵原〔一八〕，禮也。昔衛將軍之墓，因盧山以紀功；蕭丞相之墳，樹□□以表德。故知南宫東/觀，雖傳不刊之史；馬鬣牛亭，須存不朽之迹。況乎寒暑相襲，陵谷遷移；兆入公宫，墳依武庫。/勒銘幽隧，其可已矣。

飛凫仕漢，水龍平吴。積慶斯遠，清塵不渝。乃祖杖節，功著邊隅。顯考入幕，績預規模。載誕松/筠，志淩霜雪。爰□父敬〔一九〕，克展臣節。結髮從戎，推鋒亂轍。鳳書是賞，鷹揚就列。蠢兹獩貊，大邦/爲讎。將軍天討，寔□良籌。陣參魚貫，兵運蛇□。□功既展，懋賞斯優。出守千里，化清枳棘。入/侍九重，惠存社稷。四郊多壘，三象霧□。見危致命，亡軀殉國。拚薪有寄，高門載闢。列鼎非歡，/陟岵是感〔二〇〕。北邙宅兆，南陽阡陌。乃契蓍龜，底安窀穸〔二一〕。副笄盛飾，横劍英才。符合葬於舊禮，遵/同穴於夜臺。薤露晞兮繁笳□，松風結兮旅禽哀。雖徽烈其如在，愴人事之悲哉。/

永徽六年，歲次乙卯，二月辛丑朔，二日壬寅葬。/

【注釋】

〔一〕君諱□字世静太原人也：「原」「人」二字部分泐蝕，據殘畫，參以文例録文。「諱」下一字泐蝕，貞觀十四年《王賨墓誌》作「公諱賨，字世静」，若是一人二誌，則缺字疑是「賨」字。

〔二〕輔商：二字微泐，據殘畫録文以備參。

〔三〕嗚：泐蝕，多石花，據殘畫似「嗚」字，録以備參。

〔四〕祖安西將軍蘭香公：《王賨墓誌》：「祖紹，周使持節、河州諸軍事、河州刺史、略陽郡開國公。」與此墓誌所載不同。

〔五〕父綱周明帝主簿贈河州刺史：《王賨墓誌》：「父綱，隨驃騎將軍、開府儀同三司，襲爵蘭香縣開國公。」與此墓誌所載不同，未知孰是，存疑待考。

〔六〕既以：二字殘泐，據殘畫録文。

〔七〕石：部分泐蝕，據殘畫，參以文例，疑是「石」字，録以備參。

〔八〕替：微泐，排除石花，據殘畫輪廓録文以備參。

〔九〕雕：大半泐蝕，但尚存左邊殘畫，據殘痕，參以文意録文。

〔一〇〕特奉敕事秦□王爲進□：「進」下一字右半「馬」清楚，左半泐蝕。

〔一一〕尋改左翊衛道源府鷹揚郎將：《王賨墓誌》載，王賨於「大業四年，轉左衛道源府鷹楊郎將。」

〔一二〕陣：大半泐蝕，據殘畫，參以文例録文。

〔一三〕夔政郡：「夔」下部泐蝕，且是異體。歷史上没有夔政郡，存疑待考。

〔一四〕信：微泐。據殘畫輪廓，參以文例録文。

〔一五〕辨青松：三字微泐，排除石花，據殘畫輪廓録文以備參。

〔一六〕時：微泐，多石花，據殘畫輪廓録以備參。

〔一七〕右武候將軍□度：「軍」下一字泐蝕，據《王賨墓誌》：「有子文度，使持節、廓州諸軍事、廓州刺史。」若爲一人二誌，則當爲「文」字。

〔一八〕粤以大唐永徽之六年二月遷措於少陵原：《王賨墓誌》：「粤以貞觀十四年庚子，十月乙丑朔，廿一日乙酉，遷厝於雍州萬年縣東廿五里少陵原。」記載不同。

〔一九〕爰□父敬：「爰」下一字泐蝕，據文意，似「及」，存疑待考。

〔二〇〕岵：原刻「山」作「阝」，乃是受上字「陟」的影響而趨同類化。

〔三〕底：原刻作「底」。

〇六四　席伎墓誌

唐顯慶元年（六五六）十一月二十四日

墓誌一九八三年出土於河南省安陽市西第二製藥廠。拓片誌高 54 釐米，寬 57 釐米；誌文十八行，滿行十九字，最後兩行因石面不足，乃雙行擠刻，正書，偶雜行書筆意，有縱横界格；四側鐫刻雲水圖紋。誌蓋高 70.5 釐米，寬 67 釐米，頂面題「席君墓誌」。《安陽墓誌選編》收録。

唐故席君墓誌銘并序。/

君諱伎，字藝，本京兆杜陵人也。其先發系開源，則/詳諸簡牘；權輿鼎祚，則功著縑緗。故得引裔英靈，輝煥方册。祖德，周内史、納言，兼散騎常侍。公以神/姿標舉，竦瓊樹以含風；瑩質凝華，峙璧印而映月〔一〕。/故得陪隨鶴駕，待聞龍津。校綸誥於鳳池，記言事/於仙室。父弘，鄴城縣令〔二〕。政成化啥，鸞舞階墀。育德/含和，雉馴桑下。

公以良冶之子，不墜於八其裘〔三〕。剋/荷扸薪，業隆堂構。以貞觀十八年，補越王府執仗〔四〕，/降神山岳，聳幹風雲。玉潤荆峰，珠明漢浦。故得晨/趍竭館，則見賦睢陽；暮侍靈光，則西園飛蓋。

俄而，/輔仁有爽，福善無徵。西域之藥難逢，兩楹之奠斯/及。以顯慶元年六月十五日，卒於私第，春秋卌有/八，即以其年十一月廿四日，改葬相州西平原，禮/也。將恐舟移夜壑，水變蒼山，刊勒芳猷，庶傳不朽。/其詞曰：

惟祖惟考，開國承家。内潛仁義，外發英/華。鱗縱壑〔五〕，逸羽陵霞。灼灼髦彥，英英秀出。聞禮聞詩，/惟精惟一。礪行砥名，懷久/抱質〔六〕。草塵易謝，薤露難停。珠沉澧浦，劍没豐城。/唯餘芳烈〔七〕，播美騰聲。/

【注釋】

〔一〕印：略泐，據殘畫録以備參。

〔二〕鄜：原刻作「鄜」，爲换聲異體字。

〔三〕八其裘：三字費解，疑是「箕裘」二字的訛刻。

〔四〕越王：唐太宗第八子李貞，燕妃所生。《舊唐書·太宗諸子傳》、《新唐書·太宗九王傳》有詳載。

〔五〕鱗縱壑：脱一字，行文不諧。如「游鱗縱壑」之類，才與下句「逸羽陵霞」相對應。

〔六〕懷：字草率，《安陽墓誌選編》釋文作「修」，誤。

〔七〕唯：上部泐蝕，據殘畫輪廓，參以文例録文。

〇六五　趙瓚墓誌

唐顯慶二年（六五七）十一月十二日

墓誌出土於陝西省西安市長安區，具體出土時間、地點不詳。拓片誌高、寬均 42.5 釐米；誌文二十二行，滿行二十二字，正書，有縱横界格。誌蓋盝頂，高 45 釐米，寬 46.5 釐米；頂面題「大唐故趙君墓誌之銘」，三行，行三字，陽文篆書，四周鐫刻纏枝卷葉紋，四煞刻四神紋飾。

唐故前鄜州達化縣令趙君墓誌銘并序。/

君諱瓚，字德璡，京兆萬年人也。其先與秦同祖，出自南陽。/造父抙以趙城，子孫因以爲氏。自兹厥後，代爲晉卿。或恩/屬冬輝，或威言夏日。簡則饗天鈞樂，勝則聲駕四君。文則/次叔可嘉，武乃充國可尚。秦漢已往，代有其人。非翰墨之/所宣，亦乃祥諸史册。祖顯，齊豫州從事。父景，齊安陸府記/室。

公乃少而高行，器宇遐深。玉質幼彰，金聲夙振。釋褐太/僕寺典牧署令，又應以茂才，擢爲洪州洪川縣令。屬彼官/僚改易，宰牧遷移，隨例選曹，尋轉鄜州達化縣令。惟公丹/青神化，損益時宜。境有三歎之風，俗無拾遺之士。擊磬則/青鸞舉翼，撫弦則百里自清。理繩不疲，心猶水鏡。

方當光/映槐棘，弈葉貂蟬；豈其武擔山崩，兩楹興夢。顯慶元年九/月四日，終於私第，春秋八十。又以顯慶二年十一月乙酉/朔，十二日景申〔一〕，窆於萬年縣義善鄉鳳栖之原，禮也。悲夫！/佳城鬱鬱，痛矣何追。傷哉哲人，奄從物化。恐桑田有變，陵/谷遷移。是用式鐫，冀同天壤。乃爲銘曰：/

蟬聯纓冕，弈葉公門。慶承靈岳，德稟洪源。作鎮作固，惟子/惟孫。流芳靡輟，名垂後昆。其一。恂恂盛德，載生韶令。孝友英/資〔二〕，忠賢自性。與人謙讓，顧己惟敬。朝廷稱奇，洪川留詠。其二。/利貞外朗，英華内發。學古入官，尊榮誰越。自惟扃戒〔三〕，追終/靡闕。抱確懷真，名垂身没。其三。晷運易頹，光陰難久。千月既/謝，百齡誰後〔四〕。蓋迴軒動，墳新鳥守。紀此音徽，傳芳不朽〔五〕。其四。/

【注釋】

〔一〕十二日景申：「申」字泐蝕，僅存中間竪畫。據長曆，顯慶二年十一月乙酉朔，十二日正是丙申。

〔二〕孝友英資：「友」字微泐，排除石花，輪廓大體可辨。「孝」字泐蝕，僅隱隱見殘痕，據文例，疑是「孝」字。「孝友」爲常語。

〔三〕扃：上半泐蝕，下半清楚，據輪廓録以備參。

〔四〕百：泐蝕，僅存右邊之竪畫，還原殘畫輪廓，參以文例，應是「百」字。「千月」與「百齡」對舉，行文諧婉。

〔五〕朽：泐蝕，僅存垂足，據殘畫，參以文例録文。「朽」、「守」、「後」、「久」亦叶韻。

○六六　王隆夫人趙氏墓誌

唐顯慶四年（六五九）十月二十八日

墓誌出土於陝西省西安市郊區，具體出土時間、地點不詳。拓片誌高、寬均爲 46.5 釐米；誌文二十行，滿行二十字，正書，有縱横界格。惜原石右上角殘毀一大塊，文字殘損。誌蓋盝頂，高36釐米，寬37釐米，頂面陰文篆書，四行，行四字，題「大唐故朝請大夫王君妻趙氏墓誌之銘」；四煞綫刻四神紋飾，綫條輕淺，運筆流利。墓誌葬年泐蝕，今記之以卒年。

□□□□□□□□□□墓誌之銘并序〔一〕。／

□□□□□□□□□□□□御受氏，稱賜地之榮。／□□□□□□□□□□，蟬聯之美，有馥前緗。夫／□□□□□□□□□□□性，史箴成範。蘋藻宣風，言／□□□□□□□□。王氏諱隆，太原之華貴也。條／□□□□□□□□昔奉義旗，至止京邑。更諸／□□□□□□□□王侯，早驚怛化。

夫人柏舟在詠，／□□□□，□□□靈，遽辭丹照。無復長生之枕，不遇／□□□□。□□顯慶四年十月廿八日，終於平康里／□□□□□□王君，松檟列於京兆東郊龍首鄉之／□□□，□□肇自周公〔二〕，敢緣斯範，式歸同穴。嗚呼哀／□！□□閏十月十二日，爰啓舊塋葬之，禮也。佳城鬱□〔三〕，□□綿綿。俾永嘉聲，迺爲銘曰：／

□爲分地，原爲大夫。天賜廣樂，山藏寶符。朝哥始附，／□武初都〔四〕。家變爲國，此之謂乎。搢紳繼踵，人倫楷模。／有令姬〔五〕，夙承餘慶。顯允陰範，猗歟婦性。四教聿宣，三／梅屬詠。來儀公子，資仁惟敬。福善徒説，偕老何欺。東／驚竹箭，西落崦嵫。墳空宿草，林低□帷〔六〕。淒涼霜露，復／此長辭。繐帳宵懸，薤歌晨度。夜臺俱掩，遊魂並騖。雲／愁日域，風悲松路。何代不新，何人不故。／

【注釋】

〔一〕□□□□□□□□□□墓誌之銘并序：首題殘損，據墓誌文例，疑應是「大唐故王府君夫人趙氏」。

〔二〕京兆東郊龍首鄉之□□□□□肇自周公：「之」下所殘損五字，據墓誌文例，疑是「原禮也祔葬」。

〔三〕佳城鬱□：「鬱」下一缺字，應是「鬱」。「鬱鬱」重言，與「綿綿」對舉。

〔四〕□武初都：「武」上一字泐蝕，據文意，應是「趙」字。

〔五〕有令姬：當脱一字。

〔六〕林低□帷：「低」下一字清楚，形似「未」，但「未帷」費解，存疑待考。

○六七　王德表墓誌

唐顯慶六年（六六一）二月十九日

墓誌出土於陝西省西安市長安區，具體出土時間、地點不詳。拓片誌高59釐米，寬58釐米，令狐棻撰文，誌文三十六行，滿行三十五字，正書，有縱横界格。誌蓋盝頂，加四煞高62釐米，寬61釐米，不加四煞高48.5釐米，寬48釐米；陽文篆書，題「大唐故使持節淄州諸軍事淄州刺史上護軍王府君墓誌之銘」，四周鐫刻纏枝卷葉紋飾；四煞刻四神紋，飾以卷葉紋。誌主之曾祖、祖，見《周書·王慶傳》。撰文人令狐棻，即令狐德棻，兩《唐書》有傳。

大唐故使持節、淄州諸軍事、淄州刺史、上護軍，王君墓誌銘并序。/

君諱德表，字顯，太原祁人。周太子晉之苗裔也。源深派遠，慶積靈長。輔漢則位極中臺，佐魏/則任隆西鼎。莫不道存社稷，志厲忠貞。備詳史牒，可略言矣。曾祖回〔一〕，魏儀同三司、靈州總管/懷德景公。祖慶，周靈延夏汾晉五州總管、曹丹青中綏等十州刺史、賓部兵部二大夫、驃騎/大將軍、司寇、司徒，隋柱國、延州總管、平昌莊公。父崇，隨千牛、太子舍人、直閤，朝請大夫、始安/郡公〔二〕。並以朝廷羽儀，人倫領袖。故得任隆文武，爵裂山河。雅望重於當年，徽烈光於身後。

君/幼聞詩禮，夙稟義方。孝悌著於閨庭，信順隆於宗黨。青襟穎悟，流賞於中郎；童丱夙成，見奇/於京尹。年逾志學，起家國子生。負帙從師，横經齒胄，五行謝其聰敏，百徧媿其精勤。未及三/冬，研詠六籍。射策高第，將應賓王。屬隨氏數終，群凶競逐，區宇横潰，海嶽波塵。/高祖太武皇帝，愍彼生靈，遂淪塗炭，將圖拯救，爰舉義旗。龍躍晉陽，鳳翔關右。君乃/捨兹俎豆，習彼干戈。委質軍門，策名霸府。義寧二年，蒙授通議大夫。洎乎/景命惟新，將恢遠略。乃令盧江王瑗爲大使，招撫山南，引君同行。仍以君爲大使、司功參軍/事。于時皇威遠暢，率土欽風。旌節所臨，無思不服。綏懷新附，務擇賢良。君職在官人，/屬精抽擢。凡所授用，並允時談。

武德二年，除直州司馬，俄轉別駕。州既俗兼夷夏，山川阻深。／屬喪亂之餘，承戰争之末。君任惟首席，竭誠燮贊。未逾朞月，俗阜刑清。尋以獻計入朝，爲列／藩之最。乃蒙擢授太府寺丞。貞觀初，遷尚書司勳員外郎，仍兼吏部員外。四年，拜金部郎中。／禮閤任隆，郎官望重。君累居顯要，久膺繁劇。臺省服其博聞，僚列稱其明練。八年，以君爲潭／州道黜陟副使。於是朱軒省俗，絳節觀風。錯枉繩違，彰善癉惡。平允之譽，爲朝野所稱。蔣王／以帝子之尊，出鎮方嶽，匡贊之職，時難其選。十年，拜散騎侍郎、蔣王府司馬，兼原州都／督府司馬。蔣王改鎮襄州〔三〕，仍兼襄州別駕。十七年，遷霍王府長史〔四〕，兼絳州別駕。君頻佐名藩，／屢游盛邸，足使府朝緝睦，萌俗諧和。尋改授廣州都督府長史，俄轉潭州都督府長史。君寬／猛兼濟，威懷具舉，遂使三湘浪静，百越氛除。政績克宣，特蒙旌擢。永徽三年，拜持節淄州諸／軍事、淄州刺史。褰帷踐境，駐節宣條。屬城欽和季之書，黎庶仰喬卿之德。尋以循良著績，加／授中大夫，俄拜上護軍，從班例也。年及時制，志在休閑。北闕陳誠，東都解印。

將謂福謙可恃，／養德於膠庠，豈言與善無徵，奄歸於泉壤。顯慶五年十一月二日遘疾，薨於翊善里之宅，春／秋七十有二。朋遊傷切，既深埋玉之悲；僚吏摧鯁，實軫殲良之歎。即以六年，歲次辛酉，二月／景寅朔，十九日甲申，葬於雍州萬年縣少陵原之舊塋，禮也。嗣子元譽等，痛結過庭，悲纏陟／岵。拔風枝以殞絶，仰橋樹而哀號。恐寒暑之推移，懼徽音之歇滅。庶憑鐫勒，永誌英聲，其詞／曰：／

流烏降祉，控鶴分源。允稱王佐，粲乃公孫。流長派遠，林茂枝繁。粤祖伊考，服冕乘軒。君之挺／生，寔惟英妙。廙謝通理，戎慙簡要。肅肅清風，汪汪雅調。器實瑚璉，材稱廊廟。青襟敬業，弱冠／騰芳。時逢交喪，運屬興王。從軍入幕，效立名揚。展驥名嶽，曜彩周行。從政中臺，弼諧藩邸。榮／光賜葛，恩隆設醴。燮贊江湘，氛澄霧啓。褰帷海岱，導德齊禮。懸車告老，解紱閑居。繼踵三徑，／追蹤二疎。怡神藥石，託意琴書。未升遐壽，俄嗟忽諸。原隰悽愴，丘墳冥漠。馬住東都，車迴北／郭。笳管嘹唳，騑驂沃若。人事長違，山阿是託。／

國子祭酒、彭陽公令狐棻撰〔五〕。／

【注釋】

〔一〕曾祖回：王回，《魏書》不載。《周書·王慶傳》載王慶「回」作「因」：「父因，魏靈州刺史、懷德縣公」，與墓誌基本相合。

〔二〕祖慶、父崇：據《周書·王慶傳》，王慶初賜爵始安縣男，後進爵爲公。卒，子淹嗣。墓誌以崇爲始安郡公，又似襲爵者。未詳何故。

〔三〕蔣王改鎮襄州：據《舊唐書·太宗諸子傳》，蔣王李惲於永徽三年除梁州都督，後歷遂相二州刺史，不載改鎮襄州事。霍王李元軌曾於垂拱元年出爲襄州刺史。不知是否墓誌誤紀。

〔四〕霍王：霍王李元軌，唐高祖李淵第十四子，張美人所生。見《舊唐書·高祖二十二子傳》。

〔五〕令狐棻：即「令狐德棻」，兩《唐書》有傳。

○六八　張通墓誌

唐龍朔元年（六六一）七月十三日

墓誌出土於河南省洛陽市郊北邙山，具體出土時間、地點不想。拓片誌高、寬均 44 釐米；誌文十九行，滿行二十字，正書，有縱橫界格，石面斑駁，多石花，文字稍損，且有訛字。誌蓋缺。

唐故隨齊王府司馬張君墓誌銘。/

夫生生曰道，亭毒者無爲；化一曰命，稟受者脩短。無/爲不可以情測，脩短不可以智移。故當隨逝上於坻/流，安此泰於曹遇。死生有極，其如命何。

君諱通，字達，/洛州河南縣人也。祖宗睿哲，騰盛勣於漢朝；唯子唯/孫，播芳名於魏葉。自茲厥後，代有人焉。曾祖□仁，廬/州長史。高明瑩□，不因舉燭之書；冰潔凝真，無煩置/水□淵。祖序，隨任溵水縣令。德行兼著，詩禮兩聞。績/茂一同，政標三異。君達不貪榮寵，棲□閑居養性。/長歌家園於朗月〔一〕，歡啓期之三樂，守班嗣之丘。優哉/游哉，聊以永日。

以龍朔元年，歲次辛酉，丑六月朔，十/三丁丑〔二〕，□於洛州河南縣脩善里私第，春秋七十二。/長子思儉，仰圓靈以飲泣〔三〕，扣方祇以摧心。觀東龜之/元貞，依北山而啓域。即以龍朔元年，歲次辛酉，甲午/十三日丙午七月朔〔四〕，葬於河南縣平洛鄉邙山之阜，/禮

也。想沉碑之隱隱〔五〕，懼幽隧之茫茫。紀□績於九泉，/銘□功於萬古。故爲銘曰：/

冥□冥化，幼而老成。立功立事，冠冕輝榮。□替厥美，/代有人英。長瀾崇岳，莫之與京。其一/

【注釋】

〔一〕朗：泐蝕，僅存殘痕，録以備參。

〔二〕丑六月朔十三丁丑：不合墓誌文例。考長曆，龍朔元年，歲次辛酉，六月乙丑朔，十三丁丑。故原刻脱「乙」字，且顛倒字序。又，「三」下原刻脱「日」字。按通例，當爲「六月乙丑朔，十三日丁丑」。

〔三〕欽：原刻作「欽」，訛誤。

〔四〕甲午十三日丙午七月朔：據長曆當爲「七月甲午朔，十三日丙午」。

〔五〕想：原刻作「相」，訛誤。

○六九　任緒墓誌

唐龍朔二年（六六二）十一月十七日

墓誌出土於陝西省西安市渭南地區，具體出土時間、地點不詳。拓片誌高50釐米，寬49釐米；誌文二十八行，滿行二十八字，正書，有不規則縱橫界格。誌蓋缺。

隋故西戎互市監任公之銘并序〔一〕。/

蓋聞肅肅孤聳，偃千仞者喬松；昂昂逸群，追奔電者驥足。表在物之殊特，/方鑒高奇；知英靈之異流，懸隔翹蹇。故希代非常之士，含經味道之生，挺/勁質於一時，契窮通於當代者，何可勝數！

隋故西戎互市任監公者，京兆/渭南人也。公諱緒，稟逸倫之秀氣，蓄出俗之奇才。苞籠英妙之風，局影鄉/邦之內。將謂澄心棄物，棲情虛室之光；晦迹市朝，漸竭心河之浪。有懷養/性，無意求榮。

屬火政將終，天綱欲紊。事乖安適，逐務權移。爰應國章，飛裾白/馬。歌鳴琴於百里，則野雉馴遊；統製錦於一同，則翔鸞下儛。富商露宿，叶/王渙之前規；姦不旋踵，等子高之果決。雖叔陽標神父之譽，閻憲發明君/之名，未可孤擅前修，獨光曩代。既而遠近騰美，朝野流芳。器逐才高，任由/功進。轉西戎互市監。邊夷生梗，羯虜群强。蟻聚蜂飛，乍難安輯。公下車未幾，遽扇仁風。戎夏兩和，内外咸仰。首豪慴伏，息狼顧之心；遐裔肅清，罕不/虞之警。

而彈冠既晚，筮仕云賒。未窮五等之榮，俄感兩楹之夢。春秋卌有/九，以武德二年，正月十四日寢疾，薨於私第。即以其月十九日殯於渭南/莊所。豈直春者不相，實亦悲感鄉邦。惟公素契玄門，早弘道性。積善鍾於/當代，流慶延乎華胤。第二子雅相，稟星河之異氣，含嶽瀆之奇精。俶儻韞/不羈之才，特挺蓄逸群之量。故得佐時聖代，耀質明君。鹽梅可/儔，股肱攸寄。或從容紫禁，飛裾任八座之榮；或發越遐荒，戴鶡預六/軍之重。自餘奇功異德，國史詳焉。追遠之情，因心而則至；風樹之感，彌久/而逾切。思欲起便房於已毁，啓神柩於黃腸。更廣靈轜，以申榮顯。頃以遼/隧尚梗，三韓未清。應受脤之隆，當出閫之重。

而廟謀未發，膏肓已兆。/兩兒落寐，方漸彌留。遠志屈於頹齡，孝道淪於天命。弟雅順，痛追遠之語，/永積身心；念平生之説，言猶在耳。取占神蔡，啓亡考之靈；爰及兄柩，捻崇/窀穸。以大唐龍朔二年，十一月十七日，遷厝于舊殯所。嗚呼哀哉！乃爲銘/曰：/

清濁爰啓，乾坤永固。人生浮促，頹齡難駐。寒暑循環，日月馳騖。銜恨没命，/古今億數。異代俱歸，顯晦同趨。難挹夕流，易晞朝露。父惻白駒，子悲風樹。/蕭瑟松檟，蒼芒埏隧。念華堂之尚新，恨泉門之已閟，嗚呼哀哉！/

【注釋】

〔一〕互市監：官署名。隋代在西北設交市監，與突厥貿易。唐初改稱互市監，武周垂拱元年一度曾改稱通市監，掌管陸路上的對外貿易以及和少數民族貿易馬匹等事務。長官即稱互市監。西戎互市監，典籍不載，可補史書之缺。

○七○　蘇大亮墓誌

唐麟德元年（六六四）三月二十四日

墓誌出土於陝西省咸陽市境，具體出土時間、地點不詳。拓片誌高46釐米，寬45釐米；誌文二十六行，滿行二十七字，正書，有縱橫界格；四側鐫刻纏枝卷葉紋飾。誌蓋盝頂，高、寬均62釐米，陽文篆書，三行，行三字，題「唐故上柱國蘇公墓誌」，四周及四煞剔地鐫刻纏枝卷葉紋飾。

唐故朝議郎、行奉冕直長、上柱國蘇君墓誌。/

公諱大亮，字仲孚，扶風武功人也。自璜符啓聖，凜霜毫而戒職；玉英題/序，攢雪嶮而凝功。演蓍驚芬，曾翔於鳳牒；含奇毓彦，偶照於龍光。曾祖/檀，齊清河郡丞[一]，南檜揚翹，東球秘影。夾朱幡於懋甸，戢黑幘於靈川[二]。祖/蜀，隨潞州萇子縣令。桑馴艷雉，聲飛單父之琴；槐擾文鸞，韻偶武城之/唱。父左金吾將軍、上柱國，道貫秦奚，才傾魏髕。昭勤肅禁，展效毗/戎。撤高祲於玄區，鏤鴻徽於縹册[三]。

公蠙波獻晰，虹石游明。飛峻調於霞/莊，張摇風於日谷。甫年志學，遜業仁宫。流藝含經，遵堂涉室。永徽中，以/明經擢第，拜給事郎，仍奉使於伊州。屬黠虜挺妖，邊戎煽逆。縱魄戈於/長吏，逸凶劍於齊甿。公銜威聳色，志戡其禍。斬級纍俘，克黜其難。授騎/都尉。顯慶初，以父勳加上柱國，進朝議郎、行雍王府兵曹參軍事。月榭/聯輝，會賞應劉之客；風臺曳響，同嬉宋景之賓。既洽善於王門，載徙榮/於帝府。除奉冕直長。恭翠旒之絢服，奉丹衮之崇章。佇頓扆於三階，行/泛裾於八舍。

而蘇韶之魄，俄隨地府之遊；王矩之魂，遽應天京之召。以/龍朔三年十一月七日，終於金城里之私第，春秋卅有八。嗚呼哀哉！惟/公器嚴霜鋭，迹高風躅。道蔓鈎文，行純中輔。花晨織思，曄璇景而凝章；/葉暮閑心，泛珠徽而激引。固以騰光後彦，蹂氣前華者矣。粤以麟德元/年三月廿四日，遷座於咸陽縣之平原，禮也。傍臨毀壖，肅松檟之陰；却/帶榛郊，愴風雲之色。翹繢輴於秀隴，楊緌

旆於浮崗。望容悵而增潸，佇/空簫而下欷。嗚呼哀哉！匪遺音之可聽，何淪姿之在目。載撰德於青瑶，/庶綿芳於紫菊。詞曰：/

穆穆司寇，英英屬國。並播崇規，咸刊秀則。水分鴻冑，派綿碩德。龜彩聯/華，蟬文比色。猗歟若士，演粹居醇。沖哉茂器，混璞藏真。精滛鳥册，詞曄/驪珍。爰膺儁造，式偶禎辰。輕軺載服，徽功寔暢。叶教三戎，飛榮六尚。微/言有寂，明神不亮。俊木沉翹，曾山陊望。勝城啓隧，楚挽凝哀。青旗委鬱，/縞駟低佪。露棲蒿徑，風泛松隈。爰雕玉篆，永晰泉臺。/

【注釋】

〔一〕丞：原刻作「承」，二字同源，故常通用。

〔二〕戜：形近於「貳」，似不辭，疑是「戴」的俗訛字。存疑待考。

〔三〕鴻：原刻作「鴻」，爲俗字。

○七一　劉德墓誌

唐麟德元年（六六四）十一月十六日

墓誌近年出土於河南省安陽市西面南水北調工程工地。拓片誌高68釐米，寬68.5釐米；誌文二十三行，滿行二十八字不等，行草書，書法流利秀美，行氣舒朗悦目，有烏絲欄格。誌蓋高67釐米，寬68.5釐米，陰文篆書，題「大唐故劉府君之墓誌」，四周鐫刻纏枝卷葉紋飾，四煞刻四神紋飾。《安陽墓誌選編》收録。

唐故劉公墓誌銘并序。

相州安陽縣。/

君諱德，字寬，彭城沛郡人也。昔者伊堯統曆，一六合而跨九州；漢祖膺符，總八紘/而朝万國。莫不功格天地，德被黎元。英聲共日月齊高，茂實與江河競/遠。並圖之簡素，備在言談，勒石泉扃，可得而闕。

曾祖諱胤，魏任項城郡守〔一〕。/祖諱光，齊任龍驤將軍。父諱才，隨任府司馬，唐授銀青光禄大夫，又任巖州/録事參軍事〔二〕。咸以天池蹀足，丹穴養毛。挺璧彩於荆山，耀珠輝於漢水。居/忠履孝，資父事君。榮業所歸，芬芳靡絶。

公則連枝桂樹，綴葉金柯。幼/挺珪璋之姿，長茂芝蘭之秀。然則彫蟲篆刻之述，壯夫不爲；漱流攀桂之高，/平生所樂。於是歎深梁竦，居習情真。散髮上園之中，披裘風月之下。逍遥/自得，泉石以娱。

方欣含哺之游，且慶可封之樂。豈意桑田忽變，人事不留。未盡/松喬之年，遽從蒿里之逝。春秋六十有五，卒於私第，嗚呼哀哉！夫人李氏，□/薫菊茂〔三〕，至孝深仁。始扇南風之恩，終成大被之造。以兹餘慶，庶享休徵。乍/迎陶侃之賓，時禮巨卿之客。但以經天麗景，不駐桑榆之暉；帶地清川，無/停晝夜之運。春秋六十有六，卒於私第，嗚呼哀哉！

哀子客初，號天叩/地，泣血絶漿。瘡巨内殷，形骸外毁。想孤魂之各逝〔四〕，涕淚無從；撫荒殯以長/號，肝心寸絶。於是卜其宅兆，建立墳塋。棺則白楸，室唯玄甓。持兹竭力，/以報昊天。庶慰黄泉之情，以塞赤誠之恨。即以大唐麟德元年，十一月十六/日，合葬于州西七里，父母之故園，禮也。庶使泉扃永固，魂魄相和。生花之樹可/追，啓櫬之悲長絶。其詞曰：/

惟祖惟父，允武允文。金聲玉潤，雪白蘭薰。自家形國，孝父忠君。芳名逸行，遐/邇稱聞。其一。子子孫孫，鏘鏘濟濟。濯纓干禄，升階納陛。重仁襲義，敦詩悦禮。入贊彤庭，出遊/朱邸。其二。惟君弈葉，丘園養素。履道居貞，依仁執度。方期偕老，溘同朝露。孝子順孫，銜/哀孺慕。其三。宅兆告休，佳城載襲。重泉一掩，雙棺是戢。月□墳寒〔五〕，風吟樹泣。彫鐫不朽，功名永立。其四。/

【注釋】

〔一〕項城：西周時有項國，秦置項縣，以國爲名。南北朝史籍屢見。北魏爲項城郡。隋爲項城縣，唐因之，地在河南省東南部。《舊唐書·地理志》：「項城，隋舊。武德四年於此置沈州，領項城、潁東、鮦陽、南頓、溵水五縣。貞觀元年廢沈州，以縣屬陳州。」關於項城郡，《魏書》不載，大抵以項城爲南朝轄地。不過，《元和郡縣志》卷八載：「東魏孝静帝以淮南内附，置北揚州理項城，乃于項城僑立北丹陽郡及秣陵縣。」可能曾置項城郡。墓誌可補其缺。

〔二〕巖州：唐武德二年置，五年廢，地在今河南省北部。《舊唐書·地理志》：「武德元年置相州總管府，領安陽、鄴、林慮、零泉、相、臨漳、洹水、堯城八縣。二年，割林慮置巖州。四年，廢總管府，仍省零泉縣。五年，廢巖州，以林慮來屬。」如此，則誌主之父劉才任巖州録事參軍事在武德年中。

〔三〕□薰菊茂：「薰」上一字泐蝕，據文例，似應爲「蘭」字。

〔四〕逝：草書，《安陽墓誌選編》釋作「遊」，不取。

〔五〕月□墳寒：「月」下一字清楚，但暫不識。銘文與下句「吟」字對舉，應是動詞，如「照」、「籠」、「掩」之類，但字形均不合。《安陽墓誌選編》釋作「亮」，似非。存疑以俟方家。

○七二　韋整墓誌

唐麟德二年（六六五）二月十日

墓誌出土於陝西省西安市長安區，具體出土時間、地點不詳。拓片高59.5釐米，寬60釐米，誌文三十四行，滿行三十五字，正書，有縱橫界格。誌蓋缺。

關於誌主，史傳不載，唯《全唐詩》卷五一〇張祜有《送韋整尉長沙》詩一首，但墓誌不載其曾官長沙尉。

大唐故司稼正卿韋公墓誌之銘并序。/

公諱整，字思齊，京兆杜陵人也。聞夫電影開祥，軒丘聳其華構；霓光孕祉，若水導其昌瀾。暨/乎商郊錫壤，襲黼衣而動映；漢相全經，藴金籯而振業。分珪列鼎之盛，華纓麗組之榮。故已/掩藹神畿，絲綸帝輔，可得而略也。曾祖孝寬〔一〕，魏尚書右僕射，周大將軍、大司空、雍州牧、太傅、/上柱國、鄖國公，食邑一萬户，謚曰襄公。祖總〔二〕，周開府儀同三司、大將軍、御伯、納言、京兆尹、上柱國、河南郡開國公，謚曰貞公。並器隆時棟，位極朝班。或爕輔攸資，佇元宰於槐路。或循良/是寄，膺盛尹於枌京。父匡伯，隨尚衣奉御，襲爵鄖國公，真食江夏，封三千户，又改封舒國公，/食封如故，謚曰懿公。崇班縟賦，禮重於當年；大行脩名，聲流於殁代。公中南藴秀，翠嶽降其/英靈；大液潛禎，璜川薦其淑氣。清襟已肅，寫風韻於嵇松；貞節不渝，擬霜筠於稽箭。起家爲/秘書郎，又遷魏王屬〔三〕。尋除諮議參軍，又除蒲州長史，尋轉定州司馬，兼檢校恒州長史。俄徵/爲太僕少卿，又除將作少匠。又轉内府少監，檢校司農少卿，又遷太府少卿，兼檢校尚書右/丞。大泉之府，地切於珍藏；右轄之任，道峻於仙臺。公體妙具才，寄隆兼務。故能下括河海，上/膺台辰。至龍朔元年，丁憂去職，甫沉苫菓，未革槐檀。爰紆必行之/詔，載佝有爲之典。奪情拜外府少卿，又除司稼正卿。公亟延宸綍，歷登卿寺。金穀爰/司，楊箴述而靡及；紅庾斯積，姬頌論而不窮。

方期仙閤陪禮，介餘休於景福。誰謂天京夢樂，/掩貞魄於冥區。以麟德二年正月十九日薨于永寧里之私第，春秋六十有三。惟公佝忠資/孝，道極於君親；脩身踐言，譽宣於邦族。況乎秉操貞白，寓懷沖素。雖積潤高門，承榮腴室，而/粤自紈綺，爰逮簪裾。外無犬馬之娱，内靡姬姜之欲。斯所謂鎮静流俗，標牓彝倫者焉。而神/聽方冥，莫驗於純嘏；靈心已酷，徒傷於殄悴。嗚呼哀哉！

夫人京兆杜氏，即周大將軍、河内太/守、豐鄉公徽之孫。/皇朝御史大夫、吏部尚書、安吉襄公淹之女。靈系攸開，嚴璽分其茂緒；慶源斯發，沉石演其/層派。仙姿含麗，臨蕣景而分妍；淑問流芳，掩蘋風而薦馥。自言歸台室，作儷公宫。道茂閨儀，/聲華媛則。瑶琴方奏，叶飛鳳以和鏘；寶鏡俄空，與祥鸞而滅彩。貞觀十一年八月廿三日，薨/于京第，于時春秋卅有一。即以其年十月，窆於少陵原之舊塋。

長子陜州芮城令綱，次子周王/府參軍紀[四]。集蓼纏悲，匪莪凝慕。趨庭之訓，號層旻而不追；徙宅之慈，叩玄壤而何及。爰謀/嘉兆，式建高封。乃以麟德二年，歲次乙丑，二月癸酉朔，十日壬午，合葬于神和原之新域，禮/也。將恐鰲峰褫峻，鯷壑驚埃，圖令範於銘典，誌遺芬於穸臺，銘曰：/

商丘靈趾，姬瀅遥源。靈枝已蔚，神萼攸繁。參差丹衮，照灼瑶軒。慶隆冠族，榮高鼎門。其一家祉/斯延，朝英秀出。早茂聲采，夙騰賓實。月艶瓊篇，雲鷩綵筆。亟紆縟禮，累居崇祑。其二驚川不息，/飛谷俄傾。奄辭棘路，方愴松扃。悼深/宸扆，恨切簪纓。寵兼今昔，禮洽哀榮。其三流鐸驚晨，繁葭咽路[五]。指飛旍而委鬱，儼悲驂而顧慕。/黯寒色於平蕪，落嚴飆於宰樹。恐佳城之或啓，庶他山之可固。其四/

後夫人博陵崔氏，/皇朝沔州刺史奉賢之女，亦同窆此塋。/

【注釋】

〔一〕曾祖孝寬：韋叔裕，字孝寬，京兆杜陵人，少以字行世。《周書》、《北史》均有傳。《韋孝寬墓誌》亦出，詳參《漢魏六朝碑刻校注》，《集古録目》著録《韋孝寬碑》。

〔二〕祖總：韋孝寬有六子：總、壽、霽、津知名。據《韋孝寬墓誌》：「世子總，字善會，使持節、開府、京兆尹。殞於王室，贈柱國、蒲陝熊中義五州刺史、河南郡開國公，謚曰貞。」

〔三〕魏王：唐太宗之弟李靈夔。詳參《舊唐書·太宗紀下》。

〔四〕周王：李元方，唐高祖之子，張氏所生。詳參《舊唐書·高祖二十二子傳》。

〔五〕葭：通「笳」，一種樂器。誌文「繁笳」與「流鐸」對舉，文意通暢，行文亦諧。

〇七三　王府君夫人辛媛墓誌

唐總章元年（六六八）十月十九日

墓誌出土於陝西省西安市郊區，具體出土時間、地點不詳。拓片高28釐米，寬29釐米；誌文二十二行，滿行二十三字，正書，有縱横界格，誌蓋缺。

大唐故使持節、淄州刺史王府君夫人隴西郡君辛氏墓誌/銘并序。/

夫人諱媛，隴西城紀人也。其先帝嚳之後，遠祖騰，爲漢將軍〔一〕。/祖鳳，隨使持節、沔州刺史。父襲，隨荆州總管府司馬。年甫及/笄，歸于王氏，即皇朝尚書金部郎中、使持節、淄州刺史王/府君夫人。府君令譽日隆，高班屢踐，既而榮兼于室。夫人敬/穆朝恩，貞觀四年，授清義鄉君。十四年，授城紀縣君。顯慶/二年，授隴西郡君。

夫人幼挺女儀，長弘婦則，貞柔婉淑，體望/閑都。質耀巫岑，城國傾其四德；姿浮洛涘，内外仰其三從。儀/範閨闈〔二〕，敬姜之所靡喻；驛思文苑，班氏之所銷聲。固亦道勝/换金〔三〕，機先徙第。恭禋御下，咸美時談。

豈意積善無徵，竟睽餘/福。莫驗南山之壽，遽從東岱之遊。以總章元年七月十八日/遘疾，薨於永寧里第，春秋六十有七。嗚呼哀哉，可謂蘭畹凋/芳，崐山墜玉者也。嗣子元譽等，奄違慈訓，方增陟屺之悲；/痛結終身，有切寒泉之歃。謹以其年歲次戊辰，十月壬子朔，/十九日庚午，權厝於雍州明堂縣義善鄉高望里〔四〕，恐陵谷之/有變，庶金石之長存。乃爲銘曰：

粵自帝系，派演高門。蟬聯往牒，舄弈後昆。班惟德進，名寔道/存。孕兹景福，錫彼芳蓀。夙禀閨儀，早標貞素。動循禮則，言符/雅度。睇月方娥，睎星比婺。有行訓室，嘉猷載路。奄棄色養，遽/適幽扃〔五〕。寂寞千古，蕭條九京。隴烟恒積，松風鎮驚。爰刊翠石，/式播鴻名。/

【注釋】

〔一〕遠祖騰爲漢將軍：據《元和姓纂》：「秦有將軍辛騰，家中山苦陘，曾孫蒲。」關於生活的時代，説與墓誌有所不同，但應實爲一人。

〔二〕儀：微泐，據殘畫，參以文例，録以備參。

〔三〕勝：微泐，據殘畫録文以備參。

〔四〕雍州明堂縣義善鄉高望里：地在今陝西省西安市郊。高望里之名源自高望堆。北魏永熙二年《韋輝和墓誌》葬京兆郡山北縣吉遷里之北原。北魏山北縣有高望鄉。唐大和八年《楊迴及秀谷縣主墓誌》，夫妻二人合安厝於萬年縣高平鄉高望里。山北縣、萬年縣、明堂縣實一地，轄境略有不同。

〔五〕遽：微泐，但殘畫輪廓尚可見。「奄」與「遽」對舉，文意相同。

○七四　王思泰墓誌

唐總章二年（六六九）十一月二十七日

墓誌出土於陝西省西安市郊，具體出土時間、地點不詳。拓片高72釐米，寬71釐米；誌文四十行，滿行四十一字，正書，有縱横界格。石右下角缺一小塊，文字有殘損。誌蓋缺。誌主是唐太宗宰相王珪之從子，《新唐書·宰相世系表》列有其名，職官與墓誌基本相合。

大唐故司衛少卿、鄭州刺史王君墓誌銘并序。/

君諱思泰，字知約，太原祁人也。若夫辰象之精，川嶽之氣，鬱高門之曾構，挺異人之昌緒。故迺流烏演□，□/蒼曆以從天；駕鶴摛祥，耀黄離以賓帝。麾旆上將，聲飛金册之郊；叱馭忠臣，績著銅梁之境。司空之謨□□/室〔一〕，家崇台衮之基；征虜之翼亮晉朝，門廣幡旗之路。累彰鴻伐，弈代有聲。騰鳳篆以聯華，振龍光以垂□。□/祖僧辯〔二〕，梁司徒、太尉、尚書令、永寧郡開國公，升榮端揆，擢彩崇闈。培積風而厲翼，縱巨壑而驤首。祖顗，□□/中、齊太尉長史、平東將軍，襲封永寧郡〔三〕。器韞邦基，行融士則。英姿表於天授，捧日登山；翼佐叶於神交，乘□/泛月〔四〕。父閎〔五〕，浪情飛遁，凝懷大隱。屢讓垂釣之金，不受光庭之印。道存則貴，室邇人遐。有随辟命累臻，弓旌□/委，竟不之就，號曰徵君。

公擢秀貞柯，振芳賢葉。霞標獨映，霜韻自高。湛情源而總括九流，構仁基而削成千/仞。言無可擇，善則可師。守信國以爲藩，控禮輿而成軌。年甫弱冠，爰屬亂離。隨氏則有鹿斯奔，皇運則潛/龍或躍。既遇嘯風之會，爰應屯雷之期。鄧禹經綸，方懷杖策；孔明忠壯，即許駈馳。應接義旗，專修器械。天舩/雲火，岳跱星流。鶴膝龍環，霜飛電照。京城既下，爰賞懋功。武皇引見，特加優奬。乃授上柱國。既而攀龍效/績，鳴鶴随班。從政帝畿，並詢良吏。轉授同州司法參軍事。地接秦樞，人多俠窟。奸回舞法，動梧木以馳冤；權/豪坐訟，淩篳門而縱辯。公則詞無惑聽，理必推誠。故得闔境懷恩，虚牢罷訟。政績之美，聲實允歸。尋轉屯田/員外郎。以從父任居禮部〔六〕，改授國子監丞。文昌握蘭之奏，肅望瑶除；成均括羽之英，欽風璧水。郎官拭目，挹/題柱之容儀；冑子專心，漸摳衣之德教。

俄以内艱去職。隅山軫酷，浚沚崩心。菒貌不勝，欒形殆絶。罔極之感，/睇吹棘以屠魂；永錫之悲，想折蓼而摧慕。服闋，除太府丞，俄轉懷州司馬。管輅清河之逸驥，唯止府丞；龐統/襄陽之伏龍，纔登別駕。公之此授，兼而有焉。未幾，尋遷比部郎中、檢校代王府長史〔七〕。仙臺分於列宿，寔求披/霧之英；睿岳派於霄潢，必俟觀濤之彦。既而揺山奉邑，望苑昇離。言從夜景之遊，旋應春華之寄。又改授東/宫中允，兼檢校長安縣令。鳴笳入侍，飛舄趨朝。漢沼文鯨，控漁川而莫犯；秦祠寶雉，狎雊隴而來馴。顔含中/庶之官，本稱儒素；尹賞長安之職，夙擅威名。以公方之，獨爲高視。

屬圭塵望幸，玉軑時巡。河洛九逵，鈎陳萬/騎。乃以公兼攝榖州刺史。山祇受職，棧危隥以開塗；風伯順時，掃長川而静壒。扈鳴鑾於鼎邑，擢鷺於環/林。遷國子司業，轉馭僕大夫。屢踐黌庠，頻參鶴禁。國華人望，於斯允屬。俄而有詔，授司衛少卿，尋除鄭州刺/史。雲飛皂蓋，導五游而倡牧；霧撤彤帷，頒六條而刺舉。時門龍門之邑，物性難馴；滎澤麋遊之地，人心尚野。/英雄結黨，盤遊大叔之田；任俠成群，留連井公之博。崇奸疊固，委訴盈階。公則覽轡澄清，停車斷決。百城聳/化，推鯁正於直繩；萬邑傾風，睎高明於舉燭。張温掃閤，遥許台司；田豫鳴鍾，求還初服。將歸素里，抗表丹闈。/屬以穢貊未羈，消奴尚梗。成皋之路，軍役所資。天子有臥委之心，士庶結攀留之思。有詔敦諭，仍居舊職。

迫/以耆年，潛嬰美疹。西崦既昃，徒興擊缶之嗟；東里不留，竟軫抽簧之慟。以總章元年十二月廿三日，薨於州/鎮，春秋七十八。惟公風鑒清朗，沖襟爽澈。然諾盡於交態，不移虬箭之陰；樞令發於詞鋒，似鑠蛟鑪之鋭。援/神資其孝履，刻像應其誠通。幹蠱承家，流謙接物。窺其學府，落落群玉之山；挹其文河，淼淼懷珠之浪。故得/職兼儒吏，聲芬朝野。崇班著於景風，遺愛光於冬日。

夫人于氏，祖翼[八]，周使持節、幽州諸軍事、幽州總管、驃騎/大將軍、開府儀同三司、上柱國、任國公。父晟，隋太子洗馬、使持節、涇華二州諸軍事、涇華二州刺史、太僕卿。/並國器人宗，光前照後。夫人韶姿月亮，秀節霜高。仙譽洽於銀河，貞芬鏡於彤史。椒花起頌，徒聞薦壽之詞；/楓樹煎香，無復歸魂之驗。粵以總章二年十一月廿七日，同窆於雍州之少陵原，禮也。飄飄柳轍，去分京兆/之阡；藹藹松庭，遠對平陵之郭。玄隴方閟，纔留化鳥之書；玉棺既下，唯有吟龍之劍。庶佳城之不昧，鏤貞琬/以圖芳。悠哉永古，式昭鴻烈。其詞曰：/

鳴岐帝緒，吟簧仙構。括地疏源，干天起秀。水龍騰景，冰魚聳溜。代野禎符，岳陽英胄。其一綿基劭美，弈載流芳。/冠昇螭銑，印轉龜章。畫像崇閣，書勳大常。侯服斯盛，公門以昌。其二允迪家聲，誕惟邦傑。摭奥嵩簡，探奇禹穴。/筆妙臨池，琴英照雪。虹璧流潤，霜筠挺節。其三道消毁玉，時屯問鼎。天傾北隅，緯集東井。攙搶蕩祲，光華孕景。/入幕推功，參籌庇影。其四沙猚效響，粉署登暉。道肅雍序，聲高海沂。波瀾水鏡，書記雲飛。製錦龍隰，彯纓鶴關。其五/帝里參槐，皇門剖箭。青地飛綬，朱轓動傳。雨沐迴輈，風楊別扇。徙珠方潔，投璣起戀。其六悠悠大暮，寂寂荒/塋。笳凝霧咽，旆轉風驚。蒼山空而月落，青櫝暗而雲平。勒幽篆於千古，想遺塵於九京。其七/

【注釋】

〔一〕司空之謨□□室：「謨」下一字尚見殘畫，參以文例，似「謀」字。再下一缺字，疑是「漢」字。誌文「謨謀」與「翼亮」對舉，「漢室」與「晉朝」對舉，文意通暢，行文和諧。

〔二〕□祖僧辯：「祖」上一字，據下文，當是「曾」字。王僧辯，本姓烏丸氏，鮮卑族。詳參《梁書・王僧辯傳》。

〔三〕祖顗□□中……襲封永寧郡：「顗」下一字泐蝕，其上部存殘痕，據文意，應是「梁」字。下一字殘損，應是「侍」字。「郡」下省「公」字，其父封永寧郡開國公。《新唐書・宰相世系表》：「顗，侍中，永寧公。」

〔四〕乘□泛月：「乘」下一字殘損，據文意，似「風」字。「日」與「風」對舉，行文和諧。

〔五〕父閎：《新唐書・宰相世系表》作「閔」，彼此不合。又，《新唐書・宰相世系表》王顗子珌、珪，王珪相太宗。「珌」子「閔」，彼此又不合。若以「閎」，即世系表之「珌」，則墓誌，顗子「閎」，即世系表之「珌」，而又少了一代。墓誌當時所作，當不會連是父是祖都不分。疑世系表有誤。《舊唐書・王珪傳》：「王珪，字叔玠，太原祁人也。在魏爲烏丸氏，曾祖神念，自魏奔梁，復姓王氏。祖僧辯，梁太尉、尚書令。父顗，北齊樂陵太守。」據此，王珪是誌主之叔父。

〔六〕從父：指王珪。《舊唐書・王珪傳》：「七年，坐漏泄禁中語，左遷同州刺史。明年召拜禮部尚書。」

〔七〕代王：高宗第五子李弘，見《舊唐書・高宗諸子傳》。

〔八〕祖翼：于翼，字文若，太師、燕公于謹之子。北周、隋代皆爲股肱之臣。《周書》、《隋書》均有傳。

○七五　陳沖墓誌

唐咸亨元年（六七〇）十一月二十一日

墓誌出土時間、地點不詳。拓片誌高、寬均40釐米；誌文二十二行，滿行二十五字，正書，有不規則縱横界格。誌蓋盝頂，高42釐米，寬41釐米，頂面31釐米，寬30釐米；陰文篆書，題「大唐故陳府君墓誌銘」；四煞鐫刻纏枝卷葉紋飾。誌主之祖陳萬福參與李世民宫廷政變，李世民即位後，以功受到唐太宗的重用。

唐故右衛勳衛陳君墓誌銘并序。/

君諱沖，字沖，潁川許昌人也。祖萬福，皇朝金紫光禄大夫、殿中少監、散騎常侍、右衛將軍、長寧郡開國公，謚敬公。詳諸國史，可得而略。父道方，皇朝右衛親衛校尉、上護軍，襲/長寧郡公。有時無命，壯年早逝。

君幼標聰悟，夙稱辯惠。先意丞/旨，材與自然；下氣怡聲，無待因習。年甫七歲，便丁荼蓼。嬰號□/慕，親識悲之。年廿一，起家授右衛勳衛，從門調也。君體性端淑〔一〕，/儀貌閑麗。宿衛之辰，妙膺供奉。朝倍武幄，夕警文槐。得人之美，/允稱時輩〔二〕。至如塵飛金埒，玉勒寫流電之鞭；景絢銅街，珠彈下/搏風之翼。猨啼急箭，雁落鳴弓。觀者推工，路傍屬目。此蓋其餘/藝也。至於孝悌之性，仁義之規。奉親竭蒸蒸之歡，事長盡怡怡/之色。交友挹其忠信，家人愛其寬厚。墳藉在玩，草隸留心。

□欲/立功隆業〔三〕，榮親效國。千里之足，望蹋塗而頓轡；九宵之路，[搏]高/風而墜翮。大唐咸亨元年十月八日遘疾，卒於宣義里第，春秋/廿九。以其年十一月廿一日，祔葬敬公之塋。遠近嗟悼，親疏痛/惜。有男早夭，終以無嗣。然則存没恒理，詎云多惋。所惜官不成/□，位未著身。長往而胤永絶，是用沉怨九泉，恨千古〔四〕。略叙德音，/寄之幽隧。其辭曰：/

嬀汭流慶，潁澨標賢〔五〕。珪璋舄弈，龜組蟬聯。是生俊哲，餘芬在旃。/因心廿日，梗志齠年。爰及宦初，肅陪宸極。赳赳武夫，是云稱職。/馳射推藝，中和表識。旭旦沉光，將飛墜翼。昔遊上路，乘肥衣輕。/今還蒿里，長夜重冥。霜凝隴白，埏闇燈青。唯餘景行，用紀泉扃。/

【注釋】

〔一〕淑：「氵」基本清楚，餘模糊，據殘畫，參以文例録文。

〔二〕允：上半泐蝕，僅存垂足，據殘畫，參以文意録文以備參。

〔三〕□欲立功隆業：「欲」上一字泐蝕，據文例，應是「方」或「將」，時間副詞，將要。

〔四〕恨千古：此句行文不協調，應脱一字。

〔五〕潁：原刻「水」作「小」，爲俗字。

○七六　仇景及妻李夫人墓誌

唐咸亨元年（六七〇）十一月二十一日

墓誌二〇〇二年出土於河南省安陽市龍安區龍泉鎮一基建工地。拓片高、寬均51.5釐米，誌文二十四行，滿行二十四字，正書，有縱横界格。誌蓋盝頂，高55釐米，寬54.5釐米，陰文篆書，題「李夫人誌」，石面及四煞鐫刻纏枝卷葉花卉紋飾，四字中間鐫高浮雕獸面紋飾。《安陽墓誌選編》收録。

唐故仇府君李夫人墓誌銘并序。/

君諱景，字君友，京兆武都人也。昔姬武膺圖，功著於周室；高祖/命氏，名顯於漢朝。故知源濬流長，根深葉茂。公侯所以畢服，旄/俊於是挺生。並績著缣緗，紛綸玉諜。君之秀裔，詎可而言也。曾/祖欽，祖慶，父信，各赫弈於當時，蟬聯於後代。金聲玉藻，七相九/卿，道叶一同〔一〕，光輝千里。

惟君卷懷前代，含道居貞。嘉聲與日月/齊高，令望共江河競遠〔二〕。文風博贍，辭清縟錦之繁；武騎繽紛，七德/謝其穿札。隋大業季年，獫狁作鯁。君迺慕王粲之從戎，同斑生/棄筆〔三〕。義應不足，勇决前驅。調弦墜雁之飛，撫劍玄猨啼落。遂任/行軍校尉，俄遷本部司兵，又版授萊州昌陽縣令。迺懸車退老，作賦歸田。歷閭里之徒芳〔四〕，翫山泉以自得。既遊仁智之域，保此松/喬之壽〔五〕。豈意釣渚驚鳧，激長風而淩亂；金堤眉柳，萎豐霜以摧/殘。堅子御意肺之徵〔六〕，谷神授鶴書之召。嗚呼哀哉！春秋八十有/四。以麟德三年，卒於私第。

夫人李氏，孤鸞喪偶，寡鶴窮栖。雖則/託於餘華，終逝期於同穴。嗚呼哀哉！春秋七十有三，卒於闈第。/以咸亨元年，歲次庚午，十一月庚子朔，廿一日庚申，合葬于故/零泉縣東南百步平原〔七〕，禮也。祔焉。

胤子伏保，慎終希罔極之念，/追遠痛劬勞之恩。嗟風樹而不停，嘆白駒之過隙。恐河移故柳〔八〕，/海變新桑，故勒貞堅，式刊不

朽，其詞曰：/

猗歟遐族，邈矣瑶波。縑緗焕炳，玉葉金柯。派流來裔，輝烈江河。其一/粤若上人，岐嶷繼體。早敦文史，明詩閲禮。用晦而爽，龍圖智啓。/時揮一弦，崑墟息弊。其二風月遷移，荒凉里邑。墳孤月迴，壟深風集。揚霧朝昏，松聲夜急。千秋萬歳，蘭蓀永戢。其三/

【注釋】

〔一〕叶：微泐，排除石花，據殘畫輪廓録文以備參。

〔二〕共：初刻脱，補刻時與「望」字擠在一格。

〔三〕同斑生棄筆：「生」下應有「之」字，行文才和諧。

〔四〕歷：微泐，文字略模糊，據輪廓録以備參。

〔五〕松：右下角泐，據輪廓，參以文例録以備參。

〔六〕堅子御意肺之徵：「堅子」費解。古代稱舍利子爲「堅固子」，即佛和高僧的遺骨。不知是否指此，存疑以待考。「肺」，無法確認，存疑待考。

〔七〕零泉縣：屬相州。《舊唐書·地理志》：「相州，漢魏郡也。後魏道武改爲相州，隋爲魏郡。武德元年置相州總管府，領安陽、鄴、林慮、零泉、相、臨漳、洹水、堯城八縣。二年，割林慮置巖州。四年，廢總管府，仍省零泉縣。」但據墓誌，到咸亨元年，仍有零泉縣。

〔八〕柳：微泐，有石花，據殘畫輪廓録文。誌文「故柳」與「新桑」對舉，文意亦諧。

〇七七　高處士夫人董貴墓誌

唐咸亨三年（六七二）五月二十九日

墓誌出土於陝西省西安市郊區，具體出土時間、地點不詳。拓片誌高、寬均47釐米；誌文二十一行，滿行二十一字，正書，偶雜行書。誌蓋高、寬均43釐米，陽文篆書，題「大唐高君夫人墓誌銘」，四煞鐫刻纏枝卷葉紋飾。

大唐故高處士董夫人墓誌銘。/

夫人諱貴，字娘，西河京兆人也。夫命氏開源，澄漪瀾於/遠葉。苴茅錫土，振秀萼於曩時〔一〕。

惟夫人夙禀賢明，幼標/閑淑。膚寸蒸於巫嶺，潤礎泄於高丘。闈閫施衿，彰乎仰髮。閨闥清懿，挺自兩髦。該擇鄰以輕明〔二〕，遥集臨家以辭/輦，而貞正遠跨分微。月逗雲枝，涵輝容於仙質；星河婺/女，瀉流光於靚妝。鳳起迴文，映縟錦而同麗；鸞飛綺繡，/比繪素而争鮮。爰洎待年，歸于高氏。懿感師其婦則，宗/黨資其母儀〔三〕。

積善靡徵，掩摧梁木。以咸亨三年，歲次壬/申，月旅夷則，晨在庚戌〔四〕，卒於弘化里私第，春秋卌有七。/即以其年六月二日〔五〕，殯於疏龍之地。嗚呼哀哉！殿毀銷/光，綺疏無下視之地；臺□稀稱，虹梁收果日之輝。哀子/元道等敬遵聖善之恩，爰啓題湊，貞石式頌〔六〕，用播嘉猷，/敬述清音。乃爲銘曰：

瞻娥比耀，揆婺分光。虹梁落/照，蘭室銷香。德不遵孟，箴豈偱倀。婦儀流美，女史傳芳。/其一 寒泉暮結，霜霰晨迷。露凝葭而下淚，風入松兮聲嘶。/藏舟遷兮夜壑，寅門掩兮泉闈。其二 松昏隴暗，景落風清。/露凝珠重，草弱塵輕。蒿歌切鄉，柳駕晨征。悽生黄鳥，闇/影長扃〔七〕。其三 荒郊寂寞，隴月澄輝。佳城泉路，啓乎長歸。松/風切釖〔八〕，薤露珠危。春蘭秋菊，無歇芳徽〔九〕。/

咸亨三年五月廿九日家姪書。/

【注釋】

〔一〕曩：原刻作「襄」，形訛。

〔二〕該擇鄰以輕明：此句表意不暢，且與下句不諧，疑原刻「該」上缺一字。

〔三〕宗：下部泐蝕，「宀」尚存，據殘畫輪廓，參以文意，應是「宗」字。

〔四〕晨在庚戌：據長曆，咸亨三年六月庚申朔，無庚戌。據墓誌末尾落款「咸亨三年五月廿九日家姪書」，則誌主應在此之前卒，六月之説則不可通。墓誌時間記載可能有誤。

〔五〕即以其年六月二日：「二」字有石花，但輪廓基本清楚。

〔六〕頌：左半泐蝕，據字形輪廓，參以文意，應是「頌」字。

〔七〕閭影長扃：「閭」、「長」二字均部分泐蝕，據殘畫録文。

〔八〕風：部分泐蝕，據殘畫，參以文例録文以備參。

〔九〕無：微泐，且草率。

○七八　楊信墓誌

唐咸亨四年（六七三）二月十六日

墓誌出土於河南省洛陽市偃師縣境，具體出土時間、地點不詳。拓片高55.5釐米，寬57釐米，誌文二十一行，滿行二十二字，正書，帶折刀筆法，有縱横界格。誌蓋缺。

唐故楊君墓誌銘并序。/

君諱信，字亮，弘農華陰人也。昔道協佐周，鄰四履而恢宇；功高定鼎，冠五侯以疇庸。玄龜燭珪組之榮，白馬拯山河/之壽。故得金軒驚水，光晝轂於十乘；玉鉉臨槐，照白環於/累葉。豈止學高魯國，西闢杏檀，故亦勳重漢朝，東移函谷。/五代祖任，司州中正，因爲緱氏縣人焉〔一〕。祖達，魏行臺中丞〔二〕、開國公；父穆，襲爵開國公、海州刺史。褰帷布政，露冕/宣條。去三惑以弘仁，慎四知之懿烈。

君起家左親侍晉/王府兵曹。出陪飛蓋，人奉桂官。齊託乘於梁園，侍鳴笳菟/菀〔三〕。至德不泯，遺惠終芳。春秋五十有五，以大業十三年十/一月十一日，卒於私第。夫人扶風馬氏，弘教鄉君，以龍朔元年六月廿六日薨。今咸亨四年二月十六日，葬於緱氏/之平原。禮也。斜瞻嵩嶺，王子控鶴之遊；正背洛濱，帝女驚/鴻之地。蕭蕭郊甸，鬱鬱佳城。愴泉塗之已晦，欽餘風而播/聲。故憑芳翰，雕兹翠貞。其詞曰：/

靈源派遠，懿祚攸長。白環貽慶，黃烏□祥。啓心沃帝，竭力/勤王。分珪裂土，玉鉉金章。/邈哉華胄，猗歟令望。鴻騫必漸，龍終舉驤。韋金韞笥，郄玉/摛光。佐維城而布政，翊磐石以弘方。/愷悌英彥，福履攸將。冥昧與善，悽愴殲良。桂巖銷馥，蘭畹/凝霜。泉扃永秘，雅道恒芳。/

【注釋】

〔一〕緱：原刻作「紙」。歷史上没有「紙氏縣」，當作「緱」，原刻訛誤。

〔二〕中：大部分泐蝕，據殘畫録以備參。

〔三〕侍鳴笳菟菀：據文例，「笳」下應有「於」字。

○七九　竇師綸墓誌

唐咸亨四年（六七三）八月二日

墓誌出土於陝西省西安市郊區，具體出土時間、地點不詳。拓片誌高、寬均73釐米；誌文三十八行，滿行四十五字，正書，有縱橫界格。誌蓋盝頂，拓片高、寬均78釐米，陽文篆書，題「大唐秦府咨議太府少卿銀卬坊三州刺史上柱國陵陽郡開國公竇府君墓誌銘」；四煞鐫刻纏枝卷葉紋飾。誌主是唐代著名畫家、建築家。《歷代名畫記》卷一〇、《畫史會要》卷一載其小傳。其先輩見《隋書·竇榮定傳》。其叔竇慶工草隸，竇璡亦工草隸，且解鍾律。

大唐秦府咨議、太府少卿、銀卬坊三州刺史〔一〕、上柱國、陵陽郡開國公竇府君墓誌銘并序。/

公諱師綸，字希言，扶風平陵人也。若夫儗功玄塞，銜珠贊彤雲之業；毓慶青墳，濯龍啓黃扉之美。是以曾基三襲，合石/簣以淩霞；昌源九派，演金潢而汰景。至若羽儀十紀，貂蟬七葉。分臺應昴之任，清風愛日之容，可略而談也。曾祖温善〔二〕，/魏散騎常侍、驃騎大將軍、侍中、永富郡開國公。榮標左馭，佩蘅叶天機之道；位切中台，登槐燮玄鑪之化。祖榮定〔三〕，隨右/武侯大將軍、上柱國、右武衛大將軍、左武衛大將軍，封陳國公，贈冀趙滄瀛定五州諸軍事、冀州刺史，謚懿公。文風奥/壤，樹羽名區。坐棠闡分陜之儀，封茅啓承家之業。父抗[四]，随開府儀同三司、使持節、梁冀幽易燕檀等六州諸軍事、六州/刺史、皇朝左右武候大將軍、左右領軍大將軍、將作大匠、納言、上柱國、陳國公，贈司空，謚容公。黄陂萬頃，起白鷺之/仙濤；埊嶽千尋[五]，聳青牛之逸榦。輪臺亮彩，光映紫機；兵欄耀德，譽彰緹騎。

公凝姿黄澤，早擅名於簫雲；毓質青田，夙甄/儀於警露。調諧金石，九變成其逸響；思縟烟霞，千里焕其餘照。既而游心藝圃，浪迹儒津。武庫成博物之資，炙輠表多/能之譽。金棲玉鈐之略，扃牗靈臺；迴鸞吐鳳之奇，發揮神府。逮逢季葉，君子道消。伏鼈舒芒，飛鴻縱影。豺狼爲顧，喧反/噬之聲；梟鏡成群，起挻妖之迹。

大唐義舉晉陽，皇第五子楚哀王遂遭塗炭[六]。公旗亭結欷，秀寒桂之貞心；玄壚遽/成，輕秋荼之密網。及鄭丘錫祉，碭山建業。卷攙搶而清天步，蕩河嶽而紐地維。平京城日，即蒙授上柱國、金紫光禄大/夫。太祖謂公曰：知汝少好長生之道，仙經有陵陽子。今因汝功，封陵陽郡開國公，旌所好也。毛玠有古人之美，錫以/屏風；程立乘感夢之資，恩加捧日，亦何以過焉？又詔公曰：汝收我愛子，還宜事我愛兒。授公秦府咨議參軍。龍山峻/趾，蔽虧日月之華；雁沼清瀾，舒卷烟霞之色。自非魏珠含月，趙璧霏虹，方可驂駕平臺，曳裾淄館。

公芳襟湛靄，映蘭坂/以舒儀；逸韻嘶風，入梧宫而振響。既而王充作梗東夏，俶擾中區。縱餘慝於桐園，肆妖氛於桂里。太宗親迴天睠，駐/蹕轅門。月雞北極之精，冥符神契；日猿南林之術，夙豫兵機。投蓋挾輈，騈華於後乘；運籌獻策，疊武於前驅。命公爲元/帥府録事參軍。公進善以忠，撿六奇而馳筭；見義爲勇，參百戰以先鳴。苕劍飛楚水之華，桂旗落臯門之影。豈只驅之/羽扇，繫以長纓，若斯而已。屬國步初夷，妖徒甫息。衣冠盛列，雖傳司隸之儀；環佩餘聲，猶俟侍中之鑒。武德四年，詔/公爲益州大使，製造輿服器械。公思窮繫表，識同機初。演東觀之新儀，辯南宫之故事。章施五綵，藻星圖而絢色；訏謨/九工，朗天朝而毓照。焕矣乎，亦文物之奇觀也。

武德九年，詔授太府少卿。國之金寶，既連甍於白藏；王之藎臣，實有/司於丹棘。公早傾乾陰，恒切仲由之悲；肅奉神光，常有老萊之戲。而參榮列署，空懷靡盬之心；而俟色長筵，恐違問衣∕之道。有表請侍養，詞理懇至。詔矜而許之。逮陟岵纏悲，昊天罔及。蓼莪結終身之恨，霜露延孺慕之哀。雖槐燧屢遷，∕笙歌已變。臨千鍾而興感，想九泉而灑泣。時親識嘉尚，以爲陳公之不亡也。服闋，歷坊銀卬等三州刺史。公露冕調風，∕褰幨演化。帶牛佩犢之侶，終辯赭裾；知馬問羊之情，皆輸日愿。豈只隨軒瑞雨，下玉葉而霏甘；別扇仁風，度金河而曳∕響。

持滿之道，體衢樽而甚然；知止之風，識晚鍾之方促。有詔許致仕。黃金已散，赤松非遠。激流成沼，聚壤爲山。林楥∕扶踈，控清風於桂杪；池塘交映，皎素月於波心。每景絢韶圭，露寒旻鑰。秋田旅鶴，警清唳於繁絃；春谷遷鶯，奏新聲於∕浩唱。時有青溪隱士，披宿霧而來游；紫陌朝賓，嘉奔雷而戾止。星浮楚瀝，風韻秦聲。金壺滿而朱顔迤，玉山頹而白日∕晚，信丈夫之佳趣也。亦有黃冠舊德，淄衣大士，尋太丘之道，升夫子之堂。生生不生，以無生爲得一之理；念念非念，以∕無念爲不二之門。究大道之鈐樞，體微言之津奥者也。

豈期懸蛇縱影，鬥蟻喧聲。迫辰巳之年，臨丁卯之日。以咸亨二∕年十二月廿五日，薨於延康里第，春秋七十有八。夫人尉氏，隨洪夏二州總管、盧國公静之女。先公薨，春秋卅。夫人教∕成外閫，禮洽中闈。四德在躬，百行由己。懸魚成範，斷織流慈。騁妙思於鴛機，迴文雅製；縱天聰於靈府，真草奇工。奉匜∕展虔恪之儀，採藻申恭懃之道。

悲夫！積善無驗，先八桂以銷亡；福善無徵，與萬年而長逝。粤以四年八月二日，合葬於∕咸陽縣洪瀆川，禮也。日應青烏，與鳴雞而叶吉；賓乘白馬，將號鶴而俱來。素鐸摇而薤露響，丹旐舉而松風哀。揜九泉∕於滕室，別千秋於夜臺。恨佳城之不曉，痛幽埏之難開。播餘芳於西郭，傳罔極於南陔。其銘曰：∕

天府神區，地乳名都。山含鳳律，川泛龍圖。玉衣表慶，金鉉明謨。荆山藴璧，漢水韜珠。堂堂祖考，響穆金聲。汪汪君子，芬∕架芝英。名飛闕月，德茂陳星。霞川錦絢，霜溪劍明。運屬道消，時逢季葉。晉宫馳笲，楚原彈鋏。吕梁未安，焦原可涉。夙標∕貞概，俄遷霸業。氛澄霧廓，日皎星華。蘭臺襲吹，玉壘裁霞。鳴金曳綬，露冕傳葭。雲枝玉葉，波清劍花。素軌方懸，黃金已∕散。林亭蓊鬱，烟波陵亂。露蘂莊蓑，雲翹點榦。花披春旭，風高秋旦。遽膺五福，方契千年。景沉西汜，波委東川。空山照月，∕孤隴凝烟。託詞貞

琬，庶馥蘭荃。/

【注釋】

〔一〕銀印坊三州刺史：「印」、「坊」二字部分泐蝕，但尚存殘畫，據下文「歷坊銀印等三州刺史」及誌蓋銘文補之。

〔二〕曾祖温善：據《隋書・竇榮定傳》：「竇榮定，扶風平陵人也。父善，周太僕。季父熾，開皇初爲太傅。」大概是一記其名，一記其字。即名善，字温善。史傳不載温善於魏官至散騎常侍、驃騎大將軍、侍中、永富郡開國公，可以據墓誌補之。

〔三〕祖榮定：竇榮定自西魏至隋，屢立戰功。其妻是楊堅之姊安成長公主。《隋書》本傳與墓誌多相合。

〔四〕父抗：竇榮定卒，竇抗襲爵。抗美容儀，性通率，長於巧思。《隋書・竇榮定傳》：「抗官至定州刺史，復檢校幽州總管。煬帝即位，漢王諒構逆，以爲抗與通謀，由是除名，以其弟慶襲封陳公。」墓誌所載職官詳於史傳，且載「贈司空，謚容公」，可補史傳之缺。

〔五〕⿱埶止：據原刻録字，存疑待考。

〔六〕楚哀王：李智雲，李淵之子。李淵起兵晉陽，智雲被逮，遇害，追贈哀王。武德三年以李世民子寬嗣。詳參《舊唐書・高祖諸子》。

○八○　呂惡墓誌

唐咸亨四年（六七三）十一月九日

墓誌出土於陝西省西安市郊區，具體出土時間、地點不詳。拓片高、寬均51釐米，誌文十八行，滿行二十二字，正書，帶折刀筆法，有縱横界格。誌蓋缺。

唐故呂夫人墓誌銘并序。/

夫人諱惡，字好娘，弘農湖人也。洪宗盛緒，載籍詳焉。曾祖/興，祖伽，父道備，咸守真量，高尚不仕。非學而善，得之自然。/門有過人者四焉。閨門邕睦，甚賢也；孝義相踵，長美也；歷/代同居，至讓也；動循禮度，恒保也。傳兹自立，孰不敬哉！俗/皆仰之，思莫能及。

夫人弈承遥訓，嘉中之楚未及，笄載四/德；遽充亦既有行，九族親睦。喜愠不可知，言行不可擇。奉/上必兢莊，撫下以寬静。性尤謹恪，長無懈怠。訓子有方，敬/師有典。以違離聖善，隨婿之官。憂能傷人，壽年不永。嗚呼！天不祚賢，以咸亨二年六月廿九日遘疾，終於益州雒縣/之官舍，春秋卅有三。即以咸亨四年，十一月九日，歸葬于/柏谷之北原。泉路刻銘，庶終古無昧。其詞曰：/

普天之下，皇唐之國。曰貞曰賢，女師婦則。求之千載，/罕兹四德。心聰行敏，言隱神默。其範可遵，其儀匪忒。其一 艱/危劍道，迢遰靈關。猨鳴月峡，鳥啼日灣。徘徊旅思，顧慕愁/顔。人將吉往，魂共凶還。黄泉寂寂，獨自幽閇。其二 兩儀之内，/萬物同盡。亦摧良懿，彼倉何忍。龍劍分匣，鶴琴離軫。令女孝童，茹荼號笄。勁質長謝，芳塵不泯。/

○八一　泉府君夫人高提墓誌

唐上元元年（六七四）八月二十五日

墓誌近年出土於陝西省西安市郊區，具體出土時間、地點不詳。拓片誌高37.5釐米，寬38.5釐米，誌文二十行，滿行十九字，正書，有不規則縱横界格。誌蓋盝頂，高40釐米，寬39.5釐米；陰文篆書，題「大唐泉府君故夫人高氏墓誌」，四周及四煞鐫刻纏枝卷葉紋飾。誌主高氏，本非華族，疑是高麗族，以國爲氏。《姓解》卷三：「遼東高氏，號高勾麗。」其名「提」，亦似民族取名。

大唐右驍衛、永寧府果毅都尉泉府君故夫人高/氏墓誌[一]

夫人諱提，昔本國内城人也。原夫蟬/冕摛華，疊清暉於往躅；潢潹湛態，挺芳烈於蘭闈。/曾祖伏仁，大相水境城道使、遼東城大首領。祖支/于，唐易州刺史、長岑縣開國伯、上柱國。父文協，宣/威將軍、右衛、高陵府長上折衝都尉、上柱國。往以/貞觀年中，天臨問罪，祖乃歸誠款塞，率旅賓庭。/爰賞忠規，載班清級。因茲胤裔，族茂京都。夫人即/長上折衝之元女也。德芬蘭菀，聲冠禮闈。博綜情田，遵母儀之雅訓；洞苞靈府，憲女史之弘規。然而/結娉泉門，纔盈晦朔。未諧歸辰，俄事淪亡。惟其所/生，悲摧玉掌。粤以咸亨五年六月四日，卒於來庭里之私第，春秋廿有六。莫不璧淪朝彩，婺黯霄暉。/風碎瑶柯，霜凋玉樹。秦鏡悲其鸞戢，孔匣詠其龍/沉。遂使閭閻宿交，望素車而下泣；里閈親好，輟朱/紘以表哀。以上元元年八月廿五日，窆於萬年縣/滻川之原，禮也。將恐秋陽遞序，陵谷遷迴，所以圖/撰芳猷，樹旌幽壤。其詞曰：/

弈葉崇構，蟬冕代暉。外諧懿範，内穆蘭闈。如何景/落，泉帳孤棲。幽扃永閟，寒隴淒淒。/

【注釋】

〔一〕永寧府：兩《唐書》不載永寧府，而載永寧縣。《舊唐書·地理志》：「永寧，隋熊耳縣所治，義寧二年置永寧縣，治永固城，屬宜陽郡。武德元年改屬熊州。三年移治同軌城，改屬函州，八年復屬熊州。」

〇八二　隱太子李建成妃鄭觀音墓誌

唐上元三年（六七六）七月七日

墓誌近年出土於陝西省西安市郊區，具體出土時間、地點不詳，石現藏於西安碑林博物館。拓片高54.5釐米，寬56.5釐米；誌文三十五行，滿行三十五字，正書，有縱橫界格，書法規整端麗。誌蓋盝頂，拓片高53釐米，寬54釐米；銘文三行，行四字，陰文篆書，題「大唐故隱太子妃鄭氏墓誌銘」，蓋頂四周及四煞鐫刻淺浮雕纏枝卷葉紋飾。典籍記載誌主甚簡，墓誌可補史傳之缺。王連龍《跋唐隱太子李建成及妃鄭觀音墓誌》（《吉林師範大學學報》二〇一四年第三期）、賈二强《釋唐李建成及妃鄭觀音墓誌》（《唐史論叢》第十八輯）有相關研究。

大唐故隱太子妃鄭氏墓誌銘并序。／

夫桂宮銀牓，孟侯居守器之尊；甲館瓊幃，元妃參主鬯之禮。不有貴逾卿族，質茂仙儀，何以／趍事紫宸，齊榮青陸。

妃諱觀音，滎陽人也。郊畿錫社，河濟興都。作相貽哥，勤王著績。／臣心如水，南宮聞曳履之聲；吾道既東，北海闢容軒之路。高祖道玉，後魏太常卿、徐州刺史。／祖諶，後魏司徒府長史、諫議大夫、潁川郡太守、吴山郡公。父繼伯，北齊本州大中正、吴山公，／隨開府儀同三司、金紫光禄大夫、栝州刺史。武德中，贈都督潭衡郴道永邵連七州諸軍事、／潭州都督。並分珪裂壤，開國承家。周詩頌吉甫之神，姚典載高陽之美。迴龜入印，循化溢於／專城；伏熊臨軾，縟禮光於大隧。

妃程雲薦彩，喻日摛華。淑韻娉婷，明月皎星河之夕；韶姿婉／娩，和風泛桃李之蹊。道協女師，聲昭姆教。鵷文孕杼，鶴操登絃。鄧訓恩洽千人，慶隆于前葉；／馬援身終五嶺，福劭於後庭。我高祖或躍在川，潛表謳哥之運。隱太子長男居震，將／膺儲副之隆。席雁所歸，河魴是屬。妃言容早茂，促幼齒而昇筓；蘿蔦方滋，引輕輪而聳御。嬪／于大國，時惟二八之年；嘒彼小星，且流三五之詠。既而南征不復，素車延軹道之殃；西怨方／咨，黄鉞誓商郊之旅。俄屬鎬池清祲，酆户垂徵。啓金輅之榮，外膺監撫；承翟車之寵，內切憂／勤。至如夕宴宣華，朝遊博望。鳳舞鸞哥侈其欲，翠輿雕輦導其歡。妃忌滿嬰懷〔一〕，流謙軫念。恒／在貴而思降，每嬌奢而佝約。寧窺寶匣，唯取鑒於緹緗；罕御芳鈆，獨莊情於禮訓。

而泰終則／否，福極生灾。禍構春闈，刑申秋憲。妃言依別館，遽沐殊私。棟折榱崩，更荷棲遊之地；巢／傾穴毁，重承胎卵之仁。雖掌碎驪珠，而庭開虹玉。已絶倚閭之望，旋聞解瑱之歡。昔有陶嬰，／恤孤資於紡績；緬惟梁寡〔二〕，勵節在於衡泌。豈如出自膏腴，長乎宮掖。不謀而同德，不習而生／知。以爲伯也執殳，則飛蓬在鬢；君之出矣，則明鏡生塵。況乎萬古長辭，三泉永隔。故以貌隨／心瘁，形逐魂銷。是知綺羅爲悦己之資，琴瑟乃歡娱之用。驪駒一逝，取悦之理奚從；黄鵠單／棲，邀歡之路斯絶。於是捐飾玩，屏珍華，耳無絲竹之音，身有絺繒之服。桑榆遲暮，湯沐優隆。／猶執敬姜之勤，不懈母師之禮。古人遺烈，何以加焉。

而五運交馳，三微互及。處環瀛之內，始／盛期乎未衰；禀埏埴之功，有形歸於畢化。雖復金天錫壽，罕遇百齡；丹竈祈仙，不逢三鳥。以上元三年正月卅日寢疾，薨于長樂門內，春秋七十八。皇情軫悼，禮有加隆。喪葬所須，／務令優厚。仍使太府少卿梁務儉、太子洗馬蕭沉監護喪事，殯於第五女歸德縣主之宅，稟/朝恩也。

妃智融物表，識掩幾先。綜群言於素册，包衆藝於彤管。仁爲己任，七子均愛於桑鳩；/禮以持身，六義飛聲於河鳥。孀閨釐室，五十餘年。複傚崇垣，九重清峻。芳蘭有馥，在幽林而/不渝；翠篠含貞，淩暮序而彌勁。可謂令儀令德，不騫不亡者歟！俄而殯徙攢宮，帷昇奠俎。謀/龜獻兆，候雁開塋。粵以其年七月七日祔葬隱陵之側。南分御宿，永絶清笳；東望杜陵，空驚/哀挽。雖樵蘇有禁，節婦之隴長存；而星琯亟周，神姑之海行變。立言不朽，將在斯文。其銘曰：/

震坊東闢，兑野西垂。良人佇伉，淑媛來儀。彩涵珠浦，色掞瓊枝。融情班誡，勖禮秦匜〔三〕。其一展養/椒庭，承歡桂宇。少陽中饋，重離内主。四德順規，三從叶矩。麟趾興詠，螽斯振羽。其二鶴關流賞，/龍闈促宴。轂響侵雷，壼嬌聳電。玉臺既毁，金觴不薦。哀怨惸閨，離披飆霰。其三六疾晦明，九泉/幽阻。屬纊巖掖，歸魂幼女。兆登居蔡，塋開宿楚。縞騎長嘶，朱旗峻舉。其四周原古隧，漢邑/荒衢。東望吾子，西望吾夫。風吟拱木，鳥思平蕪。悲哥一奏，泪涕雙濡〔四〕。/

【注釋】

〔一〕忌滿：「忌」，似當作「志」，原刻訛誤。王連龍文釋作「悬」，不取。

〔二〕寡：原刻作「宣」，爲俗字。

〔三〕匜：原刻作「迤」，與「逶迤」之「迤」混爲同形字。

〔四〕泪：泐蝕，據殘痕，參考文意，録以備參。

○八三　蘭陵公夫人虞秀姚墓誌

唐上元三年（六七六）十月三日

墓誌出土於陝西省西安市郊，具體出土時間、地點不詳。拓片誌高、寬均 49 釐米。誌文二十五行，滿行二十五字，正書，有縱横界格。石面有泐蝕，文字有殘損。誌蓋缺。誌主爲虞世南之女。虞世南，兩《唐書》均有傳。此墓誌對於虞世南家譜研究具有重要意義。

大唐故行右衛長史蘭陵公夫人虞氏墓誌銘并序。/

夫人諱秀姚，字思禮。會稽餘姚人也。靈緒載繁，軒丘孕祉於樞電；/昌原克濬，姚澤隤慶於薰風。暨乎賢守飛英，蒼雁之嘉祥允集；內/□騰華〔一〕，白烏之禎踐有歸。故得簪冕連華，掩廬江而啓神筭；貂蟬/□□，冠長淮而劭靈策。曾祖檢，梁尚書起部、中兵二曹侍郎。祖寄，/□□書侍郎、陳本州別駕、太中大夫、戎昭將軍。並稱時望，俱號國/□〔二〕。□□□□隆，而道與昇降。父南，皇朝弘文館學士、秘書大/［監，永興］縣開國公，贈禮部尚書，謚文懿。公金火秀氣，轥天宇而無/□〔三〕；□□英靈，掩寰中而莫二〔四〕。學高群玉，堯舜資其琢磨；文擅/□□，廊廟階其潤色。

夫人毓彩瓊柯，疏芳桂浦。蹈仁成性，率/□無違〔五〕。識洞朱弦，蔡門慙其敏悟；詞高白雪，謝室讓其神聰。年□/二八，出嬪蕭氏，養諧中饋，義叶移天。至乃擇鄰誡子〔六〕，□□貽訓〔七〕。固/已囊括孟母，跨躡曹妻〔八〕。加以藝總群微，思□玄賾。掩臺夕敞〔九〕，辯空/有於三番；蔗苑晨闢，澡心靈於二解。笥無珠玉，體絶芬華。金石可/流，精誠無變。

以麟德元年六月廿六日遘疾，卒於長安崇賢里第，/春秋五十有四。即以其月三十日，權殯於長安縣界畢原。粤以上/元三年，歲次景子，十月乙未朔〔一〇〕三日丁酉，合祔於明堂縣少陵原，/蘭陵公之舊塋。嗣子朝議郎、行晉州冀氏縣令、襲蘭陵公愔，對風/樹而馳感，慟寒泉以增擗。悲罔極於昊天，寄徽猷於貞石。其詞曰：/

嬀川積水〔一一〕，吴岫騰雲。懷珠襲慶，錫楛揚芬。珪璋遞美，蘭桂交薰。聲/高宇宙，道盛丘墳。其一　爰挺英淑，克彰柔令。孝悌天禀，温恭成性。早/寤因果，深明染淨。秋菊題銘，春椒發詠。其二　摽梅云及，作嬪君子。禮/縟温姬，人高蕭史。潘楊秦晉，□□□美。通德之門，高陽之里。其三　良/人夙背，夜哭傷哉。神□□□，靈隧還開。青烏佇□，白驥徘徊。于嗟/摽棘，此痛難裁。其四/

【注釋】

〔一〕內□騰華：「內」下一字泐蝕，據文例，疑是「史」字。「賢守」與「內史」對舉，文意和諧，但終究不能確定。

〔二〕俱號國□：「國」下一字泐蝕，據文例，疑是「楨」字。

〔三〕轥天宇而無□：「無」下一字泐蝕，據文例，應是「雙」字。誌文「無雙」與「莫二」對舉，文意相同。

〔四〕莫：微泐，字形輪廓應是「莫」字異體。

〔五〕率□無違：「率」下一字泐蝕，據文例，疑是「禮」字。「無」字亦泐蝕，但隱隱見下部殘畫，録以備參。

〔六〕子：泐蝕，據文意，疑是「子」字，録以備參。

〔七〕□□貽訓：「貽」上二字泐蝕，據文意，疑似「斷織」。

〔八〕躡：微泐，據殘畫録文。

〔九〕掩：部分模糊，據殘畫録文。

〔一〇〕上元三年歲次景子十月乙未朔：「乙」字，原刻殘損，文字已不可見。考長曆，唐高宗上元三年十月乙未朔，故補出。該年十一月，改元儀鳳。

〔一一〕水：部分泐蝕，殘畫似「水」，且「水」與「雲」對舉，文意亦暢，應該可信。

〇八四　劉少卿墓誌

唐上元三年（六七六）十一月八日

墓誌出土於陝西省西安市郊區，具體出土時間、地點不詳。拓片誌高57釐米，寬59釐米；誌文三十一行，滿行三十一字，正書，有縱横界格。誌蓋缺。

大唐故游擊將軍劉府君墓誌并序。/

君諱少卿，字□□〔一〕。趙國中山人也，即漢景帝之子中山靖王之後矣。源夫運膺東/井，基實位於乾坤；業嗣西都，秀瓊柯於文景。承天降祉，爰叨蘭瑞之禎；闢地開圖，/載縟桐珪之寵。分華彼美，畫野兹山〔二〕。疏枝將八桂齊芳，洪緒共四溟爭濬。参差棣/萼，綿赤帝而聯暉；芬馥蘭蓀，鏤青編而顯懿。祖昶，周駙馬都尉、開府儀同三司、左/驍衛大將軍、靈州總管，襲爵彭國公。釐贊當朝，鹽梅鼎實。允兼中外之重，剋隆牙/旦之功。父居士，隨東宮直閤、武陽縣開國公，懋德鴻騫，勳賢載佇。延齡鶴禁，環列/攸資。師保星儲，雖謝職於東海；弼諧離曜，方迪悊於南山。

惟君孕彩驪泉，終表含/仁之異；呈姿鳳穴，先開蹈信之奇。万頃澄襟，引輕蠡而莫議；千尋棟漢，窺局井而/難談。深沉蘊珠玉之明，寥廓抱風雲之潤。淺深江海，并呑朝夕之池；器宇山川，包/括蓬瀛之量。若迺啼猨制巧，驚楚獸而馳魂；蒙兕申威，束晉馬而宣勇。弧開滿□[三]，/累札先穿；劍動流星，堅犀必斷。六奇玄術，超至賾於人謀；三略雄圖，協自然於□/性[四]。

幸屬欽明在運，睿悊垂衣。總七德而臨軒，晏四溟而御曆。爪牙斯佇，□/資攔錡之材；鋒穎寄深，擢以干城之任。素緣清白，累膺趨侍之榮；亮采疇庸，載□/分麾之重。乃授游擊將軍，用光朝議。據鞌遲暮，猶有志於輸誠；强飯頹年，尚無忘/於報國。爾其廉貞植性，孝義承家。出身無犯上之議，入侍有色難之論。因心檀響，/將復坐而連衡；錫類楊名，包徙第而飛譽。豈直筍抽冬竹，獨美前緗；魚躍水泉，孤/芳絶代。至若籯金奥義，疑壁微言[五]。恥師友而方知，禀天縱而先悟。誠宜棟梁冠冕[六]，/模範搢紳[七]，抗千古以騰規，彌万葉而龜鏡。

豈謂陽烏不駐，陰兔遄征。促四序於□/躔[八]，追九原而轜轍。周墳對問，想松吹而先哀；文室獻成，聽管弦而遽寢。染疾纏痾，/薨于私第。悲哉薤露，千月之壽俄終；痛矣聲塵，九逝之魂何託。即以上元三年景/子之歲，十一月乙丑朔，八日壬申，葬京城東南高陽原，之禮也。遂使愁雲變色，九/族所以銜哀；風樹驚條，四鄰由其罷相。嗣子文耿等，悲染宇宙，怨結穹蒼。念徽烈/以纏懷，思負米而增歎。將恐鰲津息浪，空聞陵谷之遷；鳳篆無施，靡覿聲塵之大。/於是載刊玄石，式紀泉扃。嗚呼哀哉！乃爲銘曰：/

綿綿芳瓞，淼淼肥泉。漣漪括地，棣萼暉天。分珪錫壤，樹德標賢。簪裾代襲，軒冕家/傳。其一惟彼鳳雛，毓茲丹穴。万頃襟澄，千尋議絶。桂引珠藂，蘭披珮轍。載挺英靈，重/光茂烈。其二蟬聯弓冶，弈葉甾畬。秦城價重，魏乘光浮。飛英妙用，蘊秘雄圖。道符天/縱，事閒人謀。其三爪牙斯賴，鋒穎攸資。晨趨紫殿，夕侍丹墀。忠誠啓論，孝義匡時。慎/深三惑，廉逾四知。其四圭陰易往，灰管難留。忠良一逝，風雲四愁。霜濃草徑，吹咽松/□[九]。勒銘泉户，永樹風猷。其五/

【注釋】

〔一〕字□□：「字」下原刻空二字格。

〔二〕畫：原刻作「晝」，訛誤。

〔三〕弧開滿□：「滿」下一字缺損，據文意，疑是「弓」字。

〔四〕協自然於□性：「於」下一字殘損，據文意，疑是「天」字。

〔五〕壁：原刻作「辟」，與「璧」字之異體相混。

〔六〕冕：泐蝕，僅隱隱見殘痕，據文例録文以備參。「冠冕」與「搢抻」對舉，均代指官吏，文意通常，行文和諧。

〔七〕搢抻：本應作「搢紳」。受「紳」字影響，文字偏旁類化，於是通常作「縉紳」。而墓誌則受「搢」字影響，偏旁類化，改從「搢抻」。

〔八〕促四序於□躔：「躔」上一字缺損，據文例，疑是「星」字。

〔九〕吹咽松□：「松」下一字缺損，據文意，參以文例和押韻，疑是「楸」字。唐代墓誌例證甚多，如貞觀二十年《傅叔及妻梁氏墓誌》：「崔嵬邙阜，蕭瑟松楸。」聖曆二年《王進墓誌》：「哀悲楊柳，淚灑松楸。」神龍二年《吴本立墓誌》：「松楸蕭瑟，孤墳之域已開。」

〇八五　禰軍墓誌

唐儀鳳三年（六七八）十月二日

墓誌近年出土於陝西省西安市郊之乾縣，具體出土時間不詳。拓片誌高、寬均 79 釐米，誌文三十一行，滿行三十字，正書，間以行書，有縱橫界格；四側鐫刻纏枝卷葉紋飾。誌蓋盝頂，拓片高 68 釐米，寬 69 釐米，蓋頂陰文篆書，題「大唐故右威衛將軍上柱國禰公墓誌銘」；四周鐫刻回折幾何紋；四煞刻纏枝卷葉紋飾。

大唐故右威衛將軍、上柱國禰公墓誌銘并序。／

公諱軍，字温熊，津嵎夷人也。其先与華同祖。永嘉末，避亂適東，因遂家焉。若夫/巍巍鯨山，跨青丘以東峙；淼淼熊水，臨丹渚以南流。浸烟雲以摛英，降之於蕩/沃；照日月而挺悊，秀之於蘚虧。靈文逸文，高前芳於七子；汗馬雄武，擅後異於/三韓。華構增輝，英材繼響，綿圖不絶，弈代有聲。曾祖福，祖譽，父善，皆是本藩一/品，官號佐平。並緝地義以光身，佩天爵而懃國。忠侔鐵石，操埒松筠。範物者，道/德有成；則士者，文武不墜。

公狼輝襲祉，鷰頷生姿。涯濬澄陂，裕光愛日。干牛斗/之逸氣，芒照星中；搏羊角之英風，影征雲外。去顯慶五年，官軍平本藩日，見機/識變，杖劍知歸。似由余之出戎，如金磾之入漢。聖上嘉歎，擢以榮班，授右/武衛滻川府折衝都尉。于時日本餘噍，據□桑以逋誅〔一〕；風谷遺甿，負盤桃而阻/固。萬騎亘野，與蓋馬以驚塵；千艘横波，援原蛇而縱沵。以公格謨海左，龜鏡瀛/東，特在簡帝，往尸招慰。公侚臣節而投命，歌皇華以載馳。飛汎海之蒼鷹，/翥淩山之赤雀。決河眥而天吳静，鑿風隧而雲路通。驚鳧失侣，濟不終夕。遂能/説暢天威，喻以禍福。千秋僭帝，一旦稱臣。乃領大首望數十人，將入朝謁。/特蒙恩詔，授左戎衛郎將。少選，遷右領軍衛中郎將，兼檢校熊津都督府/司馬。材光千里之足，仁副百城之心。舉燭靈臺，器標於芃棫；懸月神府，芳掩於/桂苻。衣錦晝行，富貴無革。雚蒲夜寢，字育有方。去咸亨三年十一月廿一日，/詔授右威衛將軍。局影彤闕，飾躬紫陛，亟蒙榮晉，驟歷便繁。

方謂克壯清/猷，永綏多祐，豈圖曦馳易往，霜凋馬陵之樹；川閲難留，風驚龍驤之水。以儀鳳/三年，歲在戊寅，二月朔戊子〔二〕，十九日景午構疾，薨於雍州長安縣之延壽里第，/春秋六十有六。皇情念功惟舊，傷悼者久之，贈絹布三百段，粟三百斛。葬/事所須，並令官給。仍使弘文館學士，兼檢校本衛長史王行本監護。惟公雅識/淹通，温儀韶峻。明珠不纇，白珪無玷。十步之芳，蘭室欽其臭味；四鄰之彩，桂嶺/尚其英華。奄墜扶摇之翼，據輟連春之景。粤以其年十月甲申朔，二日乙酉，葬/於雍州乾封縣之高陽里，禮也。駟馬悲鳴，九原長往。月輪夕駕，星精夜上。日落/山兮草色寒，風度原兮松聲響。陟文榭兮可通，隨武山兮安仰。愴清風之歇滅，/樹芳名於壽像。其詞曰：/

胄胤青丘，芳基華麗。脈遠遐邈，會逢時濟。茂族淳秀，弈葉相繼。獻款夙彰，隆恩無替。其一 惟公苗裔，桂馥蘭芬。緒榮七貴，乃子傳孫。流芳後代，播美來昆。英聲雖/歇，令範猷存。其二 牖箭驚秋，隟駒遄暮。名將日遠，德隨年故。慘松吟於夜風，悲薤/哥於朝

露。靈輀兮據轉，嘶驂兮踞顧。嗟陵谷之貿遷，覬音徽之靡蠹。其三/

【注釋】

〔一〕據□桑以逋誅：「桑」上一字泐蝕，僅略見右側殘痕，據殘畫，參以文意，似「柔」字。

〔二〕二月朔戊子：據文例，應作「二月戊子朔」。

○八六　神曜墓誌

唐儀鳳四年（六七九）二月二十一日

墓誌出土於河南省安陽市安陽電廠南水北調工程工地。拓片誌高 48.5 釐米，寬 45 釐米；誌文二十一行，滿行二十一字，正書，偶雜行書，有縱横界格。誌蓋盝頂，高、寬均 51 釐米，頂面題「神君墓誌」。《安陽墓誌選編》收録。

大唐故神府君墓志銘并序〔一〕。/

君諱曜，字二朗，洛口人也。後漢河南府君暠之後。原夫開國承家，既紹隆於錫土；珥貂紆黻，寔演貺於分珪。故/能世濟彌光，翥家聲於末裔；彼美孤映〔二〕，劭曲譽於前修。/曾祖歡，祖夭，並性植夷簡，神居沖寞〔三〕。不以龍旂徙操，駟/駕移情。直置命酌丹霞，携琴明月。俱融遐壽，優游卒歲。/

公夙蘊仁明，機神朗悟。鳳雛五色，騏駒千里。爰自弱齡，/慨然有西山之志。每以月皎泉心，侶幽人之素賞；花明/澗户，偶羽客之佳游。挩落風塵，幺麼軒蓋。或顯或晦，墻/仞莫窺；乍語乍默，津涯靡究。

豈其哲人俄謝，梁木斯摧。/遽歎存亡，旋悲今古。奄以上元三年九月三日，寢疾而/終，春秋七十有九。即以其年其月十九日，葬於相縣固/北柴庫村南四百步平原，禮也。嗣子師等，痛佳城之永/閉，對楹書而茹泣。懼丘壑之遷訛，惜徽猷之永戢。敬勒/銘於貞琬，庶孤芬芳岳立。詞曰：/

剖符建國，錫壤承家。瓊枝布葉，璿萼疏葩。名標時譽，道〔四〕。其一□□□〔五〕。人爵既傳，家聲遞襲。惟祖惟考，超然岳立。薛/蘿是攢，山泉是抱。得性茹芝，怡情絶粒。其二嗚呼夫子，獨擅時英。貞不絶俗，晦不韜明。浮沉在己，毁/譽何生。一淪窀穸，千秋窈冥。/

夫人王氏，望出太原。春秋七十六，儀鳳四年二月七日卒，廿一日同合玄宫，永記。/

【注釋】

〔一〕神：作姓氏，本作「仲」，周宣王時大臣仲山甫之後，後因避難，改仲氏爲种氏，東漢种暠是其後裔。种暠生拂，拂生邵，見《後漢書·种暠傳》。後又作「神」。

〔二〕彼：略殘。

〔三〕居：右下角微泐，《安陽墓誌選編》釋作「局」，不取。

〔四〕道：其下应有三字，原刻脱。

〔五〕其一□□□：「其一」之下空三個字格，大抵是書丹之後而缺刻。

○八七　姚信墓誌

唐調露二年（六八〇）三月二十七日

墓誌出土於陝西省境，具體出土時間、地點不詳。拓片誌高、寬均 37 釐米。誌文十六行，滿行十五字，正書，有縱横界格。誌蓋缺。

大唐故榆州江津縣令姚君墓誌銘并序〔一〕。/

公諱信，字一諾，蒲坂人也。其先帝舜之/後。考達，本縣主簿。公任榆州江津縣令。/並德光人傑，鹽梅國華。積善無徵，風燭/俄謝。寢疾終於私第，春秋六十有四。夫/人王氏，太原人也。德行高張，母儀有序。魂歸岱畎，魄落虞泉。即以調露二年三/月廿七日，合窆於富平縣聞弦鄉之原，/禮也。嗣子益州威遠府折衝道楷等〔二〕，並/泣血無追，攀號靡及。惟恐舟壑潛運，朝/市貿遷。故勒斯銘，冀存永固。其詞曰：/

洪源括地，峻崿窮天。條分葉散，霧聚凝/烟。篤生聖悊，隨踵比肩。應物造化，任器/方圓。其一 大山其頹，梁木斯折。丘壟峨峨，/松雲悲結。行路傷嗟，親知悽咽。勒此豊/銘，庶傳芳烈。/

【注釋】

〔一〕榆州江津縣：即渝州江津縣，地在今重慶市江津區。

〔二〕威：微泐，文字上部分模糊，下部分尚可見。

○八八　藺武敵墓誌

唐調露二年（六八〇）四月五日

墓誌近年出土於河南省安陽市南水北調工程工地。拓片高54釐米，寬57釐米；誌文二十行，滿行二十二字，行書。四側鐫刻纏枝卷葉紋飾。誌蓋盝頂，高97釐米，寬77釐米；頂面篆書，題「藺君墓誌」，四煞陰刻纏枝卷葉紋飾，字裏行間刻花卉紋。

唐故上護軍、家林道赤牒果毅藺府君墓銘并序〔一〕。/

君諱武敵，字子威，定州武强人，其先趙將相如苗裔也。弈/弈華宗，綿綿盛族。珪組之美，國史詳焉。大父守愛，隨揚州/都督。

考謙，隨懷州河内府果毅。並識量韶敏，器局淹和〔二〕。或/述職宣風，或揮戈免胄。

君幼習戎律，尤旌傳劍。以良家之/俠少，旋應募於歸塘。既翦真番，載屠王險。名超七萃，功冠/三軍。凱入，授上護軍。又從大總管孫仁師家林道行，蒙授/赤牒果毅。君以宦途窘迫，縱賞幽閑。遂箴彼榮班，狎兹泉/石。提壺菊岸，叶四美之良辰；把臂竹林，符七賢之雅趣。既/而鄉曲譽重，物望攸歸。仍抑授安陽縣録事。六司仰德〔三〕，咸/沐提綱之恩；九載辭榮，申復幽貞之賞。又以名由德顯，材/爲時須，補兖州市丞。德被旗亭，恩霑闤闠。翁伯讚美，濁質/懷仁。

方期享彼百齡，長叶太胥之化，豈謂喪兹七德，遽奄少/原之墳。嗚呼哀哉！以大唐調露二年，三月廿一日遘疾，終/於里第，春秋六十八。即以其年四月五日，窆於相州安陽/縣城之西北五里，禮也。有子大方、大基、大辨等，恐桑海變/易，陵谷貿遷，敬勒玄扃，式傳不朽。其詞曰：

千尋聳幹，萬仞抽榮。英覃六合，威震八紘。瓊階絶步，寶砌/苔生。遄緘二折，奄就千年。德隆前悊，道邁先賢。俄隨薤/露，遽秘幽泉。/

【注釋】

〔一〕家林道：兩《唐書》不載，亦未見其他典籍記載，疑當是「加林道」。朝鮮有加林城，大約唐曾設加林道。存疑。

〔二〕局：原刻作「扃」，形近訛混。

〔三〕德：率意，録以備參。

○八九　游德墓誌

唐開耀二年（六八二）二月二十六日

墓誌出土於河南省安陽市境，具體出土時間、地點不詳。拓片誌高 42.5 釐米，寬 45 釐米；誌文十一行，滿行十四字，正書，偶雜行草書。有縱橫界格。誌蓋缺。

唐故處士游君墓誌銘。/

君諱德，字處貞。粵惟開耀二年，歲次/壬午，二月乙丑朔，十二日，痼疾莫瘳，/卒於私第。即以其月廿六日庚寅，啓/茲泉户。伊君盛德，夙承芳祚。行洒鄉/稱，信高鄰伍。親宗近狎，朋儕遠慕。秀/而不實，貞而不固。痛結蘭幃，悲纏行/路。嗚呼哀哉！美矣松竹。春秋未高，卌/有六。冥駕俄徵，佳城遽宿。永瘞幽泉，/長埋松菊。墳陪父垗，魂傍岱陸〔一〕。嗟此/同晨，傷於別築〔二〕。以書方鼻，紀君令淑。/

【注釋】

〔一〕傍：草率，據輪廓，疑是「傍」字，「陪」與「傍」對舉，文意可通，謹録以備參。

〔二〕別：草書。「同」與「別」反義對舉，行文亦諧。

○九○　元昭墓誌

唐永淳二年（六八三）正月十八日

墓誌近年出土於陝西省西安市，具體出土時間、地點不詳。拓片誌高25釐米，寬24釐米；誌文二十三行，滿行二十五字，正書，有縱横界格。誌石是磨去舊誌改刻，舊石還有零星文字没有清除，可見者如首題「史杜府君妻元氏墓誌銘并序」。誌蓋拓片高36釐米，寬35釐米，頂面陰文正書，題「大唐故涇州司户參軍元君墓誌銘」。

大唐故涇州司户參軍事元君墓誌銘并序。/

君諱昭，字仁明，河南金谷鄉人也〔一〕。觀夫演慶疏源，受圖書於魏籙；/承基引派〔二〕，奉茅社於韓郊。帝子天孫，詳諸史諜；華枝茂緒，可略言/焉。

曾祖謙，周封韓國公，承二王後。祖菩提，隨襲韓國公。父賓琳〔三〕，隨/襲韓國公，皇朝綏州刺史。

公即綏州之長子也。以貞觀十七/年，從門調授左衛率翊衛，俄遷太子右虞候府鎧曹參軍，又轉左/武衛録事參軍，又授雍州新豐縣尉，俄轉益州蜀縣丞，又遷涇州/司户參軍。以咸亨四年，秩滿歸第。公雅尚深玄，素期虚白。以爲犧/牛入廟，願孤犢而難役；豫樟生高，避斤斧而易遂。

因纏腠理之疾，/便絶期榮之望。心營口誦，遵釋氏之三乘；夕處朝遊，傃陶門之五/柳。豈謂烟霞未遑，倏墜風收〔四〕。松桂無徵，遽摧梁木，以永淳二年正/月一日，終于常樂里第，春秋六十一。即以其月十八日，陪瘞於明/堂縣洪原鄉先塋，禮也。棺而不槨，遥符古典之風；封而不竪，近表/平生之德。玄扃一閟，白日長辭。泉路深沉，佳城寂寞。子穎，哀昊天/之未報，践露生悲；瞻宅兆之遊睽，茹荼增欷。歎陵谷之遷□〔五〕，懼徽/烈之無聞。故託貞銘，用垂不朽。其詞曰：/

緬彼鴻源，魏圖開籙。海内歸仰，人神允屬。繼祉延祥，承規演躅。積/善餘慶，鬱爲華族。惟祖惟禰，如珪如璋。箕裘襲懿，簪綬傳芳。澧躅/韓社，化穆綏方。貞規逾劭，家風載揚。英靈不絶，乃眷君子。逸思烟/霞，浪情囂滓。有道之日，貧賤爲恥。屈節隨時，投身筮仕。頻莅戎禁，/歷司上邑。美政孤聳，清風獨立。止足爲誡，栖神是執。一丘爰賞，□/公長揖〔六〕。摶風未遑，落照俄致。夜臺冥寞，幽徑蕭森。烟昏壟上，吹烟/松心〔七〕。勒芳猷於貞石，庶無歇其徽音。/

【注釋】

〔一〕金谷鄉：地在今河南省洛陽市之北邙山。關於金谷鄉歸屬，史書没有確切記載。唐《趙睿及妻宗氏墓誌》、《崔玄藉夫人李氏墓誌》、《崔韶墓誌》、《崔善福墓誌》、《崔汲及妻李氏墓誌》等五通墓誌在萬歲通天二年（六九七）到長安三年（七〇三）期間，記録金谷鄉屬於合宫縣；唐代另外一百二十多通墓誌記録金谷鄉在萬歲通天以前、長安以後屬於河南縣，與史書記載河南縣自永昌元年（六八九）改爲合宫縣，神龍元年（七〇五）恢復爲河南縣的史實相合。只有開成五年（八四〇）《崔戭墓誌》：「葬於府之洛陽縣金谷鄉張村北邙之陽。」該誌出土地不詳，是作者誤記，還是金谷鄉曾歸洛陽縣，存疑待考。

〔二〕引：有石花干擾，參以文意録文。

〔三〕父寶琳：元寶琳，《隋書》、兩《唐書》均不載，唯《陝西通志》卷二一「綏州刺史」下有「元寶琳」，即其人，但僅存其名，没有其他信息，墓誌可補史傳之缺。

〔四〕收：字草率，暫録爲「收」字。「生」與「收」反義對舉。

〔五〕歎陵谷之遷□：「遷」下一字泐蝕，僅存殘畫，據文例，有「遷改」、「遷移」、「遷變」等，不可遽定，存疑待考。

〔六〕□公長揖：「公」上一字泐蝕，僅存左邊殘痕，疑是「兩」字。

〔七〕吹烟：二字微泐，輪廓尚存，但文意費解，且與上句「烟昏」對舉，而行文不諧，且「烟」字相重，謹録以待考。

○九一　王仁安墓誌

武周垂拱元年（六八五）八月十一日

墓誌出土於陝西省西安市長安區，具體出土時間、地點不詳。拓片誌高、寬均33釐米；誌文二十行，滿行二十字，正書，有縱横界格。四側鐫刻纏枝卷葉紋飾。誌蓋盝頂，陽文篆書，題「大唐故丹州門山縣令王府君之墓誌銘」；斜煞二層，分別鐫刻纏枝卷葉紋飾，上層爲淺浮雕，下層爲綫刻，構圖對稱工整。

大唐故丹州門山縣令王府君墓誌銘并序。/

君諱仁安，字孝静。其先太原人也。五代祖因官徙居雍州三原，故今爲縣/人焉。祖喜，隨澧州別駕。職居邦貳，猶習齒之臨荆；翊佐宣條，若陳舉之匡/豫。歷官著稱，身卒之日，有詔，贈并州刺史。父寬，隨馮翊郡功曹、并州録事/參軍。經緯人倫，搢紳楷則。君即功曹之第四子也。君禀過庭之雅訓，厲貞/白之遺風。終軍飛譽之年，且聞學植；楊烏參玄之歲，人無閒言。年甫弱冠，/策名王府。皇朝遷導官良醞二曹令。立性清直，守職强明。吏畏其/威，人懷其惠。轉任丹州門山縣令。理績異等，風化若神。真僞之機，不勞於/羊獸；寬猛之行，無待於韋絃。政成朞月，道俗欽愛。

暨乎遘疾，殆至彌留。福/善無徵，指薪言謝。以大唐永淳二年正月四日，終於縣界弘化寺館，春秋/七十有四。農夫釋耒，織婦罷機，知與不知，並皆流涕。君節操恬漠，識用弘/遠。義以奉上，仁以綏弱。閨門之内，睦雍如也。以大唐垂拱元年八月十一/日，遷葬於萬年縣鳳栖之原。

君夫人吴興郊氏。祖重周，國子祭酒、五兵尚/書、都官尚書、太常卿，釐革三禮，刊正五樂。父欽禮，梁通事舍人，隨并州總/管府參軍事、秦王文學。博涉經史，疋有器度。

夫人即君之第三女也。夫人/夙挺聰慧，長茂風儀。卄歲誦佛經，弱年習詩禮。既笄而字，言遵婦德。婉順/爲心，不資於姆誡；教誨方便，有逾於斑氏。每日受持金剛般若波羅蜜經/十遍，如此念誦，凡歷二紀。重以梁家奉案，冀野如賓，兼之者矣。

何圖天地/不憖〔一〕，靈祇莫感。以大唐調露二年正月十四日，終於勝業里第，春秋五十/有九。子處忠，以今吉辰，啓殯舊塋，祔神合葬，禮也。有子一人，思屺岵以無/依，荷堂薪而泣血。哀深創巨，痛貫終身。卜宅之兆已彰，孝感之情斯畢。恐/陵谷之遷貿，在金石而湏刊。乃爲銘曰：/

潛丘聳鎮，晉水靈長。符彩聞發，秀氣聯彰。漢褒擅美，晉儉流芳。俱飛令香，弈/代鍾洋。爰挺伊人，寔生奇士。黄中表譽，席上騰美。仁以濟俗，德將潤己。績/顯當官，名傳素里。郊氏輔佐，清風載穆。玉質金相，蘭芳桂馥。虔恭中饋，閫/儀内則〔二〕。邑号女師，家稱婦德。日舍難留，圭陰易謝。黯黯荒壟，冥冥厚夜。未/極脩齡，俄歸怛化。奄移勞息，悲纏親婭。一同化闌〔三〕，八水名遊。未窮激楚，行/聞負舟〔四〕。既悲陶鶴，旋嗟孔流。松門曉閟，蒿里晨幽〔五〕。幽明一隔，万古千秋。/

【注釋】

〔一〕憖：泐蝕，僅存殘痕。據文例録以備參。

〔二〕儀：泐蝕，據文例録以備參。

〔三〕闌：「門」清楚，内部略模糊，據殘畫輪廓録以備參。

〔四〕負：上部微泐，輪廓似「負」字，文意亦通。

〔五〕蒿：原刻作「蒿」，以地名蒿里，常爲死者葬所，故爲之造専字，以突出字形示意的表意功能。

○九二　奚道墓誌

武周垂拱元年（六八五）十月十三日

墓誌出土於河南省洛陽市萬安山都江鄉，具體出土時間、地點不詳。拓片誌高52釐米，寬50釐米，誌文二十三行，滿行二十四字，正書，有縱橫界格。誌蓋盝頂，加四煞高56釐米，寬55釐米，不加四煞高36釐米，寬35釐米。頂面陽文篆書，題「奚君墓誌」，界格以圓圈内鐫雲水圖案構成；四周鐫刻簡筆雲水圖案，四煞鐫刻十二生肖動物圖案，間以草卉雲水紋。

大唐故處士騎都尉奚君墓誌銘并序。/

若夫惟獄峻天，蔚五百之閈氣；洪川紀地，潤九里之靈津。稟秀/氣而禎賢，蓄英精而挺睿者，則我公其爲人也。

公諱道，字履休，/河南洛陽人〔一〕。曾祖讓，魏司空。搢紳仰止，咸取正於司南；旒冕虛/筵，佇沃心於藥石。祖護，齊虢州司馬。揚清激濁，錯節成文。淳化/未旬，風謡溢韻。父相，隨岐州參軍，器局鈎深，神襟映澈。佩觿伊/始，對月飛名。撫羽壯齡，虛舟獨放。

公方琮外晰，圓胎同朗。新□/藻絢，字重秦金。然諸信彰，心輕魯鼎。鐵錢再揖，望郭泰以連規；/劍術一陳，對莊生而比迹。貞觀廿年〔二〕，鰲峰巨祲，鯷壑張鱗。公折/節惟謀，談笑□三韓已謐。授公騎都尉。疇庸錫效，跨飛將之名；/賈氣潛機，譽真軍之號。于飛在陸，唳野聞天。

方欲託霧上於龍/津，摶風矯於鵬路，東驥纔馹，而南椿遽謝。以上元元年九月九/日，卒於私第，春秋七十有二。嗚呼！赤野潛輝，紫山黯色。夫人王/氏，附蘿虆藹，叶琴瑟於宜家；靖恭慈範，鏡女箴於蘭室。豈其蕣/華委照，蕙畹沉芳。永淳元年七月二日卒。匣雙龍影，鏡並鸞姿。/以垂拱元年十月十三日，合葬於萬安山陰，委粟鄉里之原〔三〕。三/子同遷於塋域，禮也。素柳逶迤，拂池魚而蕩照；丹旌繚繞，指馬/鬣以悠征。蒼山高而白日沉，薤露驚而玄雲斷。泉臺寂以長扃，/誌彫琰而不刊。其詞曰：/

鳳穴摛靈，仙州育化。迴軀樹德，下體光價。萬石高門，三槐是亞。/其一汾涘雲高，豐城氣遠。風清松徑，蕙薰蘭畹。飲羽青丘，虔劉席/卷。歌溢笙鏞，功鑒素篆。其二大鎔遽化，虛白同銷。埋魂幽穸，去矣/難招。風吟霜拱，露泣寒苕。泉扃閟而永寂，悲翠琬之不彫〔四〕。其三

【注釋】

〔一〕河南洛陽人：河南洛陽奚氏，應是北魏原代北之達奚氏，後隨拓跋氏南遷洛陽，改姓奚氏，並定籍河南洛陽。參《魏書·官氏志》、《太宗紀》。

〔二〕貞觀廿年：據《舊唐書·太宗紀下》貞觀二十年有關戰爭之事有二：一是三月己丑，刑部尚書鄖國公張亮謀反，被誅。六月，遣兵部尚書固安公崔敦禮、特進英國公李勣擊破薛延陁於鬱督軍山北。二是唐太宗伐高麗之役，貞觀十八年十一月壬寅，車駕至洛陽宮。召募十萬，以伐高麗。十九年夏四月癸卯，誓師於幽州城南，遼東道行軍大總管英國公李勣攻蓋牟城，破之。五月丁丑，車駕渡遼。高麗別將高延壽、高惠真帥兵十五萬來援，李勣率兵奮擊，延壽等以衆降，因名所幸山爲駐蹕山，刻石紀功。秋七月，李勣進軍攻安市城，至九月不剋，乃班師。

〔三〕委粟鄉：因委粟山而得名。關於委粟山，典籍記載分歧。今據田野調查，應在今偃師市佃莊鎮倪莊村，即今洛河北岸的孫家崗、大郊寨、西石橋、二里頭一帶。漢稱「中提山」，洛河從中穿過，東入此山，與伊河匯流。洛陽出土墓誌多提及。

〔四〕不：上部泐蝕，據殘畫輪廓，參以文意録文。「永寂」與「不彫」，反義對舉，行文亦諧。

○九三　宋府君夫人楊滿墓誌

武周垂拱三年（六八七）十二月七日

墓誌出土於陝西省西安市長安區，具體出土時間、地點不詳。拓片高、寬均 30 釐米；誌文十八行，滿行十八字，正書，有縱橫界格；石右上角殘斷一小塊，經黏合，有二字部分殘損，但輪廓尚可辨。誌蓋缺。

唐故襄州皇化縣主簿宋府君夫人楊氏銘并序。/

夫人諱滿，弘農郡人也。昔火運膺期，先揖山河/之誓〔一〕；金行表德〔二〕，遂隆龜鼎之榮。效績依仁，重規/疊矩。將軍佐命，亘八水以飛聲；太尉經邦，奄三川以論道〔三〕。祖元，隨任司僕寺卿。父雲，今朝任綿/州萬安縣令。夫人早含貞淑，發蘭桂之清芬；先/叶温柔，工紃組之餘彩。孟鄰先擇，四德珍光。斑/誡聿修，三從有裕。温□習禮，進退所以由儀；表/順含貞，聲塵早以無點。

如何不淑，奄凋松竹之/年；豈謂銷魂，俄悲霜露之晚。以垂拱三年，歲/次丁亥，十二月辛卯朔，丁酉殯于昆明鄉之原〔四〕，/禮也。所奉之夫，襄州皇化縣主簿宋府君。嗣子/夔等，號旻振野，聽風樹以摧心；觸地纏哀，循階/庭以雨血。乃爲銘曰：

三台發譽，玉潤金聲。/四葉承緒，飄組飛纓。展如邦媛，含章曜貞。孟鄰/先擇，斑誡匪寧。椒花發頌，柳絮申情。如何不淑，/永閟泉扃。嗟此辰之易阻，歎長夜之幽冥。庶傳/芳於蘭馥，長宣美於筆精。/

【注釋】

〔一〕誓：下部「言」殘毀，據殘畫輪廓，參以文例録文。
〔二〕金：右上角殘毀，但大部分輪廓清楚。
〔三〕川：部分泐蝕，排除石花，據殘畫，應是「川」字。
〔四〕丁酉：考長曆，垂拱三年十二月辛卯朔，七日爲丁酉。

○九四　衛通墓誌

武周垂拱三年（六八七）十二月七日

墓誌近年出土於河南省安陽市南水北調工程工地。拓片誌高49釐米，寬55釐米；誌文十九行，滿行二十字，正書，有縱橫界格，書法端莊穩健；四側鐫刻纏枝卷葉紋飾。誌蓋盝頂，高67釐米，寬67.5釐米，頂面題「衛君墓誌」四字，陽文篆書，文字空隙及四煞鐫刻卷草花紋和雲水紋飾。

大唐故衛君墓誌銘并序。/

君諱通，字義節，元起相滏陽人焉[一]。姬、張之則，周文王/之胤，衛侯之後。祖開，鄉閭首望，壼術規模。蹈義履仁，/爲里閈之官。遠近欽其行範，黨熟挹其忠良。令望所/先，爲衆所重。父協，夙符仁智，道洽温恭。疏性府而棲/神，闢情田而孕質。志敦恬泊，無心貴仕。蕭然自樂，怡/我一生。暢志烟霞，蕩情琴酒。

君垂堂切誡，貽訓趨庭。/恭敬桑梓，申茲孝養。豈謂降年不永，嬰痾在躬。福善/忽欺，奄從長逝。以垂拱三年十一月十九日，卒於外/室，春秋卌有七。即以其年歲次丁亥，十二月辛卯七/日癸酉[二]，窆於相州城西南七里平原，禮也。契青烏以宅兆，馳白馬而遵路。悲歌切而松徑哀，嘶驂進而泉/臺墓。勒英徽於貞石，冀芳猷之永固。其詞曰：/

永川令望，周文冑齒。代播蘭蓀，家藏杞梓。漢南馳譽，/牆東避仕[三]。弈葉縑簡，紛綸緗史。怡神鄉熟，棲心黨里。/竹徑横琴，桃蹊杭机。奇謀奮發，邊烽夕起。荷戟晨趨，功標寇壘。狼河雲卷，/龍川霧止。命賞策勳，英聲載韙。彼蒼不弔，奄皈蒿里。/逝水難停，生涯遽幾。故勒泉扃，千齡播美。/

【注釋】

〔一〕元起相滏陽人焉：「元」，原刻似「九」，據文意釋作「元」，以備參考。滏陽，古縣名，北周時析臨水縣置，以城在滏水之陽，故名。今磁縣申莊鄉有滏陽村。

〔二〕十二月辛卯七日癸酉：據長曆，武周垂拱三年（六八七）十二月辛卯朔，七日應爲丁酉，「癸酉」誤。

〔三〕牆：同「牆」。

○九五　樊禎墓誌

武周天授二年（六九一）十月十二日

墓誌出土於陝西省西安市長安區，具體出土時間、地點不詳。拓片誌高49釐米，寬48.5釐米；誌文二十四行，滿行二十五字，正書，雜以武周新字，有縱橫界格。石面部分泐蝕，文字有殘損。誌蓋缺。

大周朝散大夫、行宮尹府主簿、尚右臺御史樊君墓誌銘并序。/

公諱禎，字□□，南陽人也。曾祖子蓋，隨吏部尚書、河南郡內史、□/國公，抗忠貞之節，以垂大勳。祖文超，隨朝散大夫、行通事舍人，光/紹弘□，以嗣封土。父思孝〔一〕，大周使持節、淄州諸軍事、守淄州刺史、/壽張公。能濟休列〔二〕，載揚厥徽。

公即壽張公之元子也。幼表淑靈，長/茂淳德。嚮志鴻陸〔三〕，含姿虎門。弱冠通經，解巾從牒。出任蒼溪縣尉，/入補內直丞。御府高寮，公族攸選；川衡望袟，人宗是寄。爰自尚食/直長，又轉水衡監丞。歷職有聲，立朝多讓〔四〕。春宮之尹，□轄佇才。又/授宮尹府主簿，攝留司夏官員外郎。俄授朝散大夫，以□望職。朝/廷以風俗□清，必資才敏〔五〕，改攝右臺侍御史，巡察隴陰〔六〕，俯玆□車，/正坐□里，顧望蕃服，風馳百城。求瘼已勤，延譽方遠〔七〕。遵歸途以警/轡〔八〕，奉成最而言歸。

珠淚盈懷，忽悲聲伯之夢；玉門不入，徒軫仲□/之言。以天授二年七月十九日卒於肅州旅舍，春秋五十。嗚呼哀/哉！公稟元和之精，誕靈慶之室。懷道育德，事君安親。當降福無疆，/而享年不永。聞奏之日，公卿傷之。有敕官給靈轝還長安。/君夫人韋氏，先君而亡〔九〕。寔曰周人，死即同穴。遂以其年十月十二/日，合葬於雍州明堂縣洪源鄉少陵原，禮也。父兮天性，痛生於貳身；/弟兮天倫，悲結於同氣。陰陰青柏，無幾風烟。奄杳黃泉，有時陵/谷。爰刻貞石，貽厥終古。其詞曰：/

於穆君子，猗歟淑徽。作士之則，爲邦之基。受我主命，宣我國威。肅/肅驄馬，皇皇繡衣。於義惟恕，在仁不違。載懷明發，興言式微。輴軒/臣反，丹旐空歸。萬里收迹，千秋滅暉。寂寂松門，冥冥蒿里。墳勢臨/甲，泉聲應徽。死兮終無歸，主兮不可俟。登九原之路，送千金之子。/感此行兮永哀哉，悲此地兮長已矣。/

【注釋】

〔一〕父思孝：樊思孝，據《新唐書·地理志》綿州巴西郡巴西縣：「南六里有廣濟陂，引渠溉出百餘頃。垂拱四年，長史樊思孝、令夏侯奭因故渠開。」不知是否爲同一人。

〔二〕列：微泐，據殘畫録文以備參。

〔三〕鄕：上部泐蝕，據殘畫録以備參。

〔四〕讓：左邊構件模糊，據殘痕録文以備參。

〔五〕資：泐蝕，多石花，據殘畫輪廓，參以文例録文。

〔六〕巡：微泐，據殘畫，參以文例録文以備參。

〔七〕譽：下半泐蝕，據殘畫，參以文意録文。

〔八〕警：泐蝕，僅存殘畫，録以備參。

〔九〕先：泐蝕，僅隱隱見部分殘痕，據文意，參以殘畫，應是「先」字。

〇九六　蕭珪墓誌

武周天授二年（六九一）十月十二日

墓誌近年出土於陝西省西安市郊區，具體出土時間、地點不詳。拓片誌高、寬均71釐米；誌文三十四行，滿行三十四字，正書，有淺綫縱橫界格。蕭發暉撰文，蕭令臣書丹。誌蓋盝頂，高、寬亦均71釐米，刻文八行，行字數不等，鐫刻子女信息，録文附誌文後。

唐故朝散大夫、濮州長史、蘭陵蕭府君墓誌銘并序。

第二子發暉撰。

第三子令臣書。/

君諱珪，字行璪，南蘭陵蘭陵人也。帝天乙之靈苗，齊高皇之令緒。自玄禽演貺，祚瑶筐而/配天；白狼表瑞，據寶圖而受籙。及三仁去國，析茅社以賓周；三傑佐時，曳劍履而匡漢。凝/旒高視，垂衣跨牛斗之郊；蕃屏維城，分符隆盤石之固。盛德由其必及，令嗣所以克昌。曾/祖彪，梁初入魏，拜龍驤撫軍二將軍、中書黄門二侍郎、七兵尚書、侍中、中書監、驃騎大將/軍、開府儀同三司、盧縣公，周少保、揚光桂華等州刺史，特進、齊郡公，謚曰貞。祖亨，周繼丹/陽王，封高平郡公、左銀青光禄大夫、輔國將軍，隨持節、西南道安撫大使、昌州刺史、沛郡/公。父儼，隨鷹揚郎將，唐驃騎將軍、洵虞二州刺史、江陰公。並望重人英，材高王佐。槐庭論/道，六符於是光輝；棠樹宣風，九牧稱其儀表。

君以積德累仁，重規疊矩。禀星辰之秀彩，體/河岳之奇精。恭儉温良，得之於天授；射御書數，匪由於外習。初，以良家子徵/爲左親衛。性/符仁智，調逸林泉。雖俛就朝章，而志非所好。屬朝鮮作梗，王師問罪，貞觀十八年，親行吊/伐。君時扈從，首啓元戎。雖頻摧兇醜，而累辭榮賞。及鑾輿凱入，方從泛勳，授武騎尉，隨班/例也。雖司馬之淪胥，亦飛鴻之漸陸。俄擢延州司户。地邇王畿，務兼機事。雄詞遣劇，溢智/摧姦。遷宰金州。黄土不言而化，白鳩巢於齋梁。尋改洋州。黄金鳴琴而理，赤雀來於廳事。/兼蝗蟲去於縣境，明珠得於漢水。州表尤異，良史書焉。俱以化洽神祇，誠通幽顯。景高陵/之在職，祉狎祥鳩；黄山陽之莅官，禎符神雀。珠還表異，陋合浦而非工；蝗去稱奇，鄙茂陵/其何褊。

舉清介公方，轉利州葭萌縣令。鵶首疏疆，龍川啓地。俗參剽悍，化漸廉平。儀鳳三/年，拜朝散大夫、濮州長史。穀林舊壤，姚墟前迹。上則營室寓精，下則宣房作鎮。排肩擊轄，/是曰殷繁。贊務匡條，歸乎貳席。君偃仰廳事，從容蕃服。龐士元挹其風流，王休徵欽其藉/甚。既而道光半刺，已蜚英於百城；化美全椒，佇昇榮於三事。

而鳳池澹淡，未攄横海之鱗；/馬首低佪，遽啓佳城之兆。以開耀元年十二月十四日，終於官舍，春秋六十有七。惟君沐/浴仁義，縉紳友悌。既入孝而出忠，亦自家而形國。加以鳴謙勵性，温慎矜懷。負廊廟之材，/從州縣之職。割雞不辭於遊刃，絆驥無妨於騁迹。既礪之於清白，復著之以循良。不以風/雨輟其音，不以霜雪渝其色。是知陶彭澤之高視，道在稱尊；陳太丘之先鳴，德隆斯貴。誰/其嗣美，君實有之。

棘路之裔，未還蒿里之魂；先往輔仁，與善何其爽歟。夫人譙郡能氏，隨/南定總管、武强公檤之孫，唐左衛率、嬀通永三州刺史、延陵公瑜之長女也。蓮花毓彩，桂/魄涵禎。備德齠年，有行笄日。婉嫕之質，九族仰其清規；貞順之風，二門資其懿範。未備小/君之禮，俄先岱嶺之遊。粤以天授二年，歲次辛卯，十月戊戌朔，十二日己酉，合葬於雍州/明堂縣洪原鄉之少陵原。嗚呼！白楸初掩，青松遽列。痛寒泉之罔及，泣霜露以纏哀。謹撰/遺芳，刊諸貞琬。詞曰：

天乙成湯，皇齊高祖。允恭克讓，垂衣御宇。剪葉開疆，分符宅土。/赫弈蟬冕，陸離龜組。英靈襲祉，載誕吾君。如玉斯潔，似蘭斯芬。愔愔其範，郁郁乎文。忠爲/令德，道實稱尊。始自濯纓，終於展驥。謇愕流稱，廉能表異。蝗飛楚郊，珠還漢涘。未遷喬木，/遽殲良懿。婉矣貞娰，作嬪君子。四德推能，二門標美。媛範流譽，母儀垂祉。蕣景遽秋，芳姿/俄已。原悲駟馬，穸瘞雙棺。荒埏霧合，宰樹風寒。悲纏霜露，燧革槐□。唯餘不朽，芳□是刊〔一〕。/

誌蓋銘文：

息世直，名正。婚開府靡城郡公族，列蘭光長/女，夷陵郡君。/

長女建康郡君，適大師趙國武公徒何弼/第五子，開府、工部、河陽郡公綸〔二〕。/

第二女宜君郡君，適開府安陵公拓跋璋/世子衡。/

第三女武鄉郡君，適開府/華陰公楊儉第八子勰。/

釋文：

〔一〕芳□是刊：「芳」下一字左半泐蝕，右半「見」清楚，疑是「規」或「覩」，存疑待考。

〔二〕河陽郡公綸徒何綸，本名「李綸」，賜姓徒何。詳參《北史·李弼傳》。徒何綸墓誌已出土，《漢魏六朝碑刻校注》著録，可以參考。徒何綸於建德三年，十二月十六日，薨于私第。春秋四十。只云「□妻，廣業郡君宇文」，不載蕭珪女。本誌爲李綸譜系提供了有用證據。

○九七　張式墓誌

武周天授二年（六九一）十二月十九日

墓誌出土於河南省安陽市境，具體出土時間、地點不詳。拓片誌高54釐米，寬57.5釐米；誌文十九行，滿行十九字，正書；四側鐫刻四神圖，間以雲水花草圖紋。誌蓋高63.5釐米，寬64釐米，頂面陽文篆書，題「張君墓誌」，字裏行間和四煞鐫刻花卉紋飾。

大周故處士張君墓誌銘并序。/

君諱式，字善慈，南陽白水人也。祖諱舉，大丞相府/朝散大夫，又任播州録事參軍。資瑚璉之質〔一〕，稟杞/梓之清材。輔弼專城，佐臨蕃岳。父生，經明大成之/裕。遐邇欽仁，俯仰合儀。揚名後代而已哉。

君率性/忠謹，志懷謙約。雍容有清雅之潤，汪洋多國士之/風。賞山水而逍遥，對琴樽而逸豫。豈謂隟光俄奄，/電影時消。未終千月之延，倏盡百年之運。痛乃/深於不相，悲情結於鄉黨。春秋五十有八，天授/二年，歲次辛卯，臘月癸卯朔，十九日辛酉，卒於斯第。/嗚呼哀哉！

夫人王氏，儀芳蕣彩，質抱蘭資。華同滿/月之光，焕洞群星之璨。豈謂景晞朝露，人摧將夕/之悲。命也天乎，空流迸潸。即以天授二年臘月十/九日，合葬於相州城西北四里平原，禮也。東瞻福/地〔二〕，西眺嵩山，南望横崗，北臨洹水。恐朽壤淪盡，慮/漏泉之漂毁。乃爲銘曰：

君不獨化，必資良輔。青/鸞集樹，經宵獨舞〔三〕。其一　顯允夫子，懿鑠沖和。學該六/藝，材高四科。其二　濁河東逝，末景西傾。石火既滅，難/留本形。其三　爰卜宅兆，敬啓兹室。庶與夫人，永安斯逸。其四/

【注釋】

〔一〕資瑚璉之質：據文例，此句應脱一字，故與下句不協。

〔二〕福地：以墓誌所記四至，當指相州城，即今之安陽市。

〔三〕宵：原刻作「霄」，爲俗字。

○九八　王府君夫人李正因墓誌

武周天授三年（六九二）二月二十四日

墓誌出土於陝西省西安市郊，具體出土時間、地點不詳。拓片誌高、寬均47釐米；李顒撰文，誌文二十四行，滿行二十四字，正書，有縱横界格。誌蓋盝頂，高49釐米，寬48釐米，銘文四行，行四字，陰文篆書，題「大周贈潤州刺史王府君夫人李氏墓誌」；四煞鐫刻纏枝卷葉紋飾。

大周故贈使持節、潤州諸軍事、潤州刺史王府君夫人李氏墓/誌銘〔一〕。

右衛兵曹參軍趙郡李顒撰。/

夫人諱正因，字正因，隴西狄道人也。原夫鶴髮殊相，紫氣入於/函關；猨臂奇姿，白羽穿於巨石。枝分葉散，克隆鍾鼎之基；玉質/金相，載挺貞專之媛。關雎以之垂裕，内則於是流芳。婉嫕有儀，/斯而具美。

曾祖允節，隨朔州刺史。山通馬窟，峚入龍鄉。荒服所/寧，英雄是寄。祖大通，隨千牛備身、通事謁者。職居外屏，務在中/闈。望踐金階，榮參王扆。父道裕，唐蒲州刺史、大理卿、上柱國、狄/道公。坐依棘署，處廷尉之平反；行臨蒲坂，當刺舉之廉察。定刑審獄，以德而用章程；撫俗字人，以道而歸牧伯。

夫人承徽繼體，/襲慶成姿。浮玉氣於文虹，曜珠胎於仙蚌。绛囊應祉，禖鷰臨郊。/翠褓凝禎，賓鴻逗浦。爰初廿歲，淑慎勖於張箴；行及笄年，風範/成於曹訓。年十有七，適瑯耶潤州府君。導淮水之鴻源，晉崐山/之片玉。三從有義，聽鳴鳳之于飛；六禮無褰，見文鴳之比翼。閨/儀緝穆，機杼成章。閫教邕熙，巾箱委訓。弄璋多慶，庭玉載貞。亨/家之教攸臻，將鶵之韻斯叶。

嗟乎，三春未半，始開桃李之輝；千/月無全，奄敗芝蘭之秀。顯慶四年三月十八日，終於崇仁里之/私第，春秋卅二。以天授三年，歲次壬辰，二月丁酉朔，廿四日庚/申，窆於雍州明堂縣神禾鄉興盛里〔二〕，禮也。有子守恭、守慎，痛深/陟屺，哀極寒泉。望東岱以崩心，循南陔以迸血。將恐九原不作，/松檟空摧；萬古無窮，丘墳遂滅。式圖芳令，旌諸隧穴。其詞粤：/

彼美淑容，斯爲令質。移芳李逕，作嬪蘭室。禮備閨閫，韻諧琴瑟。/蓮葉帳開，菱花鏡溢。來因吹萬，去由太一。千歲無期，百齡俄畢。/曉隧空黯，夜臺虛謐。翠石知年，黃泉無日。/

【注釋】

〔一〕王府君：墓誌不載誌主丈夫王府君名諱，歷官亦簡單。

〔二〕神禾鄉：鄉里名，唐在萬年縣，以其地有神禾原而得名。地在今陝西省西安市郊區。

○九九　劉愛墓誌

武周長壽三年（六九四）正月十七日

墓誌出土於河北省邢臺市内丘縣境，具體出土時間、地點不詳。拓片高41釐米，寬45釐米，誌文二十行，滿行十八字，正書，偶雜行書，有縱横界格。誌蓋缺。

大周故處士劉君墓誌銘并序。/

君諱愛，襄國中丘人，河間獻王德之後也。龍/游夏禦，鳳集濟川。神雲擁於碭山，佳氣籠於春/岫。搴瓴作霸〔一〕，據雄圖而問鼎；涉冰開國，揮寶籙而觀符。分若木於千枝，派咸池于八水〔二〕。自茲厥/後，英華間出。金龜銅武，家諜詳焉。祖惠，滄州樂/陵縣承，道翊詳鸞，譽參馴雉。父善，本郡主簿，文/江濯錦，翰苑飛花。

君雅度淹凝，風儀秀朗。清波/獨映，素月孤高。春權開帷，即入仲長園苑；秋潭潔鏡，時游習郁之臺。豈其月落高人，星沉隱士。/神香異返，魂之驗靈。單無不死之徵。春秋六十/有九，遘疾卒於私第。夫人眭氏，德茂延/鄉，聲華徙里。一辭巫嶺，永去泉臺。粤以長壽三年，正月景戌朔，十七日壬寅，合葬於中丘城西七/里之平原。大祲稽天，洪災治地。題銘翠琰，永/代無虧。其詞曰：/

祚延金邸，枝分玉雞。春陵氣上，碭阜雲低。井東/星聚，豐西嫗啼。川流作派，花散成蹊。其一。/災同楚豎，術異秦醫。蕣華夕殞，薤露晨晞。塋初/集草，宿螢飛〔三〕。帶礪有燼，光音不虧。/

【注釋】

〔一〕瓴：原刻作「皈」，字書不載，據文意録文以備參。

〔二〕咸：微泐，據殘痕録文。

〔三〕宿螢飛：原刻脱一字。

一〇〇　鄒鸞方墓誌

武周長壽三年（六九四）正月二十一日

墓誌出土於陝西省西安市長安區韋曲街道辦事處東，韋曲北十字沿長安東街向東之高望堆。拓片高、寬均74釐米；誌文二十六行，滿行二十六字，正書，有細綫縱横界格，誌蓋缺。

大周故徵士、上柱國鄒府君墓誌文并序。/

夫遁之時義大矣哉。大則飛纓絳闕，談諧以取容；小則結薜青溪，優/游以養性。差如一致，未若兩忘。混人野以同歸，齊卷舒而共貫。蘧伯/玉也偏也，鄒府君之兼之。

府君諱鸞方，字鴻漸，本南陽鄧人也。唐臣/毓慶，殷后所以肅期〔一〕；微子承家，鄒君由其啓土。忌以縱横之辯，高步/齊庭；陽以文章之貴，騰芳漢室。衣冠繼及，代有其人。曾祖敬，宇文朝/馮翊郡守。祖寳，隨洛陽縣令。左翊要衝，東周奥壤。五袴之謡方冀，三/異之歎克申。父熾，唐初幕府左右朝散大夫。隨郊鹿散，抱樂器而無/從；大人龍飛，候叢雲而得主。東征西怨，纔守職於中涓；後舞/前歌，遂昇階於上爵。爰於丱歲，潛收郭巨之金；暨在壯齡，旋採陽邕/之玉。遂門同千户，家贍萬鍾。滿而不盈，積而能散。

君則大夫之元子/也。禀中和之秀氣，挺上善之奇姿。早擅日初之學，長稱月旦之辯。因/心而好孔墨，抗迹而齊蘧甯。以爲太平不可無職也，乃薄游於下士；/小職不可爲資也，故隨列於上級。顯慶中，任許王左親事隊正。調露/中，授上柱國。事同西漢，早享武功之尊；迹比南荆，旋受昭陽之貴。

豈/期攝生謬理，與善失常。關東川而不歸，隨西邁而忘返。以長壽二年/九月廿五日，終於隆政里之私第，春秋六十有二。粤以三年正月廿/一日，葬于城南高望之平原，祔父朝散大夫之舊塋，禮也。孤子意懷，/號天靡及，扣地無追。履霜庭而凝感，仰風樹而增悲。曦馭行而莫繫，/時馬去而不羈。刊玄石而可久，指白日而爲期。其文曰：/

卓彼高系，出自殷湯。既開宋土，亦啓鄒鄉。德重吹律，道播摛章。厥迹/逾遠，厥派彌長。其一彌長伊何，爰有徵士。徵士伊何，富有文史。神筭應/録，靈鈎效祉。惠而不費，滿而知止。其二州閭藉甚，朝野推名。昭陽顯貴，/大業標榮。忽游神於蒿里，俄掩櫬於松塋。商夫以之罷肆，工女由其/褫纓。其三遺孤崩裂，鞠子傷摧。攀援宵駕，眷戀夜臺。風雲兮益慘，松柏/兮增哀。白日忽其將匿，佳城鬱其莫開。/

【注釋】

〔一〕肅：泐蝕，據殘痕録以備參。

一〇一　竇孝壽墓誌

武周延載元年（六九四）六月

墓誌出土時間、點不詳。拓片高37.5釐米，寬37釐米；誌文二十三行，滿行二十三字，正書，有縱横界格。誌蓋缺。誌主之曾祖、祖、父，兩《唐書》均有載，與墓誌所記有同有異，異者多史傳之誤。又《唐書》記載竇氏多人，而不及孝壽，亦可補史傳之缺。另有《竇孝忠墓誌》出土。

朝請大夫、行越州餘姚縣令竇君墓誌銘并序。/

君諱孝壽，字遐福，扶風平陵人也。其先皇帝，其後少康。綿歷/殷周，累居冠冕。洎乎少君之盛，漢代擇師；匈奴之强，燕巖勒/石。曾祖榮定〔一〕，隨上柱國、開府儀同三司、洛鄭等八州諸軍事、/洛州刺史〔二〕、右武候大將軍、陳國公，尚成安郡長公主〔三〕。祖抗〔四〕，隨/□□國〔五〕、儀同三司、幽梁等五州刺史、陳國公，唐將作大匠，判/納言、左武候大將軍、贈司空，謚曰容公。並風範昂昂，神儀稟/稟，行爲士則，道實人宗。信義之方，有聞于當代；忠孝之至，事/極於人倫。父衍，隨駙馬都尉，尚長壽公主，唐營州都督、左右/武候將軍、黔費等一十四州諸軍事、上柱國、陳國公，謚曰密。/體業温裕，志尚優洽。文峰落落，武庫森森。外鎮雄藩，内惟龍/闕。君即密公之第八子也。夙彰高義，幼挺生知。蘊鸞鳳之英/姿，畜山河之秀氣。家禽之歲，聞詩趨鯉之庭；舞象之年，稟道/祥鱣之館。屬唐朝告禪，東岳將封，預選齋郎，對策高第。授周/王府參軍，累遷延州司户、崐山餘姚二縣令。絃歌表化，巖壑/從遊，風月緣情，雄詞黼發。登臨動詠，逸氣交馳。生唯五百年，/集成三十卷。弓商足用，六律奔命於詞場；江漢應機，百川潮/宗於筆海。情申桂友，酒泛蘭樽〔六〕。豈意鄭駟難留，奄從窀穸。逝/川易往，遽絶生崖。以延載元年夏六月，終於茲任，春秋五十/有一。嗚呼哀哉！其

銘曰：/

赫弈簪裾，蟬聯襲慶。珪璋特達，山河交映。其一 學殫經史，詞切/弓商。祥鸞表譽，馴翟馳芳。其二 丹旐易奄，厚夜難明。一銷玉樹，/空餘令名。其三 野曠風慘，山空鳥哀。遽嗟滕室，長往泉臺。/

【注釋】

〔一〕曾祖榮定：「榮定」，《舊唐書》作「榮」，彼此不合，疑名「榮」，字「榮定」。墓誌於職官亦較史傳詳細，可補史缺。

〔二〕洛：泐蝕，僅見右下角之「口」，據殘畫輪廓，參以前文「洛鄭等八州諸軍事」，應是「洛」字無疑。

〔三〕成安郡長公主：《舊唐書》作「萬安公主」，彼此不合，當以墓誌更可信。

〔四〕祖抗：竇抗，字道生。據《舊唐書》本傳，抗謚曰密。墓誌言「謚曰容公」，其子竇衍「謚曰密」。史傳誤。

〔五〕隨□□國：「隨」下二字泐蝕，據文例，疑是「上柱」。

〔六〕泛：泐蝕，據殘畫，參以文例録文。

一〇二　亡宫九品墓誌

武周萬歲通天元年（六九六）九月二十一日

墓誌出土於陝西省西安市郊區，具體出土時間、地點不詳。拓片誌高30.5釐米，寬31釐米；誌文十三行，滿行十四字，正書，有縱横界格。銘文多武周新字。誌蓋缺。

亡宫玖品者，不知何許人也。蘭儀播/馥，蕙問流芳。景行張箴，範圍曹誡。秋/朝秋日，方題柏葉之銘；春景春年，既/就椒花之頌。柔姿緝訓，素範成規。故/得肅事丹闈，班榮彤管。

所冀恪勤侍/奉，恭承北極之恩；何期夭促光暉，遽/落西崦之景。嗚呼哀哉！松風暝起，薤/露朝晞。落夭桃於春曙，入松風於夜/臺。粤以萬歲通天元〔一〕，玖月貳拾壹日，/葬於北望〔二〕禮也。式揚淑令，乃作銘云：/

夭桃起茂，穠李開芳。初迎春日，遽殞/秋霜。松扃杳暝，蒿里荒凉。素範刊於/貞琬，清暉播於無疆。/

【注釋】

〔一〕粤以萬歲通天元：「元」下應有一「年」字。

〔二〕北望：疑即北邙。據《廣韻》，邙，莫郎切；望，巫放切；聲韻皆近。又，《隋李吁墓誌》：「大壙於北望山邊，南臨伊洛，北坎明津，西挾迴城，東餘洛邑。」可參。

一〇三　八品亡宮人墓誌

武周萬歲通天二年（六九七）三月六日

墓誌出土於河南省洛陽市北邙山，具體出土時間、地點不詳。拓片誌高31釐米，寬31釐米。唐代宮人葬地，或在陝西省西安市郊區，或在洛陽北邙山，出土墓誌多未記載具體葬地。銘文十四行，滿行十五字，正書，雜以行書，且多武周新造字。誌蓋缺。唐代宮人墓誌一般都很短少，且多雷同，而此墓誌則比較詳細，是研究宮人的重要文獻。

八品亡宮人墓誌銘并序。/

有亡宮人，時年卌。姓氏冥寞，書記無聞。/自稟梓柔柢，飛聲灌木。十年爲字，徘徊/俟鸞之篇；七夜成章，揮涣當熊之秩。何/圖逝川不息，奔曦遽遠。竊藥無驗，飛娥/掩向月之姿；私芝有待〔一〕，驚鳴經流風之/態。嗚呼哀哉！蜃駕行飾，嗟六宮而寂寥；/鶴隰先開〔二〕，望九泉而超忽。白楊在野，青麥何年。金字可書，遂爲銘曰：/

日落西崦，塵生東海。夢楹有奠，藏舟無/待。婺下星光，娥沉月彩。歎青石之將變，/見黃金之猶在。/

萬歲通天貳年，叁月陸日，葬於北邙山/之禮也。/

【注釋】

〔一〕私：行書，從字形和文意考察，似爲「私」字。「竊藥」與「私芝」對舉，行文似亦和諧，但典籍無用例。録以備參。

〔二〕鶴隴：墓誌未書丹而徑刻，故字形或多舛誤。此二字或即「鶴隴」，唐武三思《大周無上孝明高皇后碑》：「烏墳欲列，思增茅土之儀；鶴隴將崇，願廣山河之誓。」指墳塋。

一〇四　樊君妻竇氏墓誌

武周聖曆元年（六九八）一月十二日

墓誌出土於陝西省西安市郊區，具體出土時間、地點不詳。拓片誌高、寬均58釐米；誌文二十九行，滿行二十九字，正書。石面略有剥泐，文字部分略模糊。誌蓋盝頂，高、寬均45釐米，銘文三行，行三字，陰文篆書，題「大周故竇夫人墓誌銘」，惜四煞失拓。

大周前中散大夫、檢校同州長史樊君故妻美陽縣君竇氏墓誌銘并序。/

夫人諱字〔一〕，扶風郡人也。其先出清河灌津。往屬炎靈失鏡，爰避難於殊方。坎/位握圖，竟還宗於中土。金枝疊輝，環珮與鍾鼎齊鳴；玉葉聯輝，冠蓋共簪裾/並色。出塞握將軍之節，代壯英雄；當朝重妃后之家，門傳軒冕。爾其棟樑宏/器，鹽梅重職，並亦傳諸記諜，固可略而言焉。

曾祖彦，隨兵部駕部上曹郎、工/部侍郎、西平郡太守。榮高綰綬，望重含香。禮闈馳簡要之芳，列岳軫去思之/恨。祖德玄，唐御史大夫、司元大常伯、檢校左相、鉅鹿縣開國男。才爲代出，代/爲才湏。陰陽資燮理之功，宗廟賴弼諧之力。父懷恪，見任通議大夫、守秦州/都督。坔藉膏腴，器成瑚璉〔二〕。清規獨勵，將水鏡以齊明；勁節孤標，与松筠而等/操。

夫人即都督之長女也。坤靈降質，月魄流祥。蕙性芬芳，蘭儀婉娬。春衣巧/製，非無針鏤之文；秋扇能裁，雅韻齊紈之詠。既而三星克正，百兩言歸。勢非/倚於將軍，家已歸於小史。誡夫斷織，虔恭於大帶；訓子停機，恩深於長被。外/馳婦則，禮每備於如賓〔三〕；內挹母儀，教必申於舉按。以永昌元年五月九日，封/美陽縣君，從夫秩也。輜軒式序〔四〕，翟服增暉。雖復漢邑延鄉，曾何足貴；齊封石/窌，未足稱榮。

方冀契若松蘿，保歡娛於千載；豈謂顏如桃李，遽摇落於三春。/嗚呼哀哉！春秋卅有九，以聖曆元年正月一日，終於京師昇平坊里第。即以/其年壹月十二日，葬於明堂縣洪原鄉少陵原，禮也。惟夫人端莊其行，婉順/其容。曹大叔之妻〔五〕，文成家誡；樂羊子之室，野有遺金。閨閫欽四德之風，娣姒/慕三從之節。輔佐君子，求賢之志不乖；夤事舅姑，咸盥之勤靡怠。嗟夫，積善/難憑，殲良何早。

胤子澄及淑等，年尚幼童，疊遽鍾於陟屺；情纏罔極，哀已符/於老成。樊長史以伉儷情深，存亡遽隔。餘芬未歇，長覃言空。傷侵奉倩之神，/痛切安仁之恨。將恐桑田海變，葭灰運移。方書幼婦之文，用辯貞姜之墓。其詞曰/：

高門舄弈，茂族蟬聯。横基括坔，峻崿千天。材標杞梓，代壯英賢。積善多慶，仙/姬出焉。其一仙姬伊何，是稱令淑。文高班扇，頌逾辛菊。鞶袠無違，紘綖有織。行/成母範，言爲婦則。其二采薇采蕨，言告言歸。事姑咸盥，訓子停機。松蘿契密，桃/李容暉。潤同婉琰，化洽閨闈。其三嗚呼代事，光陰何幾。氣掩嵩丘，魂隨悶水。慟/深友娣，哀纏穆似。鏡掩鸞飛，惟空起鳳。其四殯宮宿設，奠祭虚張。輀車夕引，賵/馬晨裝。露宵啼草，風曉悲楊。庶蘭兮桂馥，□坔久兮天長〔六〕。其五/

【注釋】

〔一〕夫人諱字：名諱和字，原刻均缺失。

〔二〕成：泐蝕，據殘畫輪廓録文。

〔三〕備：泐蝕，僅存殘畫，據殘痕，參以文意録文。

〔四〕轓：泐蝕，據殘畫，參以文意録以備參。

〔五〕曹大叔：「叔」字微泐，且是異體，但尚存殘畫輪廓。曹大叔，亦稱曹世叔。

〔六〕□埊久兮天長：「埊」上一字殘泐，據殘畫，參以文意，似「望」，存疑待考。

一〇五　長孫斌墓誌

武周聖曆二年（六九九）二月十七日

墓誌出土於陝西省西安市郊區，具體出土時間、地點不詳。拓片誌高、寬均38.5釐米；誌文十九行，滿行二十二字，正書，有縱横界格。墓誌是磨去舊碑文而改刻，没有徹底抹掉的舊文還有部分存留，其舊刻首題爲「大周前朝散大夫、行梓州鹽亭縣令，京兆韋師忠夫人博陵崔氏墓誌銘并序」，又有「夫人諱壽戾，博陵安平人」。本墓誌序辭未刻完，銘辭完全未刻，看得出是草草製作。誌蓋盝頂，高42.5釐米，寬43釐米，銘文三行，行三字，陰文篆書，題「大周故長孫府君墓誌」，四煞鐫刻纏枝卷葉紋飾。

大周故朝請大夫、行湖州烏程縣令長孫公墓誌。/

公諱斌，字□□〔一〕，河南人。曾祖儁〔二〕，後魏尚書左僕/射、儀同三司、平高郡開國公，兼尚書令、行司州/牧、雍州刺史、驃騎大將軍、太子太傅、雍州牧，贈/使持節、光禄大夫、雍州刺史，謚曰武。祖則〔三〕，周中大夫、使持節、開府儀同三司、襄國縣開國公、邵/代二州諸軍事、二州刺史、蘭州總管、汲郡開國/公，隋開府儀同三司、陳州刺史。父仲延，隋太子/千牛、豊寧縣開國男。

公唐左千牛、涼府倉曹、寧/州羅川縣令〔四〕、成州司馬、渭州長史、文州長史。/皇朝上柱國、朝請大夫，行湖州烏程縣令。

萬歲/通天元年寢疾。其年七月十一日，終於烏程縣/之公館，春秋七十。以聖曆二年二月十七日，遷/窆於雍州明堂縣□□原之舊塋〔五〕，禮也。長子徵，/早卒。嫡孫，聖曆二年，歲次己亥，二月景/戌朔，十七日壬寅。/

【注釋】

〔一〕字□□：「字」下空二字格，未刻。

〔二〕曾祖儁：長孫儁，二〇一〇年《長孫儁墓誌》於西安出土。墓誌云：「公諱儁，字子彦，河南洛陽人。」兩相對勘，所歷官職基本相合，而謚曰「威襄」，與此誌謚曰「武」有所不同。其妻《婁貴華墓誌》同時出土。

〔三〕祖則：據《長孫儁墓誌》載，其子嗣有：「長子義脊、次子季明、次子之禮、次子安禮、次子毗婁、次子毗則、次子毗善、次子羌童、次子朗兒。」「毗則」，本墓誌作「則」，當爲一人，名稍異。

〔四〕羅川：「川」，原刻作「州」，涉上「州」字而誤。見《舊唐書・地理志》。

〔五〕遷窆於雍州明堂縣□□原之舊塋：「縣」下，原刻空二字格，未刻。

一〇六　趙本道墓誌

武周聖曆二年（六九九）八月九日

墓誌出土於陝西省西安市郊區，具體出土時間、地點不詳。拓片高49釐米、寬48釐米；誌文二十八行，滿行三十字，正書，有淺綫縱横界格。陽廉撰文。文中多武周新字。誌蓋雙鈎正書，題「大唐故趙府君墓誌銘」。四煞鐫刻四神紋，飾以卷葉紋。其子《趙敬仁墓誌》已經出土，本書收録，可以互參。

大周故晉王府執仗趙君墓誌銘并序〔一〕。／

朝議郎行考功員外郎陽廉撰。／

公諱本道，字本道，隴西天水人也。周典戎御，得宗氏於趙城；天賜熊羆，獲寶／符於代郡。將軍著頌，西零之績茂焉；大夫建官，文公之基霸矣。英靈互起，代／有其人。

祖士亮，周拒陽武陶二郡太守、御伯下大夫、聘陳使主。父方海，唐職／方郎中、太僕少卿、申州刺史、申州諸軍事。並桂馥蘭芬，金相玉質。務總中外，/才兼文武。哥煌華而出使，則忠義其榮；擁犀節以臨人，則政成斯在。侯王十/代，天水一根。史册詳焉，可略而述。

公即申州府君之第二子也。博綜經籍，并/吞禮讓。秉節於冰霜之地，立身於忠孝之門。言可以龜鏡人倫，行可以棟梁/家國。抱青蓱，干將之利器，蘊碧海滄江之弘量。仲由車馬，與朋友而共之；嗣/宗琴哥，對烟霞而自適。名不求於上達，迹不踐於常調。時晉府初興，文章競/集。公以門籍起家晉王府執仗。沉迹下流，弗之願也。比肩枚馬，來從飛蓋之/遊；方駕應劉，暫簉長裾之侶。然山林志廣，丘壑情多。未階攀鳳之榮，遽徙白/駒之隙。春秋卌一，薨於洛陽毓財里第[二]。夫人河南于氏，唐穀州刺史于欽明/長女也。列鼎鳴鍾，朱軒繡軸。黼藻令德，閨闈禮容。獻歲發生，睹春椒而作頌；/金商啓候，擷秋菊以裁銘。言在河洲，爰奉高族。絛枚是揔，琴瑟斯和。桃李易/凋，梧桐早落。秦樓罷吹，駕鳳於是不追；吴肆將空，舞鶴以之長往。春秋廿一，/終於毓財里第，同殯於河南縣邙山之陽。

世子思謙，朝散大夫、輕車都尉、行/隴州司馬。每思遷窆，歲時莫便。臨薨誡子，速成我志。世孫琳等，流慟風樹，號/慕霜露。敬奉遺言，敢依先旨。以大周聖曆二年，歲次己亥，八月九日，合葬於/京兆少陵原舊塋，禮也。人代超忽，丘陵長往。年齡永遠，松檟攸同。泉路不春，/式鐫貞琰。重扃永閉，銘斯懿德。陵陽黄鶴，對孤墳而悽唳；巨卿白馬，俯幽隧/而酸嘶。嗚呼哀哉，乃爲銘曰：/

邈矣遠祖，系于費昌。自周來晉，去夏/歸商。廣樂天賜，寶符山藏。克剪戎代，聿來侯王。其一□□連耀[三]，箕裘遞王。代載英/靈，家傳將相。發奸擿伏，運謀幬帳。惟祖惟考，令聞令望。其二顯允宗嗣，孤標軼群。/節擬松竹，契合風雲。瓌材杞梓，淑郁蘭蓀。三冬克學，七步飛文。其三如桂之茂，如/松之貞。風塵不雜，勢利無争。賢人雲白，君子風清。其四從龜是宅，伏龍之崗。杳杳/泉路，簫簫白楊。人非兮物是，地久兮天長。庶陵谷之遷貿，儻忠貞之不忘。其五/

【注釋】

[一] 晉王：唐高宗李治，字爲善，唐太宗李世民第九子。詳參兩《唐書》本紀。

[二] 毓財里：里坊名，又作「毓財坊」。唐代地在河南洛陽上東鄉。已出土唐代墓誌多通，爲研究洛陽里坊提供了重要參考。

〔三〕□□：二字殘泐，下字據殘畫及上下對文，疑爲「瓊」字。

一〇七　楊弘嗣墓誌

武周聖曆三年（七〇〇）三月二十三日

墓誌出土於陝西省西安市長安區境，具體出土時間、地點不詳。拓片誌高46.5釐米，寬46釐米；誌文二十八行，滿行二十九字，正書，有不規則縱横界格。多武周新字。誌蓋盝頂，頂面高34釐米，寬34.5釐米，陰文篆書，題「大周故弘農楊君墓誌」；四周鐫刻卷葉團花紋，四角刻四神鳥紋飾；四煞缺拓。

大周故殷王執仗楊府君墓誌銘并序〔一〕。／

君諱弘嗣，字廣宗，弘農人也。尚父宗周，因封受氏。赤泉佐漢，胙土承家。樓舩／將軍，寵命徙於函谷；關西孔子，盛烈茂於台階。積慶所鍾，貽厥茲著。詳諸簡／牘，可略而言。

曾祖寬〔二〕，周太府、廷尉二卿、吏部尚書、尚書左僕射、太傅、尚書令、／大司空、華山郡開國公，謚曰元。霜明棘署，星耀槐庭。鏡鑒人倫，協和邦國。祖／文紀〔三〕，隨黄門侍郎、禮部尚書、上明郡開國公，謚曰恭。獻替絲綸，流清規於禁／闥；軌儀會府，效善績於春闈。父孝怡，唐尚書膳部郎中、滕王府長史，兼金州／別駕。曳組仙臺，題柱光於八座；飛文碣館，汗簡超於七發。官參別乘之榮，才／膺展足之美。

公芝田玉種，桂魄珠胎。高峰萬仞，長河千里。禮樂肅肅，文質彬／彬。鼎劍雄其骨氣，霜雪瑩其心府。目中眸子，青襟知月樹之明；座上楊梅，齠／齔識家禽之對。千門萬户，畫地成圖〔四〕。敬業離經，趨庭習訓。壯冠，授殷王府執／仗。邦家有道，宣尼不恥於執鞭；虛白未玄，子雲且安於負戟。雖桂山秋晚，蹔／陪飛蓋之遊；而蘭路春歸，終慕抽簪之想。以爲遯代無悶，象繫所先；求名而／亡，麟經是誡。故脱屣冠冕，大隱市朝。於陵灌園，深閑樂命之理；漢陰抱甕，高／蹈忘機之迹。五畝之宅，不卑於湫隘；二頃之田，但資於負郭。瓢飲簞食，左琴/右書。陳平席門，恒流長者之轍；陶潛風牖，自謂羲皇之人。道德足以潤身，優/遊可以卒歲。既而少微失次，大雲晦色，禍罹辰巳之年，泣兆瓊瓌之夢。聖曆/三年，歲次庚子，壹月辛亥朔，二日壬子，遘疾終于隆慶里第，春秋六十有三。/嗚呼哀哉！即以其年三月庚戌朔，廿三日壬申，葬于京城東南少陵之原，禮/也。公體資上善，質稟中和。與朋友交，言而有信。行有餘力，則以學文。黄叔度/之波瀾，罕分清濁；衛叔寶之器局，不形喜怒。嗟乎！川逝靡息，感尼父之興懷；/天道無知，傷鄧攸之莫嗣。獨有孀妻恨結，崩城慟絶。懼陵谷之遷移，惜芳菲/之歇滅。寄詞貞琰，乃爲銘曰：/

隆周有國，宗子維城。封邑受氏，移關著名。饘庭襲慶，雞樹參榮。惟彼祖考，莫/之與京。其一 載誕英靈，生資孝友。黄裳元吉，白賁無咎。肅肅風松，濯濯春柳。子/雲負戟，淵明解綬。其二 大隱朝市，重光綺季。學總趨庭，文成閲肆。陶然琴酒，遠/矣名利。老萊有妻，鄧道無嗣。其三 天道冥昧，生涯短促。夜壑徙舟，幽泉埋骨[五]。風/悲樹頂，雲愁隴足。秋菊兮春蘭，餘芬兮遺躅。其四/

【注釋】

[一] 殷王：唐高宗子李旭輪，其名屢改，即唐睿宗，詳參兩《唐書》本紀。

[二] 曾祖寬：楊寬，《周書》有傳。本誌所記歷官，與史傳有出入，當以本誌更可靠。

[三] 祖文紀：《周書·楊寬傳》載，楊寬卒，「子紀嗣，大象末，官至上儀同、大將軍、虞部下大夫。」墓誌作「文紀」，略有不同，大約是名與字之別。史傳不載其謚，所載職官亦多有不合。

[四] 書：原刻誤作「晝」。

[五] 骨：泐蝕，據文意，參以押韻，應是「骨」字。

一〇八　王德徹墓誌

武周久視元年（七〇〇）十月五日

墓誌出土於陝西省西安市郊區，具體出土時間、地點不詳。拓片誌高、寬均70釐米；誌文三十七行，滿行三十八字，正書，有不規則縱橫界格。石面有泐蝕，文字稍損。誌蓋盝頂，高、寬均68釐米，右下角剥泐比較嚴重，所泐之字，據誌文補出以備參，頂面陰文篆書，題「大周故大中大夫行會州司馬王府君墓誌銘」，四周及四煞綫刻纏枝卷葉花卉紋飾。

大周故大中大夫、行會州司馬王府君墓誌銘并序。／

若夫天齊其浩[一]，鼓積石之遥源；地扈其巍[二]，揭岱宗之曾嶠。故能并括川瀆，激靈派於中州；標冠丘□，／列仙岑於大野。則猶膏腴舊族，貽慶業而克傳；門望良家，襲徽猷而載遠。其能嗣美者，見於王府君／乎[三]！

君諱德徹，字小成，其先太原祁人也。唐聖祖隨高祖入定關中，因而家藍田，今爲縣人矣。粤以／關土岐山，代傳鳴鳳之祉；□□洛浦，人稱控鶴之仙。坐玉帳以陳謀，聲雄秦甸；綰金章而作尹，名□／漢京。兹迺德業表於前古，貽裕光於來葉[四]。祖貴，父昊，並積德承家，基仁啓業。或貞白履道，玄默守真；／或徵辟不行，高尚其事。所謂子真之隱身谷口，名重京師；文通之守志南陽，義高鄰里。諒可風流千／載，師表一時。

君則辰緯隤精，山河作氣。闢芝庭而振秀，宅蘭畹而摇芳。莫不材幹幼成，藝能夙著。藴／良珍而待價，懷利器以干時。唐顯慶五年，以才調授文林郎，補司禮寺鼓吹署樂正。爰則陳次絲竹，／考定鐘吕，而令五聲攸序。燥濕靡舛，其和八音。克諧淫繁，不奪其美。尋而有敕，以才高位下，功／峻秩卑。龍朔三年，改授文昌度支主事，又轉主客主事。爾其譽發天臺，職聯星署。軍國疇料之重，務／切於司存；賓庭饗賀之容，事光於攸屬。仍以立功討伐，歷職清勤。奉儀鳳二年制，推鋒右地，接／刃西宛。載申勇略之誠，式静邊隅之祲。疇庸有典，被以榮班，可輕車都尉。其年奉令久列，簪裾昇標。／庶恪朝恩所被，宜進恒班，授儒林郎，行綿州鹽泉縣主簿。永隆二年，授宣德郎，行資州龍水縣丞。垂／拱二年，授奉議郎，行果州流溪縣丞。皇朝天授二年，奉旨擬爵公士。岷峨舊邑，邛僰全鄉。／亟陪銅墨之榮，累佐絃歌之化。琴臺擿伏，績著於彈豪；錦水懷恩，聲馳於贊美。其年准制，進授／朝散大夫。

如意元年，制除神都司府寺西市署令。均霜奥壤，交雨神州。人雜五都，場開九市。通／闤帶闠，天下趍其貿遷；貨别隧分，日中富其交易。則能使豪商寢猾，釐無二價之賓；巨估遷訛，肆絶／僞言之醜。長壽二年，加朝請大夫。萬歲通天元年，加中散大夫。其年十月，加中大夫。神功元年，加太／中大夫，别奉制周行早預，聲藝有聞。宜錫勳資，式光朝渥，可上柱國。奉聖曆元年制，幹用／早申，廉平有譽。宦淹年律，績著公門。中外之職，並從所授。可行會州司馬。斯則道叶汝諧，義光僉曰。/雖龐士元之驥足，才可任於一州；然班仲昇之燕頷，志取封於萬里。然而地連玉塞，境接金河。視事/未朞，理績攸著。羌胡仰其威信，戎馬静其封疆。加以雅操凌松，清襟潤玉。馬如羊而不視，金比粟而/無貪。殊方之長畢歸，異域之酋特附。信邦家之藩屏，社稷之股肱。

將且獻替廟堂，燮諧台極。翊/一人之理治，侣三事之謨謀。遽以鍾漏行侵，桑榆坐晏。願歸田於西鄂之里〔五〕，思解組於東都之/門。故以高謝軒輿，上乞骸骨。既而大明迴□中宸，降覽載□。□□玄渙，式遂丹誠〔六〕。奉聖曆三年/敕，素蘊吏能，早從宦知。□勲□著，終舉不渝。既及扶杖之□，宜遂懸車之請。可聽致仕。

豈圖藏/舟難恃，過隟□流。俄延鵩卜之祆〔七〕，遽迫鶴書之召。以其年二月二日遘疾，終於會州之官舍，春秋七/十有九。悼深捨玦，悲纏罷市。持恩佩德，會□結其郊坰，府吏州人，縞素□其千數。嗚呼！皇穹不吊，哲/人其衰。道否運極，吉往凶乘。則以久視元年十月五日己酉，窆于清泥鄉之東原，禮也。桐闈永閟，玉/樹長埋。隨武子之歸終，九原斯作；藺將軍之神氣，千載可存。

嗣子前朝議郎、行始州司士參軍事思/忠等，茹荼纏酷，集蓼銜冤。□霜露以崩心，攀風樹而隕血。以爲科文易滅，麟閣之册罕尋；績彩必凋，/雲臺之象安寄。將冀灰冥起燒，谷疎陵遷。俾貞石之不渝，庶幽泉之有紀。其銘曰：/

昌源峻趾，玉藪珠塲。姬庭瑞□，緱嶺仙裝。推謀七國，頌美三王。允迪大訓，爲漢之光。弈世丕顯，于晉/之陽。其一迺祖迺考，惟貞惟白。□道研幾，素隱探賾。琴書得友，林泉是宅。遺忽名利，偃仰羔帛。一時師/表，千載風格。其二克誕時英，寔等門慶。神府懸珠，□臺湛鏡。雲□□□，霜筠比勁。投斧勵道，牽絲從政。/□是方□，龍□□□。其三□□□事，哀哉□道。萬□弗□，百齡非保。送輪翄素，賓徒驷縞。隧掩黄壚，墳/□□□。□□□之□，□□辯□〔八〕。其四/

【注釋】

〔一〕若：上部泐蝕，僅存下部殘畫，據殘痕輪廓，參以文例，應是「若」字。

〔二〕扈：原刻作「邑」，爲俗字，見《康熙字典》。

〔三〕君：泐蝕，僅存殘痕，據首題，參以文例録文。

〔四〕貽：右半殘泐，參以文意録文以備參。
〔五〕田：微泐，尚存輪廓。
〔六〕式：原刻誤爲「弍」。
〔七〕鵬卜：二字均有部分泐蝕，據殘畫，參以文意録文以備參。
〔八〕辯：微泐，據殘畫輪廓録文以備參。

一〇九　范府君夫人蔣安兒墓誌

武周久視元年（七〇〇）十一月二十日

墓誌出土於河南省安陽市境，具體出土時間、地點不詳。拓片誌高 44.5 釐米，寬 45.5 釐米；誌文二十二行，滿行二十二字，正書，有縱横界格。誌蓋缺。其子《范詞墓誌》亦出土，本書收録，可以互參。

大唐故范府君夫人蔣氏之墓誌銘并序。/

夫人諱安兒，青州樂安人也。曾祖洽，齊金紫光禄大夫。祖/珣，隋漢廣、中川二郡太守〔一〕。並湛德衢尊，弘風轉扇。緩政被於甿俗，盛列傳於管弦。父亮，隋青州樂安本郡公曹。武庫/文房，珪璋俎豆。芳聲滿於州郡，雅道流於搢紳。

夫人稟月/摛靈，資雲誕氣。演風儀於令緒，藴箴悔於華宗。既茂春松，/亦榮秋菊。洎言歸百兩，作儷三周。黄鳥鳴於樌林，緑綺謂/於家室。繩繩結詠，喻金波之轉高天；夭夭宣慈，興棘心之/次厚地。三遷啓訓，業就於孤男；七誡騰文，恩成於弱女。固/以母儀昭著，婦德允光。清規映於閨庭，素範溢於邦國。

方/謂龜齡有駐，銀臺降王母之歡〔二〕；而烏景不留，玉雪掩洛靈/之彩。春秋八十四，以永淳元年三月十四日卒于私閣。有/丁四人，二男二女〔三〕。長息思儉，捨家營道，大雲寺寺主，早□/神化。第二息思言〔四〕，朝請郎、護軍、行海州沭陽縣尉，亦早終〔五〕。長女法乘，落髮染衣，住聖道寺。年餘七十。及嫡孫道莊昆/季等〔六〕，白花在性，紫菫因心〔七〕。痛日御之方遥，悲樹輪之不息。/久以衣衾闕禮，痛復痛兮母女之連心；封域未安，悲又悲/兮祖孫之更命。以久視元年十一月廿日，式謀龜筮，葬于/州西三里〔八〕，禮也。乾坤有毁，金石可長。乃命詞人，載揚家範，遂勒銘曰：

大力遷兮群物逝，川注水兮人閲世。慈母去兮留婉嫕〔九〕，順/孫追兮盡悲洟。鑿黄壚兮□玄瘞，銘千年兮誌萬歲。/

【注釋】

〔一〕隋漢廣中川二郡太守：據《魏書·地形志》：漢廣郡，北魏永安中置，屬於廣州；中川郡，北魏天平初置，屬洛州。《隋書》不載。

〔二〕銀臺降王母之歡：「臺」、「降」二字草率，據相似輪廓，結合文意録文以備參。

〔三〕二女：「二」字殘泐，據上下文推算，應爲「二」字。

〔四〕第二息思言：據誌主之子《范詞墓誌》「君諱詞，字思言」，可知「思言」是其字。詳參《范詞墓誌》。

〔五〕早終：據《范詞墓誌》：「春秋五十七，以登封元年臘月四日卒于私第。」武周萬歲登封元年爲公元六九六年。夫人於唐高宗唐永淳元年（六八二）三月十四日卒，則夫人卒後十五年，范詞卒。墓誌製作時間是武周久視元年（七〇〇）十一月二十日，時范詞已卒五年，稱「早終」，亦無不可。

〔六〕道莊：「道」字微泐，僅存殘畫，據輪廓，應是「道」字，《范詞墓誌》「長息道莊」，可以爲證。

〔七〕紫菫：疑當作「紫荆」。據南朝梁吴均《續齊諧記·紫荆樹》，「紫荆」爲有關兄弟的典故。録以備參。

〔八〕葬于州西三里：《范詞墓誌》：「覆以大周久視元年，歲次庚子，十一月乙亥朔，廿日甲午，式稽三筮，載域九原，敢具衣衾元光，安厝于州城崗西三里平原。」可知是孫輩安葬其父，同時安葬其祖母於同地。

〔九〕嫕：右半草率，據文意録以備參。

一一〇　范詞墓誌

武周久視元年（七〇〇）十一月二十日

墓誌近年出土於河南省安陽市境，具體出土時間、地點不詳。拓片誌高70釐米，寬63.5釐米；誌文二十五行，滿行二十五字，正書，有縱横界格。誌蓋高62釐米，寬61.5釐米，頂面陽文篆書，題「范君墓誌」，四周及四煞鐫刻纏枝卷葉紋，斜邊刻雲水圖文，紋飾繁密。其母《范府君夫人蔣安兒墓誌》亦出土，本書收録。可以互參。

大周故朝請郎、護軍、行海州沭陽縣尉范府君之墓銘并序。／

君諱詞，字思言，澤州高都人也。因官徙宅，今爲相州堯城人焉。本／帝堯子孫，歷夏遷殷，世移其姓。周姬之代，晉主夏盟，爲范氏。孔左／備談其事。及秦嬴握霸，范睢相國；漢氏馭曆，范明友爲渡遼將軍，／娶大司馬、大將軍、博陸侯霍光女爲妻。班書其載。若乃相知雞黍，／范巨卿定千里之交，備盡琳瑯；范蔚宗擅一時之筆，蟬聯不絶。以／至曾祖泉，齊任典農署令；祖岌，隋任并州太原縣丞；父素，／唐上護軍、衛相道招慰使。並材爲時須，登朝列仕，文含鳳彩，武耀／龍泉。或佐墨綬以宣風，或應皇華而出使。

君資靈秀氣，襲慶高門。／珪璋在身，斧藻蘊德。策名州郡，早見知聞。刺史平恩公許圉師，以／重臣露冕，器挹特深。後以計吏入朝，從王事於臺閣。宣功刀筆，休／問日延。時屬吐蕃侵犯西疆，天子按劍，詔大總管蕭嗣業〔一〕，揚／兵王河，遠申吊伐〔二〕。君載充英選，出典戎機。部分行陣之宜，卷舒差／發之要。萬變無擁，三軍克捷。俄又躬親矢石，衝堅犯鋭，獲首領一／人，并軍資器機等。殊功既立，榮級斯來，蒙授上輕車都尉。又覃國慶〔三〕，加至護軍，進授朝請郎。遂乃從牒海州，任沭陽縣尉。贊瑶琴於百里，結詠齊甿；毗錦製於一同，延光利器。

方謂圓穹輔德，轉放翮／於歸昌；而閲水驚波，奄凋花於日及。春秋五十七，以登封元年臘／月四日卒于私第。嗚呼哀哉！有子四人，二男二女。長息道莊等，性／齊曾閔，慕切穹蒼。泣露草之無訾，痛風枝之不及。覆以大周久視／元年，歲次庚子，十一月乙亥朔，廿日甲午，式稽三筮，載域九原，敢／具衣衾允光，安厝于州城正西三里平原，禮也。恐黄壚蔗節，碧海／桑田。陳迹不留，來人莫識。敢撰家範，寄諸永永，乃爲銘曰：

生兮死，萬物轉變兮無窮已。慟藏劍兮失嚴君，念偃斧兮追孝子。／恐三泉兮杳冥，墓銘萬古兮留姓氏。／

【注釋】

〔一〕蕭嗣業：唐代將領，梁明帝蕭巋曾孫。幼年跟隨隋煬帝，後隨蕭皇后入東突厥，貞觀九年回唐，兩《唐書》有傳。

〔二〕申：泐蝕，但尚隱隱可見殘痕，應是「申」字。

〔三〕覃：原刻作「覉」，疑是「覃」的俗字，録以待考。

一一一　蔣英墓誌

武周長安二年（七〇二）四月二十九日

墓誌出土於河南省安陽市警備司令部駐地。拓片誌高、寬均 69 釐米，誌文十八行，滿行十八字，正書，隱隱似有縱横界格。誌蓋盝頂，高 50.5 釐米，寬 50 釐米，頂面陽文篆書，題「蔣君墓誌」，界格鐫刻連環套圓圈，四煞鐫刻纏枝卷葉紋飾。

大周故蔣處士墓誌銘并序。/

君諱英，字知泰，安樂人也。往因從宦，遂居鄴焉。/曾祖達，放曠琴書，貪慕墳典。林沼之嘯傲，鄉邑/之婆娑。祖真，翹想龍宮，遐思鹿苑。迴心般若，/歸向菩提。父滿，錯綜篇章，耽翫經史。臨壇植/杏，望市疏槐。惟君性重友朋，志便詩酒。且吟且/詠，金石之鏗鏘；如醉如醒，玉山之傾側。不希名/位，詎羨班榮。列九醞以逍遥，陳八珍豁達〔一〕。不謂/人生倏隔，鬼録俄纏。厥疾不瘳，奄歸蒿里。粤以長安二年，歲次壬寅，四月戊戌朔，十八日乙卯，/卒於私第，春秋卌有二。即以其月廿九日景寅，/殯於相州城西北五里平原，禮也。孤子載初，送/終之法，不越於禮經；安厝之規，雅諧於今古。恐/田成碧海，谷變青陵。勒此泉扃，刊諸不朽，其詞曰：

乃祖乃父，惟直惟平。膠庠發譽，鄉黨傳名。如松/之茂，似蘭之馨。積善無慶，倏忽纏瘿。奄歸泉路，/千秋萬齡。/

【注釋】

〔一〕陳八珍豁達：「豁」，原刻作「𧮰」，是互相影響類化而產生的俗字。又，「珍」字下原刻當脱「而」或「以」字。

一一二　張[阝+奄]墓誌　武周長安三年（七〇三）四月十八日

墓誌二〇一三年出土於河南省安陽市殷州區。拓片高誌51釐米，寬51.5釐米；誌文十八行，滿行十八字，正書，有縱横界格。誌蓋盝頂，高51.5釐米，寬49.5釐米，蓋頂題「張君墓誌」。

大周故張君墓誌銘并序。/

君諱[阝+奄]，字希琰，南陽人也。軒袁之後，張文之胤/緒。玄宗秀峙，方五岳以齊高；洪源遠派，與四瀆/而俱濬。金枝交映，玉葉連暉。冠蓋蟬聯，可略言。/

曾祖嗣，隋任荊州司户參軍。輔六條而闡化，襦/袴成歌；佐千里以臨人，佩刀流詠。祖道，隱居不/仕。父成，丘園養性，碁酒怡神。遺愛猶存，德音仍/在。

君山河降氣，星象精靈。正直之心，起於天性；/温恭之禮，彰乎自然。

豈謂天不猶人，俄同逝水。/以長安三年三月廿八日，終于家第，春秋卌。夫/人李氏祔焉。即以其年四月十八日，合葬於安/陽縣西十二里孫平村東北一里平原〔一〕，禮也。東瞻/相部，西望青山，南眺亶崗，北臨洹水。哀子景詮，悲/纏屺岵，痛結流莪。嗟薤露以先晞，恨風枝而不/待。恐桑田改易，陵谷遷移。勒兹景行，永代不朽。/其詞曰：

邈矣軒胤，遐哉貴族。代承餘慶，門傳/袟禄。其一　黄泉一□〔二〕，白日長辭。俄歸蒿里，永瘞/玄扉〔三〕。其二/

【注釋】

〔一〕孫平村：唐《何琮墓誌》：「權窆于相州安陽縣西通樂鄉招善里孫平疃。」「孫平疃」與「孫平村」，當是一地，彼此互詳，可以相互補充。

〔二〕黄泉一□：「一」下一字泐蝕，據文例，疑是「閟」或「閉」字。

〔三〕瘞：原刻作「瘗」，爲俗訛字。

一一三　張柱墓誌

武周長安三年（七〇三）九月二十一日

墓誌二〇一三年出土於河南省安陽市殷州區。拓片誌高51釐米，寬51.5釐米；誌文十七行，滿行十七字，正書，有縱横界格。四側剔地鐫刻淺浮雕纏枝卷葉紋飾。

大周故張君誌銘并序。/

君諱柱，字買子，其先南陽人也。因官在相，遂/往此焉。祖□〔一〕，父寶，並東南振響，西北垂雲。閒/月下之才，峻若荆岑之嶺。

君天道自然，長資/忠惠。聽聰明察，操理弘通。

方當享彼遐齡，膺/兹届福。不謂川驚逝水，日落馳光。天不憖遺，/早皈千載。以長安三年九月一日，卒於私第，春秋六十有七。

以其年歲次癸卯，其月己丑/朔，廿一日己酉，權殯於相州城北四里平原〔二〕，禮也。東望長洛之城，西瞻萃岫〔三〕。南希福田浮/圖之高峻，北詣洹水而深流。嗣子進臣，恐滄/波海徙〔四〕，山谷崎嶇。勒石鐫芳，庶傳不朽。乃爲/銘曰：/

長源淼淼，華緒綿綿。代載其美，人歸慈賢。其一/金蘭蘂朽〔五〕，芳氣俱摧。永訶朗日，長入幽灰。泉/門一掩，晝夜無開。其二/

嗚呼哀哉！/

【注釋】

〔一〕祖□：「祖」下一字泐蝕，失其名。

〔二〕欋：原刻作「殱」，乃是因受「殯」的影響而偏旁類化。

〔三〕萃岫：「萃」，原刻作「崒」，據文意應是「翠」字，從「山」者，乃是受「岫」的影響類化而加偏旁。

〔四〕徙：原刻作「徒」，誤。

〔五〕蘂：下部草率，據輪廓録以備參。

一一四　翟奴子墓誌

唐神龍元年（七〇五）十一月九日

墓誌出土於河南省洛陽市北邙山，具體出土時間、地點不詳。拓片誌高71釐米，寬63釐米；誌文二十二行，滿行二十三字，正書，有不規則縱橫界格。誌蓋缺。誌主戰殁於軍陣，具體是什麽戰爭，墓誌未及。

大唐冠軍大將軍、行左領軍衛將軍、上柱國、威化郡開國公/翟公之墓誌銘并序。/

公諱字奴子〔一〕，望本燕郡遼西人也。自肅慎開家，控靈源於若/水；桂樓疏族，嗣芳胄於高梯。祖敬，上柱國。公父懷，上柱國。公/唯岳降神，自天生德。聲雄六郡，勇冠三軍。殲醜類於雲中，立/□功於塞表。高謀三略，秘策六奇。披越霧於南邊，掃胡塵於/北塞。公幼懷異節，長負奇材。霜雪爲心，風雲作氣。東西屏難，/早申百戰之功；南北除兇，夙定三邊之寇。賞因勳厚，秩以功/高。職在副軍，時逢强陣。奮身不顧，殞命寇場。授君冠軍大將/軍、行右屯衛翊府中郎將，贈左領軍衛將軍、上柱國、威化郡/開國公。實王侯之楨榦，作/天子之爪牙。

本期克保百年，威吞衛霍。誰謂奄殂三命，略盡/孫吳。遘疾彌流，俄歸大夜。粤以神龍元年十一月九日，擇葬/於洛邑平樂鄉之

原，禮也。遂使桐枯鳳去，劍没龍沉。國靡安/邊之臣，家喪基堂之人。爰遵百禮，式空松阡。僕也不才，乃爲/銘曰：/

蟠木疏構，卞野開疆。占蹄孕趾，射隼傳芳。公侯必復[二]，枝葉其/昌。其一 顯允祖考，家聲遠振。直而不屈，磨而不磷。玉葉千重，金/柯萬仞。惟公擅美，逸足不群。雄情漲日，壯志淩雲。捐軀赴難，/報國酬恩。其三 崇基翼翼，洛門之北；大隧濛濛，孝文之東。哥悽/薤露，思起楊風。一刊貞石，萬代銘功。其四/

維神龍元年十一月九日乙酉建。/

【注釋】

〔一〕公諱字奴子：「諱」下缺誌主名。因名諱原刻不載，故題名取其字。

〔二〕復：泐蝕，多石花，據殘痕，參以文例，疑是「復」字。

一一五　崔可墓誌

唐景龍三年（七〇九）十月十七日

墓誌出土時間、地點不詳。拓片高、寬均47釐米；誌文十八行，滿行約二十字不等，正書，兼行書。石面略剥泐，多石花，但文字基本可辨。誌蓋缺。

唐故潞州崔府君墓誌之銘。/

君諱可，字合宜，武城人也[一]。皇帝之苗裔，唐堯之胤胄。/咸湯左丞相，國之大臣。功超海内，德播銘鐫。獨步鸞/臺，遨遊鳳閣，便封上黨太守。因官遷變，即以焉。弈葉/重光，累之百代。盤根萬古，纍歲千齡。曾祖，祖，父[二]。/世冕簪纓，門承鼎食。襲猷軌路，斆績嘉謀。論武也，七/略有奇；道文也，六藝俱獲。九烏忽落，夏羿未比爲能；/啼猿已悲，楚何施於巧〔三〕。索鐵之客，不恙有功；舒鈎之/夫，豈辯因習。唐授戡黎府校尉。
景龍三年九月十八日，/卒於私室。嗚呼哀哉！夫人韓氏，湯陰也〔四〕。纘習母儀，內彰/外朗。承恩婦禮，早合珪璋。不染六塵，恒修三誡。年六十/有三，終於家第。痛哉！景龍三年，歲次己酉，十月/朔，十七日〔五〕，合葬崔長村東南二里平原，禮也。東/瞻龍峙，西眺漳濱。南望烏峰，北超白水。迺爲頌粤：/

王子王孫，積代帝門。風猷肅肅，永固承恩。其一/獨步鸞臺，遨遊鳳閣。南北隨龍，東西逐鶴。其二/忽然齒耄，遇屬期年。風雲既謝，日月遐遷。其三/奄從風燭，窀穸幽廣。良人一謝，悲情久〔六〕。其四/

【注釋】

〔一〕武城：歷史上有多個武城縣。與崔氏相關者，應是戰國趙地，又名東武城，地在今山東武城西北。

〔二〕曾祖祖父：原刻於「曾祖」、「祖」、「父」之下均空一個字格，失其名諱。

〔三〕楚何施於巧：此句表意不明，且行文亦不和諧，「楚」下應脱一字。

〔四〕湯陰也：「陰」下應脱一「人」字。

〔五〕十月朔十七日：原刻缺干支，據長曆，景龍三年十月癸未朔，十七日爲甲午。

〔六〕悲情久：「久」字下應脱一字。

一一六　何基墓誌

唐景龍三年（七〇九）十月二十六日

墓誌出土時間、地點不詳。拓片高、寬均49釐米，誌文二十四行，滿行二十四字，正書，有縱横界格。誌蓋缺。

大唐故崖州舍城縣主簿何府君墓誌。/

君諱基，字孝仁，其先陳郡陽夏胤也。晉太尉曾孫朗陵侯，處專/城之重，莅分陝之職。晉帝美其承貴，加封錫田，猶是子孫遂宅/兹土。曾祖璹，隨任益州蜀縣丞。祖亮，少而岐嶷，有/深識遠度，不言代利，不慕榮貴，隨任文林郎。父聰，唐任簡/州金水縣主簿。凝清撲務，秉直從班。贊翼一同，匡衡六局。州閭/鄉黨，仰慕風猷。郡邑庶寮，欽厥高旨。

君山河授氣，瑚璉成姿，/貞白不渝，言行無玷。釋褐，任橋州司户參軍，遷任琰州琰川縣/尉〔一〕。芳謠善績，譽滿蕃隅。明略該通，智周邊服。轉授崖州舍城縣/主簿。既而課乎來秩，途返歸轅。散金而會賓朋，解珮而從丘壑。/王神山水，遂忘干禄之心；樂道琴書，即有懸車之志。

方期神理/依善，天道輔誠。豈謂夜壑遷舟，駟卻過隙。奄去乾封元年正月/廿二日，終于私第，春秋六十有二。嗚呼哀哉！夫人河内常氏，貞/儀蘭郁，惠質瓊温，敬和如賓，恭逾舉案。庭玉樹方，承廣被之恩；/琴瑟夫遽，會窮埏之酷。粤以景龍三年，歲次己酉，十月甲申朔〔二〕，/廿六日丁酉，合葬于先祖墓東北二百步，禮也。有子二：/長爲散官，次任太僕寺平川監主簿。慎終追遠，已崇哀祭之儀；/卜宅封墳，載遵安厝之禮。猶恐高岸爲谷，巨壑成田，泯遺烈於/黄壚，紀貞芬於翠琰。乃爲詞曰：

帝嚳遐苗，周武次子。上□流祚，因名命氏。降神誕秀，金相玉理。代有賢焉，斯之謂矣。其一　忘榮守道，去美歸真。終從山水，長王心神。其二　君子有儀，英媛攸/貞〔三〕。望叶秦晉，契符琴瑟。輔德既爽，福善斯矣。俱謝酆城，共埋滕/室。其三　平原坦蕩，修壟岧嶢。危松引霧，列檟吟飆。遠思罔極，哀禮/式昭。一刊貞礎，永播芳瑶。其四/

【注釋】

〔一〕琰州琰川縣：琰州，西南民族地區的羈縻州。《舊唐書·地理志》不明載琰川縣，而《鍾紹京傳》載之。《地理志》又謂「永徽已後併省」，但據墓誌，永徽以後仍存在，可證其所載不確。

〔二〕十月甲申朔：「甲申」原作「甲甲」，誤。據長曆，景龍三年，十月甲申朔。

〔三〕貞：微泐，有石花，據殘畫輪廓，似「貞」字，且文意通暢，亦叶韻。

一一七　上官婉兒墓誌

唐景雲元年（七一〇）八月二十四日

墓誌二〇一三年九月出土於陝西省咸陽市渭城區北杜鎮鄧村唐昭容上官婉兒墓中，石置於甬道正中，上首朝北，誌蓋覆於誌石上。石現藏陝西省考古研究所。青石質，石高、寬均 74 釐米，厚 15.5 釐米，拓本四側聯拓高、寬均 102 釐米。誌文三十二行，滿行三十三字。四側整體連珠框内減地綫刻十二生肖動物寫實圖紋，飾以纏枝忍冬紋。誌蓋盝頂，頂高 75 釐米，寬 73 釐米，厚 12.5 釐米。拓片四煞聯拓，高 87 釐米，寬 86 釐米；頂面陰文篆書，題「大唐故昭容上官氏銘」，四周綫刻牡丹紋飾；四煞整體連珠紋框内各減地綫刻瑞獸一對，以牡丹花結構爲中心，相向騰躍，體表有斑紋，掃帚尾。誌與蓋造型優美，構形生動，紋飾繁密，鐫刻精細。誌主唐中宗之昭容，在唐隆宫廷政變中被殺，是權力鬥爭的參與者和犧牲品。玄宗時墓曾被朝廷下令毁拋。《舊唐書》卷五一、《新唐書》卷七六有傳；《全唐文》載張説撰《昭容上官氏碑銘》，可以互參。李明、耿慶剛《〈唐昭容上官氏墓誌〉箋釋》（《考古與文物》二〇一三年第五期）、李明《上官婉兒墓考古解讀》（《大衆考古》二〇一四年第四期）、仇鹿鳴《碑傳與史傳：上官婉兒的生平與形象》（《學術月刊》第四十六卷，二〇一四年第五期）有相關研究。

大唐故婕妤上官氏墓誌銘并序〔一〕。/

夫道之妙者，乾坤得之而爲形質；氣之精者，造化取之而爲識用。埏埴陶鑄，合散消息，/不可備之於人；備之於人矣，則光前絶後，千載其一。

婕妤姓上官，隴西上邽人也〔二〕。其先/高陽氏之後。子爲楚上官大夫，因生得姓之相繼；女爲漢昭帝皇后，富貴勳庸之不絶。/曾祖弘〔三〕，隨藤王府記室參軍、襄州總管府屬、華州長史、會稽郡贊持、尚書比部郎中，與/穀城公吐萬緒平江南，授通議大夫。學備五車，文窮三變。曳裾入侍，載清長坂之衣冠；/杖劍出征，一掃平江之氛祲。祖儀〔四〕，皇朝晉府參軍、東閤祭酒、弘文館學士、給事中、太/子洗馬、中書舍人、秘書少監、銀青光禄大夫、行中書侍郎、同中書門下三品，贈中書令、/秦州都督、上柱國、楚國公，食邑三千户。波濤海運，崖岸山高，爲木則揉作良弓，爲鐵則/礪成利劍。採摭殫於糟粕，一令典籍困窮；錯綜極於烟霞，載使文章全盛。至於跨躡簪/笏，謀猷廟堂，以石投水而高視，以梅和羹而獨步。宫寮府佐，問望相趨。麟閣龍樓，輝光/遞襲。富不期侈，貴不易交。生有令名，天書滿於華屋；没有遺愛，璽誥及於窮/泉。父庭芝，左千牛、周王府屬。人物本源，士流冠冕。宸極以侍奉爲重，道在腹心；王/庭以吐納爲先，事資喉舌。落落萬尋之樹，方振國風；昂昂千里之駒，始光人望。屬楚國/公數奇運否，解印褰裳。近辭金闕之前，遠竄石門之外。並從流迸，同以憂卒。贈黄/門侍郎、天水郡開國公，食邑三千户。訪以荒陬，無復藤城之櫬；藏之秘府，空餘竹簡之/書。

婕妤懿淑天資，賢明神助。詩書爲苑囿，捃拾得其菁華；翰墨爲機杼，組織成其錦繡。/年十三，爲才人。該通備於龍蛇，應卒逾於星火。先皇撥亂返正，除舊布新，救人疾/苦，紹天明命。神龍元年，册爲昭容。以韋氏侮弄國權，摇動皇極。賊臣遞構，欲立愛/女爲儲；愛女潛謀，欲以賊臣爲黨。昭容泣血極諫，扣心竭誠，乞降綸言，將除蔓草。/先帝自存寬厚，爲掩瑕疵。昭容覺事不行，計無所出。上之，請擿伏而理，言且莫從；中之，/請辭位而退，制未之許；次之，請落髮而出，卒爲挫衂；下之，請飲鴆而死，幾至顛墜。/先帝惜其才用，慜以堅貞，廣求入腠之醫，纔救懸絲之命。屢移朏魄，始就痊平。表請退/爲婕妤，再三方許。

暨宫車晏駕，土宇銜哀。政出後宫，思屠害黎庶；事連外戚，欲傾/覆宗社。皇太子沖規參聖，上智伐謀，既先天不違，亦後天斯應。拯皇基/於傾覆，安帝道於艱虞。昭容居危以安，處險而泰。且陪清禁，委運於乾坤之/間；遽冒銛鋒，亡身於倉卒之際。時春秋四十七。皇鑒昭臨，聖慈軫悼。爰造/制命，禮葬贈官〔五〕。太平公主哀傷，賻贈絹五百匹，遣使弔祭，詞旨綢繆。以大唐景雲元年/八月二十四日，窆於雍州咸陽縣茂道鄉洪瀆原，禮也。龜龍八卦，與紅顔而並銷；金石/五聲，隨白骨而俱葬。其詞曰：/

巨閥鴻勳，長源遠系。冠冕交襲，公侯相繼。爰誕賢明，是光鋒鋭。宫闈以得，若合符契。其一/瀟湘水斷，宛委山傾。珠沉圓折，玉碎連城。甫瞻松檟，静聽墳塋。千年萬歲，椒花頌聲。其二/

【注釋】

〔一〕婕妤：首題稱「婕妤」而誌蓋稱「昭容」，彼此不合。原因是墓誌後文所言母鄭氏卒，「請退爲婕妤，再三方許」，後又昇爲昭容。《新唐書・上官昭容傳》：「鄭卒，謚節義夫人。婉兒請降秩行服，詔起爲婕妤，俄還昭容。」墓誌載「昭容居危以安，處險而泰」，正是以昭容稱之，與史傳相合。《全唐文》卷一六《起復上官氏爲婕妤制》：「前昭容上官氏，相門積善，儒宗雅訓，文學冠時，柔嘉順則。」

〔二〕隴西上邽人也：兩《唐書·上官儀傳》：「上官儀，本陝州陝人也。」據《元和姓纂》上官氏有天水、京兆、東郡三支，總籍「隴西之上邽」。上官儀一支著籍東郡，應是由天水分出。溯其族源，則稱「隴西上邽人」，稱其注籍，則是陝州陝縣，彼此並不矛盾。

〔三〕曾祖弘：《舊唐書·上官儀傳》提及「父弘，隋江都宮副監，因家于江都。大業末，弘爲將軍陳稜所殺」。墓誌載上官弘歷官隋藤王府記室參軍、襄州總管府屬、華州長史、會稽郡贊持、尚書比部郎中，後授通議大夫，可補史缺。

〔四〕祖儀：上官儀，兩《唐書》有傳。誌文「晉府參軍、東閣祭酒」，本傳不載，可補史缺。

〔五〕禮葬贈官：《唐會要》卷八〇：「惠文，贈昭容上官氏。景雲二年七月追謚。」《資治通鑑》卷二一〇亦載：景雲二年「秋七月癸巳，追復上官昭容，謚曰惠文」。墓誌不載謚惠文之事。

一一八　李五墓誌

唐太極元年（七一二）五月二十二日

墓誌近年出土於河南省安陽市安陽鐵路南水北調工程工地。拓片誌高45釐米，寬48釐米；誌文二十行，滿行二十一字，正書。誌蓋盝頂，高46釐米，寬44.5釐米，頂面陽文篆書，題「李君墓誌」；界格鐫刻卷雲紋，四煞刻纏枝卷葉紋飾。

大唐故處士李君墓誌之銘并序。/

君諱五，字崇業，相州安陽縣人也。若夫指樹開宗，司寇/發猶龍之歎；分枝命族，將軍穿石虎之威。榮寵則雙飛/入宮，辱喪則孤征出塞。惟祖惟禰，乃武乃文。備著緗紬，/皆傳簡牘。曾祖術，齊任揚州長史。祖隆，隨任蒲州河東縣令。佐剖符於千里，巧宦能官；毗製錦於一同，冰清/玉潔。豈直移風易俗，固亦滿頌盈哥。父静，遁迹人間，不求/冠冕，栖神物外，是好山泉。

君幼而敏聰，長而謹肅。曹興/丹臒之伎〔一〕，妙盡根源；季布仁信之期，雅符賢悊。何謂享/年不永，風樹先凋。輔德無徵，露草俄及。越以太極/元年，歲次壬子，五月己巳朔，七日卒於里仁坊之私第〔二〕，春秋/五十有三。嗚呼哀哉！霜摧桂圃，空聞蒿里之哥；風慘松塋，唯見佳城之兆。即以其月二十二日庚寅，與夫人常/氏，同祔於相州城西南三里之平郊，禮也。樓臺密邇，齊/桓故鄴之墟；侯甸接連，殷紂新州之地。東望邯鄲之道，/西瞻隆慮之巖。寔惟馬鬣之墳，諒曰牛眠之域。嗣子希/祥、希元等，痛深欒棘，苦甚茹荼。恐陵谷之遷移，刊碱砆/而紀績，恭延下走，遂勒高文。其詞曰：

隴右森森，關中濟濟。有典有則，聞詩聞禮。何期不憖，喪/斯愷悌。稚孽酸惻，親賓流涕。萬古兮長淪，九原兮難啓。/

【注釋】

〔一〕曹興：應是「曹不興」，三國吳著名畫家，浙江烏程人。詳參《蕭氏續後漢書》。

〔二〕太極元年歲次壬子五月己巳朔七日：唐睿宗景元三年（七一二）正月改元太極，五月改元延和；八月唐玄宗即位，改元先天。誌主卒葬之月與睿宗改元延和之月同。

一一九　鄭俌妻崔氏墓誌

唐開元三年（七一五）五月十六日

墓誌出土於陝西省西安市郊區，具體出土時間、地點不詳。拓片誌高、寬均35釐米。誌文十七行，滿行十八字，正書，有縱橫界格。誌蓋盝頂，高37釐米，寬39釐米，頂面題「大唐故夫人崔氏墓誌」，三行，行三字，陰文篆書；四煞鐫刻纏枝卷葉紋飾。

大唐滎陽鄭俌妻崔氏墓誌銘并序。/

夫人諱□，字□〔一〕，博陵安平人也。昔夏黃逸於商/洛，呂望封於營丘。其後食邑于萊，因而命氏。曾/祖君維，隨寧州羅川縣令。

祖行功，皇朝秘書少/監。考旻，隆州司馬。嶽秀河傑，弈代聯輝。才高班/史之名，辯軼陳家之圃。夫人幼亡怙恃，鞠育嫂/兄。孝愛因心，婉容遵禮。年逾佩帨，始誡移天。内/則克諧，中閨惟睦。嬰疾未幾，與善無徵。掩鉛粉/於粧樓，凋蕣華於零露。開元三年四月十八日，/卒於京兆府萬年縣永寧里之私第，春秋有廿。/即以其年五月十六日，歸葬於義善鄉丹鳳原/之禮也。嗚呼哉〔二〕！田文下淚，蕪没琴臺；潘掾興悲，/流漣月簟。顧稚子而未識，更感姻親；俵丹旐而/遐征，増哀行道。銘曰：/

淑女婉孌，鏘鏘玉音。克配君子，如彼瑟琴。夙佩/柔德，恭聞史箴。穠華春萎，薤露晨吟。苦霧霾月，/繁雲結岑。悠悠千古，永痛泉沉。/

【注釋】

〔一〕夫人諱□字□：「諱」、「字」下，原刻均空一個字格，失其名諱。疑當是撰寫製作墓誌時留空待填，而葬時未補刻所致。

〔二〕嗚呼哉：「呼」字下應脱「哀」字。

一二〇　杜表政墓誌

唐開元三年（七一五）十月二十五日

墓誌出土於陝西省藍田縣境，具體出土時間、地點不詳。拓片誌高 56.5 釐米，寬 59 釐米；誌文二十七行，滿行二十六字，正書，有不規則縱横界格。誌蓋加四煞高、寬均 47.5 釐米，不加四煞高、寬均 30 釐米，頂面陰文篆書，題「大唐故杜府君墓誌銘」；四周鐫刻花卉紋飾，四煞刻纏枝卷葉紋飾。

大唐故朝議郎、上騎都尉、行沁州司馬杜公墓誌銘并序。/

公諱表政，字政則，京兆杜陵人也。其先在周曰唐杜氏，自漢至晉，間/得子夏延年，佰侯元凱。明允忠懿，實命代之賢。其餘奔突沸騰，衣冠/禮樂，紛藉乎圖史矣。展轉碩茂，以至于公。

公之曾祖諱琬之〔一〕，有隨陳/留太守、乘氏縣開國公，食邑二千户。公之祖諱懿，有隨同州郃陽縣/令、魯州司馬、乘氏縣開國子。公之考諱元侃〔二〕，皇朝太中大夫、使持節、/芳州諸軍事、芳州刺史、上柱國、房子縣開國子。故其子孫蒙世禄之/祚，蔭崇高之班。預宿衛，考滿，調補藤王府記室參軍，左遷扶州怗夷/縣令。祑滿，敕授苑南面監、朝議郎、上騎都尉，又授平州長史，/又除沁州司馬。

公幼有胎教自然之資，長被父兄躬率之化。仁儉恭/孝，靡德不鑠。有密不齊，君子之道也。故能遠蘇黔川，丕變羌俗。先是，/沁部風化，壞亂凶邪，相師晝夜，額額浸以滋蔓，至于百爲。公矯以仁/風，革其鴟誼。下車朞月，厥澤洪純，人到于今思之。在郡三年，以有周/之聖。

二年，辭滿，春秋以七十二矣。其年四月廿一日，終于絳州聞喜/縣之別業。始，公常謂其子曰：「吾爲吏三十年，不至于二千石，咋暮童子/皆朝大夫，豈非命歟？」及寢疾，不告醫，不謁史。君子謂杜公知命。有子/休烈、休璟、休泰、休文等，斬心居縗，泣血追練，以爲孝之終也。當練期，/卜宅而安厝之。昔夏后氏，以洪水之患，陂塘之事，故有朝死而暮葬，/非百代常行之道也。即以其年月廿五日，權殯于縣之近郊，需吉辰/也。今兹歲在鶉首，月貞于胃，龜筮相叶，是謂大同。迺奉遷神靈，千里/于邁。行轜幽軌，朝發汾祠。挽歌方相，笳簫旟旐。莫不光備，前後森如。/歸葬于雍州長安之少陵原，不忘本也。東南近里社之樹，西北見先/人之廬。前横二山：終南、太一，却帶四水：灞、滻、涇、渭。于嗟杜公，千載宅/之矣。其銘曰：/

啨公材賢，緊公命遭。參卿謫去，司馬終焉。沁上辭滿，云亡此年。百齡/生事，化爲東川。歸葬京兆，城南之阡。負土成塚，崔嵬道邊。/

開元三年，歲次乙卯，十月乙酉朔，廿五日癸酉葬。/

【注釋】

〔一〕公之曾祖諱琬之：杜琬之，典籍不見記載。《通典·禮四十八·凶十》提及博士杜琬，不知是否琬之爲其字。存疑待考。

〔二〕公之考諱元侃：杜元侃，《元和姓纂》「杜」下載：「芳州刺史杜元侃，元孫暹，右羽林將軍、將作少監、鄜州刺史兼御史中丞杜冕，並云始平公房。」墓誌可提供有價值的史料。

一一一 趙琮墓誌

唐開元三年（七一五）十一月二十八日

墓誌出土於陝西省西安市郊，具體出土時間、地點不詳。拓片誌高59釐米，寬57釐米；誌文二十四行，滿行二十四字，正書，有縱横界格。誌蓋盝頂，高55釐米，寬53釐米，頂面陰文篆書，題「大唐故趙府君墓誌銘」；四煞鐫刻纏枝卷葉紋飾。

唐故朝議郎、行并州大都督府、晉陽縣令天水趙君墓誌銘并序。/

君諱琮，字冬日，隴西天水人也。十五代祖融〔一〕，仕漢，與魏武帝、袁/紹等，并爲校尉，時人號曰關西鳳。刊石立廟，歷代祠之。高祖士/高，仕周爲虎陶郡太守。聘陳抗禮，名重當朝。曾祖方海，皇朝/遷申州刺史。事夏知歸，班崇列岳。祖本道，通事舍人。父思謙，隴/州司馬。敷奏唯允，佐理有光。君子偉之，以爲公侯之必復者矣。/

君英華代出，歧嶷天成。豫章七年，森梢不際；渥洼千里，滅没難/量。始以特達知名，終迺僶俛從事。再司枳棘，覺州縣之徒勞；一/佐羽林，歎軍旅之非好。先朝以太原重鎮，密邇强胡。人俗矯/虔，官守疣夥。俾司繩準，用輯邊甿。至於是邦，果行其政，操刀必/割，拂鍾無聲。黠吏聞風，率謀端迹；澆人懷德，相歡變訛。既而滿/歲言歸，在時從好。皇帝提萬宇，擾兆人。爰發睿詞，傍求茂/宰。群公上薦，天子嘉之，署以晉陽。將徵異政，思竭精鋭，用答/恩私。

出自京華，經途左輔。日非庚子，夢是瓊瓌。遘疾數朝，終於/逆旅，春秋五十有二矣。時開元三年十一月八日也，嗚呼哀哉！/君文史泓深，風裁秀發。有干將莫邪之斷，懷開物成務之能。適/遇明駿，奄辭昭代。

夫人京兆杜氏，房州刺史元侃之女也〔二〕。崇高/表族，柔明作嬪。梧桐半枯，焉堪獨茂。薤歌齊舉，空嗟未亡。以其/月廿八日，殯於京兆府之少陵原，禮也。嗣子叔子，時隔河山，年/逾襁褓。靈輴即路，主奠無人。茫茫彼蒼，吾將焉訴。勒銘泉户，式/誌遺芬。

詞曰：

周室録功，侯王代雄。張我宗秦人爲癘，衣冠不/替傳我裔。惟君挺生，珪璋擅聲號時英。有才無位，棲遲下吏，非/其志也。聖朝寵光，歷試多方宰晉陽。天命斯極，華扁不測盡馮/翊。永宅平原，長瞻國門慰營魂。儀臺雅望，封侯奇相，竟何狀兮。/

【注釋】

〔一〕十五代祖融：趙融，東漢末西園八校尉之一的助軍校尉。見《後漢書·何進傳》。

〔二〕房州刺史元迴：「迴」字稍存輪廓，字从「辶」，揆之史乘，當爲「迴」。《元和姓纂》卷六京兆杜氏條：「元迴，房州刺史。」《唐刺史考全編》考其「約開元前期」在任，與墓誌所見合。

一一二　竇府君夫人顔氏墓誌

唐開元五年（七一七）八月五日

墓誌出土於陝西省咸陽市境，具體出土時間、地點不詳。拓片誌高、寬均72釐米；誌文二十三行，滿行二十三字，正書，有不規則縱横界格。原刻銘辭部分漏刻一行，計二十三字。誌蓋缺。

大唐故涼府都督竇府君夫人顔氏墓誌銘并序。/

夫人諱字〔一〕，琅耶臨沂人也。鋭精素墳，凝念緗典。罄儒胄以銓/懿，空德門而選英。遥遥清風，我顔氏得之矣。故道冠千載，譽/華九師。光輝燦然，綿藹國史。曾祖□□，隨集州刺史、新野郡/公。祖□□，皇朝益州德陽縣令。父□□〔二〕，皇朝洛州録事/參軍、司農丞。人稱邦翰，地擅國華。騫昂羽儀，砥礪名實。

夫人/婉孌淑德，雍容雅望。握桂林之芬芳，弄珠浦之光潔。中規合/矩，已冥符於箴誡；閲禮敦詩，示不忘於儀則。竇府君以寄重/列嶽，榮昇藻館。俄而絳河秋逝，寶魄宵沉。詔許爲婚，遂歸于/竇氏。德以柔下，謙而收躬。理琴瑟於中閨，徽音不昧；采蘋蘩/於南澗，宗廟聿修。

居無何，而府君即世。夫人悲纏晝哭，誓結/宵詠。孀閨淚盡，始歎舞於孤鸞；巫峽雲飛，遽嗟沉於雙劍。以/載初元年二月十六日，終於河南府所，享春秋六十有一。越/開元五年秋八月五日，遷厝於咸陽縣秦川鄉石安原，禮也/也〔三〕。風吟萬籟，列列秋聲；雨霽三秦，暉暉落照。慨平原之蕪没，/見飛旐之摇揚。逶迤長阡，冥寞幽壟。長子綏州刺史承孝等，/泣血終天，稱家爲禮。撫荒塋而潰魄，聽哀挽而長號。嗚呼哀/哉！敢爲銘曰：/

與。温柔以彰〔四〕，蘭菊在御。其一 肅肅鳴雁，集于汀沙。皎皎淑女，嬪/于貴家。中閨静穆，外廡光華。紛綸規憲，夙夜無差。其二 歡不再/來，歲亦暮止。福未臻極，禍兮所倚。悴悴在疚，哀哀罔已。始歎/孀閨，旋悲逝水。其三 歲月遷謝，墳埏啓闢。前瞻渭流，俯控秦陌。/笳挽風思，旌輤烟夕。千秋萬年，空此堅石。其四/

【注釋】

〔一〕夫人諱字：「諱」「字」下，原刻不載其名諱。

〔二〕曾祖□□、祖□□、父□□：「曾祖」、「祖」、「父」下，原刻均空二字格，大抵是墓誌開始製作時留空待填，而葬時却未補刻，故均失其名諱。

〔三〕禮也也：衍一「也」字。

〔四〕與温柔以彰：其上原刻疑脱二十三字。「其二」、「其三」、「其四」均爲三十二字，字數齊整，而「其一」所見唯九字。又，墓誌一行滿行二十三字，依此推之，銘辭當脱首行二十三字。

一一三　趙慎微墓誌

唐開元五年（七一七）八月二十三日

墓誌出土於河南省洛陽市伊川縣境内，具體出土時間、地點不詳。拓片高、寬均65釐米，裴漼撰文，裴紹書丹，誌文三十三行，滿行三十一字，正書，兼行書，有縱横界格。石右上角殘毀，文字有殘損。誌蓋缺。撰文人裴漼，兩《唐書》有傳。

□□故□□□□□□□州諸軍事、守湖州刺史、上柱國，天水趙府君墓誌并序。

□□□□□□□□□□開國男河東裴漼文〔一〕，□□河東裴紹書。／

□□慎微〔二〕，字□□□□□水人也〔三〕。其先出自伯益，得幸於周穆王，賜封於趙，因命／□□〔四〕。後趙王□□□□□〔五〕，國人哀之，共立遷兄嘉爲王。及降秦，以其子主西戎。洎／□□率衆歸漢，家於□西，故代居天水矣。邁德惟永，光啓其業。大夫之印，則無以／□□□空之第，掃以待瑶，休烈殊勳，著於典册，討源徵古，可略而言。

曾祖璡，隨漢／□□□；祖素王，隨行臺司勳郎中。父延年，皇進士出身，授荆州江陵雍州鄠縣萬／□□□太府主簿、洛州司倉參軍，累遷澤州司馬。衣冠禮樂，載襲通賢，文行忠信。／

□□□德君，即司馬公第二子也。幼挺多聞，博涉爲裕。明詩悦禮，重道崇儒。舞象／□□，□有生知之量；倚馬之用〔六〕，非無契神之感。動必視履，言乃存誠。鄉党稱仁，友／□歸美。覽周盤之詠，懷福及親；見毛義之心，匪擇而仕。弱年以進士擢第，授許州／葉縣尉。陟遐自邇，且贊十終之秩；筮仕安卑，寧減三台之望。滿歲，改授太常寺大／祝。屬有制明楊，旁求俊傑，遂膺舉爾之辟。乃居褎然之首。遷洛州合宫縣尉。理／劇有聲，執憲斯允。初拜右臺監察御史，俄授左臺監察御史。權豪斂手，中外憚威。／繩糾非法，是稱幹蠱。府庭坐嘯，尤佇名賢。改授洛州司法參軍事，尋還倉部員外／郎。握蘭有譽，起草馳聲。未收待漏之勤，俄就長沙之屈。以公事出爲潭州司馬。又/轉桂州長史，分陝雄輔，半刺務殷。匪曰至公，孰允斯寄。有制，徵拜陝州長史，俄/遷均州刺史、濟州刺史，從班例也。夷落難安，蠻鄉易擾。永言綏撫，實賴仁明，乃授/使持節、桂州都督，兼桂永等卅二州諸軍事、經略大使。公鎮静多方，威恩必洽。俗/有來蘇之詠，時無猾夏之憂。南紀以寧，公之力也。奏課居最，朝廷嘉之，乃授正/議大夫、使持節、湖州諸軍事、守湖州刺史，加勳上柱國，以旌善也。按節雲荒，途□/桂嶺。孤舟水宿，路入蒼江。建隼崇威，化行吴會。巢雋表釁，痛結泉門。以開元三年/八月九日終於私第，春秋六十四。雖終焉已矣，大運有歸。顧生死而可齊，恨賢愚/之共貫。嗚呼哀哉！夫人故南陽郡夫人潁川韓氏，内則垂訓，用光宜爾之道；中饋聿修，克廣家人之義。婉順成德，親族所欽。而降年不永，先秋早謝。以唐隆元年九/月三日終於桂府官舍〔七〕。春秋卌六。以開元五年，歲次丁巳，八月戊辰朔，廿三日庚/寅，遷葬於伊闕縣東北廿里高原，禮也。

嗣子前易州參軍宣猷、前邢州參軍宣正/等，終天永慕，長懷罔極之恩；遠日增悲，更起攀援之恨。詢于匠石，用紀徽猷。吾無/愧詞，乃爲銘曰：

赫赫宗周，命晉稱長。英英乃祖，從亡受賞。大夫資始，/□軍載敬。胙土星分，庶齊天壤。其一 盛德之後，厥嗣克昌。迨公繼業，亦世彌光。匪惟/□郡，抑亦爲郎。作鎮邊服，乃總戎章。其二 潁川令族，開邑居尊。禮縟中饋，慶洽高門。/□明載穆，寵命斯存。其道光矣，奄化何言。其三 日休將裕，天喪斯文。秋謀襲吉，鳳印/□分。旌麾啓路，簫鼓將聞。偏傷古木，永對孤墳。其四/

【注釋】

〔一〕裴漼：絳州聞喜人。世爲著姓。應大禮舉，拜陳留主簿，累遷監察御史，三遷中書舍人，擢拜吏部尚書，尋轉太子賓客。開元二十四年卒，年七十餘。贈禮部尚書，謚懿。兩《唐書》有傳。

〔二〕□□慎微：首缺二字，據墓誌文例，應是「君諱」。

〔三〕字□□□□□水人也：「水」字上部微泐，下大部可見，應是「水」字。上一字則應是「天」，首題誌主「天水趙府君」，可證。

〔四〕因命□□：「命」下缺二字，據墓誌文例，疑是「氏焉」。

〔五〕後趙王□□□□□：「王」下一字，應是「遷」。下文「共立遷兄嘉爲王」，可證。

〔六〕馬：上部泐蝕，下部尚可見，據殘畫輪廓，參以文意，應是「馬」字。

〔七〕府：微泐，排除石花，字形輪廓基本可辨。

一二四　趙敬仁墓誌

唐開元六年（七一八）七月十四日

墓誌近年出土於陝西省西安市郊區，具體出土時間、地點不詳。拓片誌高47釐米，寬46釐米；誌文二十二行，滿行二十三字，正書，有縱橫界格。誌蓋盝頂，高、寬均49釐米，頂面陰文正書，題「唐故嘉州録事參軍趙公墓誌」，四行，行三字；四煞鐫刻纏枝卷葉紋飾。其父《趙本道墓誌》已出土，本書收録，可以彼此互參。

大唐故嘉州録事參軍趙公墓誌銘并序。／

公諱敬仁，字敬惟，隴西天水人也。昔造父受氏，簡子興邦。且／公且侯，則白茅開祚；立言立德，則朱紱登榮。故能保天之休〔一〕，／嗣德百代者也。曾祖士亮，周虎陶郡太守〔二〕。祖方海，唐尚書職／方郎中、太僕少卿、申州刺史。父本道，唐秦王庫真〔三〕。咸備君子／之德，負當代之譽。含香草奏，則光充省臺〔四〕；抃符出守，則化漸／都畿。象河之□聿光，潛龍之王伊賴。

公禮樂獨富，聲問自高。／德以位尊，解褐從政，授原州都督府參軍，轉嘉州録事參軍，／所以歷試也。南圖獨運，未盡陪風之力；北面長號，旋痛求陰／之義。以垂拱元年十一月四日終於官舍，春秋卌有八。

夫人／南陽張氏，唐行臺僕射息國公長愻之孫〔五〕，營府長史巴國公／孝謨之女。閨門肅穆，早稱陶氏之母；舟壑推遷，不俟仲由之／養。以開元六年六月廿日終於京延壽里第，春秋七十。即以／其年七月十四日，合葬于少陵原，禮也。有子拯，勔勉就禮，殆／不滅身。

擇鄰奉訓，慕孟軻之獨立；防墓既啓，嗟仲尼之少孤。/輴靈轉兮薤露悲，哀笳思兮松風暮。乃刊貞石，用昭泉户。其/詞曰：/
穆穆我祖，肇自有熊。山河鎮國，壇社昭功。將軍雅望，太尉高/風。世濟其美，昭明有融。其一 載誕君子，聲芳允塞。婉矣夫人，閨/門之則。禮樂兼達，威儀不忒。如何彼蒼，喪我明德。其二 泉扃永/閉，親賓灑血。松聲淒楚兮悲風咽，玄堂幽陰兮孤燈滅。庶芬/薰兮茂烈，歷終古兮無絶。其三/

【注釋】

〔一〕休：下部殘泐，但輪廓尚可辨。

〔二〕曾祖士亮周虎陶郡太守：《趙本道墓誌》稱「祖士亮，周拒陽武陶二郡太守、御伯下大夫、聘陳使主」，歷官較此爲詳。「虎陶」，《趙本道墓誌》作「武陶」，避趙虎諱。

〔三〕唐秦王庫真：《趙本道墓誌》首題爲「大周故晉王府執仗趙君墓誌銘」，與此所載職官不同。

〔四〕臺：泐蝕，僅存殘痕，據殘畫輪廓録以備參。

〔五〕長愻：《新唐書·劉裴傳》作「長遜」。

一二五　鄭處士妻孔果墓誌

唐開元八年（七二〇）二月十四日

墓誌出土於陝西省西安市郊區，具體出土時間、地點不詳。拓片誌高35.5釐米，寬36釐米；誌文十七行，滿行十七字，正書，有不規則縱橫界格。誌蓋盝頂，高、寬均33.5釐米，陰文篆書，題「大唐夫人孔氏墓誌銘」；四煞鐫刻纏枝卷葉紋飾。

大唐滎陽鄭處士妻孔氏墓誌銘并序。/

夫人字果，魯國人也。自鷰孕辛，郊系洪流。於/終古麟祥魯澤，懋華族以滋今。曾祖志玄，贈/懷州刺史。祖惠元，春官侍郎。父咨言，蒲州解/縣令。並道厲中宇，翰飛上京。振金諜之嘉聲，/芬玉壺之綵譽。

夫人幼摹閨範，長富韶姿。克/令兆於陳龜，作芳嬪於鄭族。雖德昭六列，而/不禽二毛。天施之生，假壽何爽？以開元七年/四月六日遘疾，終於解縣官舍，春秋卅有三。/八年，歲次庚申，二月甲申朔，十四日丁酉，窆/于京兆萬年縣龍首鄉鳳棲原〔一〕，權殯也。嗚呼！/屏湮寶瑟，匣碎珠鈿。泉幌無春，幽堂滅照。東/門之動念〔二〕，斯焉取斯；荀奉倩之傷神，復嬰茲/日。銘曰：

派肇商丘，懿騰鄒闕。陸離門慶，綿/聯代閥。珠蠙瑩起，瓊華秀發。鳳兆迴天，娥姿/下月。鶩飆遽落，晞露遄侵。鏡鸞孤逝，匣劍偏/沉。中泉杳杳，大夜陰陰。千齡萬古，茲恨滋深。/

【注釋】

〔一〕龍首鄉：唐代長安城郊鄉里名。據出土墓誌，長安、萬年兩縣各有一龍首鄉，都以在龍首原上得名，但分處唐長安城東、西兩側，故萬年縣龍首鄉又稱東龍首鄉，長安縣龍首鄉稱西龍首鄉。這裏指萬年縣龍首鄉，地跨龍首原和鳳棲原。

〔二〕東門之動念：應脱一字。此句與下句「荀奉倩之傷神」對舉，但文不相諧。

一一六　丁元裕墓誌

唐開元九年（七二一）二月二十五日

墓誌出土陝西省西安市郊區，具體出土時間、地點不詳。拓片誌高66釐米，寬65釐米；丁羽客撰文、書銘並蓋篆。甘思齊書序，蘇頲題其目；誌文三十二行，滿行三十二字，正書，有不規則縱橫界格。誌蓋盝頂，高52釐米，寬51釐米；陽文篆書，三行，行三字，題「大唐故丁集州誌石文」；四周鐫刻纏枝卷葉紋飾，惜煞面失拓。

大唐故使持節、集州諸軍事、集州刺史、上柱國，清河丁公誌石文并序。

男羽客撰序。/

公諱元裕，字儉，清河人也。因官徙居京兆。自非熊入繇，鼎業雲張；僊鶴來儀，瓊柯霞/鬱。卯金中葉〔一〕，門多章綬之榮；土德前昌，家盛文儒之價。孝侯之德，永感明祇；太守之/誠，實搖皇眷。代濟其美，莫之與京。佳傳備書，此不毛舉。曾祖夔，隨冀州別駕。驥足/纔展〔二〕，河朔是康。祖信，皇朝連州刺史、恒安公。仁風爰扇，黎庶多慰。父仁静，皇朝海州懷/仁縣令。錦美能製，鮮微解烹。去獸翔鸞，寧祇古人而已。

公應期間出，名流之冠。碩材/不器，雅量弘深。翰逸文遒，得泉雲之墨妙；龍蟠鳳翥，致鍾王之筆精。冠歲，敕召直/中書省。王言纔屬，綵翰行揮。帝欽其佳，每有錫賚。無何，授朝議郎，行左內率府録/事參軍，滿調右衛兵曹。孝和中興，書玉册，留內宴，仍賜絹百匹。諸王册文，功臣/及卿相告身，多是公書，時人以爲妙絶。景雲中，誅逆有功，加朝散大夫、上柱國。今/上在春宫，賦詩欲聞。太上知公擅書，召於殿下繕寫。攬而褒美，賜讌，并賚緋紬/綾十匹。

開元首歲，氛祲初廓，功臣將拜。又命於禁内，叙録王、特進等三千餘人，皆/委公注擬。帝俞其績，進中散大夫、行司農寺丞。此司錢穀是出，奸僞孔熾。公設法/禁杜，朝廷韙之。三年，轉廬州別駕。上黨大藩，至尊往題輿彼郡。每雖優複，猶恐未/康，康之惟賢。四年，遂授公中大夫、行長史。累年不拜，千石歸政於公。公之爲邦，甚副/天寄。七年，陞集州刺史。公被之以寬簡，示之以清平。未勸而群物欽風，不嚴而下人/知懼。澤及枯肆，惠覃旱苗。比虎豹爲災，族行他境。户口逃者，紛歸舊廬。公初之官，至/于利州。傳舍題絶句云：聞道巴賨地，由來猛獸多。待余爲政日，方遣渡江河。逮乎下/車，果如所述。巴蜀之地，到今稱之。

八年，上計京師，中途遘疾。十有一月一日，薨于鳳/州黄花縣旅次，春秋三百卌一甲子。縣官聞之，咨悼者久焉。衣冠之士，咸偕歎惜。/恩敕給遞至京，令六品官一人吊祭，賻物七十段，粟七十石。九年二月廿五日，給鼓/吹儀仗，葬於鳳棲原，禮也。

惟公積德玄通，爲正無處。動成儀表，言會篇章。自束髮從/官，所在遺愛。而忠孝之至，通於神明；賙惠之恩，徧於中外。雖伍倫撫姪，韓康養甥，蔑/以尚也。遣人以理，恕物以情。榮辱罔易其心，喜怒詎形於色。代之難事，公之易焉。俗/所不堪，公堪之矣。又於浮圖之道，勉而勤焉。每請禄俸，捨其十八。書所謂吉人爲善，/渴曰不足者耶。公雖能文，鄙而鮮作。故有集兩軸，以貽於後。嗣子朝議郎、行深州參/軍、上柱國羽客，次子雲客等，酷罰攸鍾，號穹幾絶。以爲有道名迹，實假中郎之詞；徵/君佳猷，遠憑光禄之誄。禮部尚書、許國公武功蘇頲，文儒之秀，題目世欽，庶傳無窮。/託爲銘曰：

殷天之和，克誕龙儁。情會井洌，光若明晉。虚往實歸，厥猷孔振。良二千/石，昇叶帝俞。載筆孤秀，采蘗昭孚。兼山而立，亨天之衢。邦實資幹，玄不與壽。肇敏/餘烈，猗碩無朽。吁莫慭遺，從政何有。甫窆既度，貞石聿模。輤幰服馬，□里竟途[三]。魂隨/鼓吹，哀震闉闍。夜臺斯掩，明月長孤。

丹陽甘思齊書序，羽客書銘并蓋篆。/

【注釋】

[一] 卯金中葉：「卯」字微泐，尚存殘畫。卯金，「卯金刀」的省縮，爲「劉」字。

[二] 展：上半泐蝕，僅存下部，據殘畫，參以文意録文。

[三] 里：上部泐蝕，僅存下部垂足，據殘畫輪廓録以備參。

一二七　竇舜舜墓誌

唐開元十年（七二二）十一月二十九日

墓誌出土於陝西省西安市長安區，具體出土時間、地點不詳。拓片誌高55釐米，寬54釐米；誌文二十七行，滿行二十七字，正書，有縱横界格。誌蓋盝頂，加四煞高58釐米、寬57.5釐米，不加四煞高42釐米、寬41釐米，頂面陰文篆書，題「大唐故竇妃墓誌之銘」，四煞鐫刻四神紋，飾以卷葉紋飾。

大唐嗣趙王故妃竇氏墓誌銘并序〔一〕。/

妃諱舜舜，字惠自在，京兆扶風人也。西京冠蓋，本號外家之尊；東漢軒/裳，繼踵中宮之盛。代業膺棟梁之秀，門慶納川瀆之祉。遠光史册，近被/甿謡。餘烈遺風，可略而述。曾祖少府監、右武衛大將軍、莘國公誕〔二〕，綜文/武之業，爲邦家之光。大父禮部尚書、尚書右僕射孝慈〔三〕，以稀代之材，運/匡時之略。皇考益州什邡令、平陵公希瓛〔四〕，式播休風，聿弘門祚。貴乃由/禮，賢而多則。妃淳曜降靈，英華積祉。挺珪璋而表質，緝藻繡而爲文。柔/順之姿，蘭芳蕣映；幽閒之美，雪白冰清。動合禮儀，率由典訓。藝窮聲律，/薄而弗存。文奪繢組，時然屬意。允所謂儀形德門，標映公族者矣。趙王/明德懿親，高才雅望，義惟齊耦，選窮秦匹。應斯仇好，備禮言歸。宜其室家，/嬪我藩國。粤開元九年十月，有詔拜爲嗣趙王妃，光被典册，欽崇璽/命。娣媵云序，宗姻以睦。盥漱之節，無替夙興。户牖之間，畢虔中饋；孝敬/之至，資母事姑。人倫之序，自家形國。

方冀考終介福，永錫遐期。服西王/之靈秘，同南山之固壽。而平分遂爽，與善徒欺，遽告寢壖，奄從捐館，不/其悲夫。以開元十年，歲次壬戌，十月己亥朔，十二日庚戌遘疾，薨于長/安延福里之私第，春秋卌三。即以其年十一月戊辰朔，廿九日景申，窆/于長安城南高陽原之禮也。悲歲律之窮紀，傷逝川之日度。趣荒隧於/太陰，背叢臺於雲路。野帳寂其虚敞，寒郊黯焉將暮。視褕翟之披披，想/珩璜於步步。嗚呼哀哉！何言永夕，非復生春。蘭閨蹔掩，翠帳還新。與行/雨而俱絶，豈微波之可因。託黄絹於遺範，寄彤管於芳塵。乃爲銘曰：/

彩婺騰精，輪娥降靈。姻高東漢，戚重西京。公侯接軫，台牧連衡。潛祉昭/慶，貽華集榮。其一 是生媛德，傳芳載美。行充閨壼，言合圖史。歸我大國，式/佐君子。緝諧内政，勤勞中饋。其二 寵章既集，縟禮攸歸。翟褕式序，車服有/輝。宜其永錫，作範藩闈。一嗟歲盡，長怨春非。其三 陽精下闇，陰溝上涌。宿/草方滋，荒榛日拱。生涯促兮死路長，曷爲壽兮曷爲殤。帷簾夜月兮牕/户晨光，嗟嗟永矣兮物在人亡。其四/

開元十年十一月廿九日。/

【注釋】

〔一〕嗣趙王：蔣王李惲之孫李思順。趙王本李福始封，唐太宗第十三子，楊妃所生。無後，乃以李思順繼承趙王，故稱「嗣趙王」。詳參《舊唐書·太宗諸子傳》。

〔二〕莘國公誕：竇誕，竇抗第三子，兩《唐書·竇威傳》附載其行事。

〔三〕孝慈：《舊唐書·竇威傳》：竇誕子「孝慈嗣，官至左衛將軍」。史傳不載其官「禮部尚書、尚書右僕射」，可據補史。

〔四〕希瑊：據《舊唐書·竇威傳》，孝慈子希玠，不載希瑊，可據墓誌補。

一一八　崔元奔墓誌

唐開元十一年（七二三）十月五日

墓誌出土於陝西省西安市境，具體出土時間、地點不詳。拓片誌高、寬均58釐米；杜鈒撰文；誌文二十八行，滿行二十九字，正書，有縱横界格。誌蓋盝頂，加四煞高59釐米、寬60釐米，不加四煞頂面高、寬均37釐米，陰文篆書，題「大唐故崔府君墓誌銘」，四周鐫刻團花紋，四煞鐫刻十二生肖紋，飾以卷葉花紋。

故刑部郎中崔公墓誌銘并序。

宣義郎、行晉州襄陵縣尉杜鈒撰。/

公諱元奔，字元奔，清河人也。自保姓受氏，設官分職。生而知之，没而不朽。則/□伯之才也〔一〕，聲高炎漢；季珪之功也〔二〕，道翼當塗。其後疊駕朱輪，聯輝紫艾，誕/敷邦牒，克濟家猷。代生賢俊，可略論也。曾祖茂，周膠襄二州刺史。祖士憲，/皇兵部尚書、普安公。父仁貴，皇右千牛，贈銀青光禄大夫。並以才生於代，/代實湏才。尊官厚禄，象賢接武。故傳曰：宣條輯化，其惟二千石乎？掌邦詰禁，/其惟大司馬乎？非夫系源惟濬，國華增寵，其孰能預於此哉？

公釋褐右千牛/備身、蒲州司户。侍玉階而膺選，入備心腹；憂版圖而受寄，出佐股肱。□以/獨立霜雪〔三〕，長鳴風雨。遷益州大都督府録事參軍。西南奥區，是多黠吏，將欲/去其奸犯，必先利其銜策。故能躬修潔白，名徹皇扆。以清幹聞，除京兆府/法曹參軍，換大理丞。兩造具備，片言折獄。削嬴政之疑脂，啓殷朝之踈網。使/刑無苛慘，人不脅息。囹圄生蕪，緊公是頼矣。出守汾州司馬，尋轉趙州長史。/入拜刑部郎中。刺百城之半，題輿述美；應列宿之輝，含香有裕。常謂慕子皋/之仁恕，不頗於法；行季路之嚴明，必也無訟。豈獨始生韶胤，字以昇卿。敕樹/高門，稱爲待封而已也。

嗚呼！陰德陽報，何見欺於促齡；積善無徵，奄先淪於/厚夜。以天授二年十二月四日寢疾，終於河南府旌善里第，春秋五十有一。/樂正之生也，常憂損足；曾參之死也，不忘啓手。以其年十二月廿一日，權窆/於壽安縣歸仁鄉界。

惟公河岳誕姿，軒裳毓慶。才名浹於人譽，風流淌於天/下。足可疇庸竹帛，論道大階。奈何生也有涯，鬼神不能變動；命之將廢，賢達/其猶病諸。夫人范陽盧，清河縣君，户部尚書承慶之孫，涇州鶉觚令積之女。/矜莊閨範，聿修婦則。佐君子而伯宗有誡，保遺孤而孟女何慙。孀居積稔，内/行無缺。如何景命，不至期頤。以開元十年十二月廿日遘疾，終於京兆府安/樂里第，春秋七十有三。以十一年十月五日合葬於萬年縣少陵原洪源鄉/龐劉村，禮也。雷孔璋之南斗，始分飛而一亡；季武子之西階，俄徙殯而雙合。/嗣子彝、謙等，林風不静，棘心增疚。刊玄石以寄文，庶清徽之克就。銘曰：/

圖榮侚代兮時若流，述職四方兮靡不周。塵事栖栖兮增其憂，晦明成疾兮/勞運息。夢豎爲灾兮歎遄亟，有始必終兮悲無極。彼生和好兮如琴瑟，之死/會合兮義所欽。荒郊日暮兮松柏森森。/

【注釋】

〔一〕則：泐蝕不可辨，據文意疑是「則」字。

〔二〕季珪：崔琰，字季珪，清河東武城人。《三國志・魏書》有傳。

〔三〕□以獨立霜雪：「以」上一字泐損。據文例，應爲「是」字。

一二九　姚府君夫人任氏墓誌

唐開元十二年（七二四）十二月五日

墓誌出土於陝西省西安市郊區，具體出土時間、地點不詳。拓片誌高、寬均55釐米；誌文十九行，滿行二十字，正書。誌蓋盝頂，高30釐米，寬28釐米；題「大唐故任夫人墓誌銘」，三行，行三字，陰文篆書。

夫人樂安任氏墓誌銘并叙。／

維大唐開元十二年，歲次甲子，九月丁巳朔，二十一／日丁丑，夫人樂安任氏卒。

夫人故銀／青光禄大夫郯王府司馬[一]、吴興郡公姚府君／之繼室也。婉性柔和，温姿慧順。含四德以淳茂，在三／從而允光。懿範聿脩，閨儀可映。雖遼東望族，降歸太／守之門；而克振宜家，實表公宫之美。自元夫人殁，而／内政是膺。祗睦姻親，克諧内外。實奉中饋，以崇盛門。／兼以篤信法王，妙達空寂。真經晝誦，天香夜然。得理／四禪，超心一念。每三長静月，六短齋日[二]，葷臭不茹，二／十餘年。福緣斯崇，大慈不弔。豈報施之期或缺，而福／善之道莫徵。遘凶永嘉里之私第，春秋五十有八。嗣／子陝王府騎曹參軍孟德[三]，知名於世，酷訴終天，罰痛泉壤。／粵以其年十二月景戌朔，五日庚寅，葬於京兆／之小陵原舊塋，禮也。楚挽先期，哀笳載路。綵旒中引，／哭幽隧而方深；丹旐前明，痛荒郊之遂遠。歸神大素，／翳曜窮泉。悲往昔之無依，刻遺芳於壤石。銘曰：／

出帝城兮登彼原，即幽隧兮斂芳魂。悲舊塋之松／檟，痛新壟之榛蘩。伊人理兮同歸，此何溟漠兮足冤。／

【注釋】

〔一〕郯王：唐玄宗之子嗣直，初封許昌王，先天元年改封郯王。参《舊唐書·睿宗紀》。

〔二〕齋：多微泐，排除石花，據殘畫輪廓，參以文意録文。
〔三〕陝王：唐玄宗之子嗣昇，先天元年封陝王。參《舊唐書·睿宗紀》。

一三〇 梁義墓誌

唐開元十四年（七二六）九月二十八日

墓誌出土於河南省境，具體出土時間、地點不詳。誌石呈碑形，穹窿頂。碑面高50.5釐米，寬30釐米；兩側高38.5釐米，寬12.5釐米；底面高7.5釐米，寬34釐米；左右上下均鐫刻花卉紋飾。誌文十六行，滿行二十字，正書，有縱橫界格。

大唐輕車都尉梁君墓誌銘并序。／

君諱義，河南陽翟人也。源出安定。自敬叔在漢，大啓／公侯之緒；伯鸞適越，重弘高尚之風。簪紱英華，蟬聯／靡絶。君即隨絳州刺史如意之孫，唐處士翼端之子。／性孝友，愛詩書。時然後言，非禮不動。少年占募，一戰／策勳。輕車得上將之班，都尉兼李陵之號。遂偃仰當／代，優遊不仕。日勤四體，笑孔父之爲人；家累千金，／同王孫以自奉。春秋八十四，開元十四年九月七日，／卒於私第。親賓哀慟，里閈空虚。雖古之至仁，無以加／也。即其月廿八日，葬于夏城西潁水之曲。川原叶／吉，鄭考叔之封疆；松檟爲鄰，辛侍中之壟隧〔一〕。夫人太／原王氏，光兹長逝，實謂賢妻。以禮祔之，此焉同穴。有／子曰弘嗣，是稱令胤，方大厥家。痛風樹而莫停，瞻昊／天而罔極。嗚呼哀哉，乃爲銘曰：

潁流一曲夏城／西，北林常翳南山躋。爰有嫛與賢妻別，離華屋此歸／兮〔二〕。天長地久誰人度，月夜風朝聞鳥啼。／

【注釋】

〔一〕辛侍中：不知何指，存疑待考。梁元帝《玄覽賦》：「趙將軍之建節，辛侍中之奉使。亮鼎足其何言，限修江而爲二。」不知是否即此人。

〔二〕離華屋此歸兮：此句文不和諧，疑當缺一字。

一三一　杜府君夫人裴氏墓誌

唐開元十五年（七二七）九月三日

墓誌出土於陝西省西安市長安區，具體出土時間、地點不詳。拓片誌高 45 釐米，寬 44.5 釐米；韋璞玉撰文；誌文二十一行，滿行二十一字，正書，有縱橫界格。誌蓋盝頂，加四煞高、寬均 47.5 釐米，不加四煞高、寬均 30 釐米；頂面陰文篆書，題「唐故杜府君夫人墓誌」，四周鐫刻牡丹紋飾，四煞鐫刻纏枝卷葉紋飾。

大唐沁州司馬杜府君夫人裴氏墓誌銘并序。/

登仕郎、行坊州鄜城縣尉韋璞玉撰。/

《內則》曰：雞初鳴，咸盥漱。蓋稱婦之道者，將舉教以模之，/以備一人，考之則鮮。

夫人裴氏，河東人也。伯益佐虞，子/□建國。尚書翊晉，領袖居朝。自宋及唐，人英不絕。父仁/□，周承議郎、行趙州鄭隍縣令。器宇沖博，襟神秀邁。德/以華國，三召爲高步之資；位不充才，百里非大賢之任。/降神之美，則有英嬪。

夫人淑姿挺生，柔範獨立。三月就/學，禮洽公宮。十五而笄，配歸唐杜。外言不入，檢下堂逾/閾之儀；中饋聿修，主蘊藻蘋蘩之事。俄而，府君不世，憂/切未亡。禮越三年，猶聞晝哭。愛均七子，之死靡他。常觀/逾筏之心，不飾飛蓬之首。壽年已考，從禄于男。將崇捧/檄之榮〔一〕，奄次泣壞之禍。春秋□十一〔二〕，以開元十四年，六/月廿一日，終于坊州司户□□第〔三〕。即其年六月，權窆于州/東某原，禮也。嗚呼哀哉！夫人識度標閑，訓謨清密。有子/休文等，規仁矩行，錫類難儔，柴毁骨立，孝思特至。粤開/元十五年，龍集癸酉，九月才生明，遷祔于京兆府少陵/原，禮也。鳳皇城闕，畫柳南移；蘼宿園樓，新松北望。問千/秋之懿躅，翠琰銘深；書六行之高蹤，色絲才短。其詞曰：/

河德水，山直陽，晉國大，裴氏昌。誕淑女，齊之姜，伉有則，/士之良。五陵之下雙劍藏，孺慕填填松柏蒼。/

【注釋】

〔一〕捧：泐蝕，僅存四周殘痕，據輪廓，參以文意録文。

〔二〕春秋□十一：「春」字「日」部分泐蝕，「秋」字全部泐蝕，僅隱隱見殘痕，據文例録文。

〔三〕終于坊州司户□□第：「户」字微泐，據殘畫録文。「户」下二字全泐，據文例，疑是「官署」。

一三二 牛氏墓誌

唐開元十六年（七二八）七月八日

墓誌出土於河南省洛陽市北邙山，具體出土時間、地點不詳。拓片高、寬均36.5釐米；誌文十五行，滿行十五字，正書。誌蓋缺。

以開元十六年，歲次戊辰，七月八日壬/寅〔一〕，遷窆隴西牛氏太夫人神柩於/河南郡之里。時年六十有五。維夫人/道邁良規，閨闈之禮畢備；行深貞亮，冰/玉之絜終年。在室恭謹於女功，出事匊/勤於婦道。祇敬奠祀，諧偶宗姻。德化鄉/閭，賢稱家國。何其積善無慶，永棄遐年。/遠近失聲，行路掩泣。劍松纔植，曉乃切於悲風；斧壟新營，暝恒淒於朗月。烟霞/斂色，雲日無暉。

痛玄室之幽陰，感泉臺/之寂寞。其詞曰：/

文筆大家，貞賢孟母。庶冀百齡，俄成千/古。形没黄壤，魂昇紫府。罽國鸞傾，吴都鶴舞。雲黯邙岫〔二〕，風淒洛浦。綴此幽文，涕/零如雨。/

【注釋】

〔一〕七月八日壬寅：「壬」字微泐，有石花干擾，輪廓似不類。但考長曆，開元十六年七月乙未朔，八日爲壬寅，干支相合。

〔二〕黯：右半泐蝕，據殘畫，參以文義，應是「黯」字。

一二三　李承宗墓誌

唐開元十八年（七三〇）五月十九日

墓誌出土於陝西省西安市郊區，具體出土時間、地點不詳。拓片誌高、寬均60釐米；誌文二十行，滿行三十一字，正書，有縱横界格。誌蓋缺。誌主是醫官，墓誌詳載其醫官昇職歷程，對於研究唐代醫官制度，有一定參考價值。

大唐故忠武將軍、行右清道率府副率、員外置同正員、上柱國李君墓誌銘并序。/

公諱承宗，字承宗，趙郡人也。曾祖休，寧州定安主簿。/祖相，中大夫、行簡州長史。並理官肅給，持政有聲。父/同，體道閑居，傲睨林壑。

公幼孺聰敏，成立俊茂。博涉/群藝，醫德尤長。出入九門，衹奉五主〔一〕，夙夜匪/懈。渥恩浸深。解褐直太醫，尋補太醫正。亦既/考績，又補太醫丞。俄而秩終，拜藥藏監〔二〕。功效優最，遷/藥藏郎、朝散大夫，詔拜尚藥奉御、上柱國。累進階，拜/忠武將軍、右清道副率。前後歷職有七，經卅六考，俯/偪從事，周慎飭躬。王公貴人，莫不籍甚。門多長者，室/無姬姜。孝聞于家，忠則徇國。宜其享齡有永，寵佩金/章。嗚呼哀哉！開元十七年十一月九日遇疾，終於延/壽里第，春秋六十有一。中外偪抑〔三〕，寮佐失聲。即以開/元十八年五月十九日，遷窆于高陽原，禮也。孝子光/遠，哀毁倍常，攀號罔逮，庶銘石以撰德，俾芳聲于無/窮。銘曰：/寔天生德，多材多藝。白賁居貞，褐衣謁/帝。志高名遠，宦成業麗。傳忠良朋，移孝後裔〔四〕。播美流/芳，如松比桂。子子孫孫，謀猷罔替。/

額〔五〕。

【注釋】

〔一〕祇奉五主：結合誌主終於開元十七年十一月九日，春秋六十有一，誌主當生於唐高宗總章元年，歷高宗、武周、中宗、睿宗、玄宗，是爲五主。

〔二〕藥藏監：職官名。隋朝太子門下坊藥藏局長官，置二人，正七品。唐朝沿置。高宗龍朔二年改稱藥藏郎。從墓誌來看，先拜藥藏監，後遷藥藏郎，則二職並存，且藥藏郎較藥藏監職務爲高。史書謂藥藏監改稱藥藏郎，恐有誤。

〔三〕偪：原刻作「牑」，當爲異體字。

〔四〕後：原刻與「復」字同形。因俗字形體相似，故逆推而錯位，結果成爲訛字。漢魏六朝已然。

〔五〕額：獨自一行，與上下文均不接，且爲隸書，不知何意。

一三四　魚涉墓誌

唐開元十八年（七三〇）十月四日

墓誌出土於陝西省西安市郊區，具體出土時間、地點不詳。拓片誌高、寬均50釐米；誌文二十五行，滿行二十五字，正書，偶雜行書，有縱橫界格。誌蓋缺。誌主戰殁，兩《唐書》不載。

大唐故贈游擊將軍、右武衛翊府左郎將馮翊魚公墓誌銘并序。/

公諱涉，字德源，馮翊櫟陽人也。其先出自有殷，仁稱微子。讓屬子/魚。派别諸侯之宗，姓崇王父之字。宋左師魚石以上，前史乃具。即/其後，可略而言也。曾祖殖，隨丹方二州諸軍事、二州刺史、下邳郡開國公，二千石之良也。祖叔瓚，皇朝請大夫、衛尉將作等丞、/閬州西水縣令、貴平公，家邦必達也。父承曦，自邢州司法參軍，擢/比部員外郎、朝請大夫、度支郎中、洛陽河南二縣令、大理司農二/少卿、襄邑縣開國男。秀才登科，初聞折獄。含香歷位，旋應列星。豈/徒洛陽强項，河南再簡於天心；實謂詳刑，司農更興其/帝念。

公則司農府君第四子，長軀偉皃，河目海口。孝悌禀於天然，/詩禮聞乎庭訓。始以外氏，皇家懿戚。承恩授執戟，歷司/戈、中候、司階凡四任。玉階侍衛，金杖驅馳，逾二十載矣。/制授義陽府右果毅都尉。

屬塵驚澣海，烽入甘泉〔一〕。鑿門出師，授鉞/以討。嗟乎！分李陵之步卒，隸周處於偏裨。一以當千，攸聞力戰。以/少擊衆，難以圖存。初，兩軍交鋒，一鼓作氣。戈酣日落，見流血之成/川；兵盡矢窮，張空拳而冒刃。虜憚其勇，衆騎引還。賊潛爲謀，會兵/復戰。戊辰歲，八月辛卯，於祁連陣間斃公於鋒鏑矣，時年五十有/二。

皇上悼焉，贈以郎將。遞柩還里，加禮葬之。嗚呼哀哉！惟公/謹於信，親於仁。行爲搢紳所高，義爲列士所伏。王事死節，邦人咸/傷。嗣子惟讓等，鞠然在疚，哀以過禮。迺祇考聖人卜宅之義，以開/元十八年十月四日，奉柩葬於龍門原之塋，禮也。痛門風之將泯，/恐世業之罔傳。刊石紀勳，永爲不朽。銘曰：/

耀天兵兮出燕然，列地陣兮亘祁連。雄戟一奮兮氣如泉，長劍再/揮兮血成川〔二〕。同李陵之逐北，功初捷兮後不剋。比温序之征西，將/死節兮義迺濟。偉夫存忠以報國，而誰不爲兮傷悽。/

【注釋】

〔一〕屬塵驚澣海，烽入甘泉：據《舊唐書·玄宗本紀》：開元十六年「秋七月，吐蕃寇瓜州，刺史張守珪擊破之。乙巳，檢校兵部尚書蕭嵩、鄯州都督張志亮攻拔吐蕃門城，斬獲數千級，收其資畜而還」。又，八月「辛卯，蕭嵩又遣杜賓客擊吐蕃於祁連城，大破之，獲其大將一人，斬首五千級」。誌主曾參與征伐吐蕃的戰爭，惜史傳無載。

〔二〕血：原刻似「面」的異體，據文意，應是「血」字。

一三五　臧懷亮墓誌（其一）

唐開元十八年（七三〇）十月二十一日

墓誌出土於陝西省咸陽市三原縣境，具體出土時間、地點不詳，石藏陝西省三原縣博物館。拓片誌高長、寬均 83 釐米，誌文二十七行，滿行二十六字，正書與行書間雜，有縱橫界格。誌蓋盝頂，加四煞高 90 釐米、寬 89 釐米，不加四煞頂面高、寬均 54 釐米。陰文篆書，題「大唐故羽林大將軍東莞公臧府君墓誌」；四周刻纏枝卷葉紋飾，四煞刻四神紋，飾以卷葉花卉紋。誌主兩《唐書》不載，但《唐大詔令集》卷一三〇《命姚崇等北伐制》曾提及「單于副都護臧懷亮」。又，誌主初葬刻此墓誌，後夫人祔葬，又刻一墓誌（其二），故一人而有兩墓誌。此墓誌主要記述其歷官，後刻墓誌除了誌主歷官，還有其夫人墓誌。《李北海集》卷五收録《左羽林大將軍臧公神道碑》，《文苑英華》卷九〇七轉載同，可以互參。

大唐故冠軍大將軍、左羽林軍大將軍、上柱國、東莞郡開國公臧府/君墓誌并序。/

公諱懷亮，字時明，東莞莒人也〔一〕。周公之後焉。公綿歷京官，婚姻不/雜，子孫昌盛，便住關中矣。曾祖滿府君，隨銀青光禄大夫、海州總管、/東海公。祖寵府君，皇朝請大夫、靈州長史，襲東海公。父德府君，/皇朝散大夫、原州司馬，贈銀州刺史〔二〕。皆英傑弘毅，志操松栢。

公奇/才卓犖，風雲倜儻，出爲師律，入作爪牙。年廿，應穿葉附枝舉登科，擢/左玉鈐衛翊府長上〔三〕。遷鴻州長道府左果毅長上，充平狄軍都虞候/總管，轉左衛、陝州華望府左果毅長上〔四〕。破敵，拜遊擊將軍、本府折衝/長上，轉懷州南陽府折衝長上，充勝州遊弈軍副使。遷定遠將軍、雍/州通樂府折衝長上。遷明威將軍本衛左郎將〔五〕，充東受降城副使。秣/馬利兵，匈奴不敢南望。拜忠武將軍左郎將，兼安北副都護。遷單于/都護，借紫金魚袋。匈奴犯塞，公示弱伏兵，陷敵略盡。恩加銀青/光禄大夫、單于副大都護，兼朔方軍副大總管。遷靈州都督、豊安軍/經略大使〔六〕，轉鄯州都督，兼河源軍經略營田大使〔七〕。轉左威衛將軍，兼/洮州都督，莫門軍經略營田大使，兼隴右節度副大使〔八〕。復以本官，兼/勝州都督，兼東受降城大使、朔方軍節度副大總管〔九〕。會六州胡叛，將/兵討除。諸軍未至，而特立殊效。恩拜右武衛大將軍、節度河東道/諸軍州兵馬。重往討擊，罄盡巢穴。以功最，拜左羽林軍大將軍〔一〇〕。復以/本官，兼安東大都護營府都督，攝御史中丞、平盧軍節度大使、支度/營田海運大使。及神武登岳〔一一〕，拜冠軍大將軍，復本任，東莞郡開國/公。

以開元十七年八月廿二日，薨于京師平康私第，春秋六十有八。/明年冬十月廿一日，卜遠於三原〔一二〕，禮也。

公有五子〔一三〕，長子前左監門/衛中郎將。次子前安北都護。三子前左金吾衛中候。四子前左司禦/率府長史。五子前殿中省進馬。並淳孝濟義，攀號永慕。爰因先遠之/期，式記不刊之則。其銘曰：

將軍大樹，特立功勳〔一四〕。貞操殊烈，耿介/不羣。東征遼海，西振烏孫。千秋萬古，可得名存。

【注釋】

〔一〕公諱懷亮字時明東莞莒人也：天寶十載刻墓誌作「君諱懷亮，字懷亮，東海東莞人」，略有不同。李邕撰《左羽林大將軍臧公神道碑》與此同。

〔二〕祖寵府君、父德府君：天寶十載刻墓誌作「君之王祖父，隨驃騎大將軍寵焉」，「君之王父，銀川郡太守善德焉」。彼此不合。《左羽林大將軍臧公神道碑》與此合。

〔三〕長上：《左羽林大將軍臧公神道碑》作「長史」，據碑下文，墓誌可信。

〔四〕陝州華望府：《左羽林大將軍臧公神道碑》作「陝西華州望府」。墓誌應更可靠。

〔五〕左郎將：《左羽林大將軍臧公神道碑》作「左郎」，當缺「將」字。

〔六〕遷靈州都督豊安軍經略大使：《左羽林大將軍臧公神道碑》載誌主封「上蔡縣開國子」，本誌不載。

〔七〕轉鄯州都督兼河源軍經略營田大使：《左羽林大將軍臧公神道碑》載誌主封「上蔡縣開國伯」，本誌不載。

〔八〕轉左威衛將軍……兼隴右節度副大使：《左羽林大將軍臧公神道碑》載誌主封「上蔡縣開國侯」，本誌不載。

〔九〕復以本官……朔方軍節度副大總管：《左羽林大將軍臧公神道碑》載誌主封「上蔡縣開國公」，本誌不載。

〔一〇〕左羽林軍大將軍：《左羽林大將軍臧公神道碑》作「羽林衛大將軍」。

〔一〕神武登岳：指唐玄宗上泰山，封禪祭天。《左羽林大將軍臧公神道碑》記載較詳。

〔二〕明年冬十月廿一日卜遠於三原：天寶十載刻墓誌爲「廿四日」，《左羽林大將軍臧公神道碑》爲「明年秋七月日，葬於白鹿原」。

〔三〕公有五子：《左羽林大將軍臧公神道碑》：「長子敬廉，定遠將軍、前檢校左監門衛中郎將、上柱國。次子希莊，中大夫、前安北都護、上柱國。三子敬之，前左金吾衛中候、賜緋魚袋、上柱國。四子奉忠，前左司御率府長史，賜緋魚袋、上柱國。五子敬沘，前殿中省進馬、上柱國。」較此墓誌爲詳，且有所不同，而與天寶十載刻墓誌相合。

〔四〕勳：初刻脱，後補刻在右側。

一三六　臧懷亮墓誌（其二）

唐天寶十載（七五一）四月二十一日

墓誌出土於陝西省咸陽市三原縣境，具體出土時間、地點不詳，石藏陝西省三原縣博物館。拓片誌高、寬均 75 釐米；顔真卿撰文並書丹，誌文三十七行，滿行三十七字，正書，有縱橫界格。誌蓋盝頂，加四煞高 77 釐米、寬 76 釐米，不加四煞頂面高、寬均 42 釐米。陰文篆書，題「大唐故臧府君墓誌銘」，四周鐫刻牡丹花卉紋，四煞鐫刻四神紋，飾以花卉紋。此爲夫人祔葬再刻墓誌。陳尚君輯校《全唐文補編》收録。

大唐故冠軍將軍、左羽林軍大將軍、東莞郡開國公、上柱國臧府君墓誌銘并序。/

朝議郎、行侍御史顔真卿撰。/

君諱懷亮，字懷亮〔一〕，東海東莞人。其先寓居朔方，今遂爲之人也。僉謂大賢之後，有必復其始焉，所/以二仲僖哀之胄。箴彰厥紹者，意以總休鍾慶，而生君之王祖父，隨驃騎大將軍寵焉〔二〕。弈誕君之/王父，銀川郡太守善德焉。惟祖惟父，沿英派懿，而生君於聖朝焉。

君即銀川府君之少子也。君/神與弘器，骨植挺材。居種而人殊其姿，逮立而衆邈其度。擅雄沙漠，騰聲朔維。顧獯醜蚊飛，怒驕/猾鼠竊，叛乃皇貸，蠹乎邊虞。君乃深其鈎以圖艱，鋭其武以禦敵。遂憤習弦矢，厲逾蹶張。控六/鈞而當選，徹七札而標特，遂授始官焉。

由是而四爲軍使，三入將軍，再統都護之雄，六綰總管之/寄。五權併督之重，一昇分閫之崇。莫不智與事周，力隨用盡。執金循徼，警肅八屯；授鉞廟堂，籌算/九術。委鎮險右，伏謀陷蕃。夷寇而勒成，肆庸以效職。畫軍計而卒乘肥具，圖方略而考度否臧。書/勳青史，致美洪緒。是知天子非私君而屢託以重恤，然荷此休裕而不得不私也。卒領冠軍/大將軍、左羽林軍大將軍、東莞郡開國公、上柱國。

既而充國已老，衛青休家，以竭智傷神，而乘哀/恙激。年凶鄭夢，天失將星。以開元十六年八月廿一日[三]，薨于西京平康里之私第。享壽七十六[四]。嗚/呼！武經中絶，國禦無虞。皇寮競嗟，聖上銜悼。薤曲歌露，佳城見日。開元十八年十月廿四日[五]，禮/厝于三原縣之長坳，禮也。

夫人樂安郡太夫人任氏，思可久之義，力家鞠孤。永訣齊眉之敬，不復/如賓之禮。心歸圓寂，口閉薰羞。遂得青蓮之味，仍堅彤管之度。勤乎三徙之道，啓以萬石之榮。豈/期與善無徵，輔德斯爽。以天寶二載八月廿七日，薨於君之正寢。嗚呼！國喪素師，邦亡淑媛。魚軒/息駕，象服徒尊。才表雪詩，德旌石窌。夫人皇祖旻，汧陽郡汧源縣令；皇考善經，靈武郡司馬。皆克/孝於家，藏用於物。道不苟進，器難苟容。故名隱於俗，仕微於世。吁哉！夫人顯乃祖考，以禮自絢。有/行于君。舅姑之喪也，而僅不自立。淚血皆裂，痛深身屠。節高抱棺，孝嗤瘞子。則知非夫人之德，孰/能配於君；非君之德，孰能御於夫人。

福履所綏，終踐崇貴，誕君之嗣，有五子焉。訓以嚴慈，導以禮/則。克被茂業，允膺詒謀。列據班榮，盛花萼之暐曄；式瞻門慶，見朱紫之焜煌。或寄重剖符，或聲雄/入幕。因知臧氏來葉之盛者，必府君之胄也。嗣子正議大夫、榆林郡都督、上柱國、東莞郡開國公，/貶永陽郡別駕敬廉。第三子游擊將軍、郯鄏府折衝都尉，仍充范陽經略副使、上柱國、賜紫金魚/袋敬之，皆享年不永，榮禄早世。第二子正議大夫、銀川郡都督，仍押吐蕃党項使、上柱國、賜紫金/魚袋希莊。第四子游擊將軍、右威衛翊府中郎將、右羽林上下、上柱國，賜紫金魚袋奉忠。第五子/昭武校尉、守黃石府折衝都尉、上柱國、賜紫金魚袋敬洮等。顧而相謂曰：爾我不造，夙鍾憫凶。今/大事縈慮者，祔禮未經也。酷訴罔極，稱毒重孤。毀躬忘生，擗地殆殞。慼甚摶棘，苦彌茹荼，卜乎令/期，將告合祔。歲月會告，龜蓍協從。以天寶十載，四月廿一日，祔窆于三原之故塋。鹵部鉦鼓如儀，/禮也。痛哀送屆辰，恐先烈遂掩。考載殷誌，刻休壤石。於戲！

府君之志業，畢勒于故北海郡太守江/夏李邕之碑述也〔六〕，故揚搉而爲之銘。銘曰：/

富貴之葆，凡百難之。猗歟將軍，晏然安之。權度之用，凡百張之。猗歟將軍，淵然藏之。重鎮險寄，凡/百患之。猗歟將軍，一以貫之。排寇攫厲，凡百撓之。猗歟將軍，功斯效之。三入鷹揚，一參龍韔。警衛/八屯，長驅四鱴。天庭效獲，勳府書烈。臧孫有後，斯言不篾。樂安夫人，德協邦媛，傳媪而成，笄珈有/粲。如蕣增儀，采蘋潔薦。慶輔宜家，昌貽洪蔓。允和允懿，克孝克恭。光昭宗室，範睦公宮。感鯉給卷，/抱櫬忘躬。雖承薛侯之胤，終沐大任之風。嗚呼！流歲汩餘，逝川閲水。祔窆將臨，徵冥奉旨。夜穴□/原，松門千祀，威容負慘，簫鼓增悲。茄哀楚挽，翣翳靈轜。重泉莫測，營魄何之。寂寂松櫝，哀哀孝思。/

【注釋】

〔一〕君諱懷亮字懷亮：開元十八年刻墓誌作「公諱懷亮，字時明」，與此不同。

〔二〕而生君之王祖父隨驃騎大將軍寵焉：據開元十八年所刻墓誌「曾祖滿府君，隨銀青光禄大夫、海州總管、東海公。祖寵府君，皇朝請大夫、靈州長史，襲東海公。」則王祖父，即祖父。

〔三〕開元十六年八月廿一日：《左羽林大將軍臧公神道碑》及開元十八年刻墓誌皆爲「開元十七年八月廿二日」。

〔四〕享壽七十六：《左羽林大將軍臧公神道碑》及開元十八年刻墓誌載享年「春秋六十有八」。

〔五〕開元十八年十月廿四日：《左羽林大將軍臧公神道碑》爲「明年秋七月日」，開元十八年刻墓誌爲「廿一日」。

〔六〕畢勒于故北海郡太守江夏李邕之碑述也：《金石録》卷六：「唐冠軍大將軍臧懷亮碑，李邕撰并行書，開元十八年十月。」又「右唐臧懷亮碑，李邕撰并書。臧氏世墓在耀州三原，有數碑，余盡得之。《元和姓纂》云懷亮生希讓，爲渭北節度使。此具載懷亮諸子，無名希讓者。以余家所有顔魯公書懷恪碑考之，希讓蓋懷恪子云。」

一三七　田仙童墓誌

唐開元十九年（七三一）十二月十六日

墓誌出土於陝西省西安市長安區，具體出土時間、地點不詳。拓片誌長加四側高、寬均76釐米，不加邊石面高、寬均55釐米。誌文十九行，滿行二十二字，正書，有縱横界格。四側鐫刻牡丹紋飾。誌蓋盝頂，蓋通高、寬均62釐米，頂面高37釐米、寬38釐米；陰文篆書，題「大唐故田府君墓誌銘」，四煞亦鐫刻牡丹紋飾。

唐故朝議郎、盩厔縣丞、騎都尉田府君墓誌銘并序。／

公諱仙童，字羽客，京兆杜陵人也。烈祖士賢，隨定州刺史。／大父仁操，皇邠州治中。皇考行哲，左勳衛上護軍。並／世濟厥美，不隕其名。

公生而岐嶷，長而友悌。依仁用儉，遊／藝能文。弱冠，孝廉甲科，首調褎言乙第，補梁州南鄭、彭州／濛陽二縣主簿。累丁家艱，毀殆滅性。禮闋，尋授相州滏陽／縣主簿。秩滿，改羽林倉曹，又遷京兆府盩厔縣丞。

守官疾，／亟請給屬纊。開元十九年仲冬己未夕，終於淨域道場，春／秋六十有五。越卅有五日〔一〕，權卜於長安縣之高陽原〔二〕，禮也。公筮仕三紀，歷官五任。保清白以莅物，爗仁恕而逮下。往／無咎悔，履必元亨。故御史李傑特以聞薦，將軍謝信屈掌／書檄。御史中丞李林甫留刻京臺，舉公糺慝，秉繩持準，時／無寃訟。太府卿楊崇禮，國之元老，恡於出内，請爲主簿，司／存副己。

天命未集，遽此殲淪。豈謂若人，有才無命。／悲夫！有子二人，長曰南薰，益州廣都主簿。次曰南砯，州薦／秀才，名在王府。而天不悔禍，奄罹艱酷。哀哀罔極，願／述家聲。鄙夫不佞，遂爲銘曰：／

天生高才無貴仕，壽惟中身命已矣。德音不沬邁蘭芷，悲／哉丘壟蒼烟起。／

【注釋】

〔一〕越卅有五日：考長曆，開元十九年，十一月丙午朔，十一日爲己未。又過「卅有五日」安葬，則應是十二月十六日。

〔二〕高陽原：唐代屬乾封縣。唐《史懷訓墓誌》出土於陝西省西安市郭杜鎮居安村，可知高陽原位於長安縣西南。

一三八　解成妃墓誌

唐開元二十一年（七三三）三月九日

墓誌近年出土於河南省安陽市西面南水北調工程工地，具體出土時間、地點不詳。拓片誌高56釐米，寬57釐米；誌文十八行，滿行十九字，正書，有縱横界格。墓誌對葬地的描述，於安陽古地理研究，有參考價值。

大唐故解夫人墓誌銘并序。/

夫人諱成妃，其先雁門之甲族也。烈土於魏，遂居/相州安陽縣人焉。望自周朝，崇高富貴。衣纓簪紱，/光昭簡册。祖、父並毓德丘園，辭榮不仕。蘭薰玉/白，跨古陵今。

夫人媛質西施，均明南里。言成女則，/行作母儀。仰朝雲以雙高，希墓雨而齊聞。幼彰玉/度，孝節契於緹縈〔一〕；長振金聲，貞操諧於蔡琰。

將謂/福善餘慶，祥祐無詭。何期彼倉不手，遽殀芳姿。爰/媲良人，忽青漽洛。駕言之任，纔届交邪。遘疾彌留〔二〕/，欻焉大漸。春秋有五十。粤以開元廿一年，歲次癸/酉，二月己巳朔，廿五日，卒於私寢。即以其年三月/戊戌朔，九日景午，權殯於相州城西北三里平原，/禮也。爾其東俯張村，西臨堤塴，南眺洹路，北邇黄堆。嗣子婆兒、二郎、三郎等，悲厚地之長隳，痛高天之遠〔三〕。恐山川將變，陵谷有遷。刊石勒銘，用傳不朽。/其詞曰：/

金根盤鬱，銑葉芬敷。夫人挺秀，神清貌姝。彼蒼不/諒，殲此貞軀。恐徽猷兮靡驗，彫琉琰兮幽途。/

【注釋】

〔一〕縈：原刻作「榮」，訛誤。

〔二〕留：下部泐蝕，僅存上部，據殘畫，參以文例，應是「留」字。

〔三〕痛高天之遠：「遠」下當脱一字。

一三九　何恭墓誌

唐開元二十一年（七三三）十月十六日

墓誌出土於河南省安陽市，具體出土時間、地點不詳。拓片誌高38釐米，寬39.5釐米；誌文十五行，滿行十六字，正書，隱隱有淺綫界格。誌蓋盝頂，頂面陽文篆書，題「何君墓誌」，界格及四煞均鐫刻纏枝卷葉紋飾。

大唐故何君墓誌銘。/

君諱恭，其先閶江人也。惟君仁慈立性，稚/操孤標。令範遐宣，嘉猷遠扇。豈謂五衰構/疾，三相遷形。神龍元年十月二十九日，終於/私第，春秋卌有九。夫人太原王氏，四德光/被，六行聿脩。妖妍綺歲，諧秦晉之歡；玉貌/初年，同合巹之美。不謂業火前□〔一〕，開元十/九年五月七日，終於私室，春秋七十有四。/以開元廿一年，歲次癸酉，十/月甲午朔，十六日己酉，遂合葬於相州城西五里平原，/禮也。嗣子承璀〔二〕，色養因心，孝誠自性。哀悲/風樹，痛切喬枝。生事既終〔三〕，死葬猶切。恐灰/揚沙劫〔四〕，海變陵移。刊石勒銘，用旌不朽。

冀/芳名兮永永，陳孝思兮竭情。痛尊顔之長/隔，悲感結於泉坰〔五〕。嗚呼哀哉！悲淚難裁。/

【注釋】

〔一〕不諱業火前□：「前」下一字部分泐蝕，其艸頭尚可見，下部有石花，存疑待考。

〔二〕嗣：微泐，據殘畫輪廓録文。

〔三〕終：右半部分泐蝕，據殘畫，參以文意録文。

〔四〕劫：略模糊，據殘痕録以備參。

〔五〕結：微泐，筆畫模糊，據輪廓録文。

一四〇　崔承暉墓誌

唐開元二十三年（七三五）三月二十九日

墓誌出土於河南省洛陽市境内，具體出土時間、地點不詳。拓片高30釐米，寬29.5釐米；誌文十七行，滿行十九字，正書，有不規則縱横界格。誌蓋缺。

大唐故陪戎副尉崔君墓誌銘并序〔一〕。/

君諱承暉，平陽郡人也。匡漢弼魏，歷代於兹。曾祖/才，朝請大夫，隨北旗亭令。肩磨輻湊，指掌視諸。祖/敬，徵事郎，唐黔州石城縣丞。貳光百里，闡文教之/規。父剋，文林郎。既遷鶯谷，且漸鴻干。

君皇朝擢/第，懷忠履信。迺崇廉讓之風，頹梁遘逝之歎。開元/廿三年三月十二日，卒於崇政里，年五十五。夫人/陳氏，潁川人也。祖通，貝州歷亭尉，父文林郎敬之/女。契鴻雁之志，會琴瑟之音。開元十七日遘疾〔二〕，終/于私第，年卌四。廿三年三月廿九日，葬于洛北平/原，禮也。嗣子庭玉、庭瓘等，哀蓼莪之結歎，痛峙岵/之增悲。而恐山岳再移，□川屢變〔三〕，刊礎刻迹，以表/誌銘。其詞曰：/

光茲漢主，匡彼魏君。蟬聯遞襲，弈葉相勳。其一爰/此若人，風高可仰。州縣不職，丘園自賞。其二東岱/忽臨，西崦何遽。日月彼逝，林泉空處。其三冬之夜，/夏之日。天長地久兮居此室。其四/

【注釋】

〔一〕隺：「鶴」的俗字，但古無鶴姓。疑是「崔」或「霍」的訛刻，但無相應字例，存疑待考。

〔二〕開元十七日：「日」上應漏刻「年××月××」等字。

〔三〕□川屢變：「川」上一字全泐，據文意，疑是「河」，「山」與「河」對舉，行文亦暢。

一四一　蕭元祚墓誌

唐開元二十三年（七三五）閏十一月一日

墓誌出土於河南省洛陽市境內，具體出土時間、地點不詳。拓片高、寬均70釐米；蕭誠撰文，蕭諒書丹；誌文三十行，滿行三十字，正書，雜以行書，有縱橫界格。誌蓋盝頂，高、寬亦均70釐米，頂面陰文正書，兼行書筆意，題「唐故袁州萍鄉縣令蘭陵蕭府君墓誌銘」，四周鐫刻雲水圖紋，四煞刻四神紋飾，間以卷草紋，製作精美。

大唐故袁州萍鄉縣令蕭府君諱元祚字元祚墓誌銘并序。/

次子前司勳員外郎誠撰，幼子主爵員外郎諒書。/

蕭氏，殷後，世居蘭陵。先君梁長沙王諱懿五世孫，長沙王生後主諱淵明，後/主生高唐王諱盾，高唐王生高邑公諱岱，高邑公生湖州司馬諱憬。

先君即/司馬翁第五子也。纂承邁種，膺稟河岳。道德性與，禮樂生知。學窮百氏，才殫六/藝。年廿，以門蔭補魯王府祭酒，轉舒王府主簿〔一〕。府廢，左遷播州羅蒙縣令。時蠻/貊多梗，郡邑興戎，攻逼日深，禁止無策。先君挺身招撫，亡馬臨詣。導之以義，/董之以威。忠信所加，頑嚚乃革。事雖下濟，聲遽上聞。俄而衡壤不清，攸江扇/盜。屠村陷邑，截路保山。特命先君馳傳往理。制曰：往任蠻鄉，頗聞聲績，俾/臨衡服，更佇輯寧。可衡州攸縣令，仍馳驛赴任。先君崇名先路，臨事與權。惠/化大行，猖狂咸復。巡使析縣，更置茶陵〔二〕，復轉爲茶陵縣令。

常歎有時無命，景逝/位微。久猒徒勞，每思初服。一朝棄綬，數載閑居。立訓著書，樂我而已。洎神龍首/歲，王室中興，大搜賢良，任能牧宰。先君爲所知稽薦，隨例拜官，限以貶資，/見除今職。制曰：夙參宦序，早標循吏。久著公方，允膺揚歷。宜莅人於郡邑，庶/敷德于黎元。可行袁州萍鄉縣令。祇命領部，惠風偃洽，曾不周月，大康遠人。殊政異聞，頌芳紀石。先君自從初貶，爰至暮途，雖三徙官，不一進級。涉歷萬/餘里，艱危廿年，道且不行，志常莫展。

夢楹興疾，占鵬成災。以神龍二年七月廿/七日，終於宜春里本縣之廨署，春秋六十有七。以景龍二年歸殯於北邙之南/原。先妣，晉昌唐氏洪和公毅之曾孫，尚乘直長綱之長女。閫儀內範，邇被遐/揚。以開元三年九月九日，終於東都温柔里之私第。粤以開元廿三年，歲次乙/亥，閏十一月壬午朔，合祔于龍門西山畢原，禮也。

先君正身率下，後己先人。/非禮勿言，非禮勿動。望之儼然，即之也温。聽其言也厲，故恭以行己，惠以養人，/義以睦親，敬以和衆。通昔賢之未達，弘典禮之所無。至於吉凶之儀，喪葬之制，/補今古之闕，約奢儉之規。貽誨後昆，自爲永則。誠諒不克負荷，無能顯揚，遵奉/遺勒，企成先旨。懼移陵谷，爰記堅貞。銘曰：

赫赫我祖，建邦于梁。乘運作帝，裂土封王。道德不泯，子孫其彰。先君稟靈，立/身孔臧。孔臧伊何？既文且史。洞微延奥，多才具美。行通神明，德重瓊玘。英異之/傑，人倫之紀。周流七澤，辛勤五湖。西遷極楚，東徙窮吴。政成四邑，名高兩都。生/涯不造，天命其孤。闕塞巍巍，崇崗膴膴。宅兆攸託，精靈爰處。日月兮居諸，千/秋兮萬古。庶傳芳於厚地，敢勒銘於幽礎。/

【注釋】

〔一〕舒王：據《舊唐書·高祖二十二子傳》，舒王元名，唐高祖李淵第十八子。貞觀五年封譙王，十一年徙封舒王。永昌年，與子亶俱爲丘神勣所陷，被殺。亶子津爲嗣舒王，卒，子萬嗣，天寶二年卒。子藻嗣，天寶九載封嗣舒王。據墓誌謂府廢左遷，此舒王當是李元名。若此可信，則垂拱四年魯王李靈夔事敗，旋即轉舒王府，不久舒王李元名亦被害，乃前後兩年時間。且因舒王事被牽連，左遷播州羅蒙縣令。

〔三〕茶：原刻作「荼」，誤。下同。

一四二　楊絳墓誌

唐開元二十三年（七三五）閏十一月三日

墓誌出土於陝西省咸陽市底張灣一帶，咸陽機場附近，具體出土時間、地點不詳。拓片誌高、寬均59釐米；誌文二十八行，滿行二十八字，正書，有縱橫界格。誌蓋缺。

唐故邠州新平令楊君誌文。/

楊之世族，著矣。惟忠烈服勞王家，則莫如太尉；惟敦序亢宗帝室，則莫如/司徒。實盈大於隨，繁衍其族。啓封錫命，別爲王侯之家；邁德樹勳，合流清/白之業。

公諱絳，字□〔一〕，司徒公之後也。曾祖思止〔二〕，唐太僕卿。祖執柔〔三〕，兵部尚/書、同中書門下平章事，贈吏部尚書。父湜，太子少詹事。郊有牧，國有政，九/棘位分，七騶知訓，太僕有焉。陰陽序，風雨時，寅佐天工，混成元一，尚書有/焉。震爲子，坤爲臣，忠亮是規，文武以衛，詹事有焉。若數公者，皆沉密好謀，/勤儉温肅。雖連華於三葉，並希高於四知。

公服先公之丕緒，蹈累仁之休/實。幼而廉，長而毅。不樂葆大，特尚名節。秋學禮而知其立，冬讀書而知其/政。弱冠，以崇文明經高第，授陝州參軍，轉太常、鼓吹令。其分陝也，周、召之/舊境，故參事以導其風；其奉常也，禮樂之所殷，故由暑以辯其物。蓋君子/造次必於是，則楊公近之。無何，特制授京兆府好畤丞。古者褒有能，進有/德，聖人玄旨，其若是乎。尋以府君憂去職。禮終，調晉州臨汾令，未謝，而/太夫人復以奄忽，由是羸卧不起，殆十餘年。嗟乎生用多艱，天實不造。何/恃何怙，父兮母兮。泣血思親，將從没齒之制；潛居藴道，恪守先人之廬。已/而，上恤矜人，邑俟賢宰，進忠成孝，禮亦有焉。遂起爲邠州新平令。

永惟/發迹之始，從政所經，自陜至邠，凡歷官有五，居喪則二。士節儒風，與時俱/邁，善矣夫！本乎周召之遺烈，成乎禮樂之奥府。禄也無散親之餘，喪也有/過時之戚。故行之於内，則澤潤六姻；施之於外，則儀形百里。即是宰也，允/荒之舊邑，公父之遺人。非德勿居，微我孰理。曾是再稔，有不欺之化焉。

宜/乎享萬年，分百禄。天喙是夭，異世同悲。粤以開元廿三年春二月寢疾，終/於新平之官舍，春秋卌有四。於戲，位不過邑宰，壽不及中年，子未克家室，/銜顧命可哀哉。嗣子寄，次子穎等，幼而知禮，哀毁過人。故《喪紀》云：士逾月，/外姻至。斯其禮歟？以其年閏月十一三日[四]，反葬於咸陽洪瀆原，禮也。連崗盤/陌兮，涇南渭北；豐碑茂松兮，先塋故國；白露風秋兮，大荒無色；壽堂一閉/兮，德音是則。銘曰：

天錫楊氏，世有明德。三葉連華，二宮陳力。汪夫/子[五]，承家令則。周召遺風，禮樂奥式。移此具美，恪臨乃職。百里何褰，九層兹陟。天乎是夭，俾人大棘。魂兮歸來，永安故國。哀哀霜露，思我罔極。/

【注釋】

〔一〕字□：「字」下原刻空一個字格。

〔二〕曾祖思止：楊思止，楊恭仁從子，與思訓爲從兄弟。曾任司馭、司衛二寺卿，德潞二州刺史，賜爵湖城公。參《張燕公集·贈户部尚書河東公楊君神道碑》。

〔三〕祖執柔：楊執柔，楊恭仁從孫，官至同中書門下平章事。詳參《舊唐書·楊恭仁傳》。

〔四〕以其年閏月十一三日：「月」下一字作「十一」。考長曆，開元二十三年閏十一月，則應是「其年閏十一月三日」，原刻誤倒。

〔五〕汪夫子：原刻脱一字，疑當作「汪汪夫子」。

一四三　李惲墓誌

唐開元二十四年（七三六）十一月二十一日

墓誌出土於陝西省西安市長安區，具體出土時間、地點不詳。拓片誌高、寬均48釐米；丁憲撰文，李元暹書丹並題額；誌文二十四行，滿行二十四字，正書，有縱橫界格。誌蓋缺。

故大唐司農寺上林令李公墓誌銘并序。/

開元廿三年，九月丙寅，承議郎、上林令終於洛陽道政里之故/也。還殯于京師，從權，道也。春秋七十，以廿四年十一月景申，葬/于城西高陽原，創新塋，禮也。

嗚呼！李氏之祖，趙郡元城人。其先/昌意之胤，治兵都尉，位列秦官；驍騎將軍，勳焯漢室。自/太宗受命，山拔晉陽。諸侯建功，雲從京國。始隸于鄠，世居畿。曾/祖岌，武毅長材，傑名偉度。以鄉貢舉，補涇州四門府左果毅都/尉。祖德，守義以莅禄，崇德以正躬。除游擊將軍，從散職。考峻/悊，智以周物，才以濟時，終於何州郡書佐，非其志。

公惲，嶷然峻峙，/泓然深遠[一]。式乎道義，克尚温恭。戢鵬運以守仁，出鶯谷以求仕。/始補少府監事，轉西市丞，歷上林令。斂廛人之五稅，泉貨孔殷；/揔禁囿之百品，萯實斯夥。

嗟乎！長榆落日，頓百齡而不駐；夜壑/藏山，望九原而斯畢。夫人白氏，恭懿貞拔，淑問幽閑。宜家作嬪，/昭配有德，君子好仇也。六行天至，匪因師氏之學；四德生知，不/待公宫之教。早代先落，同穴即冥，孝之終也。冢子農圃監事元/適，理斷無滯刀筆之能。次子秘書手元暹，才望有經文章之傑。/故能孝道孔碩，友愛淳深。悲號動天，耀毀驚骨。刻石頌德，購才/揚親。欲使海變成田，識鴻名於萬古；池平化谷，收茂實於三泉。/至乎李氏之子，其用心也遠矣。銘曰：/

系自昌意，誕生我祖。都尉持戎，將軍事主。大唐受命，龍飛晉陽。/翼彼天步，家乎帝鄉。允武允文，乃祖乃考。及冠筮仕，從卑守道。/降生淑德，禄以從政。再命爲丞，三登作令。配以良媛，歸乎我家。/母儀貽慶，嬪則聯華。式痛藏山，咸悲逝水。萬古何恨，雙魂已矣〔二〕。/

處士丁憲撰文，次子元暹書及題額。/

【注釋】

〔一〕遠：「辶」泐蝕，餘清楚，據殘畫輪廓，參以文意録文。

〔二〕雙魂已矣：「已」字略模糊，尚存輪廓。「矣」字上部泐蝕，下部「天」清楚，據殘畫録文。

一四四　傅伏墓誌

唐開元二十六年（七三八）十一月一日

墓誌出土於河南省洛陽市，具體出土時間、地點不詳。拓片高 36.5 釐米，寬 37 釐米；誌文十七行，滿行十七字，正書，偶雜行書，有縱横界格。誌蓋缺。

大唐故傅府君墓誌銘并序。/

君諱伏，字行，清河郡人也。祖封義，任苑北面/監。府君前任將作署丞，才高異俗，德廣殊倫。/幼聰挺秀，長學成麟。行操行堪爲記〔一〕。簡出辭/令，可以書申。履於庠閾〔二〕，則禮也之事；處於閭/里，則仁者之人。

夫人高氏之胤，夙惟女則，下/承河海之精；及奉母儀，上膺星月之魄。嗚呼！/府君先夫人没，晝哭合度，煢煢孀居，撫孤育/童，皇皇如失。夫人有三子：長希，人孝淳穌，詣/秦侍柩。宿夜泣血，攀號痛割。次宗，上和下穆，痛貫骨髓。恨不貨軀，乃營大事。小萼，不幸少/喪。夫人春初之際遘疾，去開元廿六年正月/六日，終於會節里私第，春秋七十有三。其年/歲次戊寅，十一月乙未朔，遷瘞於龍門平原，/禮也。銘曰：/

鬱影鎮地連山，北望國門自然。建立千秋萬/歲，不沉冥於九泉。/

【注釋】

〔一〕行操行堪爲記：此句表意不明，且行文不諧，原刻當脱二字。

〔二〕庠：原刻作「痒」，訛誤。

一四五　元遐觀墓誌

唐開元二十七年（七三九）十月十四日

墓誌出土於陝西省華陰市境，具體出土時間、地點不詳。拓片誌高35釐米，寬36釐米；誌文二十行，滿行二十字，正書，有不規則縱橫界格。誌蓋盝頂，頂面高24釐米，寬25釐米，題「大唐故元府君墓誌銘」三行，行三字，陰文篆書。四煞未拓。

大唐故元公墓誌銘并序。/

公諱遐觀，字觀，河南洛陽人也，後魏昭成帝之十代/孫。曾祖興，隨使持節、青衛恒定四州諸軍事、四州刺/史、良川郡開國公。祖武幹，左監門衛中郎將。父大寶，/齊王府庫真。並克孝克忠，允文允武。位高而心小，名/達而益謙。

公則庫真公之元子也。毓氣清淳，秉心玄/邈。優游墳籍，傲睨王侯。常謂天鑒孔昭，善人是輔。冥/途曷貳，殄我貞良。以□□□□□□□□□□〔一〕遘疾，/終于華州華陰縣之莊第，春秋卅有二。夫人許氏，事/上有禮，撫下無虧。嗚呼彼蒼，令淑何咎。以

□□□□□□□□□□〔二〕/終於華陰縣之莊第，春秋廿有八。

嗚/呼！公家代陵夷，遂臧于嗣。若敖之族，永絶於蒸嘗；遷/厝之儀，何階而再舉。公之堂妹寧王妃〔三〕，痛友于之情，/興鶺鴒之感。爰崇塋壟，將安栖寓之魂；再創塗車，用/備飾終之禮。以開元廿七年十月十四日，啓殯合祔/於華州華陰縣瓊嶽鄉之原，禮也。嗚呼！旌旐摇摇，直/指泉扃之路；嘉聲寂〔四〕，奄歸長夜之臺。將萬古而唯新，/乃勒石而彰德。其詞曰：/

於戲我公兮代英賢，四教百行兮微不研。天何德兮不/甄，殲哲人兮茂年。悲兮悲兮詎能宣，勒銘誌乎陵谷遷。/

【注釋】

〔一〕以□□□□□□□□□□：「以」下，原刻空十個字格，據墓誌文例，其内容應是生病死亡的時間。墓誌製作時，留空待填，而終未補刻。

〔二〕以□□□□□□□□□□：「以」下，原刻空十個字格，其内容應是夫人生病死亡的時間，墓誌未補刻。

〔三〕寧王：李憲，唐睿宗李旦長子，封寧王，官至太尉。參見《舊唐書・玄宗紀》。

〔四〕嘉聲寂：「寂」下應缺一「寂」字，以與上文「旌旐摇摇」相對應。

一四六　韋望墓誌

唐開元二十七年（七三九）十二月二十四日

墓誌出土於河南省洛陽市龍門山，具體出土時間、地點不詳。拓片高38釐米，寬39釐米；誌文十八行，滿行約二十一字不等，正書，有縱綫界格。誌蓋盝頂，高、寬均39釐米，頂面陰文篆書，題「大唐故韋府君墓誌銘」，四周鐫刻回折幾何圖紋，四煞刻四神紋，間以卷草紋飾。

唐故朝議郎、行定州司士參軍韋君墓誌銘并序。/

君諱望，字潾，京兆杜陵人也。後周逍遥公之五代孫〔一〕，/皇朝藍田令叔穎之孫，而任縣令文行之元子。敏而夙/成，材與時適。

弱冠孤藐，備更勤儉。養繼親不匱，訓/諸季有法。寓居河朔，州里賢之。東軍大將奏充幕畫〔二〕。以/敵愾之功，拜定州司士參軍。雖爲始官，自有全用。夫其開/濟之理，矜嚴之節，領攝繁興，亢綏宗黨。曾無儲積，頗號/鮮明。良馬應神駿之談，盧犬觀緤末之效。舞雩遊詠，退食委蛇。

遭賁父之御驚，痛韓安之墮蹇。不遇萬金之藥，/旋成二豎之謀。開元廿七年五月十四日，終於定州之廨宇，春秋/卌有五。越十二月，旅櫬歸於洛師。廿四日，遷窆于龍門鄉之/原，近母氏於山，龕遵遺令焉。没不忘親，孝也。子龕，年甫/四歲，呱呱靡知。爰有哲婦，濟家多難。杜陵南上，遍烈祖/之墳塋；闕塞西浮，見孝孫之松柏。悠悠魂氣，無遠不之。前賢所用，元聖所韙。嗟爾來者，無或譏焉。銘曰：

終南巍崔，連崗鄠杜。生我俊人，欽繩祖武。克家之吉，/幹譽之蠱。不永斯年，其毒太苦。闕口前斷，伊川北流。平生遺意，託此重幽。/

【注釋】

〔一〕後周逍遥公：韋敻，字敬遠，號逍遥公。詳參《周書·韋敻傳》。

〔二〕東軍大將：當是「河東軍大將」。承上句「寓居河朔」而省其「河」字。《册府元龜》卷四〇九：「李自良爲河東軍大將。貞元三年，從節度使馬燧入朝。時罷燧兵權，德宗欲以自良代燧。自良懇辭，事燧，久不欲代，爲軍帥物議多之。」

一四七　唐順妃韋秀墓誌

唐開元二十八年（七四〇）五月十一日

墓誌出土於陝西省西安市境，具體出土時間、地點不詳。拓片高、寬均 121 釐米；誌文二十四行，滿行二十五字，正書，有縱橫界格；四周鐫刻纏枝卷葉紋飾。誌蓋缺。誌主高、曾、祖、父，史書無傳，但是典籍有記載，文多簡略，墓誌於歷官甚詳，可補史書之缺。

大唐故順妃墓誌銘并序。〔一〕/

夫朝有賢哲，則雍熙之業著；邦有淑媛，則關雎之化揚。樊妃辭味/以感君，姜氏請僭以悟主。徵之今代，則順妃其人歟。

妃諱秀，京兆/冑貴里人也。高祖澄〔二〕，舉秀才，仕隨，爲兵部侍郎、東都司勳尚書、金/山郡守。皇朝授金紫光禄大夫、國子祭酒，俄徙綿州刺史，/彭城郡開國公，謚曰敬。輔殷醜夏，既重伊摯之賢；去隨歸唐，彌表/敬公之識。曾祖慶植〔三〕，皇考功郎中、舒密二州刺史。握蘭華省，則列/宿相輝；建節江鄉，則人謡允屬。烈祖頊，工部尚書、扶陽郡開國公，/謚曰恭。承一經之緒，昇八座之榮。履聲簡於/帝心，星影奐乎天掖。皇考鐵〔四〕，駙馬都尉，尚永壽公主，銀青光禄大/夫、衛尉卿、太僕卿、右金吾將軍，食實封二百户。封彭城郡開國公，/食邑二千户，贈兖州都督。重侯累將，四代五公。庭起鳳皇之樓，門/繁槐棘之蔭。

積無違德，必誕異人。故生我順妃，實漲其族。少稱女/士，長類諸生。四德聞於六宫，百行周於一體。以開元六年正月廿/七日娉入，非色授也。妃性婉順，有精識，每侍帷幄，以謙謹自守，故/得常屬意焉。

烏呼！天不與仁，以開元廿八年三月廿九日遘疾，薨/於北宫。越翌日，遷神於興寧里之官舍。喻月既望，葬於京兆府萬/年縣細柳原之傷〔五〕。/

敕京兆尹李愼名爲監護喪事，所以敦贈終之禮也。夫性和而静，/婉約深衷，考行議能，謚之曰順，宜哉。詞曰：/

坤之德兮，月之精兮，璀璀璨璨兮，如玉之貞。入丙殿以暉耀，侍甲/帳而輕盈。芝既焚兮桂不攀，辭白日兮黄壚間。驚隙駟兮何遽，悟/逝川而不閑。慘四野之蕭瑟，歸高丘兮若山。/

開元廿八年，歲次庚辰，五月景戌朔，十一日景申。/

【注釋】

〔一〕順妃：姓韋，名秀。父韋鐵，母唐中宗第五女永壽公主。據墓誌「入丙殿以暉耀」，應是太子妃。

〔二〕高祖澄：韋澄，史書無傳，但典籍曾提及。宋敏求《長安志》卷八《唐京城》二「次南平康坊」下，「西南隅，國子祭酒韋澄宅」。嚴長明乾隆《西安府志》卷五八《古迹志中》：「褚遂良宅在平康坊，又韋澄、王志愔、崔泰之、裴光庭、張宏靖宅俱在是坊。」墓誌詳載韋澄歷官，可補史缺，對於研究京兆韋氏有重要意義。

〔三〕曾祖慶植：韋慶植，兩《唐書》無傳，但歷史上有記載。唐釋道世《法苑珠林》卷九二載韋慶植亡女變羊，被慶植聚親賓客備食殺之。客坐不食，慶植怪問之，客具以言。慶植悲痛發病，遂不起。事涉怪誕。勞格《唐尚書省郎官石柱題名考》卷一七：「韋慶植，《新表》韋氏，彭城公房，綿州刺史，彭城敬公澄子慶植，魏王府長史。《元和姓纂》慶植，倉部郎中。韓休《贈邠州刺史韋公鈞神道碑》祖慶植，皇朝舒密二州刺史。」墓誌與之相合。

〔四〕皇考鐵：韋鐵，官駙馬都尉，其妻爲唐中宗永壽公主，早卒，夫妻陪葬乾陵。《新唐書・諸公主・中宗八女傳》：「永壽公主下嫁韋鐵，蚤薨。」長安初追贈。《文苑英華》卷七八一《佛像上》載《爲韋駙馬奉爲先聖繡阿彌陀像讚并序》：「大唐唐隆元年六月二十二日，右金吾將軍、駙馬都尉臣韋鐵等，奉爲先聖三七日，繡阿彌陀像一鋪。」清徐松《唐兩京城坊考》卷二：「次南光福坊」下：「坊東南隅，舊有永壽公主廟。公主，中宗第五女，降韋鐵，早薨。景雲中廢。」據墓誌，韋鐵歷官除了右金吾將軍、駙馬都尉典籍有記載之外，餘均不載，可補典籍之缺。

〔五〕傷：與上下文不諧，按墓誌通例，應作「禮」。

一四八　韓休墓誌

唐開元二十八年（七四〇）八月十八日

墓誌出土於陝西省西安市長安區，具體出土時間、地點不詳，石藏陝西考古博物館。拓片誌高 70 釐米，寬 71.5 釐米；席豫撰文；誌文四十一行，滿行四十四字，正書，有縱横界格。誌蓋盝頂，加四煞高 69 釐米，寬 69.5 釐米；不加四煞高、寬均 45 釐米；頂面陰文篆書，題「大唐故韓府君墓誌銘」；四周鐫刻纏枝卷葉紋，四角刻團花紋各一；四煞鐫刻纏枝卷葉紋飾。誌主兩《唐書》有傳，其妻《柳氏墓誌》亦出，本書著録，可以互參。撰文人席豫，兩《唐書》亦有傳。

大唐故太子少師、贈揚州大都督，昌黎韓府君墓誌銘并序。

中散大夫、守尚書左丞、上柱國，安定席豫撰〔一〕。／

公諱休，字良士，其先潁川人也〔二〕。七代祖，魏從事中郎偃，徙居昌黎郡。夫《魯經》説孝，立身之本；《漢令》稱忠，立名之冠。嘗／歷選於千載，難求備於一人，則有同曾閔之事親，兼稷契之匡主。當朝具美，其在我國相韓公焉。

自周室分枝，韓原／食菜。晉稱霸國，厥在六卿。漢舉義兵，信爲三傑。英靈間出，世濟不隕。以至於我曾祖，隨鄧州長史，襲黄臺公尚賢。祖，／皇朝閬州長史、巫州刺史符。父，皇朝洛州司士，贈吏部郎中大智。並秀發地靈，才優天爵。或佐州典郡，謡頌／起於生前；或翼子謀孫，哀榮加於没後。

公即郎中府君之次子也。稟秀異之姿，得清真之性。弱不好弄，幼而生知。十／二能屬文，十八通群籍。鈎深索隱，體物緣情。漢殿論經，則戴憑重席；孔門用賦，則賈誼昇堂。加以儼其衣冠，森然矛／戟。道苟不合，邈若山河；義有所存，無改霜雪。

弱冠，應文筆絶倫舉〔三〕，擢第一。注冀州下博縣尉。公才雖拔萃，仕不擇官。／及過門下，屬黄門李嶠以筆札見知，公輔相許，由是批屈，改授蒲州虞鄉縣尉。學以從政，績著理人。梅福仙才，初從／下位；橋玄公望，終陟上台。秩滿一選，授陝州桃林縣丞。時吏部侍郎鄭愔，以學府詞宗，收筆精墨妙。蜀都才子，素重／馬卿之文；晉室名臣，還入山濤之啓。是舉也，君子韙之。中興初，又應十道宣勞使賢良舉。今上時在儲宫，親／問國政。公對策高第，擢授左補闕，尋判主爵員外郎。衮職有闕，緊公能補。郎官之選，爲國所難。時望見昇，僉曰惟允。／未幾，轉起居郎，遷給事中。南史直詞，潤色王業；東臺駮議，振起朝綱。雖倚相之讀九丘，陳劭之通六籍，無以過也。

無／何，拜中書舍人，轉禮部侍郎，仍兼知制誥。初徵徐邈，以訓五經；乃命伯夷，以掌三禮。王言有序，祀典增修。時／天子以九牧之雄，簡百寮之秀，乃授公虢州刺史。地惟虢略，國有唐風。下車政成，閉閤人理。佇聞徵拜，忽遘閔凶，丁／太夫人憂罷職。蔡邕侍疾，不解帶者三年；曾參執喪，其絶漿者七日。禮不滅性，代實湏才。有制起復，除左庶／子，兼知制誥。充窮壠隧，匍匐闕庭。固陳誠請，許終喪制。服闋赴職，尋轉工部侍郎，依舊知制／誥。公綸翰一掌，前後十年。武德初，中書侍郎顔師古掌經九年；貞觀中，中書令岑文本經十八年；歲序深者，及公而／三矣。自非兼苞文史，博達古今，孰能與於此。又轉兵部侍郎，改尚書右丞。擢在夏官，六師是統。乃居右轄，三臺以清。／績深官曹，望在舟檝。乃擢拜黄門侍郎，同中書門下平章事。公册拜之日，自京邑洎於海隅，蒼生莫不踴躍喧呼，喜／大賢入相。則知才之濟於代弘矣，德之感於人深矣。於是乎緝熙王道，丹青神化。下順萬物，外安四夷。嘉謀嘉猷，乃／告爾后。同心同德，是謂亂臣。進忠良，黜邪佞，簪紱震竦，朝廷肅清。而高行不雜，直躬多忤。未幾，轉工部尚書，遷太子/少師。名列八座，宦成兩宮。

運屬唐虞，方侍登封之禮；年逢辰巳，俄興下代之悲。以開元廿八年五月十日遘疾，薨於/安興里之私第，春秋六十有八〔四〕。有制曰：「存爲名臣，殁有褒贈。旌德悼往，義兼於斯。故銀青光禄大夫、守太/子少師、上柱國、宜陽縣開國子韓休，時之良材，特禀和氣。體正居厚，外柔内剛。文學富贍而見稱，識度沉詳而見用。/往當大任，嘗效訏謨。爰輔元良，率由直道。孰云與善。而不永年。奄此淪喪，情深憫惜。瞻言懿範，宜被寵章。俾承加等/之榮，以叶飾終之典，可贈揚州大都督，賜米粟一百五十石，絹一百五十匹。」葬日，量借手力幔幕。以其年八月十八/日，遷窆於少陵原，禮也。

惟公峻標拔俗，弘量過人，學擅大巫，詞稱雄伯。飭躬由禮，德政有經。其在補闕也，每有舉人，/嘗預考策。屬太平公主以婦人干政，竇懷貞以宰相持權，相與爲人，固執不第。將謀危害，遽自誅夷。此公之正直，神/道所祐矣。其莅虢州也，帶河拒陝，百姓居山西。幸東巡，兩都納秸，險陸相半，轉輸爲勞。因抗表極言，至誠動/聽，特免兹役，以安厥人。此公之惻隱，毗心所賴矣。其理兵部也，有戴鶡之勇，麗龜之能，精簡得材，請託無路。君子曰：/「若使韓公掌吏部選，必能變風俗，清流品。權貴失圖，寒素得志。」此公之簡要，衆望所歸矣。其居宰衡也，言必獻替，事/多弘益。在公盡節，爲上所知。每顧謂公曰：「卿是朕社稷臣，可比風力。」此公之忠貞，聖懷所重矣。歷官/著稱，當代推賢。而子産云亡，空存遺愛；臧孫不朽，所謂立言。迹雖没於丘山，名方傳於竹帛。公所著文集凡廿卷。有/子九人〔五〕：長子浩，京兆府富平縣尉；次子洽，蒲州永樂縣主簿；次子洪，河南府洛陽縣尉；次子澣，右金吾衛兵曹參軍；/次子汯，左金吾衛兵曹參軍；次子洞，京兆府參軍，早亡；次子滉，右威衛騎曹參軍；次子渾，左監門録事參軍；次子洄，/未仕。並業紹析薪，禮遵卜宅。長安東道，少陵南陌。始植松楸，思鐫金石。豫對掌綸紱，亟歷居諸。義感知己，文慙課虚。/四海交遊，空掛延州之劍；千年陵谷，誰刊汲冢之書。銘曰：

星象磊硌，山河氤氳。感降才子，弼諧聖君。惟公挺生，當代傑出。兼乃忠孝，半於文質。從學稱敏，屬詞尤工。宦/歷中外，名成始終。厚禄尊官，清心直行。玉堅有體，松寒其性。爰自郡邑，至于公卿。所樂名教，不渝忠貞。方侍登封，俄/嗟閲世。少陵原野，太

常容衛。笳斷山月，旆飛郊雲。哀哀孝子，負土成墳。／

【注釋】

〔一〕席豫：兩《唐書》有傳。稱「席豫，襄陽人。湖州刺史固七世孫，徙家河南。豫進士及第，開元中累官至考功員外郎，典舉得士，爲時所稱。三遷中書舍人，與韓休、許景先、徐安貞、孫逖相次掌制誥，皆有能名。轉户部侍郎，充江南東道巡撫使，兼鄭州刺史。入爲吏部侍郎」；「天寶初，改尚書左丞，尋檢校禮部尚書，封襄陽縣子」；天寶「七載卒于位，時年六十九。疾篤，謂其子曰：『吾亡三日斂，斂日即葬，勿更久留，遺公私之煩。家無餘財，可賣所居，聊備葬禮。』人嘉其達。贈江陵大都督，謚曰文」。

〔二〕公諱休字良士其先潁川人也：兩《唐書》本傳不載韓休字，墓誌可補其缺。至於籍貫，墓誌謂「其先潁川人」、「徙居昌黎郡」，乃舉其郡望；史傳載爲「京兆長安人」，乃紀其實際居住地。

〔三〕文筆絶倫舉：即「文筆絶倫科」，兩《唐書》不載，其他典籍亦不見。

〔四〕開元廿八年五月十日遘疾薨於安興里之私第春秋六十有八：《舊唐書》本傳：韓休於開元「二十七年病卒，年六十八。贈揚州大都督，謚曰文忠。寶應元年，重贈太子太師」。與墓誌不合。《新唐書》本傳不載卒年。墓誌當時所記，當據以正之。墓誌又明載韓休之住地，下文又載朝廷詔書，並可補史傳之缺。

〔五〕有子九人：據《舊唐書·韓休傳》：「子洽、洪、汯、滉，皆有學尚，風韻高雅。洽，天寶初爲殿中侍御史，卒。洪爲司庫員外郎。洽弟渾，除大理司直。御史大夫王鉷犯法，籍没其家。洽兄浩，爲萬年主簿，捕其資財，有所容隐，爲京兆尹鮮于仲通所發，配流循州。洪、汯並坐貶職。後遇赦，量移洪爲華州長史。屬安禄山反，西京失守，洪陷於賊，賊授官，將見委任。洪與浩及汯、滉、渾同奔山谷，以投行在。至谷口，洪、浩、渾及洪子四人，並爲賊所擒，併命於通衢。洪重交友，籍甚於時，見者掩涕。肅宗聞其重臣子，能以忠而死，贈太常卿。浩贈吏部郎中，渾贈太常少卿。汯上元中爲諫議大夫。滉、洄别有傳。」結合《新唐書·韓休傳》《韓休夫人柳氏墓誌》所載均有出入。

一四九　韋咸夫人劉氏墓誌

唐天寶三載（七四四）六月二十九日

墓誌出土於陝西省西安市長安區，具體出土時間、地點不詳。拓片誌高52釐米，寬52.5釐米；韋述撰文，劉幹書丹；誌文二十行，滿行二十字，首行二十八字，正書，有縱横界格。誌蓋盝頂，高、寬均54釐米，頂面銘文三行，行三字，陰文正書，題「大唐故劉夫人墓誌銘」，四周鐫刻牡丹花紋，四煞鐫刻纏枝卷葉紋飾。誌主劉氏曾祖劉德威，兩《唐書》有傳。

大唐河東縣令韋君故夫人新寧縣君劉氏墓誌銘并序。/

夫人彭城叢亭里人，刑部尚書、彭城公德威之曾孫〔一〕，/贈太子太傅、沛國公延景之孫〔二〕，今太子詹事、豊縣侯/瑗之第四女。朝請大夫、河東令京兆韋咸之妻也。承/盛烈之餘祉，禀怡然之淑姿。卓爾殊操，矜莊敏達。既/笄有行，惠聲逾遠。奉慈姑則盡其孝愛，事叔姒則不/忘謙卑。處嫡繼而有鳲鳩均養之仁，在膏粱能遵葛/覃躬儉之美。

云期偕老，以佐中饋。昊天不吊，折我春/榮。享年□有九，以天寶三載六月十二日遘疾，終于/京城之興仁里第〔三〕。嗚呼，花萼方茂，獨先彫於短晨；琴/瑟始諧，而不終其好合。命矣夫！何佑善之無應也。嚴/父撫柩，彌軫切心之哀；賢夫庀喪，難抑傷神之痛。二/女呱呱而在襁，兩男欒欒以從車。行路潸然，孰不隕/淚。即以其月廿九日，歸厝於萬年之畢原，從先塋也。/萬古千秋，斯爲永畢。其銘曰：

系漢封楚，高門/令族。世濟才良，且挺賢淑。珠玉照爛，椒蘭芬馥。既合/二姓，方期百禄。聿修絺紘，恭事蘋蘩。箴規女訓，詩書/婦言。榮升褕服，德配魚軒。朝光遽掩，天道寧論。南屬/潦潏，西鄰鄠杜。露濕荒阡，風摇宿莽。歲月難駐，丘山/易古。載美沉石，式旌泉户。/

咸堂兄太僕少卿述撰。/夫人堂兄協律郎幹書。/

【注釋】

〔一〕刑部尚書彭城公德威：劉德威，徐州彭城人。大業末從左光禄大夫裴仁基討賊淮左，手斬賊帥李青珪。後與仁基同歸李密。武德元年密與王世充戰敗入朝，德威亦率所部隨密歸唐，授左武候將軍，封滕縣公。擒竇建德，平王世充功，轉刑部侍郎，加散騎常侍。妻以平壽縣主。貞觀初歷大理太僕二卿，加金紫光禄大夫。貞觀十一年復授大理卿。遷刑部尚書，兼檢校雍州別駕。永徽三年卒，年七十一。贈禮部尚書、幽州都督，謚襄，陪葬獻陵。兩《唐書》有傳。

〔二〕贈李太傅沛國公延景：劉延景，唐刑部尚書劉德威之子，平壽縣主所生。唐睿宗皇后劉氏之父。官至陝州刺史，武周時被殺。景雲元年，追贈尚書右僕射、沛國公。詳參《舊唐書·高宗紀》、《劉德威傳》。

〔三〕京城之興仁里第：「興」字泐蝕，據殘痕録文。興仁里，長安里坊名。《長安志》載「安仁坊有劉延景宅」，則興仁里與安仁坊，應在一地。

一五〇　王曜墓誌

唐天寶四載（七四五）二月二十一日

墓誌出土於陝西省西安市郊區，具體出土時間、地點不詳。拓片誌高47釐米，寬43釐米；陳利見撰文，鄭蕚書丹；誌文二十三行，滿行二十三字，正書。誌蓋盝頂，高47釐米，寬43釐米；頂面銘文三行，行三字，陰文篆書，題「大唐故王府君墓誌銘」，四周及四煞均綫刻牡丹紋飾。

唐故右衛郎將、太原王府君墓誌銘并序。

前太原府法曹陳利見撰。/

府君諱曜，太原晉陽人也。弈世重光，載在盟府。代濟其德，不/隕厥名〔一〕。漢有京兆，能擒奸伏；晉有司空，能平水土。府君克/纂前烈，載錫厥慶。王父，洛陽縣尉；皇考，鄭州司馬。克明克/長，有馮有翼。賦政于外，勤厭人心。府君柔嘉維則，幹蠱是/力。文爲三變，以經國也；武有七德，以定功也。始以門資宿衛，/中以執戟效官，終以試劇貳邑。揉此文武，施于德教。且朝/有衛禁，惟公扞之；縣有敗業，惟公舉之。虔恭迺職，無替/厥命。帝嘉爾庸，遂掌喉舌。初試通事舍人，尋即真矣。公/夙夜在公，匪懈于位。出納惟允，敷奏以言。翼翼小心，百辟是/式。肅肅王命，四方于宣。學精中古，初有楊雄之位；才冠一/時，奄授伯階之職。有詔除右衛郎將，在國武臣，爲王爪/士。次舍不嚴而肅，陛戟不戒而具。警五夜，巡八屯。咫尺天/威，勤勞王室。

宜其五福用嚮，百禄是荷。而乃一極備凶，六/沴成疾。以天寶三載，奄終於宣平里之私第，春秋卌有五。越四載二月廿一日，槀

殯於寧安鄉北原，禮也。公雖降年不／永，而歷官著名，未爲不遇也。其盛德遺烈，假兹銘而叙焉。其詞曰：／

於穆祖德，佐我天子。猗旟象賢，繼作顯事。瞴瞴高平，惟／公貳之。赫赫舍人，惟公試之。斤斤郎將，惟公莅之。天／降夭戾兮神奪其魄，所可贖兮人願其百。墓門有棘兮城之東，于嗟君兮穴此中。／

子婿左厢押引駕長上滎陽鄭萼書。／

【注釋】

〔一〕厥：原刻爲隸古定字，與「互」的異體近似。

一五一　廬江郡司倉參軍王府君墓誌

唐天寶四載（七四五）八月十七日

墓誌出土於陝西省西安市郊區，具體出土時間、地點不詳。拓片誌高 38 釐米，寬 37 釐米；誌文二十一行，滿行二十一字，正書，有不規則縱橫界格。誌石左右下角均殘毀，文字有殘損。誌蓋盝頂，高、寬均 41 釐米，煞面 11 釐米，頂面高 24 釐米、寬 23 釐米；陰文篆書，三行，行三字，題「大唐故王府君墓誌銘」，四煞鐫刻牡丹紋飾。

大唐故廬江郡司倉參軍王府□□□□□□〔一〕。／

能子其物者曰仁，能後於己者曰義。仁□□□，□□□／賢。克諧於斯，則吾見夫太原王府君矣。□□□□□載，即京兆美原人也。初以高門華胄，從事□□□；□／以植才榮觀〔二〕，參謀於淮泗；終以剖滯勤□，□□□江。終始罔愆，金石不改。藏器藴德，耀奇□□。□□□□／喜，皇廣陵郡江都縣令。祖允行，皇□□□□□／軍。父表，皇平原郡平高縣丞。

府君□□□□，□/纓繼踵。材應當代，文爲世宗。何圖皇天無愸，不假其/壽。蒼海未變，何迫于亡。頃以開元廿八載，十二月二日，/終於陳留郡客舍。夫人隴西辛氏，門緒閥閱，躬儀清/貞。昔奉齊眉，今同殁齒。以開元廿五載，五月十六日，終/於壽春郡逆旅〔三〕。何乎哉！君之伉儷，當罰何酷！嗣絶後/裔，魂留異方。家無主喪，□復奚若。

子婿張氏，深仁廣惠，/敦義睦親。感冰清之恩，崇玉潔之禮。不憚于役，遠尋遺/骸。合君匹儔，終厥大事。以天寶四載，八月十七日，葬/於京兆府萬年縣龍首之原，禮也。嗚呼！生也能賢，死而/獲福。有女兼是，古將無之。式彰誌銘，篆以貞石：/

哀哀府君兮魄散風雲，慼慼眷耳兮同歸逝水。□乎降喪兮將如何〔四〕，今也則亡兮空已矣。/

大唐天寶四載歲次……〔五〕/

【注釋】

〔一〕大唐故廬江郡司倉參軍王府□□□□□□：「府」字下拓本殘損，據墓誌文例，應是「君墓誌銘并序」。

〔二〕□以植才榮觀：「以」上一缺字，據上下文意，應是「中」字。誌文「始」、「中」、「終」提起並舉可知。

〔三〕郡：微泐，排除石花，輪廓尚可辨。

〔四〕□乎降喪兮將如何：「乎」上一字殘損，據文例，疑是「嗟」字。

〔五〕大唐天寶四載歲次……：末行年款「次」字以下全泐，據長曆，參以上文葬期，全句疑當是「大唐天寶四載，歲次乙酉，八月丙戌朔，十七日壬寅」。

一五二　蔣九墓誌

唐天寶四載（七四五）十月二十五日

墓誌出土於河南省安陽市境，具體出土時間、地點不詳。誌文是磨去舊刻而改刻，原刻還偶有殘痕。拓片高32釐米、寬32.5釐米；誌文十二行，滿行十四字，正書，有縱橫界格；文字甚率意，當是隨手鐫刻；原石有空白石面，但銘辭未刻。誌蓋盝頂，高、寬均31釐米。頂面陽文篆書，題「蔣君墓誌」；界格鐫刻對稱連心形圖案，四煞刻纏枝卷葉紋飾。

大唐故蔣君墓誌銘并序。/

君諱九，字仙舟，妻馬。其先人也，因官/居相〔一〕，遂爲安陽縣人焉。祖諱卿，/父諱立，並皇朝不仕。北堂樹昏，戀丘/壑之高情；東陸窮神，盡林泉之小隱。/争趨禮則〔二〕，共習雌黄。

君枌開棲神〔三〕，里/擅幽德〔四〕。不謂巢雋起祲，藤甖催年〔五〕。悲/迅節於驚飆〔六〕，歎臨川之逝水。皆之黄/鳥，遽集幽欒。蒼蒼彼天，殲良懿〔七〕。以開/元十九年二月廿七日死〔八〕，天寶四載/十月廿五日乙酉，迺奉於鄴郡城西/北三里平原，禮也。/

【注釋】

〔一〕居：原刻作「君」，誤，據文意改。

〔二〕争：頗草率，據輪廓録以備參。

〔三〕開：「开」似「口」，暫定爲「開」字以待考。

〔四〕擅：草率，且微泐，據輪廓録以備參。

〔五〕藤甖催年：「藤」字，原刻作「驣」，爲換聲異體字。「甖」字草率，據輪廓録以備參。

〔六〕迅：微泐，文字模糊，據輪廓，疑是「迅」字，録以備參。

〔七〕殲良懿：此句行文不諧，「殲」下當有一個代詞，如「此」「斯」「茲」「是」之類。原刻脱。

〔八〕開：原刻字形不類，但據文意，應作「開」字。下文接以「天寶四載」，可證。

一五三　楊曉墓誌

唐天寶五載（七四六）四月二十七日

墓誌出土於陝西省西安市境，具體出土時間、地點不詳。拓片誌高、寬均54釐米；楊軾撰文；誌文二十四行，滿行二十四字，正書，時雜行書，有縱橫界格。石面有部分泐蝕，文字稍損。誌蓋盝頂，高54釐米，寬53釐米，頂面陰文篆書，題「大唐故楊府君墓誌銘」，四煞綫刻牡丹紋飾。

大唐故宣德郎、行左内率府長史楊府君墓誌銘并序。／

從弟通直郎、行京兆府櫟陽縣主簿軾撰。／

公諱曉，字環，弘農華陰人。即皇朝易州刺史、平昌公季邕之／玄孫也〔一〕。命氏標史，傳榮著諜〔二〕。本枝百代，葉茂公侯。盛德一源，派／分鐘鼎。曾祖曰道頠，皇朝益州道行臺，駕部、兵部二郎中。／大父曰敬立，皇朝鄴郡臨河縣令。烈考諱智愠〔三〕，皇朝議大／夫，武威郡司馬。慶緒能荷，亢宗專美。起草之傑，晝含香而夕焚／香；御人之能，始一異而終三異。佐郡之績，因不樂而彰不□。況／德充在時，而道鎮於俗矣。

公敏以斷，信而和。猶童則老成，居長／而幼順。弱冠，以中宗大和皇帝挽郎出身〔四〕，發迹調邠王府參／軍事〔五〕。曳裾代邸，載筆梁園。獻忠讜以輸誠，引僭侈而興諫。鄴牧／詞客，太息懷慙。尋换慶王府士曹參軍，有如邠國之政矣。俄丁／太夫人憂去職，棘心俯就，柴容過毁。外除之後，丁司馬府君艱，／充窮孺慕，殆是將滅。執喪羸瘠，竟抱沉痾。無何，授左内率府長／史。以從遷例。羽衛增修，武旗彌肅。嘗縱容而歎曰：「移風者，允歸／於令長；勵節者，難偶於貞堅。吾雖不才，竊有斯志。」未成抗疏，莫／遂調旽，竟以苦塊積癥，至是而亟。以天寶五載，歲次景戌，二月／十五日，終于萬年縣宣平里之私館，春秋五十有六。嗚呼哀哉！／以其載四月廿七日，藁殯于萬年縣少陵之原，禮也。嗣子朏、／期、宥、興、霸等，□□□□，銜恤在疚，且號且踊，以送以藏。終峰之／陰，素滻之下，以紀陵谷，託于斯文，銘曰：／

節勁心敏，才高行潔。丁之居喪，參也就列。有政莫展，無言乃絶。／小山之側，禁衛之下。未適願兮，方同逝者。少陵原隰，長安車／馬。永别亨衢，於兹路殊。／

【注釋】

〔一〕平昌公季邕：兩《唐書》不載楊氏有封「平昌公」者。

〔二〕榮：疑是「筞」的訛刻，即「策」字。

〔三〕烈考諱知温：「烈考」二字有石花，但輪廓基本可辨。「諱知温」字已模糊，據殘畫録以備參。

〔四〕大：泐蝕，據《舊唐書·中宗紀》「中宗大和聖昭孝皇帝，諱顯，高宗第七子」補。

〔五〕邠王：李守禮，封邠王。詳參《舊唐書·中宗紀》。

一五四　史公夫人薛氏墓誌

唐天寶五載（七四六）十一月十九日

墓誌出土於河南省洛陽市境，具體出土時間、地點不詳。拓片誌高、寬均35釐米；誌文二十一行，滿行二十一字，正書；石下端有殘毀，文字略有損傷。誌蓋缺。因首題當姓氏之字泐蝕，據殘畫，暫定爲薛氏。

唐前鄴郡成安縣令史公故夫人河東薛氏墓誌〔一〕。/

夫人諱字，河東汾陰人也。曾祖某□官，祖/□官，咸以門華，並早朝列。不隕器能，因成世範，清/耀可得而知。

夫人即其官府君之第六女也。幼而/恭儉，豈待師傅之訓；長而柔嘉，實守中外之則。伯有□/他族，爰修婦道。風之自火，兆方叶□。□人塤之，應□德/實宜於君子。

將謂鄰善介福，難老錫壽。何悟禍胎有□〔二〕/慶積無徵。以天寶五載七月十四日，啓手於河南府□/敬里之私第，春秋五十六。

嗚呼！窺户無人，上堂不見。齊/眉痛骨，空悲舉案之情；胤子崩心，更切循陔之戀。式安/真宅，將就遠期。以天寶五載，十一月十九日，遷窆于於/東京河南縣伊汭鄉之原〔三〕，禮也。

夫人終温則惠，洵美且/都。躬服澣濯之衣，志親煩□之事。母儀可宗〔四〕，陰教聿脩。/二女夙成，一子知義。雖府君之嚴訓，抑夫人内助之/力也。迺服緦有制，執紼增哀。徒傷蓼我之詩，空悲絶地/之禮。以文見託，爲恐何窮，是憑無□之語，庶旌不朽之/事。

銘曰：/

仁者不壽，天乎可哀。爰啓真宅，長扃夜臺〔五〕。/於斯致思，爲恨何哉！曾祖述，皇兵部度支員外/□司、吏部郎中、雍州治中、汾陰縣開國男。祖務道，/□杭州餘杭縣令〔六〕。父瑗里，□州參軍〔七〕。/

【注釋】

〔一〕薛：泐蝕，僅存殘畫，據殘痕輪廓録文以備參。

〔二〕何悟禍胎有□：「有」下一字缺，據文意，疑是「基」字。

〔三〕遷窆于於東京河南縣伊汭鄉之原：「于於」重，應删其一。

〔四〕宗：原刻近於「家」，但義不可通，疑是「宗」字。

〔五〕夜：甚草率。據輪廓，參以文例録文。

〔六〕□杭州餘杭縣令：「州」上二字泐蝕，據餘杭縣，可以推測其上一字應是「杭」字。

〔七〕□州參軍：「州」上一字略有石花，輪廓大體可見，但不能確定爲何字，存疑待考。

一五五　辛到年墓誌

唐天寶六載（七四七）四月二十一日

墓誌出土於河南省安陽市境内，具體出土時間、地點不詳。拓片高、寬均44.5釐米，誌文十八行，滿行十八字，正書。墓誌是磨去舊刻而改刻，原刻有的文字尚未全部磨去，彼此相重。誌蓋缺。

唐故辛君墓誌銘并序。/

君諱到年，字到年。其先隴西人也〔一〕。因宦遷播，遂/爲鄴郡安陽縣人焉。祖諱元，父諱延，/並系本幽邈，扉籍緬聞。恢恢務君子之風，侃/侃叶温柔之氣。和遠〔二〕。學幼入官，爲政以德。石懆/松徑，揚清以波。

嗚呼哀哉！春秋六十有七。蒙恩/制板授本縣令。以天寶六載四月十一日有疾，/卒於纏肆之里第也。粤以其載，歲次丁亥，四月/丙午朔，廿一日景寅，殯於郡城東南二里平原，/禮也。其地東連堯邑，西結郡城，南臨廣麥之陂，/却背洹渠之水。嗣子俱、羅等，昊天罔極，泣涕如/連。哀仰情深，痛臨冥穴。慮恐田成碧海，岸谷無/憑，故勒石以爲銘，用傳芳之不朽。其詞曰：/

冥冥長夜，漠漠幽泉。一歸墳隴，俄從逝/川。皈人一旦，何代何緣。其一生死告別，鄉人/助啼〔三〕。慈親敬婦，源野淒淒。其二寂寂荒隴，松悲/月苦〔四〕。載逺三迴，孝子防雷。泉門一閉，何時得開。其三/

天寶六載，四月廿一日記。/

【注釋】

〔一〕隴西：二字略有石花，且與原拓相重。

〔二〕和遠：二字與上下文不相接，疑原刻有脱文。

〔三〕助：「且」在左上角，字形頗異，録以備參。

〔四〕苦：清楚，但文意不諧，且不叶韻。應是「哀」的訛刻，「哀」、「雷」、「開」叶韻。

一五六　王承宗墓誌

唐天寶六載（七四七）十月七日

墓誌出土於河南省洛陽市西北北邙山金谷澗一帶，具體出土時間、地點不詳。拓片高、寬均54釐米；湛然撰文；誌文二十三行，滿行二十三字，正書，有縱横界格。誌蓋缺。

唐文林郎王府君墓誌銘并叙。/

大福先寺沙門湛然撰。/

君子用晦，至人存誠。則居巽體和，藴真沖默。日新日裕，不淄/不磷者有矣。

夫君諱承宗，太原祁人也。維后周之髭王，啓仙/儲以命族。光貴之後，賢豪克昌。故弈世載德，滿乎前史。曾祖/相才，皇朝左屯衛將軍、幽州刺史。保定元勛，翼戴之/良也。祖義，明威將軍、左武衛中郎將、瓜州刺史。忠勇嗣德，捍/城之傑也。父逸，寧遠將軍、右豹韜衛、梁川府折衝。帷幄令謨，/韜鈐之勝也。

君光彼武烈，秀于文明。資於仁，扙於德，敏於義，/深於禮。事父母孝，遊則有方；與朋友交，言而必信。周此大量/鬱乎長，材實若虚且不鳴。於豫動知悔，又能安於静。故不諂/不黷，無競無逑，賁於丘園，傲彼簪紱。坦蕩也，樂而無涯；優遊/乎，聊以卒歲。以天寶五載四月廿六日，委化於洛陽臨闤里之/虚館，春秋六十有七。嗚呼，適來時也，適去順也。安時處順，其樂天知命歟。維六年十月七日，葬於邙山西麓金谷鄉焦/古之原，從宅兆也。

夫人滎陽鄭氏，梓州司法參軍珍之令女，/閑於德，婉于儀。褧衣襲明，瑶佩有節。莫遂偕老，先府君而亡/者十有四年。今貍首雙棺，合而齊窆，遵同穴之義，禮也。嗣子/翼，號天靡訴，泣血增哀。願叙徽烈，誌于泉壤，其詞曰：/

風摧秀木兮月犯少微，處士云亡兮哲人其萎。瓊瓌入夢兮/珠淚霑衣，遺奠忽行兮親賓永違。高崗獻兆兮精靈是依〔一〕，金/雞玉犬兮警護泉扉。嗟來桑户乎已合天機，死而可作兮吾/誰與歸。/

【注釋】

〔一〕靈：微泐，據輪廓録文。

一五七　高明俊墓誌

唐天寶七載（七四八）十月二十四日

墓誌出土於陝西省西安市郊，具體出土時間、地點不詳。拓片誌加側邊，高、寬均73釐米；不加側邊，高53釐米、寬55.3釐米；誌文從左向右豎書，共二十六行，滿行二十四字，正書；四側鐫刻纏枝紋飾。誌蓋盝頂，加四煞，高、寬均59釐米；不加四煞，頂面高、寬均38釐米；陰文篆書，題「大唐故高府君墓誌銘」，四周及四煞刻團花紋。

大唐故東牟郡別駕高府君墓誌銘并序。/

君諱明俊，字璆，渤海蓨人也〔一〕。其先得氏，託炎帝之華宗；其後攸/傳，襲太公之遠系。自兹以降，而霸于齊。貴爲人天，富有寰海。所/謂衣冠禮樂，弈葉相承；洪川波瀾，注而不竭也。

曾祖節，隨簡/州刺史。銅梁奥壤，玉壘雄藩。龜城迴瞰於雙流，蛾嶺遐通於九/折。夫邦之重寄者，必良才而勿居；主之分憂者，匪賢臣而勿/用。嘉於帝念，公之見昇。祖瓌，皇太府寺主簿。天府寔/繁，國儲斯重。典豊財於帑藏，克俟忠賢；匡食貨於棘司，以資明/慎。父師仁，皇鄆州須昌令。神府虚融，智囊該博。屈公輔之/量，踐銅墨之班。類牛刀之割雞，若驪珠之彈雀。

公則須昌府君/之第二子也。幼躭墳典，鄉賦孝廉。處槐市而群遊，擢桂林而孤/秀。是歲調選授内教博士，班居椒掖；常興樂府之歌，訓及香扉。/克薦關雎之詠，除四門博士，轉大學博士，累拜國庠，銓于碩/德。自公之訓導，歲貢多矣。又除寧王府録事參軍，紀綱藩邸〔二〕，有/犯必繩。歎白璧而無瑕，委黄金而受鑠。出爲清化郡司馬，尋除/定襄郡司馬，加朝散大夫。佐彼六條，良多貳術。業傳儒素，經籍/久茂於金籯；貽厥嘉猷，榮寵再光於朱紱。俄遷樂安郡長史，轉/東牟郡別駕。才高位下，坐管輅於治中；德重朝輕，滯玉祥於海/曲。公起漏鐘之歎，抗懸車之表。上聞惟允，致仕於家。

以天寶／五載十二月遘疾，終于長安道政私第也，春秋八十有七。以七／載十月，葬於咸寧少陵原，禮也。嗚呼！梁木斯壞，哲人其萎。悲白／馬於佳城，泣青松於窆壤。嗣子惟運等，昊天罔極，擗踊無據。長／摧負土之心，永盡送終之禮。將恐桑田易變，陵谷俄遷。紀禎石／之芳蹤，鎮夜臺而不朽。銘曰：

其生若浮兮死若休，逝川將／往兮何悠悠。卜少陵兮其地幽，悲負土兮成此丘。此丘一立兮／幾千秋，白楊日暮兮風飉飉。

天寶七載戊子歲，十月廿四日辛酉建。／

【注釋】

〔一〕蒨：原刻作「蒨」，形近而誤。

〔二〕綱：原刻作「綱」，形近而誤。

一五八　韓休夫人柳義墓誌

唐天寶七載（七四八）十一月四日

墓誌出土於陝西省西安市長安區，具體出土時間、地點不詳，石藏陝西考古博物館。拓片誌高、寬均75釐米；趙冬曦撰文；誌文二十六行，滿行二十七字，正書，有縱橫界格。誌蓋盝頂，未拓四煞，高53釐米，寬54釐米；頂面陰文篆書，題「唐故相韓公夫人河東郡夫人柳氏墓誌」。四周鐫刻花卉紋飾。其夫《韓休墓誌》亦出土，本書收録，可以互參。撰文者趙冬曦，《新唐書》有傳。

唐故相韓公夫人河東郡夫人柳氏墓誌文。／

國子祭酒趙冬曦撰〔一〕。／

皇唐天寶七載，六月十三日壬午，故相文忠公韓公夫人柳氏，終於安/興里第。春秋六十有二矣。粵以十一月四日庚午，合祔于少陵原之墳，/依周制也。

夫人諱義，隨熊州司馬斌之曾孫，鄜州別駕客尼之孫，戎/州南溪縣令明偉之女。慶承積善，著爲華族。因生賜姓之系，封魯居解/之本。士林所知，故可略也。

夫人性與道合，自然明晤。事非師訓，動循儀/矩。惠心内敏，謙容外穆。既笄而歸於韓氏。事姑以孝，接娣以睦。娓君子/以從一，誨諸孤以在三，可謂仁之方也已矣。

韓公諱休，字良士，昌黎人。/世茂衣冠，家擅文史。始以秀才入仕，累踐中外。自尚書右丞，拜黄門侍/郎、同中書門下三品。改工部尚書，太子少師。臨長百寮，彌綸庶績。以貞/諒爲珮，而不假韋絃。以清白爲寶，而不藏金璧。榮貴數十載，室無私積，/可不謂忠乎？

夫人將順其美，幽贊其事。豐賞厚禄，必散于姻戚。重錦縟/繡，罔施於林第。有鏘鏘之和，無嗃嗃之厲。公之季曰倩，今爲光禄少卿。/業富詞學，志輕軒冕。將拍洪崖之肩，且蹈留侯之迹。公之七子〔一〕：曰浩，高/陵尉；曰洽，監察御史；曰洪，龍門縣令；曰汯，右補闕；曰滉，同官主簿；曰渾，/雲陽主簿；曰洄，經明高第。金相並振，玉樹羅生。棣華韡韡，布列於畿甸；/螽羽詵詵，差池於省闥。懿夫有哲夫焉，有令妻焉，有賢季焉，有良胤焉，/盛哉一門，備兹四美。

夫人晚年好道，深味禪悦。劃塵勞而萬象皆空，解/慧縛而十身同現。迨遊魂將變，神氣自若。猶陳命源，載申炯誡，其達者/歟！朝發高堂，暮歸同穴。壠霧長苦，松聲半咽。寂歷荒埏，汪洋遺烈。其銘/曰：/

翼翼河東，純懿儉慈。始稱女士，終成母儀。穆穆文忠，敏德清規。/明王之佐，儲后之師。相攸孔樂，作合惟特。室無反目，饋有齊眉。/采藻循度，夭桃是宜。虔修白業，静習玄爲。鉛華莫御，藻饋無施。/猨心已寂，駟隙俄馳。縠也難也，聞禮聞詩。終身之慽，寄我哀詞。/

【注釋】

〔一〕趙冬曦：定州鼓城人，《舊唐書》提及，《新唐書》有傳。官至中書舍人、内供奉，以國子祭酒卒。

〔三〕公之七子：《韓休墓誌》作「有子九人」，多出「次子澣，右金吾衛騎曹參軍」、「次子洞，京兆府參軍，早亡」，彼此不合。所載諸子職官彼此不合，乃是因爲《韓休墓誌》製作於開元二十八年八月十八日，此誌製作於天寶七年十一月四日，相隔八年，官有遷轉。至於兩《唐書》所載，與兩墓誌又不同，乃韓休夫婦死後所任官職。

一五九　吉隱墓誌

唐天寶七載（七四八）十一月十八日

墓誌出土於河南省洛陽市北邙山，具體出土時間、地點不詳。拓片誌高、寬均28.5釐米；誌文十八行，滿行十九字，正書。石面剥泐，文字有殘損，且部分文字草率。誌蓋缺。

唐故馮翊郡吉府君墓誌銘并序。／

公諱隱，字知。馮翊人也〔一〕。漢司列少卿方言□□□／代孫〔二〕。五代祖□，後魏東郡太守。曾祖諱潛，祖諱□／楷，考諱□隱，並道高天爵，心猒世榮。脱落埃塵，錙／銖□冕。公幼而氣□，長則神祐。置公綽之嗜□，棄／冉求之才藝〔三〕。知命鑒遠，守于丘園。閭閻仰推，□□／領袖。

悲夫！上天不吊，中歲降凶。以天寶七載十／月廿九日遘疾，終於河南縣淳風里之私第。春秋／七十八。公握琛懷寶，資忠履道。何天假淳粹，而神／欺壽考。嗚呼！以十一月十八日安厝於龍門鄉孫／□平原，禮也。夫人俯氏，先公而亡。繼夫人陳氏，哀／□晝哭，義重天移。自稱未亡，誓以之死。嗣子希俊、／希幹、希延等，喪過乎哀，孝殆于滅。永言欲報，莫不／揚名。見託爲詞，用紀玄壤。銘曰：／系黄軒，□□□。世鍾美，誕奇士。命不借，／時忽謝。去□春，就玄夜。薤露深，松風冷。／山冥色，雲增陰。斲鉉石，識阡陌。閉佳城，／即冥宅。／

【注釋】

〔一〕人也：二字微泐，排除石花，輪廓尚可見，據以録文。

〔二〕司列少卿：無此官職。原拓文字清楚，存疑待考。

〔三〕棄：泐蝕，據殘痕，參以文例録以備參。「置」與「棄」對舉，文義亦諧。

一六〇　韋獻墓誌

唐天寶七載（七四八）十一月十八日

墓誌出土於陝西省西安市郊區韋氏家族墓塋，具體出土時間、地點不詳。拓片誌高 50 釐米，寬 48 釐米；令狐潮撰文；誌文二十五行，滿行二十五字，正書。誌蓋缺。令狐潮，兩《唐書》有記載。

唐故華陰郡録事參軍韋府君墓誌銘并序。

棣王府倉曹參軍令狐潮撰〔一〕。/

公諱獻，字獻，杜陵人也。其先帝高陽之裔，自虞已上爲陶唐氏，在/夏爲御龍氏，在商爲豕韋氏。三代祚土，五伯迭興，世不絶祀，禄之/大者。其後楚傅挺生，是稱詩伯。漢相繼位，鬱爲儒宗。始以列侯徙/居，遂爲京兆冠族。曾大父思言，皇榆林郡司馬。王父逞，光禄卿。皇/考希美，尚舍直長。並克篤前烈，垂裕後昆。半刺百城，分榮九棘，職/參掌舍，業實傳家。

公即尚舍府君之第二子也。幼而藐孤，弱不好/弄。行無苟合，遊必有方。綺歲，以門子補右千牛備身〔二〕，綵服南陔，皂/衣北闕。仕非擇禄，養不違親。滿歲，轉鄰郡司功。終袟，調華陰郡録/事。允釐二郡，冰玉一心。人不犯奸，庭無留事。夫都吏者，郡之表也，/上軋二千石，旁糺六聯。其雍容儒緩，則有尸素伐檀之刺；其詆疵/訐直，則有米鹽束濕之譏。故天官署行，才難是職，而公令以身先，/

政繇己立。糾之以猛，臨之以莊。雖所中傷，率無怨毒。當鷹隼之發，/則間不容絲；在綮肯之間，必刃有餘地。故郡守懸榻以主諾，廉使/停軺而倚辦。雖□歸汾上，范滂南陽，不是過也。

吁！天与善人，神祐/正直，將干禄褆福，壽考惟祺，而宦止郡督郵。年終卅八。於戲！予實/未知夫天也。以巨唐天寶七載，歲次戊子，六月庚子朔，十一日庚/戌遘疾，終于開化里之私第，以其載十一月丁卯朔，十八日甲申，/歸葬于咸寧縣之鳳棲原，禮也。嗣子瑶等，棘心茹荼，柴骨集蓼。哀/哀慈母，切切孀妻。望絶倚門，悲纏舉案。而青烏啓兆，黄壤歸真。感/曾子之銜哀，傷敬姜之慟哭。式刊貞石，敢告佳城。銘曰：

綿綿爪瓞，國曰豕韋。斤斤善人，世篤宗彝。扶陽繼相，鄖國開圻〔三〕。一/經遺行，百代可知。德擅雙珠，人其如玉。子雲筮仕，少遊從/禄。清則畏/人，貞無絶俗。介居二郡，山立一局。彼蒼者天，殲我仁賢。摧芳九夏，/埋玉三泉。新塋封樹，故國雲烟。子孫千億，松柏萬年。/

【注釋】

〔一〕令狐潮：兩《唐書》記載令狐潮天寶年間曾爲雍丘令，從時間上看，應爲同一人。

〔二〕備：泐蝕，僅存殘畫，據殘痕，參以文例録文。

〔三〕鄖國：指韋孝寬，名叔裕，字孝寬，京兆杜陵人，西魏、北周傑出將領。曾官拜大司空，封上柱國，賜爵鄖國公。卒後贈太傅、十二州諸軍事、雍州牧，謚號襄。以其賜爵鄖國公，故墓誌稱其開圻。《韋孝寬墓誌》已出土。

一六一　陽承訓墓誌

唐天寶七載（七四八）十二月六日

墓誌出土於陝西省西安市長安區境，具體出土時間、地點不詳，現藏陝西考古博物館。拓片誌高 44.5 釐米，寬 44 釐米；誌文二十三行，滿行二十三字，正書，有縱横界格，石面略有泐蝕。誌蓋盝頂，加四煞，高、寬均49釐米；不加四煞，高22釐米，寬23釐米；頂面陰文篆書，題「大唐故陽府君墓誌銘」；四煞刻四神紋，間以花卉紋飾，石面剥泐，圖紋已模糊。

唐故寧遠將軍、守左衛、京兆府高思府折衝都尉、上柱國陽/公墓誌銘并序。/

公諱承訓，字守禮，北平人也。昔周末陽樊之裔。後因避亂〔一〕，適/北燕，種玉昌宗，析珪命氏。曾祖琳，皇朝蜀郡雙流縣令。祖秀，/普安郡黄安縣令〔二〕。父靈芝，銀青光禄大夫、行太子家令。公即/家令第三子也。門承緒業，天假聰明。氣禀温恭，藝兼韜略。年/始十五，志在詩書。屬/皇上有事南郊，别敕齋郎放選。文武不墜，遷拜司戈。/朝趨玉墀，夕奉金闕。千門昔傳於警柝，一衛/今仰於司存。秩滿，授左金吾衛中候，再遷左驍衛京兆府豐/安府右果毅〔三〕。又授右領軍衛、京兆府廉平府右果毅。以河隴/不寧，兇醜屢寇，徵兵練卒五萬餘人。公當部統之際，輒有自/若之色〔四〕。防秋盡節，獲賞而還。遷寧遠將軍、守左衛京兆府高/思府折衝都尉。咸歷武職，皆盡公心。天胡不忱，殲我/良士。春秋五十。天寶七載八月廿一日遇疾，終于高思府之/官舍。嗚呼哀哉！公雅性清儉，虚心應物。交遊不忝於金石，言/行必踐於冰霜。處鷃雀不與齊喧，參鴻雁先能斂翼。仁兮無/壽，實可悲夫。故夫人東平吕氏〔五〕，左威衛中郎洪泰第二女也。/姆訓不爽，閑家有聞。先公而終，從公而祔。以其載十二月六/日合葬于少陵原，禮也。嗣子晅等，號天罔極，勒石題封。銘曰：/

赳赳君子，美無窮兮。孜孜報國，忘厥躬兮。/徒使碩貌，百夫雄兮。不享眉壽，九泉中兮。/孀妻嗣子，號蒼穹兮。千齡萬祀，懷清風兮。/

【注釋】

〔一〕後：泐蝕，僅存殘畫，録以備參。

〔二〕普：泐蝕，排除石花，據殘畫，參以文意録文。

〔三〕京兆府：「府」，全泐，僅見上部一點，據文意録文以備參。

〔四〕若：上部微泐，下部清楚，據殘畫録文以備參。

〔五〕氏：泐蝕，文字模糊，據文意録以備參。

一六二　靈泉寺玄林禪師碑

唐天寶八載（七四九）二月十五日

碑立於相州安陽堯城縣之靈泉寺，地在今河北省邢臺縣東北。碑銘分陰陽兩面刻，拓片陽高158釐米，寬93釐米；陰高153釐米，寬93釐米。陸長源撰文；陰、陽銘文各二十二行，共四十四行，滿行均三十二字，行書；碑銘未及書丹者，其字勢挺拔峻峭，流利生動，堪稱上乘。撰文人陸長源，兩《唐書》有傳。《北圖拓本匯編》二十六册、《全唐文》卷五一〇、《安陽縣金石録》卷四收録。

碑陽

唐故靈泉寺玄林禪師神道碑并序〔一〕。

監察御史陸長源撰〔二〕。／

法本無生之謂真，心因不染之謂寂，執有求真之謂著，體真歸寂之謂如。非夫善發／惠源，深窮定窟，何足以大明觀行，獨秉禪宗，使定惠兼修，空有俱遣，道流東夏，聖齊／北山哉！

禪師諱玄林，堯城人也。俗姓路氏，黄帝之後，封于路國，因而爲氏。捕虜將軍／端，見僞《後燕録》；豫州刺史永，出《晉中興書》。邁種于人，嗣有明德。禪師襟靈爽岸，神氣／儁遠。生而克歧，弱不好弄。初，遊神書府，精意儒術。睹百氏之奥，窮九流之源。平叔之／疑義兩存，康成之未詳多闕，莫不窮賾至妙，剖析玄理，涣若冰釋，朗然雲開。至如枝／拒蹶張，步騎彈射。人則曠劫，藝皆絶倫。後讀《阿毗曇藏》，遂發心入道，依龍興寺解律／師學業，依年受具，隸居靈泉佛寺。摳衣之歲，惠遠即風雅書生；落髮之年，道融乃聰/明釋子。以戒爲行本，經是佛緣。雅閑持犯，克傳秘密。學者號爲律虎，時人因爲義龍。/推步渾儀，昭明歷象。天竺跋陁之妙，沙門法願之能。道契生知，理符神授。既習空觀，/遂得真如。身常出塵，心則離念。將在此以超彼，不自利以利他。不來相而來，不見相/而見。焚天香以崇發弘願，鳴法鼓以召集有緣。聲振兩河，教被千里。樹林水鳥，竹葦/稻麻，願結道緣，争味禪悦。雖先生槐市，夫子杏壇，攝齋之徒，未足爲喻。於是廣度群/有，大庇庶情，應悟攝心，隨分獲益。大雲含潤，草木無幽而不芳；明鏡懸空，妍蚩有形/而各兆。

嘗至城邑，因過巷肆，屠説停刀，酒趙釋爵，擁路作禮，望塵瞻顔。師必款曲以/情，悦可其意。捨資財以攝其利，言力役以勤其生。漸去客塵，令入佛智。有苛吏敗俗，/蠹政虐人，伏以剛强，示之簡易；見方便力，去貢高心；破其重昏，歸以實相。夫學偏者/量褊〔三〕，道廣者業弘。禪師智括有情，德通無礙；體含虚韻，性有異能；妙窮音律，雅好圖/畫。季長、公瑾，別有新聲；凱之、僧繇，皆德真迹。以是好事君子，翕然向風。檀爲施心，居/無長物。有流離道路，羈旅風霜，鄉隔山川，親無强近。飢者推之以食，寒者解之以衣。/人中之急難，法中之慈濟也。景龍三年，敕追與僧玄散同爲翻譯大德。累表/

碑陰

懇請，詔許還山。

禪師自居此寺，凡六十年。或宴坐林中，累日忘返；或經行巖/下，逾月不還。迹異人間，行標物表。每遊峰選勝，建塔崇功，鷲若飛來，雁如踊出。官窑/杖標之所，得自神人；破塢移燈之處，傳諸耆老。今山上數十處有窣堵波者，即其事/也。自金人入夢，白馬員來，譯音議於天竺，布文字於震旦。是爲教本，寔曰道因。禪師/遍寫藏經，以導學者。德實無量，行非有涯。不惟總持、辯才、禪定、智惠而已。故騰聲洛/下，獨步鄴中。齊達叡之大名，繼稠融之遐躅。

噫！日月大地，咸歸有盡之源；河海高山，/不出無常之境。天寶五載十二月十日，因閲僧務，詣至德里，迴首西方，端坐如定，不/疾而化。春秋九十餘，僧臘七十一。日黑震驚，車徒奔集；雷慟雨泣，隘谷填山。粤以其/月十七日，遷靈坐於本寺，禪師真身，忽然流汗。是知因生有滅，乃現真空；示聖出凡，/獨標靈相。以八載二月十五日，即身塔於寺之西北隅，以安神也。其夜霜霰霑凝，山/川草木，皓然如素，東帶雲門，西連硔谷。一佛二佛，前身後身，接林嶺之風烟，成鄴衛/之松柏。禪師洞合神契，妙通法源。義則解空，智能藏往。先是，寺中新植衆菓，弱未成/林，悉令沙彌扶之以杖。其夜大雪，折樹摧枯，唯時小枝，不動如故。師之冥感，多此類也。/

門人等味道通經，連州跨境。歸宗雖倍，入法益稀。三千門徒，皆傳經於闕里；四百/弟子，空問道於襄陽。弟子大通，親奉音塵，常陪庭院。承宫之歲，初執勞以求師；智稱/之年，載棄俗而從道。調九候以除五疾，明六度以伏四魔。感自舊恩，録憑故事，龕塔/山古，霜露歲深。虎溪爲陵，高蹤不亡於別傳；龍山若礪，盛德長存乎此詞。其銘曰：/

執有非有，睹相非相。日離諸妄，得法捨法。悟空非空，是出群蒙。日景常朗，雲藏其耀。/無雲自照，佛性常在。欲生其塵，無欲爲真。無相捨有，出空離法。大師弘業，睹日除雲。/無欲歸佛，大師祕密。茫茫群有，溺于中流。濟之以舟，舟舟八苦。没於五濁，導之以覺。/因心發惠，惠契於定。道澄其性，憑緣有生。生歸於無，理不存軀。恒沙一劫，藏舟閲水。/真身去矣，連崗萬古。雲門靈泉，飛塔歸然。/

【注釋】

〔一〕靈泉寺：在相州安陽堯城縣，今爲河北省邢臺縣東北。《全唐文》著録有《大周相州安陽靈泉寺故寺主大德智□師像墖銘并序》。洪頤煊《平津讀碑記》：「右靈泉寺玄林禪師碑諸家皆未著録，碑題監察御史陸長源撰，書法似李北海，而不題書人名氏。」

〔二〕陸長源：字泳之，兩《唐書》有傳。

〔三〕夫學偏者量褊：「偏」、「褊」皆當作「徧」。

一六三　趙君夫人鄭氏墓誌

唐天寶九載（七五〇）五月九日

墓誌出土於陝西省西安市郊區，具體出土時間、地點不詳。拓片誌高36釐米，寬35釐米；誌文十七行，滿行二十三字，隸書，有縱横界格。誌蓋缺。

唐故太原府太谷縣令趙君夫人鄭氏墓誌銘并序。/

夫人滎陽人也。祖守素，皇朝爲東陽郡/司馬。父鄴，爲景城郡長蘆縣丞。夫人即公之第/三女也。皓潔其行，淑慎其儀。静而有則，動必中/禮。作嬪君子，施政閨門。内訓婦德，外彰母道，厥/有聞矣。

然而冥數玄遠，倚伏糺紛。積善斯存，大/戾胡集。遂以天寶九載遘疾，夏四月一日己未，/終於通化之私第。嗚呼哀哉！其無胤子，爰有季/女。泣血哀毁，殆將過制。越自他施，來奉/几筵。孝思不匱，遠曰遞及。即以五月九日景申，/葬于高羊之原，禮也。空野埋雲，拱木蔽日。烟草/暝色，風松曉聲。歲月無由，陵谷云易。乃刊貞石，/□播馨香〔一〕。銘曰：/

□那高族〔二〕，盛德攸存。克生碩女，禀靈于坤。明慧/□淑〔三〕，恭儉柔温。好仇君子，貽範清門。昊天不傭，/奄降大變。先萎明悊，後殪淑媛。彼蒼者天，殲我/良人。如可贖兮，人百其身。/

【注釋】

〔一〕□播馨香：「播」上一字泐蝕，據殘畫垂足，參以文例，疑是「庶」字。

〔二〕□那高族：「那」上一字泐蝕，據文例，疑是「猗」字。

〔三〕明慧□淑：「淑」上一字泐蝕，僅存殘痕。墓誌讚美婦女，常用「貞淑」、「賢淑」。所缺字應是此類，但不能確定，存疑待考。

一六四　劉二娘墓誌

唐天寶九載（七五〇）十月二十九日

墓誌二〇一三年出土於河南省安陽市南水北調工程工地殷都區特色商務中心。拓片高51釐米，寬52釐米；誌文十四行，滿行十四字，末行因石面不足，擠刻爲二十七字，正書，有縱横界格。

大唐故彭城劉夫人墓誌并序。/

夫人當家，次諱二娘。其先彭城人也。/昔光逸家國，東京西秦，一十二代，富/有四海，七百年間，自後遠派，瓊流及/於明唐。惟曾及考，象賢餘慶。

夫/人天姿淑援〔一〕，作擯君子〔二〕。爲婦爲母〔三〕，遠近/趨風。

何圖不終千月之暉，倏奄百年/之壽。嗚呼哀哉！雄鸞泣鏡，雌劍沉泉〔四〕。春秋卅九，天寶九載六月十日，卒/于私閤。今歲月通吉，即以其載，歲次/庚寅，景辰十月〔五〕，廿九日甲申，權殯安/陽縣西十里平源，禮也。勒銘於石，亦/後有紀。其詞曰：/

彭城淑援兮，早擯君子。不終遐壽兮，孤遥先死。後恐不表兮，勒銘爲紀。/

【注釋】

〔一〕援：當作「媛」，下文銘辭「彭城淑援」之「援」同。

〔二〕擯：當作「嬪」。下文銘辭「早擯君子」同。

〔三〕婦：原刻作「掃」，誤。

〔四〕泉：當作「淵」，避唐高祖諱改。

〔五〕景辰十月：意爲「十月景辰朔」，與長曆相合。

一六五　李府君夫人杜持行墓誌

唐天寶十載（七五一）四月九日

墓誌出土於陝西省西安市長安區，具體出土時間、地點不詳，原石現藏西安碑林博物館。拓片誌高、寬均 48 釐米；李琦撰文，申屠逵書丹；誌文二十四行，末行下端雙行小字，滿行二十八字，隸書。誌蓋缺。

隴西李氏，興聖皇帝後，燉煌公房，唐故彭州唐昌縣丞李府君夫人杜氏墓誌銘并序／

夫人諱持行，京兆人也。其先出自漢御史大夫周，以南陽名族徙茂陵，故／世居京兆。金紱鼎貴，弈葉昭然。曾祖孝卿，正議大夫，絳州刺史。祖望，／朝散大夫，伊闕縣令。考澄清，宣威將軍，京兆修福府折衝都尉。寬仁盛／善[一]，時論稱之。夫人即宣威府君第三女也。天資惠淑，神禀柔閑。幼備女儀，／夙承於家訓；言歸君子，迺協於好仇。其性静以專，其行貞以穆。操堅霜竹，／節秀寒松。善事舅姑，服勤盡於婦道；肅恭娣姒，推讓被於家人。嘗舅姑有／疾焉，夫人願以己代瘵，懇訴神理，精誠動天。粤翌日，厥疾乃瘳。議者以爲／孝節所感也。

嗚呼！唐昌府君不圖早世，栢舟誓節，壺冰瑩心，孀居終天，潔／志獨善。及舅姑之將殁也，痛毀心骨，哀慟幽靈。況府君食先人之德，無厚／生之産。屬歲稼不稔，遺孤鞠然。而夫人紡績以成喪，奠措以及禮。手植松／栢，躬掃墳扃。雖詩美恭姜，傳稱孝婦，推功比德，其何遠歟。

初，府君之逝也，／有子六人，未奉過庭，少遭罔極。夫人勸以名教，勖以義方。咸能纘荷家聲，／克遵慈訓。則孟軻陶侃，母氏成焉。然夫人既遘凶哀，鉛華永棄。齋心奉戒，／菜食絶葷。安寂以證真，宴坐以冥物，積有歲矣。

悲夫生也有涯，逝川不息。／以天寶九載，六月廿三日，終於新昌里之私第，春秋六十有三。其亡也，天／香盈庭，累日不散，鄰巷皆歎異焉。嗣子唐等，孝行尤稱，喪制過禮，泣流逝／水，悲結寒泉。歸祔未由，合葬非古。以唐天寶十載，歲次辛卯，四月九日，遷／窆于京城南十里鳳棲之原，禮也。玄龜始兆，白兔來祥。既旌孝子之墳，是／感母師之德。銘曰：／

懿哉淑媛，君子好仇。賢和夙禀，德禮聿修。孝竭舅姑，義光親族。共伯早逝，／貞姜自牧。克志守節，齋心契真。翛然而往，遺此物塵。鳳棲之陽，淚栢蒼蒼。／白兔騰起兮，孝感以彰。

繇曰：

水不泐，地長寧，安此玄堂兮，原永貞。／

咸寧縣義善鄉仵村。

從侄太子文學翰林院待詔李琦述〔二〕。／

進小篆八分并鍾王書待制申屠逵書。／

【注釋】

〔一〕善：右半泐蝕，據殘畫録以備參。

〔二〕李琦：《舊唐書·代宗紀》：「華州刺史李琦爲福州刺史、福建都團練觀察使。」因職官不同，故不知是否其人，録以備考。

一六六　明氏嚴夫人墓誌

唐天寶十載（七五一）十月二十四日

墓誌出土於河南省洛陽市南，具體出土時間、地點不詳。拓片誌高 53 釐米，寬 54 釐米，誌文二十八行，滿行二十七字，正書。誌蓋盝頂，加四煞高 59.5 釐米，寬 59 釐米，不加四煞高、寬均 31 釐米；蓋頂陰文篆書，題「大唐故嚴夫人墓誌銘」；四周綫刻曲綫水波紋，四煞刻四神紋，飾以花卉紋。夫人之父嚴挺之，兩《唐書》有傳。

明氏嚴夫人墓誌并序。／

誌曰：天道冥其吉凶，聖人不讓明晦。巡環六氣，出入萬物。迷津者倦其／勞息，適理者齊其得喪。未始有拯，孰將問於鴻壚；存而不論，徒欲徵乎／大衍。

夫人諱挺之〔一〕，姓嚴氏，其先馮翊臨晉人也。自軒轅析胤，有周命／氏。建邦之九族，制王之百官。列公侯子男，襲銀印青綬，則我有其昌榮／矣。於是爲龍爲光，世居厥位。考行考德，家擅其才。蟬聯鼎鼐，奕葉車服。／洎之炎漢，賢良繼踵。太守思謁於承明，客星敢干於帝座。沉冥棲遁，時/許君平；博物耽書，衆高夫子。曾祖君協，皇洮州都督、刺史，建侯之/象，列嶽之鎮。鄧公爲政，甿俗爲之立祠；汲黯讓能，天子邀其臥理。祖方/約，皇利州司功，有嚴可觀，貞固宅事。潘郎作掾，豈盡多才；王舒在官，/頗非其好。父挺之，皇太子詹事，宏材孤秀，逸貌特立。氣聳五岳，心横/九河。位歷卅政，班昇二千石；佐太原戎旅，秉中書樞禁。抵觸奸竪，抗忤/家臣。蹈虎尾而自强，輕鴻毛而不怯。實謂齊遭管仲，晉得謝安。有才無/壽〔二〕，天喪其寶。

夫人即公之女也。夫人用參乾剛，退合坤順。婉類春/木，皎如秋水。笄年有禮，方結援於良家；君子好求，竟承宗於明氏。夫人/在滕淳孝，事姑有德。義將比於涼妻〔三〕，賢未慚於嬰母。既容且範，承訓也；/開物成務，象賢也；勿矜其志，能讓也；不逾於矩，尚禮也。夫人幼而習/善，晚尤勤道。依東京弘正和上修學。超然大悟，洞入覺境。四諦五乘之/教，目覽無遺；世間出世之理，心融不碍。

嗚虖！代有更謝，非青春可留；法/隨没生，豈白月恒滿。以天寶十載六月十三日，終於東京私弟。哀子震、/復，咸崩心泣血，孝過於禮。追罔極之恩，空爲負土；迫嚴君之命，未忍亡/軀。以天寶十載，十月廿四日，河南府伊闕縣新城鄉平原〔四〕，禮也。其/銘曰：/

文儒之盛，冠冕之尊〔五〕。名器道長，□□禮存。夫子碩學，于公高門。佐美邦/野，傳芳子孫。於穆皇考，鬱爲人傑。氣高時彦，職備朝列。百辟毛竪，群邪/角折。層冰凛然，太華孤絶。積善閨門，誕兹令淑。皎若冰鏡，茂如松竹。虚心/悟道，集善景福。鑄劍爐摧，濟河舟覆。存亡之理，凡聖齊歸。天且隨物，人/何可違。鳳桐半死，龍劍孤飛。千齡萬古，徒記音徽。/

【注釋】

〔一〕夫人諱挺之：「挺之」應是夫人之父，下文「父挺之」、「夫人即公之女也」，可證。嚴挺之，兩《唐書》均有傳，記載甚詳。

〔二〕有才無壽：據《舊唐書·嚴挺之傳》：挺之前後歷任二十五官，「春秋七十，無所展用，爲人士所悲。其年九月寢疾，終於洛陽某里之私第。十一月，葬於大照和尚塔次西原」。「春秋七十」不得言「有才無壽」，可見墓誌往往用套語。

〔三〕涼妻：應爲「梁妻」，原刻訛誤。

〔四〕河南府伊闕縣新城鄉平原：「河」字上，應有「窆」或「葬」字。

〔五〕冕：泐蝕，僅隱隱見殘畫。據殘痕，參以文例録文。

一六七　楊玠墓誌

唐天寶十載（七五一）十一月五日

墓誌近年出土於陝西省西安市郊，具體出土時間、地點不詳。拓片誌高73釐米，寬74釐米；王繹撰文；誌文二十三行，滿行二十四字，正書，有縱橫界格。誌蓋盝頂，高、寬均78釐米；陰文隸書，題「大唐故楊府君墓誌銘」，四周及四煞均鐫刻纏枝卷葉紋飾。

唐故豫章郡司馬楊君墓誌銘并序。/

太原王繹撰。/

公諱玠，字温玉，弘農華陰人也。庫部郎中、金隰二州刺史/令本之謀孫，蒲州録事參軍、金州西城縣令志禮之媢/子。弈世軒冕，間生哲人。

公天孤其才，人積其譽。韞是名/器，俟其猗而。年廿七，以孝廉登科。解褐補漢州什邡縣尉。在政/以尤異聞。遷益州郫縣主簿。秩滿，隨調授新豐主簿。清通之鑒，/利器之才。歷政操持，刃有餘地。累遷河南主簿、大理司直、朝散/大夫。糺赤縣則名動京師，理青梧則恩宥囹圄。時洛陽丞王昌，/以贓見坐，罪在不測。公有濟物之心，奮餘勇之義。沉吟/悽默，久而不言。因爲嘗寮曰：成大名者，必立大節。臨難苟免，/豈曰能賢〔一〕。遂與之解紛，瑩然無事。雖招罪譴，適爲美談。君子曰：急/人之難，有如斯者。俾遊宦之輩，庶知激昂，以爲法不可屈。有/詔放歸田里。未幾，收叙，授鳳州司馬，量移棣州長史，改洪府司/馬〔二〕。累佐連率，遹駿有聲。豈求而得之，乃抑與之歟？

嗚呼！未遇和/羹之用，空勤佐命之誠。天不慭遺，人將安仰？越以開廿六/年八月三日，終于洪府官舍，春秋七十有二。權窆於河南縣伊/汭之原。以天寶十載十一月五日，卜遷於京城南鳳棲原，禮也。/猶子左武衛郎將鈞，痛十起之長辭，恨百身之無贖。爰命

貞石，/見託誌焉。其詞曰：/

世禄鼎盛，德業靈長。樂只君子，邦家之光。節貫終古，氣稟秋霜。/卜云其吉，魂歸故鄉。/

天寶十載，歲次辛卯，十一月庚辰朔，五日甲申。/

【注釋】

〔一〕豈：泐蝕，微見殘痕，據文例録以備參。

〔二〕洪府：即洪州都督府。兩《唐書》有載。

一六八　李大娘墓誌

唐天寶十一載（七五二）正月二十二日

墓誌出土於河南省安陽市境内，具體出土時間、地點不詳。拓片高42釐米，寬42.5釐米；誌文二十行，滿行二十字，正書，石面有剥泐，文字有殘損。

故李夫人墓誌銘并序。/

夫人姓李，諱大娘，本宗趙郡，兼之誠紀〔一〕，地號常山。住/宅秦川，共傳張掖。生居魏國，漳南故都。每三春月下，/自逞花容。秋日重陽，留心拵擲〔二〕。迺屬初笄之歲，配婚/王氏。六行俱備，四德並崇〔三〕。/於大乘之教莫虧〔四〕，梵行之/心無替。終朝禮懺〔五〕，時刻不違〔六〕。亘日長齋，何曾見廢。夫/妻相捨，載過四十。道俗俱知，鄰伍共悉。

不蒙諸善加/被，忽染膏肓之疾。耄耋之辰〔七〕，更□□任馬之疊。華陁/贈藥，厥疾不瘳；扁鵲加醫，疕災仍舊〔八〕。春秋九十二，以/天寶十載，歲次辛卯，正月乙酉朔，廿二日丙午〔九〕，卒於/私第。可爲高花早墜〔一〇〕，迴樹先彫〔一一〕，日月遄移，殲我良善。/以其載正月二十二日〔一二〕，附遷合先營〔一三〕，禮也。

嗣子元福、/元心、元意，□天地而無色，視日月而無光。從兹永隔，/善惡難量。願慈親之旅魄〔一四〕，戀庭闈之□林〔一五〕。朝夕置祭，/日夜焚香〔一六〕。愧夢魂之改變，常居善法之堂，再容顏/無日，玄夜有燈是常。思麻姑改變，桑田屢移，勒兹芳/琰，千秋若斯。其詞曰：

東居亶甲，西臨大行。左□爲界，/南眺悲崗。泉臺一閉，千秋未央。其一 朝寢高堂，暮/宿黄泉。青燈未滅，地户長燃。千秋永隔，□□長□。其二/

【注釋】

〔一〕誠：右半微泐，又似「試」的草寫，録以待考。

〔二〕挵⿰扌菊：即「弄菊」。

〔三〕崇：原刻爲俗字，其上部受「尚」的影響而類化，似「宗」而有别。

〔四〕於：微泐，有石花，殘畫輪廓似「於」，録以備參。

〔五〕終朝禮懺：「朝」、「懺」二字部分泐蝕，僅存殘畫，據輪廓録以備參。

〔六〕時刻不違：「刻」字微泐，尚存輪廓。「違」字泐蝕較嚴重，據殘畫，參以文例録以備參。

〔七〕耄耋：二字泐蝕，僅存殘痕，録以備參。

〔八〕疕：微泐，據殘畫録以備參。

〔九〕廿二日丙午：「二」，原刻上有一横，似「三」，但據長曆，天寶十年正月乙酉朔，廿二日正值丙午，故以「二」字爲是。

〔一〇〕可爲高花早墜：「早」字微泐，尚存輪廓。「墜」泐蝕嚴重，據殘畫，參以文意録以備參。

〔一一〕樹：泐蝕嚴重，僅存殘痕，據殘畫，參以文例，「花」與「樹」對舉，行文和諧，録以備參。

〔一二〕以其載正月二十二日：上文載「以天寶十載，歲次辛卯，正月乙酉朔，廿二日丙午，卒於私第」，此謂「以其載正月二十二日附遷合先營」，則葬年必非天寶十載。故暫紀於天寶十一載。

〔一三〕附遷：二字微泐，據殘畫録以備參。

〔四〕悲慈親之旅魄：「悲」字泐蝕，僅隱隱見殘痕。「旅」字存殘畫，左邊「扌」可見，疑是「旅」的俗字，録以備參。

〔五〕戀：泐蝕，據殘痕，參以文意，録以備參。

〔六〕焚香：二字微泐，排除石花，輪廓尚可見。

一六九　李己墓誌

唐天寶十一載（七五二）二月一日

墓誌出土於陝西省西安市郊區，具體出土時間、地點不詳。拓片誌高 44 釐米，寬 42 釐米；誌文二十一行，滿行二十三字，正書，兼行書，有縱横界格。誌石是磨去舊刻而改刻，舊刻還偶見殘字或殘筆畫。誌蓋盝頂，高 46.5 釐米，寬 46 釐米，煞面 12 釐米；頂面高 28 釐米，寬 26.5 釐米；陰文篆書，題「大唐故李府君墓誌銘」；四周綫刻牡丹紋飾，四煞減地淺浮雕鐫刻卷葉紋飾。

大唐故國子監丞李君墓誌銘并序。/

君諱己，字省躬。其先隴西人也。玄宗立極，伯陽爲得姓之初；/皇業肇興，神堯啓巨唐之運。曾祖蔣王惲〔一〕，太宗文武皇帝/之子也。本枝天峻，弈葉星繁。祖六安公珙〔二〕，少府監。克構洪緒，/丕承景胤。父思絢〔三〕，光禄卿。剛健中正，發揮旁通。維城磐石，自/家形國。

君帝族一枝，王臣千里。不以貴干禄，不以賢尚人。繹/恭敬而温文，葆沖和以繕性。於是舉孝廉，擢高第。籯金擅美，/琢玉成功。崇臺將極於九層，累土先資乎一簣。乃調補都水/監主簿。巨川之濟，於是爲濫觴焉。居無何，以宅憂去職，杖而/起，毀而全。泣血三年，齊名二連。及外除，授左清道率府倉曹/參軍，儲衛典戎，出納明允。臻滿歲，拜都水監丞。虞衡是守，贊/理惟職。以資進國子監丞。風清國庠，學洞儒業。朝稱一德，人/望三台。俄而，以公務告行，乃驅車蜀門，去國秦塞。瓜時而往，/蓬轉其征。

何皇天之不仁，殲我良士。以天寶辛卯歲〔三〕，孟冬疾，/終於巴西之旅館。悲夫！鳳凰不兆，命嗣子於他人；鶺鴒其傷，/缺友于於行雁。厥明年春王二月朔，歸于京兆咸寧鮑陂之/崗，禮也。夫名以正事，事以踐迹，迹不可朽，名其在焉。有墨客/之外姻，慟而爲銘曰：/

帝唐洪胄，公族芳枝。赤舄傳美，清風照時。榮貫國庠，聲華戚/里。斯焉取斯，君子之子。流水爲川，閲人成世。星落翠微，霜凋/丹桂。旐出鳳城，封崇馬鬣。千齡萬祀，式睹徽業。/

【注釋】

〔一〕曾祖蔣王惲：蔣王李惲，唐太宗李世民第七子，唐高宗李治異母弟，母王氏。兩《唐書》有傳。

〔二〕祖六安公珙、父思絢：關於李惲後嗣，據《舊唐書·太宗諸子·蔣王惲傳》：「惲子休道，道子琚，本名思順。中興，封嗣趙王，加銀青光禄大夫。開元十二年，改封中山郡王，右領軍將軍。」不載誌主之祖、父，本誌可補史傳之缺。

〔三〕天寶辛卯歲：據長曆，爲天寶十年。

一七〇　王大隱墓誌

唐天寶十二載（七五三）正月二十日

墓誌出土於陝西省西安市高陵，具體出土時間、地點不詳。拓片高、寬均 36 釐米，誌文十八行，滿行二十字，正書，有縱横界格。石面略剥泐，有石花。誌蓋盝頂，加四煞高 36 釐米，寬 35 釐米，不加四煞高、寬均 20 釐米；蓋頂陰文正書，題「大唐故王甫君墓誌銘」；四煞鐫刻四神紋，飾以纏枝卷葉紋。

唐故睢陽郡醫博士王公墓誌銘。/

公諱大隱，字□，其先太原人也。自我唐龍興，元/從西土，徙居高陸〔一〕，今爲高陸人焉。原夫本宗后稷之/苗裔，外戚佐漢，拜三六而祚昌。將軍輔秦，坑十万而/威振。則我公遠祖之遺烈耳。

公少輕書劍，志養形骸。/受黄帝之真經，讀神農之本草。華佗識陳登之疾，猶/纔□其□能；扁鵲刻桓侯之終，方可齊其奥妙〔二〕。屬時/□□衆術，包括異才。調補直太常，俄廢官，養丘園十/餘載。後遷睢陽郡醫博士〔三〕。秩滿。以天寶十一載，八月/十四日遘疾，終於新昌坊私第，春秋七十有三焉。/夫人弘農楊氏，早先朝露，宅兆以安。即以十二載正/月廿日，啓舊塋於京兆咸寧縣鳳栖原合祔葬焉，禮也。/長子標，早亡。次子□，克纂承家，聿修孝道。毁形過禮，/用展哀誠。刊石留芳，以旌不朽，銘曰：/

望本太原，徙居高陸。性諧藥餌，操絜松竹。或守丘園，/或從微禄。存亡代運，吉凶倚伏。藏舟匪遠，逝水旋驚。/積善無應，爲凶遂行。墳開舊域，兆啓先塋。百齡俄謝，/一代虚聲。

【注釋】

〔一〕高陸：古縣名，晉代置，屬京兆郡，見《晉書・地理志》。《魏書・地形志》屬馮翊郡，謂「高陸，郡治。二漢曰高陵，屬。晉屬京兆，魏明帝改屬。」兩《唐書・地理志》不載。則從墓誌可見至唐仍有高陸縣。

〔二〕奥：泐蝕，僅隱隱存其殘痕，録以備參。

〔三〕睢陽郡醫博士：兩《唐書》未見唐代郡設有醫博士，存疑待考。

一七一　雲遂墓誌

唐天寶十二載（七五三）八月四日

墓誌出土於河南省洛陽市北郊萬安山，具體出土時間、地點不詳。拓片誌加側邊，高、寬均88釐米；不加邊，石面高、寬均63釐米；誌文三十三行，滿行三十二字，正書，有縱横界格；四側鐫刻四神紋，飾以花卉。誌蓋盝頂，高68釐米、寬69釐米，頂面高38釐米、寬35釐米，陰文篆書，題「大唐故雲府君墓誌銘」，四周及四煞鐫刻纏枝花卉紋飾。誌主曾祖雲定興，《隋書・宇文述傳》附載，《煬帝紀上》、《文四子傳》亦提及，可以參考。

唐故朝議大夫、泉州刺史、上柱國、鄱陽縣開國男雲府君墓誌銘并序。/

茅土襲貴，光大族也；河山畜氣，膺大賢也。霸業中圮，名公嗣興。

公諱遂，字勛，河南人。/其先夏后流裔，赫連承緒。奄有霸國，武烈開其帝圖；蔚爲宗臣，都尉傳其官族。赫弈/千祀，聲騰雲天。高祖〔一〕，北齊儀同三司、雲歧八州刺史、中書監、廣陽公諱光。曾祖〔二〕，周少/府監、衛尉卿、歸德公諱定興。大父〔三〕，皇徐州彭城縣令，贈代州長史諱師泰。皇考〔四〕，/漢州刺史、少府監、右金吾大將軍、隴西公諱昌。衮衣桓圭，諸侯之貴；金革緹騎，將軍之雄。荀池躍鳳，中書之榮；葉縣飛鳧，子男之美。劍戟彪炳，簪貂焜煌。世濟純嘏，一門/有光。

公貞明檢身，純壹用道。體坤元行簡以鎮物，法謙光受益以律人。聖曆初年，甫/弱冠，詔書以一子宿衛，授左衛長上。俄轉洛州轘轅府別將，恭主命也。公以文/學者，四科之首馴致之；射馭者，六藝之先纂脩之。久視中，對沉謀秘策舉，授洛州永/嘉府果毅。無何，應武藝絶倫舉，授温王府右帳典軍〔五〕。謀洞十精，初則對敭天闕；藝通七札，旋乃翊贊王門。景龍初，有制，以父執金吾，子難同衛，除太子洗馬。俄轉洛州/長史，封鄱陽縣開國男。侍銅龍樓下，名重陸機；坐屏星車中，位光仲舉。不經考，丁金/吾憂，飲水枕草，喪禮過數。服闋，除絳州長史、河東按察使。齊景胄奏云：清貞導俗，勤/恪當官。一考，除石州刺史，制賜銀印赤紱，光天寵也。

公勵心泉清，立節繩直。貧/者煦之以德，暖如陽春；害者擊之以刑，迅如鷙鳥。初察使畢公構以佳政舉，後廉使/程公諶以清白聞。兩考，丁太夫人憂，創巨之容〔六〕，過於初禮。尋除金州刺史，河獸纔渡，/江珠欲還。又除辰州都督。公用巽行令，象震作威。未剪五溪之夷，旋迕中臺之旨，貶/永州別駕，加朝散大夫。化海沂而王祥有經，謫長沙而賈誼多憤。開元中，移睦州別/駕，又轉歙州別駕，加朝請大夫。又移台州別駕，加朝議大夫。祠汾陰，制除泉州刺/史。雷雨作解，承天子之渥恩；軒蓋以庸，纘諸侯之舊服。

未幾，奉賜告之詔，移疾洛/師。以開元廿六年正月五日，終於東京永豐里私第。春秋六十有五。其年八月，厝於/河南縣萬安山南原。公喻純粹精，端潔矩操。敦詩書以正性，閱禮樂以潤身。筮仕策/名，十有四位。三典環列，一入承華。展驥六邦，建旗四國。

内藴曾史之行，外張龔黄之/政。未調鼎飪，遄奄窀穸。

夫人隴西李氏，隨太保中公穆之曾孫，皇亳州別駕行/止之女。慶流華胄，德配高室。禮事蘋藻，功脩組紃。哭夫帷堂，惠子廣被。六姻之内，咸稱女師。天寶七祀，奄然即世。洎十有二載八月四日，合葬於舊塋，從周禮也。嗣子前/成武縣衛復，次子鄉貢進士漸，雲龍並譽，衡杜齊薰。手植霜栢，日號泉户。塗車是引，/殊開京兆之阡；甫寵斯占，知合防山之墓。銘曰：/

赫赫鼎貴，英英閒氣。夏纘霸王，魏承都尉。挺生懿德，匡贊王國。犀節班條，隼旗凴軾。爰謫江傲，頻移海嶠。山陰贈錢，九真立廟。大夜無晨，俄萎哲人。鳳歸丹穴，劍合平/津。鬱鬱松檟，萬安山下。千載泉扃，唯留名馬。/

天寶十二載，歲次癸巳〔七〕，八月己巳朔，四日壬申。

洛陽縣主簿程浩文。/

【注釋】

〔一〕高祖：雲光，《元和姓纂》據雲氏家狀，謂「夏主敖雲太子瓚生袖，袖孫光禄，北齊中書監、廣陽公」，與墓誌大體相合。「袖孫光禄」，據墓誌，「禄」字疑衍文。雲光之職官，典籍不載，可補史缺。

〔二〕曾祖：雲定興，據《元和姓纂》雲氏有兩房，一爲河南房，一爲定興房。墓誌以定興爲人名，作人名爲是。

〔三〕大父：雲師泰，據《元和姓纂》：「定興，唐右武衛大將軍、歸德公，生師德、師端。」不載「師泰」。墓誌可補史缺。

〔四〕皇考：雲昌，據《元和姓纂》：「端姪昌，左金吾大將軍、隴西公也。」不載其父。以墓誌證之，昌父即《姓纂》失載的「師泰」。又，《姓纂》不載「漢州刺史、少府監」，且「右金吾」訛作「左金吾」。

〔五〕温王：唐中宗李顯子李重茂。中宗神龍初，封温王。李顯薨，即帝位。李隆基發動宫廷政變，被害，謚殤。詳參《舊唐書·中宗諸子傳》。

〔六〕巨：原刻作「臣」，訛誤。

〔七〕歲次：二字泐蝕，據殘痕，參以文例録文。

一七二　郭皓墓誌

唐天寶十二載（七五三）八月二十二日

墓誌出土於河南省洛陽市境内，具體出土時間、地點不詳。拓片高59釐米，寬57釐米；柳懿撰文並書丹；誌文二十二行，滿行二十三字，正書。誌蓋缺。另有《郭皓夫人宇文倚墓誌》，但與此郭皓無涉。

大唐故處士郭府君墓誌銘并叙。

河東柳懿撰并書。／

府君諱皓，字善寂，其先太原人也。高祖令詢，後周上黨太守。／專城授寄，名實彰於剖竹；下車未幾，甿庶賴其二天。曾祖世／静，隨蒲州桑泉令。懸魚之化既被，留犢之念何慙。祖欽仁，皇／齊王府祭酒〔一〕。親王幕府，妙選時英，精擇禮官，才當不讓。父敦／一，皇河南府澠池縣令。灌壇可仰，鳧舃難瞻。高步河陽，咄嗟／彭澤。

君則澠池府君之第五子也。幼而剛，長而正。見邪能檄，／曾不避于網羅；有屈必伸，豈復憚於坑穽。既忠且信，好義兼／仁。貧則獨竭其身，富則兼濟知己。勢忘趨附，財無苟求，方之／古人，寧儔今矣。以門蔭補相王府執杖〔二〕，慮乖世業，非其志歟？／竟棄而不仕。每優悠任性，不欲抑其天真；放志沖融，非復措／心名宦。抗樊英之大節，樂榮啓之琴歌。年耳順之餘，預修日／制之事。墳生宿草，塋列白楊。居安慮危，可謂知命。

嗚呼！昊天不予，爰降鞠凶。以天寶十二載八月六日寢疾，終於洛／陽臨闤坊之私第〔三〕。嗟夫！逝波不息，頹光難駐。幽扃永閟，長夜／無晨。粤以大唐天寶十二載，八月廿二日，歸窆於洛陽邙山杜郭之原，禮也。嗣子綰，哀哀號慕，罔極昊天。卜擇棲神，刊／銘述德。銘曰：

門承餘慶，代襲縉紳。惟賢不絶，惟德/有鄰。其一高視王侯，曠心不仕。古稱大隱，必邇朝市。其二剋復于/志，琢磨其躬。存亡嘯傲，預備知終。其三鄉帶神京，地連邙壟。白/楊悲韻，緑柏孤聳。其四茫茫大野，壘壘荒墳。千秋万古，狐兔悲/君。其五/

【注釋】

〔一〕齊王：唐高祖李淵之子李元吉，武德元年六月封齊王。玄武門事變被李世民所殺。兩《唐書》有載。

〔二〕相王：唐睿宗李旦，高宗第八子。詳參兩《唐書》本紀。

〔三〕臨闤坊：河南洛陽里坊名。唐墓誌或作「臨闤里」，可知里與坊，一也。

一七三　崔君墓誌

唐天寶十三載（七五四）三月十日

墓誌近年出土於河南省安陽市西郊，具體出土時間、地點不詳。拓片高 39 釐米，寬 40 釐米；誌文十九行，滿行十九字，正書；誌文有衍脱訛誤。誌蓋盝頂，頂面陽文篆書，題「崔君墓誌」，正中高浮雕饕獸面圖文，字間綫刻花卉圖案，四煞刻卷草圖案。誌主曾祖崔季舒，《北齊書》有傳。

大唐故將陵縣承崔公神道銘。/

臧否共城域〔一〕，神靈虧降監之明；吉凶同流，天壤失/財成之契。觀大運之紛糾，語常名之踳駮。永言人/事，良可悲夫。

君諱□〔二〕，本博陵人也。高祖季舒，齊中/書侍郎、武部尚書〔三〕、左右二僕射、下博縣開國公，食/邑五百户。曾祖剛，皇義豐縣男、鍾離郡太守，食邑/三百户。父覿，汝陽郡司户參軍事。其祖宗自晉魏/繁盛，載之前史，故此略而不書。

公兼濟博利，多聞/纏識。冥資神用，一灌心極。起家授典周縣尉，皆有/能聲，累登課最。無何，轉將陵縣承。部疑析滯〔四〕，盡奥/窮微。朗月於胸懷〔五〕，散清風於机牘。

而北冥魚化，未/遷橫之麟〔六〕；而南岳鴻飛，奄落摩霄之翰。春秋六十/有五，以天寶十二載八月廿二日，終於平原郡將/陵官舍。以其載三月十日，權殯於郡城西北十五/里平原，禮也。嗣子等慕切匪莪，哀纏集蓼。瞻駟馬/而銜疚，奉楹書而奄泣。終天不返，號咷北郭之文；遠日有期，匍匐西背之事〔七〕。仍訪鄙才，式旌遺列。詞曰：

道不可貞，志不可清。貞乃苦節，清乃純潔。/猗有道兮名無名，紀圓石兮得聲。/

【注釋】

〔一〕臧否共城域：此句行文不諧，「城」字當是衍文。

〔二〕君諱□：「諱」下原石面空一格，當是留空待填而終缺，遂失其名諱。

〔三〕尚書：原刻作「常書」，訛誤。

〔四〕部疑析滯：部，通「剖」。

〔五〕朗月於胸懷：此句表意不暢，「朗」上當有一動詞，如「抱」之類。

〔六〕未遷橫之麟：此句表意不明，行文亦不諧。疑「橫」下當有一字，據文意，疑應是「海」字。

〔七〕背：原刻「月」作「日」，爲訛字。

一七四　李珙墓誌

唐天寶十三載（七五四）閏十一月五日

墓誌出土於河南省洛陽市境内，具體出土時間、地點不詳。拓片高44.5釐米，寬45釐米；盧深撰文，盧欽書丹；誌文二十六行，滿行二十六字，正書，偶雜行書。誌蓋缺。

大唐故仙州襄城縣丞頓丘李公墓誌銘并序。/

外甥朝請郎、前行清河郡參軍盧深撰。/

公諱珙，字璵，太上玄元之裔孫也。得姓受氏，其來自遠。承家閥/閱，史不絶書。暨北地太守忠，家於衛，自時厥後，乃曰頓丘人焉。後魏/元恭皇后〔一〕，則公八代祖姑，生獻文帝。帝念周雅秦風，寵秩諸舅。封王/者五，建侯者三。時人因稱五王李氏〔二〕。公即彭城王之八代孫也〔三〕。曾祖/恂，皇萊州刺史，封頓丘縣開國男。大父守真，皇曹州長史。考幾/道，皇尚書金部員外郎，襲頓丘男。咸以英髦入仕，翹楚見稱。克廣/前修，德垂後裔。公則員外之仲子。爰自孩幼，迄于終年，口不捨詩書，/心莫離恭恪。年十八，舉孝廉甲科，調補邢州龍崗縣尉。俄授宗城尉，/改襄城縣丞。

嗟乎，舟楫之材，未涉巨川之用；層臺之量，空傷壘土之/卑。以開元四年，十二月九日遘疾，終於位。春秋卌有三。夫人范陽盧/氏，殿内侍御史彦卿之曾孫，櫟陽縣丞大道之孫，沔州司馬愔之息/女。幼則聰敏，長而淑慎，伊爾令德，歸我府君。事舅姑有承顔之恭，奉/君子得齊眉之敬。嗟乎！蟲飛薨薨，正甘宵夢；德音秩秩，俄掩夜臺。以/唐隆元年六月廿八日，先府君終於履信里之私第。享年廿有五。

府/君有三子：曰鑾，曰崟，曰銑。鑾終陳州溵水主簿，崟則夫人之己生，初/任寧陵，貶長沙尉。銑亦任寧陵尉。必復之胤，佇兹兄弟。合祔之期，每/懷窀穸。深則不敏，忝承自出，情切渭陽，終慚酷似。奉先夫人遺/旨，循舊館前規，粤以通年，虔供葬事。銑乃哀哀匍匐，罄室僉諧。以天/寶十三載閏十一月五日，奉府君夫人之櫬，合祔於員外府君之兆/内。閔哉嗣子，式展孝思。託以匪才，刊于禎石。小子情深感慕，握筆增/悲。義切謂生，空慙述作。其詞曰：/

襄城府君，范陽夫人。芳猷不替，德義爲鄰。一自權窆，于今幾春。旌發/南郭，兆啓東闉〔四〕。悲夫悲夫通谷樹，翩翩翩翩候嶺雲〔五〕。今夕球玲與蘭桂，千/秋萬古掩玄門。/

外生朝散郎、前行潁川郡長葛縣尉盧欽書。/

【注釋】

〔一〕元恭皇后：北魏高宗文成皇帝妃李貴人，因生獻文皇帝，尊爲皇后。詳參《魏書·顯祖紀》、《皇后傳》。

〔二〕五王李氏：高宗文成皇帝妃李氏，獻文帝母元皇后之兄弟李峻之五弟誕、嶷、雅、白、永等，因元后而得封。詳參《魏書·李峻傳》。

〔三〕彭城王：《魏書·李峻傳》載「後進峻爵爲王」，不載封王之名。據墓誌，當是彭城王。

〔四〕闔：微泐，且似爲俗字，録以備參。

〔五〕翩翩翩翩候嶺雲：「翩翩翩翩」，文甚拙劣，疑當是「翩躚翩躚」，以與「悲夫悲夫」相對應。「候」字左邊偏旁不似「亻」，録以待考。

一七五　李府君夫人王高行墓誌

唐天寶十四載（七五五）二月十六日

墓誌出土於河南省洛陽市境内，具體出土時間、地點不詳。拓片高40釐米，寬41釐米；誌文十五行，滿行十五字，正書。誌蓋缺。

唐故朝散大夫、左贊善大夫李府君故/夫人王氏墓誌銘。/

夫人諱高行，字高行，太原人也。父宗一，/故衛尉少卿。夫人幼孤，莫詳其先。婉孌/賢德，淑慎令儀。事君子久益其敬，處中/饋克忘其勞。於戲！大夫先世，彼柏舟兮/于軫；嗣子悼年，痛棘心乎在疚。

夫人春/秋卅有四，遘疾彌旬，與善無兆。天寶十四載正月五日，終於淳化里之私第。時歲未吉，安厝從權。其載二月十六日，殯/于邙山北原，禮也。銘旌啓行，翣柳驚引；/悲深薤露，泣下松門。亦何飾於文詞，但/記之于陵谷。銘曰：/

適來時也，適去亦時。往古而今，賢達共/之。嗟柔嘉之奄忽，望丘壟而增悲。/

一七六　韓損之墓誌

唐天寶十四載（七五五）十二月二十九日

墓誌出土於陝西省西安市長安區，具體出土時間、地點不詳。拓片高、寬均35釐米，劉孟卿撰文，誌文二十六行，滿行二十七字，正書。誌蓋缺。

大唐故朝議郎、行陝郡平陸縣丞昌黎韓府君墓誌銘并序。/

外生中山劉孟卿叙。/

二儀既分[一]，乾坤立象；三材乃位，姓氏攸興。故國君有祚土之號，大夫有/食蔡之封。昔者周公啓邦，授我武公於曲沃；晉侯滅翼，錫我宣子於韓/原。西拒强秦，遂殲家國；東匡炎漢，克紹前庸。定楚平吴，鬱爲王佐。棄劉/奔魏，必復公侯。曾祖感府君，泰華孤峰，浩溟巨翼。天資助時之略，神授/決勝之謀。有唐之鴻緒，纘累葉之元勳。運偶昇平，尚遵禁戎之/政；寰區無事，猶重止戈之秩。唐朝右戎衛將軍。大父餘慶府君，承家謂/□，繼代稱賢。翰墨獨擅於當時，英聲復邁於終古。初絆驥於隴外，載題/輿於關右。終鄜州司馬。先考光觀府君，剛直不邪，德行難擬。製錦已彰/於馴翟，從政復善於駈雞。終寧州定平縣令。

公即定平府君之仲子也。/公諱損之，字□□[二]。温恭其性，孝友立身。妙年擢經明甲科，壯歲糜劇邑。/黄綬曳裾，梓州郪縣尉。自謂神仙，寧高梅福；俗稱幹□[三]，何獨曹瞞。道不/苟合，竟沉迹於下寮；命也未亨，尚因循於常調。再轉魏州昌樂縣尉，素/規更著，清節日聞。縱容之官，僶俛罷職。爾後選補陝郡平陸縣丞。位□/邑贊，共仰雄飛；秩比陸安，焉能雌伏。州將籍其宏達，委以轉輸之□。□/粟秦川，沉舟京國。孜孜公道，謇謇忠誠。

九皋鶴唳，猶冀聞天；二豎妖災，/俄驚遘疾。春仲辭官於陝部，冬季大漸於皇州。春秋六十有九，以/天寶十四載十二月十八日，終于新昌里之客舍。嗚呼！良志未遂，冥然/異化。親戚有會喪之期，妻子無寄哭之所。家貧於鉗婁之室，薄葬遵王/孫之誡。以其月廿九日，遷窆於□□□原〔四〕，禮也。生而有涯，是資大塊。死/而可作，永閟九原。嗣子撝，禍纏欒棘，痛割崩天。不棄菲才，紀諸貞石。含/毫悼往，情切渭陽。祖述斯文，空慙宅相。敢爲銘曰：/

周王錫土，晉主正卿。時稱髦傑，代謂芳馨。降兹令德，克著嘉聲。寧惟小/隱，所冀高名。何期三命，胎夢兩楹。寶刀委匣，玉樹辭榮。風哀松栢，月吊/孤塋。深仁積德，啓迪後生。/

【注釋】

〔一〕二：原刻僅刻了一横便缺，據文意，應是「兩」或「二」字，今暫定爲「二」。「二儀」與下文「三材」對舉，行文亦和諧。

〔二〕字□□：「字」下原刻空二字格未刻，失其字。

〔三〕俗稱幹□：「幹」字下原刻空一字格，應有一字，缺刻。

〔四〕遷窆於□□□原：「於」字下原刻空三個字格，當是撰寫銘文時尚未選定葬地，故留空待填，而鎸刻墓誌時没有添上，故缺葬地。唐長安城郊山地高平，故稱原，結合墓誌出土地，葬地應在長安京郊。

一七七　李擇行墓誌

唐乾元三年（七六〇）四月六日

墓誌出土於陝西省西安市郊區，具體出土時間、地點不詳。拓片高 35.5 釐米，寬 36 釐米。誌文十七行，滿行十七字，正書，有縱綫界格。石面多石花，文字部分模糊。誌蓋缺。李擇行出李唐皇室，但史傳不載。

唐故舒州司馬李府君墓誌銘并序。/

公諱擇行，字行即，其先隴西狄道人也。曾寬，/皇光禄，授太常卿。祖儼，贈濟陽郡太守。父承/嗣，右金吾衛大將軍。

君自砦繇巽聖，利貞道／時。柱史則德合猶龍〔一〕，飛將而精通伏虎。動賢／繼踵，茂績傳芳。備乎國史，詳乎家諜〔二〕。公清脩／育德，温剋謙恭〔三〕。雅志川澄，仁心岳峻。弱歲，授／延王府主薄〔四〕。乾元三年拜舒州司馬，未之官。／以三月廿七日，寢疾於崇賢里之私第〔五〕，春秋／五十有七。嗚呼！天不憖遺，俾輔皇室。如／何弗予，殲我良人。胤子昱等不勝僻踴〔六〕，食不／餘力，非禮不舉〔七〕。其年四月六日，附葬長安縣／高陽原先營側之禮也。／

肅肅文祖，誕載英賢。有宜令德，貽厥開先。行／必依仁，才能包藝。從政□清〔八〕，居家推惠。捨也／云亡，悲夫可傷。名與風激，魂歸夜長。祈乎芥／祉，爲邦之美。萬古千秋，如何已矣。／

【注釋】

〔一〕猶：上部泐蝕，據殘畫録以備參。
〔二〕家：泐蝕，僅微見殘痕，據文例録文。
〔三〕謙恭：二字模糊，但殘畫輪廓尚隱隱可辨，文意亦通暢。
〔四〕薄：泐蝕，僅存殘畫，據殘痕，參以文意録文。
〔五〕寢：泐蝕，僅見上部「宀」，據殘畫，參以文例録以備參。
〔六〕昱：泐蝕，據殘畫暫定爲「昱」以待考。
〔七〕禮：泐蝕，尚存「礻」，據文意録以備參。
〔八〕清：隱隱見殘痕，録以備參。

一七八　王弘及夫人郭氏墓誌

唐上元二年（七六一）三月二十八日

墓誌近年出土於河南省安陽市南水北調工程工地。拓片誌高51釐米，寬51.5釐米；誌文二十五行，滿行二十五字，正書，有縱橫界格。誌蓋盝頂，高

54釐米，寬57釐米；頂面陽文篆書，題「王君墓誌」，界格鐫刻花卉圖案，四煞刻纏枝卷葉紋飾。

唐故上騎都尉王府君及夫人郭氏墓誌銘并序。/

君諱弘，字文寬，太原人也。其先周王子晉之後，今居安陽焉。若夫/九池駕羽，乘翬於玉葉之中；霓嶺騰仙，斂翮於金城之左。或彈冠/悦貢，剖竹分駒；或翠實附枝[一]，飛雄入禄。出處默語，固亦多塗。斯並/藁册流芳，此難詳載。曾祖貞祥，齊并州太原令。青鸞巢宇[二]，鄙俗仰/其仁風。祖道仁，齊青州臨淄令。雉狎童遊，化稱三異。父伯鸞，隋定/州司功。鏡蘗文莊，清瀾十部。

惟君材標楚杞，自幼沖以生知；德辨/荆珍，迨弱冠而岐嶷。昂昂千里，鍾美譽於時良；汪汪萬陂，齊清濁/於雅量。可謂珪璋兩舉，聞望載揚。洎隋運數終，銜枚於枌梓。唐維/重闢，得盡帷籌。遂乃豹略輕生，龍圖挹勝，授公上騎都尉。既而文/雄未振，武毅先申。庀神於潘令之園，茠給於蔣詡之室。逍遥鵬鷃，/各得歸途。以資三樂之方[三]，聊賦四愁之詠。豈意鳳珍無效，鶴板俄/徵。奄棄鑿巾，以窀蒿岫。嗚呼哀哉！春秋五十有九，以永徽三年正/月八日，終於私第。夫人太原郭氏，四德聿聞，早脩庭誡。三星既爛，君子好仇。冀盡琴瑟之歡，用終偕老之慶。遽知蓮藏玉匣，孤飛泣/於仙舟；鸞照鏡奩，獨舞悲於桂户。嗚呼哀哉！春秋七十有六。上元二年三月八日，卒於私閤。即以其年歲次乙亥，三月乙巳朔[四]，廿八/日壬申，合葬於相城東北永安鄉界王村北平原二里，禮也。孤子/玄及、玄相、玄基等，痛貫心靈，哀罔極而扣地；五情糜潰，思負米而/號天。所恐陵谷貿遷，蘭蓀無紀，故鐫貞琬，以刊銘云：/

猗哉峻胄，晟矣芳昆。材兼楚杞，譽美荆珍。爰生禕嗣，夙檀英仁。信行/早著，孝義有聞。其一 婉孌令婦，德貫閨闈。作訓女則，垂範母儀。諸/姑和睦，姒娣邕熙。以終同穴，芳名不虧。其二 哀乎彼蒼，如何不淑。永/瘞球琳，長埋蘭菊。楚挽悽歎，胡笳咽噢。泉穸閉兮風月絶，壟霧歇/兮嗟松竹。其三/

【注釋】

〔一〕附：微泐，文字略模糊，據輪廓，參以文意録以備參。

〔二〕巢：原刻作「杲」，爲俗字。

〔三〕資：微泐，但輪廓基本清楚。

〔四〕三月乙巳朔：「三」字泐蝕，多石花。考長曆，上元二年三月乙巳朔，廿八日壬申，干支均相合，故定爲「三」。

一七九　楊法行墓誌

唐上元二年（七六一）三月二十九日

墓誌出土於陝西省西安市郊區，具體出土時間、地點不詳。拓片誌高、寬均38釐米；誌文十八行，滿行十七字，正書。石面略有石花，但文字基本可辨。誌蓋缺。

唐至德觀上座楊仙師誌文并序。/

仙師諱法行，弘農人也。曾祖從政，祖自忠，父/智果。

蒼蒼太華，渾渾長河，凝流貢祉，真仙乃/育。其生也通靈，神授經法；其長也特操，心至/香燈。景雲二年，制度爲女道士，從夙好也。/開元中，詣清蔄先生，受三洞秘法。匣中寶鏡，/拂拭因人；澗底寒松，堅貞自我。每駕燈夕焰，嬰香晚焚，鶴舞于庭者二時，神告密旨者三/祀。是以年幾八十，鬒髮如雲。時方去留，靈臺/若鑒。

上元元年秋八月十八日，語門弟子曰〔一〕：/爾以五鍊藏吾形。是日不疾而静。享齡几七/十有五。明年夏四月初吉，藏□于萬年縣鳳/栖原，同人也。偉夫心，不變生死，玄門曰德焉；至夫言，不汩是非，君子曰真焉。文曰：

於予仙師，絜以淳嬰。然靈與兮，友夫天真。於/予仙師，志以直□，而心專兮，樹夫陰德。鳳之/原，山之陰，風颸颸，雲沉沉。劍藏於是兮，無爲/傷心。

上元二年三月廿九日書。/

【注釋】

〔一〕語：微泐，排除石花，據殘痕輪廓，參以文意，似「謂」或「語」字，右上角爲一横，故録爲「語」字。

一八〇　韋彭孫及夫人王氏墓誌　唐上元二年（七六一）八月八日

墓誌出土於陝西省西安市郊區韋氏家族墓塋一帶，具體出土時間、地點不詳。拓片誌高37釐米，寬36釐米；誌文二十一行，滿行二十三字，正書。誌蓋缺。

唐故朝散大夫、太子中允，兼殿中侍御史韋公并夫人瑯琊縣君王氏墓誌銘。/

公諱彭孫，字紹光，京兆人也。曾祖季邕，祖志沖，父守經，並衣冠令緒，/克昭厥德。體道履素，禄以代耕。

公早喪所生，能自成立。解褐/□涇州安定尉〔一〕、伊西節度判官，轉左衛率府倉曹參軍、四鎮節/度判官，攝監察御史。馳聲西域，信及殊方。有制，改太子通事/舍人，不换攝職。無何，除國子丞。屬逆虜亂常，干犯伊洛。御史大夫/封常清，受命專征，屈於幕府。及潼關失守，陷在賊庭。唯守舊/官，潛送誠款。

及兩京掃定，乃見褒昇，授邠州司馬，御史中丞。李鼎節制隴右，奏大理正，充節度判官。及高昇總戎，仍在幕府。/特制授太子中允，加朝散大夫，兼殿中侍御史。公久在戎旅，威恩/克著，事有奇功，物無失所。以上元元年八月三日遘疾〔二〕，終于臨洮/使院。

夫人瑯耶縣君王氏，中書侍郎王公之長女也。夙承訓導，大/著婦儀。爰自隴右，携公棺櫬，將歸鎬京。五月十八日，行至隴山，/倉卒遇賊。既被劫奪，驅逼□行。夫人志勵嚴霜，心貫白日，乃叱/賊曰：我是宰相之女，御史之妻，奈何一朝爲賊所有。言發遇/害。於戲哀哉。以上元二年八月八日，同祔於京城之南，邇先塋也。/丹旐引行，青烏占兆。天長地久，不騫不崩。志是貞石，銘以蔵事。

詞曰：

節彼南山，迴環滈水。保此真宅，永貞厥壘。其一我有貞白，身/没名揚。我有節義，能貫秋霜。斯爲不朽，得死何傷。於戲/哀哉，百代其昌。其二/

嗣子傑。/

【注釋】

〔一〕解褐□涇州安定尉：「涇」上一字缺損，據文例，應是「授」字。

〔二〕上元元年八月三日：唐代年號有兩個上元，一是唐高宗李治於咸亨五年改元上元，歷時三年。二是唐肅宗乾元三年改元上元，亦歷三年。此當爲唐肅宗之上元。

一八一　高力士墓誌

唐寶應二年（七六三）四月十二日

墓誌一九九九年七月出土於陝西省蒲城縣保南鄉山西村高力士墓。該墓是唐十八陵中最東端唐玄宗泰陵的唯一陪葬墓。墓前原立有「大唐故開府儀同三司贈揚州大都督高公神道碑」一通，墓碑録文見清王昶《金石萃編》，碑石斷爲兩截，保存在蒲城縣博物館，其載職官與墓誌小異。墓誌青石質，長方形，高77釐米，寬112釐米；潘炎撰文，張少悌書丹，與《神道碑》撰書者相同；銘文四十五行，滿行三十四字，行書，書法勁拔疏朗，清圓秀麗；四側綫刻十二生肖圖案，此本失拓。誌蓋盝頂，亦高77釐米，寬112釐米，厚12釐米；篆書六行，行三字，陰文題「唐故開府儀同三司贈揚州大都督高公墓誌」；四周鐫刻花卉圖案，四煞減地綫刻四神圖案。蓋石已碎成數塊，經黏合，文字基本不損。墓葬内壁鐫刻大量紋飾，構圖精美。誌主高力士，兩《唐書》均有傳。邢福來、李明《唐高力士墓發掘簡報》（《考古與文物》二〇〇二年第六期）、曾北洋《從千年墓誌銘看高力士重大歷史功績》（《南方論刊》二〇〇七年第五期）、牛致功《有關高力士的幾個問題》（《史學月刊》二〇〇三年第四期）、王連龍《高力士宦績考實》（《文物世界》二〇〇八年第四期）、黄日初《高力士研究四題》（《浙江社會科學》二〇〇八年第八期）有相關研究。

大唐故開府儀同三司、兼内侍監、上柱國、齊國公、贈揚州大都督高公墓誌銘并序〔一〕。／

尚書、駕部員外郎、知制誥潘炎奉敕撰〔二〕。／

太中大夫、將作少監、翰林待詔張少悌奉敕書〔三〕。／

事君之難，請言其狀。盡禮者或以爲諂，納忠者時有不容。直必見非，謂之劘上；嚴又被憚，／不得居中。古所謂爲臣不易者，以此。至有排金門，上玉堂，出入五紀〔四〕，近天子之光。周旋／無違，獻納必可。言大小而皆入，事曲折而合符。恭而不勞，親而不黷，諫而不忤，久而不厭。／美暢於中，聲聞於外，開元之後，見之於高公矣。

公本姓馮，初諱元一〔五〕。則天聖后賜姓高，／改名力士。馮之先北燕人也。衣冠屢遷，不常厥所，章甫適越，遂爲强家。曾祖盎，／皇唐初，／高州都督、耿國公、廣韶等十八州總管，贈荆州大都督。干旟特建，嶺嶠爲雄。頤指萬家，手／據千里。有三子：曰智戣、智戴、智玳〔六〕。耿公知而内舉，請以分憂，朝廷許之。戣爲高州刺史，／戴爲恩州刺史，玳爲潘州刺史〔七〕。聖曆中，潘州府君捐館舍，子君衡襲其位焉〔八〕。父没子繼。南／州故事，且持棨戟。方侯綵綸，按察使摧折高標，擿抉瑕釁，禍心潛構，飛語上聞。帝閽／難叫，家遂籍没〔九〕。及公之鼎貴，恩贈廣州大都督。

公即廣州之少子也，年未十歲，入于宫／闈。武后期壯而將之，别令女徒鞠育。將復公侯之慶，俾加括羽之深，令受教于内翰林。／學業日就，文武不墜，必也射乎。五善既閑，百發皆中，因是有力士之稱。自文林郎宫教博／士，轉内府丞〔一〇〕。

至尊以公夙遭閔凶，弱喪何怙，倍年存父事之禮，三州有天屬之恩。／帝曰：俞！以汝爲内侍高延福男〔一一〕。由是遂爲高氏。君命，天也，天所授焉。子楚大不韋之門，／齊姜育有嬀之後。兆自真宰，成于主恩。孝和忽其升遐，韋氏紛以干命〔一二〕。玄宗至道大／聖皇帝，中夜提劍，遲明登天。斗杓未移，沴氣如掃。攀龍附鳳，公實親焉。録其翼戴之勳，遂/有驟遷之命，特加朝散大夫、内給事，充内弓箭庫使。尋遷内常侍，兼三宮使[一三]，又加雲麾將/軍、右監門衛大將軍[一四]。恭以橋梓之心，懼過車馬之賜，乞迴所授進父之班。聖心嘉之，用/奬名教，父子並授内侍，公仍加銀青光禄大夫。又屬萬乘東巡，柴于岱嶽[一五]，更授雲麾大/將軍、左監門衛大將軍[一六]，申前命也，兼充内飛龍厩大使[一七]。

公艱疚之歲，太夫人在堂。夫人麥/氏，宿國猛公之曾孫也。覆巢之下，陟屺無從。寒泉切莫慰之心，永初無隨子之賦。德均聖/善，孝感神明。瘴海炎山，不爲疵厲。板輿萬里，來就高堂。歡甚如初，和樂且孺。兄元璡、元珪/等雁行而至，當代榮之。慶吊相隨，風樹增歎。無何，丁夫人憂，絶漿之日，恩制起奪。先，/夫人有越國之贈，崇錫類也。累遷冠軍、鎮軍、輔國、驃騎等大將軍，特拜内侍監[一八]。内侍有監，/自公始也。王鉷之亂，輦轂震驚，禁軍一舉，玉石同碎。公親執桴鼓，令於顔行曰：斬級者無/戰功，擒生者受上賞。俶擾之際，人無横酷者，由公一言也。

屬胡羯僭逆，天王居于成都。/跋涉艱難，扶護警蹕。蜀有南營之叛，公討而平之[一九]，加開府儀同三司，封齊國公，食邑三千/户。文明武德皇帝再造區夏，奉迎皇輿。太上高居，復歸于鎬。賞從行者，加食實封/三百户[二〇]。公左右明主，垂五十年，布四海之宏綱，承九重之密旨。造膝之議，削藁之書，/不可得而知也。其寬厚之量，藝業之允，宣撫之才，施舍之迹，存於長者之論，良有古人之風。/

上元初，遭謗遷謫，安置巫州。知與不知，皆爲歎息。寶應元年有制，追赴上都，中路聞/天崩地坼，二聖下席。長號泣血，勺飲不入口，惜攀髯而無及，俄易簀而長辭。其八月八/日，終於朗州龍興寺，享年七十三[二一]。輿櫬至京，恩制贈開府儀同三司[二二]，揚州大都督，仍陪/葬泰陵。書王命，褒之也。公以寶應二年四月十二日安厝[二三]。

夫人吕氏，道備公宫。天寶中，/封齊國夫人[二四]，方貴而逝。封樹已久，安而不遷。嗣子正議大夫、前將作少監、上柱國、渤海郡/開國公承悦[二五]，猶子爲繼，克家有光，時稱雅才。喪善執禮，以先父出遠，表請黜官。皇鑒至/明，俾復舊職。封章屢上，改恒王府長史，時議多之。養子内給事承信等[二六]，永言孝思，敬奉先/訓。炎今之述者，天所命焉。用刊青壟之銘，長紀黄陵之側。詞曰：/

五嶺之南歌大馮，桂林湘水神降公。君門九重閶闔通，開元神武英復雄。雲天雨露/恩渥崇，帷扆籌謀心膂同。五十年間佐聖躬，無瑕遇謫遷巴東。來歸未達鼎湖空，撫膺/一絶如有窮。魂隨仙駕遊蒼穹，託塋山足茂陵中，君臣義重天地終。

懋官事有嫌累，微瑕有玷。/

【注釋】

〔一〕大唐故開府儀同三司兼内侍監上柱國齊國公贈揚州大都督：兩《唐書》只載「上柱國」，可補史傳之缺。

〔二〕潘炎：兩《唐書》無傳，但典籍有記載。《文苑英華》卷六〇二載王諫《劉相請女壻潘炎罷元帥判官陳情表》：「臣女婿元帥判官、駕部員外郎、知制誥潘炎入侍幃幄，又司戎政，嫌疑之地，顛沛是憂。」可知潘炎是劉晏女婿，曾任元帥判官。大抵因其岳父請求，而去判官之職。《全唐文》卷四三九亦録表文。

〔三〕張少悌：唐代著名書法家，尤長行書，有大量行書、正書碑銘留存。據存碑銘，知其主要活動於天寶，歷肅宗、代宗、德宗數朝，惜兩《唐書》無傳。

〔四〕出入五紀：高力士歷中宗、睿宗、玄宗、肅宗、代宗五朝，此所謂「出入五紀」。或以十二年爲一紀，五紀爲六十年，高力士没入内宫，年未十歲，至七十三歲而卒，前後歷六十多年，亦「出入五紀」。兩存以備參。

〔五〕初諱元一：兩《唐書》本傳不載，墓誌可補其缺。

〔六〕智戣智戴智玳：「玳」，原刻作「⿱代玉」，爲上下結構。智戣、智玳，史傳均不載，可補史缺。

〔七〕戴爲恩州刺史玳爲潘州刺史：據張説《贈潘州刺史馮君墓誌銘》：「恩命分府爲三州，授君之三子。子智戣，高州刺史；子智玳，恩州刺史；猶子子游，潘州刺史。」與本誌不相合。

〔八〕子君衡：兩《唐書》無傳。張説《贈潘州刺史馮君墓誌銘》：「公諱君衡，字正平，廣管高州人也。昔畢萬苗裔，邑於馮城，因以爲氏。其適越者，則袁宏《過江録》所載長樂馮祖恩之後也。遠居僻地，代爲右族。」又：「公荆門之孫，恩州之子。」儘管本誌與張説所載智玳職官不同，但均以其爲君衡之父，彼此則相合。

〔九〕家遂籍没：關於高力士之本身父親及家被籍没的原委，兩《唐書》及其他典籍均無載，墓誌可補其缺。

〔一〇〕内府丞：《高力士神道碑》作「内府令」，「令」是「丞」之誤，丞爲令之副職。《舊唐書·高力士傳》謂高力士景龍中授宫闈丞之職，應是「内府丞」之誤。

〔一一〕高延福：兩《唐書》無傳，只是《高力士傳》載高力士「因小過撻而逐之，内官高延福收爲假子，延福出自武三思家」，應是武氏的親信。

〔一二〕韋氏：應指唐中宗韋皇后，因毒殺中宗，在李隆基發動的宫廷政變中，被亂兵所殺。史稱韋庶人。兩《唐書》有傳。

〔一三〕充内弓箭庫使尋遷内常侍兼三宫使：《新唐書》本傳失載，墓誌可補其缺。

〔一四〕又加雲麾將軍右監門衛大將軍：加雲麾將軍，史傳不載，可補史缺。「右監門衛大將軍」，《舊唐書》本傳無「大」字。

〔一五〕又屬萬乘東巡柴于岱嶽：玄宗祭祀泰山在開元十三年十一月。

〔一六〕更授雲麾大將軍左監門衛大將軍：兩《唐書》本傳不載。

〔一七〕內飛龍厩大使：兩《唐書》本傳不載。

〔一八〕累遷冠軍鎮軍輔國驃騎等大將軍特拜內侍監：據《舊唐書》本傳，天寶初，加力士冠軍大將軍、右監門衛大將軍，進封渤海郡公。七載加驃騎大將軍，而不載鎮軍、輔國大將軍，可據墓誌補史傳之缺。

〔一九〕蜀有南營之叛公討而平之：史傳不載。

〔二〇〕三百户：《舊唐書·肅宗紀》、《唐會要》同，而兩《唐書》本傳作「五百户」，誤。

〔二一〕其八月八日終於朗州龍興寺享年七十三：王仁裕等《開元天寶遺事十種》載，高力士「寶應元年八月十八日終於朗州開元寺之西」，時間與地點皆與墓誌不同。關於年壽，《新唐書》本傳、《開元天寶遺事十種》謂七十九，又與墓誌不同。墓誌更可信。

〔二二〕贈開府儀同三司：史傳不載。

〔二三〕公以寶應二年四月十二日安厝：《新唐書》本傳不載安葬時間，墓誌爲詳。

〔二四〕天寶中封齊國夫人：史傳不載。

〔二五〕承悦、承信：兩《唐書》及其他典籍均不見記載，墓誌可補其缺。

一八二　宇文弁才墓誌

唐永泰元年（七六五）十月十三日

墓誌出土於陝西省西安市郊區，具體出土時間、地點不詳。拓片高、寬均60釐米；韋應物撰文並書丹；銘文三十二行，滿行三十二字，正書，有縱橫界格。誌蓋缺。撰文者韋應物，唐代著名文人，《新唐書》有載。

隨故永嘉郡松陽縣令宇文府君墓誌銘并序。/

君諱弁才，字弘道。河南洛陽人，後周之族孫也。建雄圖而創業，開寶歷而疏基。光帝/籙於九埏，繼皇徽於萬古。故能象賢無替，華轂與蟬冕相暉；家聲載融，珪符將龜紐/交映。蓋以騰芳簡册，此可略而言焉。

祖遷，魏平州刺史。器宇貞正，墻仞崇深。爲萬玉/之規模，作六條之儀範。信不愆於䈎馬，教纔止於蒲鞭。父承，齊許州司馬。局量詳明，/襟神澹雅。千里憑其準的，百城仰其風猷。令比秋霜，惠逾春露。

君資靈上智，禀氣中/和。譬渥水之騰駒，如丹穴之翔翮。齠年穎晤，迥出生知。弱歲機神，悠然遠振。量涵溟/渤，注長瀾而靡窮；度擬崧華，聳高峰而不極。孝乎惟孝，暗勖情田。言則擇言，冥符性/道。既而俯迹遊藝，晦智從師。究百氏之鈎深，盡三端之鋭賾。清明内湛，爽朗外揚。孕/水鏡於靈臺，齊是非於虛室。九臯鳴鶴，逸響自彰；十步幽蘭，傳芳遂遠。河清三載，擢/授羽林。毦鶡腰鞬，寄以心膂。周旋武帳，警衛文梐。密勿彤闈[一]，劬勞紫闥。大象之始，妙/擇宗英。特以皇枝，授宗侍中士[二]。

尋以三靈改卜，祥起漢東。萬姓樂推，鼎歸火德。譬嬴/族之歸漢，猶田室之遷秦。開皇元年，除盧州總管府田曹參軍事。四年，改授蘄州總/管府士曹參軍。勵冰霜而勖己，握瑜瑾以摛光。卓立僚寀之間，超出群司之表。十四/年遷授益州總管府倉曹參軍[三]。亟枉高才，頻參下職。脂車夙駕，履九折之危；秣馬載/驅，涉雙流之險。淹留不調，驟歷暄寒。廿年，進授瀘州江陽縣令[四]。潘河陽之秀傑，□宰/一同；崔長岑之英俊，纔居百里。望古人而並騖，亦何謝於享鮮；屈廊廟之宏材，可長/嗟於絆驥。政成俗易，大反澆訛。化洽風移，遽歸淳朴。豈直馴鸞狎雉，校其優劣者哉。/大業四年，改授永嘉郡松陽縣令。剛柔迭用，寬猛兼施。訓誘禮義之方，汲引忠信之/道。紘哥表德，謳頌稱仁。

庶當永享遐齡，用尊三壽。豈謂奄從朝露，長幽九泉。以大業十一年八月四日暴終于位，春秋七十八。夫人李氏，柔儀閑秀，惠聲韶遠。叶潘楊之/素親，追秦晉而爲匹。有輝蘋沼，載躍江魚。止間之信不虧，斷織之慈無爽。雖復九仙/秘術，詎可駐於奔曦。萬里生香，豈能留於閱水。以貞觀七年四月十六日遘疾，終於/揚州純和里第，春秋六十三。粤以永泰元年，歲次乙巳，十月丁酉朔，十三日己酉，遷/窆於洛州洛陽縣邙山之陽，禮也。昔以劍龍單逝，悲隻影之孤鸞；今乃簫鳳俱飛，同/比翼之雙鶼。有子君彦，恨酷茹荼，痛深風樹。思屺岵而增感，切霜露而崩心。將恐海/作桑田，墳成□庫，敢銓茂範，庶擬終天。銘曰：/

晶晶昌源，綿綿華緒。天潢流潤，帝圖垂矩。遞襲龍章，互縈龜組。材稱杞梓，價重琳瑯。/寔生時秀，爲人之綱。心齊出處，迹混行藏。佐務六條，宣風百里。性貞松桂，譽芬蘭芷。惠比春光，鑒同秋水。西曦易落，東箭難流。松深隧古，隴暗雲愁。式鐫貞石，永播徽猷。/

朝請郎、行河南府洛陽縣丞韋應物撰并書。于永泰/元年，歲次乙巳，十月丁酉朔，十三日己酉遷記。/

【注釋】

〔一〕彤：原刻作「肜」，形近而誤。

〔二〕宗侍中士：官名，宮廷侍衛官。北魏原有宗子羽林，後改稱宗士，又有宗子軍、宗子隊等名稱。北周改爲宗侍下士，分左右，秩正一命。宗侍陪前侍之後，夜間在寢宮庭中執行戒備任務。《周書》不載「宗侍中士」，其他典籍亦不載，墓誌可補史缺。

〔三〕四：泐蝕，僅存右上角殘畫，據殘痕輪廓，似「四」字，録以備參。

〔四〕瀘州江陽縣令：瀘州，即今四川省瀘州市。《舊唐書・地理志》：「隋瀘川郡，武德元年改爲瀘州，領富世、江安、綿水、合江、来鳳、和義七縣。武德三年，置總管府，一州。」但據墓誌似隋朝已有瀘州。也可能是墓誌爲後來追述，乃以後世之名稱呼前代。所載瀘州七縣，没有江陽。《隋書・地理志》載江陽，但屬江都郡，與瀘州不涉。瀘州之江陽，漢代已有。《漢書・地理志》載犍爲郡有江陽縣，即後世瀘州之江陽，墓誌爲一證。

一八三　釋然法師墓誌

唐永泰二年（七六六）七月二十日

墓誌出土於陝西省西安市郊區，具體出土時間、地點不詳。拓片誌高、寬均47釐米；程浩撰文；誌文二十二行，滿行二十字，正書，無界格。誌蓋缺。

誌主父裴冕，大曆四年拜相，未盈月而卒，兩《唐書》有傳。

資敬寺尼釋然墓誌銘并序。／

左拾遺程浩撰。／

有唐京師臨壇大德尼，法号釋然，俗姓裴氏。贈司空／公之孫，舊相、左僕射、冀國公之女〔一〕。天賜辯惠，悟於襁／褓。有琴瑟之聲，耳不之聽；有錦繡之色，目不之悦；有／珠玉之珍，手不之玩。年三歲，冀國先夫人異之，遂詣／法雲寺唐和尚出家。掩綽約之容，授毗尼之律。不長／縝髮，便加納衣。天寶中，復依止資敬寺理空律師受／戒。誦法華也，演如來一音；講楞伽也，入菩薩八地。言／香而氣流甘露，目淨而光照青蓮。內磨惠心，外砥孝／行。

冀公翊聖鳳翔也，不離目前，啓道場於／太白；誓師劍門也，不離膝下，敞禪室於峨眉。密窮秘／藏，深入真要。永泰初，復歸長安。律儀風清，惠問泉塞。／京城僧衆舉爲臨壇大德。張妙雲以潤物，指化城以／諭道。人歸者，恐不得其門。

春秋卅有五。永泰二年七／月一日寢疾，終於本寺。其月廿日，安神於畢原，近魏／國先祖夫人之塋，從志也。擁幢幡者，同學之表；儭纕／經者〔二〕，傳法之制。焚香導之，執紼送之，迺琢玄石，用昭／淨行。銘曰：

禪悦住持，道場精進。發童子心，授如來印。義了三乘，／道成一瞬。門開甘露，鉢吐蓮花。墨傳世界，薪盡生涯。／冢扃永閉，維見袈裟。／

【注釋】

〔一〕舊相左僕射冀國公：裴冕，字章甫。以功封冀國公。大曆四年，拜同中書門下平章事，充東都留守、河南淮南淮西山南東道副元帥。拜相未盈月而卒。兩《唐書》有傳。

〔二〕纕經：疑當爲「縗絰」二字的訛誤。

一八四　崔公夫人裴氏墓誌

唐永泰二年（七六六）十一月十四日

墓誌出土於河南省洛陽市境，具體出土時間、地點不詳。拓片誌高、寬均30釐米；誌文十三行，滿行十五字，正書。誌蓋缺。

大唐故鄭州參軍博陵崔公夫/人墓誌。/

夫人故通議大夫、光州別駕、河東裴豫/第七之女。前邛州刺史敷，即其弟也。以/天寶十三載十二月廿一日，因寢疾，奄/終于伊川里第，享年五十有九。攢殯於/堂，凡十餘歲。而嗣子杭州臨安縣宰璿，/次息大理評事倚須，以中原喪亂，逃難/江干。豺武構患，久阻安厝。今兵戈稍息，/宅兆吉辰，遂遷祔於伊闕縣新城鄉吴/李村先門之塋。石並墳異壙蓋取。克寧泉户，永愜幽魂。情禮所然，切謂宜也。/

永泰二年十一月十四日。/

一八五　李峴墓誌

唐大曆二年（七六七）二月十日

墓誌出土於陝西省西安市郊區，具體出土時間、地點不詳。拓片高、寬均90釐米；徐浩撰文並書丹；誌文三十二行，滿行三十三字，正書。誌蓋缺。誌主曾官至同中書門下平章事，兩《唐書》均有傳，履歷與墓誌多相合而亦有異。徐浩，兩《唐書》亦有傳。

唐故光禄大夫、檢校兵部尚書、兼衢州刺史、充本州團練使，贈太子少師、上柱國、梁國/公李公墓誌銘并序〔一〕。/

銀青光禄大夫、行尚書工部侍郎、集賢殿學士、上柱國、會稽縣開國公徐浩撰/并書〔二〕。/

嗚呼！有唐良弼李公，諱峴，字延鑒〔三〕，今上之三從叔也。曾祖司空吴王諱恪〔四〕。大父/工部尚書、贈吴王諱琨。列考兵部尚書、朔方河東節度使、太子太師，贈太尉、信安郡王/諱禕。

代濟盛德，是生我公。幼有殊量，含粹秉哲。學以觀略，文以足言。起家左驍衛兵曹，/太子通事舍人、鴻臚丞、河府士曹、高陵萬年河南令，所莅以尤異聞。遷河南少尹、左金/吾將軍、將作監。出守魏郡、零陵、長沙、江陵、鳳翔、蜀、通、潤、衢等郡。再爲京兆、江陵尹〔五〕。初以/江陵兼御史中丞，山嶺江南黔中四道都副大使、採訪使，入宗正卿。及爲鳳翔太守，又/兼中丞。鑾輿臨幸，知側近兵馬粮料〔六〕，加尚書左丞，知鳳翔事。車駕還京，充知/頓使。遷禮部尚書，轉御史大夫，兼京兆尹。加光禄大夫，封梁國公。按三司獄〔七〕，/帝善其議，遷吏部尚書、同中書門下平章事〔八〕。貶蜀、通、潤，復爲江陵，兼御史大夫，充荆南/節度觀察處置營田等使。進禮部尚書，兼宗正卿。屬犬戎亂華，西都失守。旋旆京邑，又/兼御史大夫，充置頓使。擢黄門侍郎、同中書門下平章事，左太子詹事。居無何，復檢校/禮部尚書，兼大夫，充江南西道勾當鑄錢使，改吏部尚書，兼大夫，充江南東西福建等/道知選并勸農宣慰使。尋檢校兵部尚書，餘如故。又以尚書，兼衢州刺史。

景命不淑，以/永泰二年七月八日，薨於官舍，春秋五十五〔九〕。皇上軫悼，贈太子少師。粤以來歲/二月十日〔一〇〕，歸葬於京兆長安縣高陽原，禮也。優詔，鹵簿威儀，手力幔幕，有加恒數，以/飾終焉。

公凡宰三縣，典九州，兩爲江陵，再尹京兆，五登亞相，六拜尚書，七擁使車〔一一〕。再秉/鈞軸，牧宰爲政也；作人父母，臺省持綱也；爲國準繩，皇華將命也；澄汰風俗，宰輔致理/也，裁成景化。公以間氣傑出，膺期挺生，忠孝代範，親賢大名。利物可以和義，修詞可以/立誠。夫其有犯無隱，措枉舉直。無形骸之私，竭股肱之力。權貴斂手，奸回沮色。是以當/可言而必言，再入相而再去，良有以也。方將爕和元氣，弘濟生靈，致君唐虞，合德周/邵。嗚呼，東陽出守，南國無歸。人之云亡，吾將安仰。公長兄峘，故户部尚書，兼御史大夫，/江淮南都統節度觀察處置使，旅櫬雙旐，遠自江鄉。高墳兩塋，同葬故國。榮哀倏忽，途/路悲傷，已焉哉。嗣子大理司直孝孫等〔一二〕，陟岵棘心，寢苫血泣，思綴遺烈，以誌玄堂。乃徵/詞於故人，庶傳徽於樂石。銘曰：/

蔚間氣兮生哲人，卓昭代兮差良辰。麟之趾兮何振振，才濟時兮運遘屯。家多難兮方/經綸，使宣風兮牧行春。七持憲兮一徼巡，六曳履兮二秉鈞。亮帝采兮叙彝倫，/唐舊邦兮命惟新。孰賢賢兮我親親，五列戟兮十朱輪。累勳業兮據要津，歎窀路兮悲/短辰。彼穹蒼兮胡不仁，如可贖兮百其身。哀同氣兮墳相鄰，邈千古兮流芳塵。/

【注釋】

〔一〕唐故光禄大夫……梁國公李公：李峴作爲皇室成員，曾官至宰相。其歷官甚衆，墓誌首題取其終官。

〔二〕徐浩：兩《唐書》不載封爵會稽縣開國公，可據墓誌補。

〔三〕字延鑒：李峴的字兩《唐書》不載，可補其缺。

〔四〕曾祖司空吴王諱恪：《新唐書》本傳：「李峴，吴王恪孫也。」據墓誌所載，當是吴王恪曾孫。

〔五〕再爲京兆江陵尹：據《新唐書》，李峴於天寶時累遷京兆尹。長沙永王爲江陵大都督，又假峴爲長史。墓誌作「江陵尹」，似爲江陵之長官而非長史。

〔六〕鑾輿臨幸知側近兵馬粮料：當是肅宗在臨武，關中戰事尚未結束，兵馬粮料十分重要，故墓誌特别提及，兩《唐書》未及。

〔七〕按三司獄：兩《唐書》不載。

〔八〕遷吏部尚書同中書門下平章事：兩《唐書》本傳不載「吏部尚書」。《舊唐書·肅宗紀》乾元二年，三月乙未，「以京兆尹李峴爲吏部尚書」。

〔九〕春秋五十五：兩《唐書》本傳爲「五十八」，與墓誌不合，當以墓誌爲可信。

〔一〇〕粤以來歲二月十日：據長曆，永泰二年十一月改元大曆，來歲二月十日，即大曆二年二月十日。

〔一一〕宰三縣典九州兩爲江陵再尹京兆五登亞相六拜尚書七擁使車：總叙李峴歷官，考之兩《唐書》和墓誌前文均難對應此數。

〔一二〕嗣子大理司直孝孫等：李峴之子嗣，兩《唐書》均不載。墓誌可補其缺。

一八六　臨壇大戒德律師碑

唐大曆六年（七七一）七月十五日

原石現存陝西省涇陽縣太壺寺。碑螭首方形，連額通高194釐米，寬80釐米。碑文十六行，滿行三十六字，隸書，有縱横界格。韓雲卿撰文，韓擇木書丹，史惟則篆額，强勖鐫字。碑右下角損毀，文字有殘損。圭形額，陰文篆書五行，行三字，題「唐上都薦福寺臨壇大戒德律師之碑」。韓雲卿是唐代著名文人，曾撰寫大量碑誌，韓擇木、史惟則都是有唐著名書法家，屬唐隸四大家，而韓擇木爲之首。兩《唐書》均有記載。曹旅寧《唐上都薦福寺臨壇大戒德律師之碑讀記》（《碑林集刊》第十三輯）有相關研究。

上都薦福寺臨壇大戒德師之碑。/

朝議郎、守禮部郎中、上柱同韓雲卿撰〔一〕。/

金紫光禄大夫、守太子少保致仕、上柱國、昌黎郡開國公韓擇木書〔二〕。/

朝散大夫、守都水使者、集賢殿學士、翰林待詔史惟則篆額〔三〕。

西域之教，流於中國六百年。有僧智舟，服專經律。不臥衽席，弗乘馬牛。年算益高，精□□□，□/教立論。爲人之師，蒙者發焉，迷者反焉，知者楙焉，明者晦焉。享年八十有七，僧臘六十有□。〔大〕/曆四年十二月示疾于長安。曰：吾夢浴於大海，水府族類，噭如在目。大海，水所積也。陰□□□/類畢睹，陰類交也。形者，道之贅聚也。浴者，滌澣垢污也。其將息陰以滅形，除垢以歸淨，吾□□/乎！涇陽，吾父母之鄉。先是，門人爲余兆宅土壙，地形高爽，不敢專美，因構塔立像。/天子聞之，錫名曰涇川佛寺，願歸於斯。莞葦單車，不在藻飾，勿擇時日。學流法徒，敬奉指約。□/是天宮聖賢，異香名花，迭至牖户。其月二十九日而終。謚曰大戒德律師，賻以縑布，喪儀禮物，/悉以公給。門生弟子，千里赴喪；都人士女，會葬川流。五雲翔空，群鶴舞譟。所謂年徂性恒，形蜕/道傳也。比丘尼德超，佩荷訓義，詳具業行。願刊石銘德。其辭曰：/

覞覞碩僧〔四〕，秉淳含輝。正己全德，爲人宗師。於惟碩僧，知道之元。變化往還，孰由其門。蒸蒸道衆，/隨量有獲。涉川無梁，其道中息。泰山峨峨，涇流活活。吾師則亡，遺德昭烈。斲石紀銘，用貽後學。/

大曆六年歲在辛亥，七月乙酉朔，十五日己亥建。

刊者强勖。/

【注釋】

〔一〕韓雲卿：韓愈之叔，官至禮部侍郎，唐代著名的文學家、書法家。本潁川人，先祖東漢司空韓棱，其後徙陳留，遂爲陳留人。《元和姓纂》：「唐禮部郎中韓雲卿，弟紳卿，京兆司録。兄子會、愈。會起居舍人，愈職方員外、侍御史。」

〔二〕韓擇木書：「木」、「書」二字殘損。韓擇木，唐代著名書法家，尤長隸書。唐竇衆《述書賦》稱「韓常侍則八分中興，伯喈如在光和之美。古今遠代，昭刻石而成名，類神都之冠蓋。」宋《宣和書譜》：「韓擇木，昌黎人，工隸，兼作八分，風流閒媚，世謂邕中興焉。」韓擇木與梁升卿、盧藏用、張庭珪、史惟則，合稱八分五大家；又與蔡有鄰、李潮、史惟則合稱隸書四大家，而擇木爲之首。《舊唐書・肅宗紀》載，上元二年四月，右散騎常侍韓擇木爲禮部尚書。

〔三〕史惟則：唐代著名書法家，隸書四大家或八分五大家之一，兼工篆書。宋陳思《書苑菁華》卷五評「史維則書，雁足印沙，深淵魚躍」。

〔四〕覘覘：據文意疑當通「湛湛」，深厚貌，濃重貌。録以備參。

一八七　魏遠望墓誌

唐大曆九年（七七四）五月四日

墓誌出土於河南省洛陽市北邙山，具體出土時間、地點不詳。拓片高58釐米，寬59釐米；誌文十九行，滿行二十七字，正書，偶雜行書，有縱綫界格。誌蓋缺。

唐故安西大部都護府長史、瓜州刺史、上柱國，鉅鹿魏府君墓誌銘并序。／

公諱遠望，字雲期。蓋周之同姓，分珪祚土，其來尚矣〔一〕。曾祖利貞，／皇昌平縣令。祖竇，皇嬀州刺史。考操，皇幽州良鄉縣丞。／

公生而惠和〔二〕，幼則齊敏。年纔志學，經史尤精。文可以濟時，武可以静難。／長壽初，有詔旁求，時登科授左執戟，從其志也。累遷營府別駕，／檀薊砂瓜四州刺史。凡歷職一十八政，未展其足也。三副節制，再秉戎旃。／凡理軍使十三政，雖執兵權，恥在攻襲；伐謀以智，料敵未嘗勞師。芳聲／益聞，政頌尤著。中年，安遭流謗，謫居隴外。朝廷知其非罪，尋授安／西大都護府長史，轉沙瓜二州刺史。公以懸車之歲，屢乞骸骨，有詔，許留長安，惜其老也。其年遘疾，薨於長安勝業里之私第，春／秋七十有一。朝野感歎，羌胡慟哭。

夫人安平郡君李氏、廣平／郡夫人程氏，令淑夙著，德行早聞。自公謫居，憂心成疾。郡／君夫人李氏，先公云亡，時年五十有二。

夫人程氏，後相次/世殁，合葬於定州恒陽縣之南原。以大曆九年夏五月四日壬寅，改/葬于洛陽邙山之東原，禮也。息八人：廣之、敏、端、演、岷、峋、直、堅等，象/其賢也。氣殞苴裳，悲纏荒屺，恭惟休烈，咸願鼎銘。懼陵谷之遷/移，刊貞石而爲固。銘曰：/

弈弈魏宗，侯王繼軌。爰洎府君，將復其始。且武且文，知足知止。/天不憖遺，永居蒿里。哀哀八子，令問不已。刻石銘勳，永存厥美。/

【注釋】

〔一〕分珪祚土其來尚矣：「土」、「其」二字微泐，據殘畫，參以文例録文。

〔二〕公：泐蝕，據殘痕，參以文例録文。

一八八　梁公夫人王縱墓誌

唐大曆十年（七七五）十月二十五日

墓誌出土於陝西省西安市長安區，具體出土時間、地點不詳。拓片誌高、寬均 42 釐米；彭偃撰文；誌文二十六行，滿行二十七字，正書。誌蓋盝頂，高、寬均 31 釐米，陰文篆書，題「大唐故王夫人墓誌銘」；四周内層鐫刻團花圖案，外層鐫刻回折幾何圖案；四煞失拓。誌主之祖王斛斯、父王奇光，《唐會要》、《舊唐書》等曾提及。撰文人彭偃，《舊唐書》有傳。

唐山南東道節度觀察使、襄州刺史，兼御史大夫、保定伯梁公夫人，故/太原郡夫人王氏墓誌銘并序。/

節度掌書記、守襄州司馬，兼殿中侍御史彭偃撰〔一〕。/

夫人諱縱，太原人也。賓天啓原，得姓自遠。夫人即故幽州節度採訪處/置使，兼御史中丞斛斯之孫〔二〕，故懷州刺史、本州防禦使/右金吾衛將軍/奇光之女也〔三〕。惟祖及父，爲龍爲光。皆立聖朝羽翼，當世秉德，經武/著名。

太常夫人承珪鼎之華〔四〕，惣珠玉之秀。資性淑順，稟靈中和。迨女師/訓成，公宮教備，則關雎荇菜。既曰好仇；高鳳掎梧，果能爲匹。年十九，歸/于我梁氏。

梁公長才特立，正氣閒生。承天寵於師中，扇仁風於漢/上。大婚之禮，荆楚具瞻。親迎廟見，皆合古節。家人正位，一與之齊。/詔加太原郡夫人，從夫貴也。玉質艷朗，蕙心虛明。柔進上行，惣和下逮。/富家之智，澤及於姻親；睦族之仁，美聞於中外。禄既豐而益儉，身雖泰/而無驕。

梁公潔白之風，行於江漢。僕御皆正，女謁景行。實與夫人未/嘗虧室家之敬，鴻妻冀婦，復見兹日。所以位高任重，福禄大來。雖分閫/之雄成，亦閫門之内助。

江南多瘴，沈痼成災。遂歸上京，冀損美疹。御醫/旁午，中使盈門。膳減天厨，藥分内庫。梁公謝恩之表，道路相望。/仙液難逢，蕣華遽落。越以大曆十年五月廿一日，傾逝於長女之私第，/時年廿六。嗚呼哀哉！九重震驚，特遣吊祭。賵贈優洽，率加常等。

梁公/限於戎事，義以揜恩。不得躬親護喪，北望以位。嗣子朝散大夫、秘書少/少監伯誠〔五〕，欒棘在位。悲哀送終。即以其年十月廿五日，安厝於少陵源/所〔六〕，禮也。明珠耀掌，空懷從宅之仁；長簟傷神，永結鼓盆之歎。嗚呼哀哉！/乃爲銘曰：/

大夫内子，鄢邦小君〔七〕。共立仁政，同成義勳。災深二豎，痛結三軍。不起秦/地，遥悲楚雲。珠銷玉碎，風散雨絶。夏緑經霜，春紅犯雪。望夫心苦，辭母/氣咽。一去一還，千秋永别。我公秉鉞，志定西蕃。勵兵秣馬，日望/朝恩。終加天袟，賁亮至尊。爰因此際，當瞻隴墳。/

【注釋】

〔一〕彭偃：《舊唐書》本傳不載「節度掌書記、守襄州司馬，兼殿中侍御史」。

〔二〕斛斯：史書有零星記載。見《唐會要》卷七八、《舊唐書·玄宗本紀下》，與墓誌基本相合。

〔三〕奇光：典籍偶有記載，見《唐會要》卷五九、《太平環宇記》卷六，可以互參。

〔四〕太常夫人：與上下文不諧，顯得突兀。

〔五〕秘書少少監伯誠：衍一「少」字。

〔六〕源：當作「原」。

〔七〕鄢：韋率，據輪廓似「鄢」字，但不能確定，姑録文以備參。

一八九　楊綰墓誌

唐大曆十二年（七七七）十月七日

墓誌出土於陝西省西安市長安區，具體出土時間、地點不詳，石現藏陝西省西安市大唐西市博物館。拓片誌高61釐米，寬62釐米；韋肇撰文，衛密書丹；誌文二十五行，滿行二十六字，隸書，有縱横界格。誌蓋盝頂，高69釐米，寬68釐米，題「烏虖有唐古相國司徒公楊府君之墓」，五行，行三字，傳抄古文；四周飾有纏枝紋。墓誌無銘辭。誌主兩《唐書》有傳。

大唐故中書侍郎、同平章事，贈司徒楊府君墓誌。／

吏部侍郎韋肇撰〔一〕。

水部郎中衛密書。／

伊大曆十有二年，七月己巳，相國楊公寢疾薨於位〔二〕。翌日，／皇帝發哀震悼，乃命作册，褒述盛美。追位司徒，賵贈之數，有加恒典。／詔京尹護喪，百官祖載。粤十月乙酉〔三〕，葬我司徒公于長安少陵／南崗，禮也。

公諱綰，字公權。户部侍郎、國子祭酒温玉之孫〔四〕，侍御史、／贈禮部侍郎侃之子〔五〕。乃祖乃考，代有醇德。邁行楙功，宜昌厥後。／公祗服素範，體資上哲。允有斯文，於時攸憲。舉進士，辟賢良，累登上／第。天寶末，陷寇，潛遯，謁見行宮。自右拾遺，授起居舍人，知／制誥。三遷，悉掌書命，底績中禁，王言孔章。自太常少卿，轉／禮部侍郎，修國史。興廉察孝，斥華從實。執簡記言，書法不隱。

改尚書/左丞、吏部侍郎。以轄六官，以清九流。歷國子祭酒，領太常卿、禮儀使。/學校用修，八音克諧，郊廟有序，朝廷有則。於是策授中書侍郎、/同平章事。公拜稽首以讓，固不獲命。又以疾苦，由衷而辭，三表莫/遂。循墻而走，不敢告休。以及即世，享齡五紀。

烏虖！夫昔天吏脩德，崇/奸稔禍，黨進憸人，以疑/上心。宰政之堙替者，僅十年矣。而公承其弊，未幾經時，誠達于/上，信乎于下。事無稽難，俗用丕變。豈不言之化，本乎忠厚；何所感之/深，其成也速。凡今之人，或不知者，由之而已。公自始仕，至登大位。/歷試之效，政之蓍龜。自冠歲逮于考終，率身之行，世之表儀，蓋/國相常。公備厥休烈，而刊諸豐碑詳矣。今所誌者，其丘封乎。

夫人武/功縣君蘇氏，故吏部侍郎震之女，有淑德。生一子，先公而夭。是曰/啓殯而遷祔焉。其孤曰弘微，年未志學，毀過成人，公有後哉。謹篆/其銘曰：/

烏虖！有唐故相國、司徒公楊府君之墓。/

【注釋】

〔一〕韋肇：韋貫之之父，《舊唐書·韋貫之傳》：「父肇，官至吏部侍郎，有重名於時，貫之即其第二子。」又《代宗本紀》：「十二月庚寅，以中書舍人楊炎、祕書少監韋肇並爲吏部侍郎。」

〔二〕七月己巳相國楊公寢疾薨於位：兩《唐書》本傳關於其歿日無精確記載，墓誌原作「巳巳」，似「己巳」或「乙巳」之訛。檢《二十史朔閏表》，該月庚戌朔，二十日爲「己巳」，而無「乙巳」，故當作「己巳」。

〔三〕粤十月乙酉：據長曆，大曆十二年十月己卯朔，乙酉爲七日。

〔四〕温玉：兩《唐書》無傳，但史料中有零星記載，唐《郎官石柱記》「户部員外郎」下記有「楊温玉」。

〔五〕贈禮部侍郎：楊侃贈禮部侍郎，當是楊綰貴後追贈。《舊唐書·楊綰傳》：「父侃，開元中醴泉令，皆以儒行稱。」不載贈官。

一九〇　程定墓誌

唐大曆十二年（七七七）十月二十三日

墓誌出土時間、地點不詳。拓片誌高27釐米，寬19釐米；誌文七行，滿行十五字，正書。石面泐蝕，滿紙石花。誌蓋缺。

唐廣平程氏孝女墓誌銘〔一〕。/

孝女名定，字日耀，尚書禮部郎中第五/女。性聰而敏，行潔而孝。志通於六藝，心/達於三禪。以泣血號母墳，以侍膳慶父/筵，孝之至也。

大曆十二年，十月廿三日，/歸佛而終。吾痛之，因誌之。

□□霸□□/素涯〔二〕，東望平原流恨長。松柏青青空在眼，（下缺）。

【注釋】

〔一〕廣平：郡名，天寶元年，改洺州爲廣平郡。《舊唐書·地理志》：「隋武安郡，武德元年改爲洺州，領永平、洺水、平恩、清漳四縣。二年，陷竇建德。四年，建德平，立山東道大行臺，又立曲周、雞澤二縣。五年。罷行臺，置洺州大總管府，管洺、衛、巖、相、慈、邢、趙八州。六年，罷總管府，以磁州之武安、臨洺、肥鄉三縣來屬。貞觀元年，又以廢慈州之邯鄲來屬。天寶元年改爲廣平郡，乾元元年復爲洺州。」則據墓誌乾元以後又曾復廣平郡。

〔二〕涯：據字形輪廓，似「涯」，但文意不通，恐非。暫録以備參。

一九一　斑使君夫人杜氏墓誌

唐大曆十三年（七七八）正月二日

墓誌出土於陝西省西安市長安區境，具體出土時間、地點不詳，現藏陝西省歷史博物館。拓片誌高45釐米，寬46釐米；張侁撰文，斑遇書丹；誌文二十一行，滿行二十字，正書，有不規則縱橫界格。誌蓋盝頂，僅拓頂面，高24釐米，寬25釐米；陰文正書，題「大唐故杜夫人墓誌銘」，四周簡單勾勒團花紋，四角刻折綫幾何圖紋。此夔州斑使君，與本書收録《斑公夫人崔氏墓誌》題「唐夔州刺史斑公」爲同一人，即斑愻。《斑愻墓誌》本書亦收録。

唐夔州斑使君/故夫人杜氏墓誌銘并序〔一〕。/

檢校工部員外郎、兼國子博士張侁撰。/

夫人其先京兆杜陵人也。皇考曰佐，文雅之士，/累在幕府，終於太僕寺主簿。與僕同娶于韓。韓之風/派之遠者，如親叔父兄弟。每親族集會，僕嘗見。/

夫人幼時，天姿和柔，而況成長之後也。飽聞/先父之諷於六義，又見慈氏之睦於六親。追訓/有行，焉得不宜于斑氏之室矣。

嗟乎！穠李信美，流年/何促。大曆十二年，六月三日寢疾，終于夔州官舍，春/秋卅有五。嗚呼哀哉！

幼女三人，藐然偏露。/使君撫存悼往，俾歸厝於長安。以十三年正月二日，/窆于居安鄉高陽原，禮也。使君前娶博陵崔氏，/有二男三女。夫人尤加顧復，莫殊己子，無異族/之心，有均養之德。長男前崇文生楚等，哀隱之至，銜/恤何恃矣。使君之季爲尚書郎，與僕雖非同舍，/且是同列。見託爲誌，誌其所知。銘曰：

父曰詞客，妻于儒門〔二〕。既閑詩而知禮，期翼子而謀孫。/天何不弔，婦道空存。傾鳳之桐半死，鼓盆之意難論。/藐然孩稚，猶慰孫魂。哀哉淑媛，已矣荒原。/

姪汴州參軍斑遇書〔三〕。/

【注釋】

〔一〕唐夔州斑使君故夫人杜氏：斑使君即斑愻。據本書收録貞元六年《斑愻墓誌》：「夫人博陵崔氏，武功縣令晞之女。繼夫人京兆杜氏，太僕寺主簿佐之女。」杜氏爲其繼夫人。

〔二〕妻于儒門：據《斑愻墓誌》，誌主之夫斑愻「春闈五字，石渠八座」，故本墓誌稱「妻于儒門」。

〔三〕姪汴州參軍斑遇書：大曆十三年《斑公崔夫人墓誌》題「姪汴州參軍斑遇書」，與此墓誌同。元和三年《田府君夫人斑氏墓誌》則題「堂兄萬年縣丞、驍騎尉遇書」，職歷不同。

一九二　斑公夫人崔氏墓誌

唐大曆十三年（七七八）正月二日

墓誌出土於陝西省西安市郊區，具體出土時間、地點不詳。拓片誌高 45.5 釐米，寬 46 釐米；程浩撰文，斑遇書丹；誌文二十一行，滿行二十二字，正書。誌蓋盝頂，頂面高、寬均26釐米；文三行，滿行三字，陰文正書，題「大唐故崔夫人墓誌銘」；四邊綫刻牡丹紋，四角刻曲折幾何紋飾。誌主之夫斑公，即本書收録《斑愻墓誌》之斑愻。誌主之外叔祖宋之問，是初唐著名文學家。撰文者程浩曾撰寫大量碑誌。

唐夔州刺史斑公/故夫人崔氏墓誌銘并序。/

尚書禮部郎中程浩撰〔一〕。/

惟大曆十有三祀正月二日，夔州刺史斑公，葬我小君於/長安高陽原，歸大塋也。

夫人崔氏，望出博陵也。外/族宋氏，望出廣平也。武功令晞，皇考也〔二〕。考功郎之問，外叔/祖也。承以內外素風清業之教，彰以淑敏婉順之德。温而/能惠，閑而且都。夫以鏘鳴鳳之音德也，静而和；灼季蘭之/姿容也，華而茂；恭蘋蘩之職行也，勤而愿；修組紃之道工/也，妙而精。在盤絲之初，教承三德；及設帨之後，服備六珈。/內宗外姻，敬而取則。

往歲，斑公建龜江陵也，夫人申濯澣/之績，歲制新衣；施織紝之化，風移舊俗，光外贊矣。及斑公/入幕梓潼也，夫人均養五子，母教而深；蒸嘗四時，婦道以/備。

會永泰元年七月二日，終于梓州官舍，春秋卅有二。斑/公悼閱川之靡及，睹餘桂而增哀。遠飾鸞車，克從龜筮。長/男前崇文生楚等及三女，並銜恤欒欒，日號罔極。然負/其土，孝子之性；篆乎文，同舍之命。詞曰：/

博陵門兮武功德，生淑媛兮心泉塞。理中闈兮閑內則，青/春霜落兮穠李摧。平原日隱兮疏松哀，鸞鏡明兮沉夜臺，/泉門一閉兮何時開。/

姪汴州參軍斑遇書。/

【注釋】

〔一〕程浩：據《金石文字記》：「《孔廟殘碑》正書，程浩纂，顔魯公書，今在華州。此文載《唐文粹》，爲扶風縣文宣廟記。大曆二年，駕部郎中程浩文。」《寶刻叢編》引《復齋碑録》：「唐冬日集藏用上人院詩序，唐程浩撰，王涓詩，吴通微行書，貞元四年。」

〔二〕武功令晞皇考也：據《斑愻墓誌》：「夫人博陵崔氏，武功縣令晞之女。」與此相合。崔氏是斑愻首任夫人。

一九三　辛公妻李氏墓誌

唐大曆十三年（七七八）七月二十四日

墓誌出土於陝西省西安市長安區境内，具體出土時間、地點不詳。拓片誌高、寬均51釐米；獨孤愐撰文，韓秀實書丹；誌文二十行，滿行三十字，隸書。誌蓋缺。誌主之夫金城郡王辛雲京，《新唐書》有傳。

河東節度使、檢校尚書左僕射、同中書門下平章事、金城郡王辛公妻〔一〕，隴西郡/夫人，贈肅國夫人李氏墓誌銘并序。/

朝散大夫、檢校尚書、倉部員外郎、兼侍御史，賜魚袋獨孤愐撰〔二〕。/

朝議郎、守太子中允、武陽縣開國男、翰林待詔韓秀實書〔三〕。/

夫人隴西成紀人也，自保姓受氏，爲天下先。故能世載忠良，休烈有光。嘉言孔/彰，此之謂不朽。曾祖微明，微明生審則，皆以肥遯，不干于時。有儉德而無貴仕。/審則生儒珪，沙州長史。

夫人即儒珪之長女也。天生神惠，親戚異之。當其櫛縱/之歲也，服勤教導，以詩禮自處。及乎繫纓之年也，恭懿端肅，以淑慎其身。恃此/而歸我金城。挺穠華弘令，則言成禮節，行合圖史。宗族以之惇叙，閨門以之/肅穆。非夫人之至賢，其孰能與於此。且以金城當將相之任，作心膂之臣。或/有謀之否臧，政之頗纇。夫人嘗以義制事，必考而諮之。是以金城終然允臧，/大揚休命。天子聞而嘉之，乃下詔曰：李氏宜于室家，是稱哲婦，致兹勳業，/實佐良夫，可封隴西郡夫人。宜其宣寵，光膺徽號也。非夫人之至明，其孰能與/於此。夫致敬於宗廟，盡心於蘋藻，貞順之義也。睦長幼以序，訓娣姒以德，禮樂/之和也。織紝組紃，女工也。婉娩聽從，婦道也。莊敬慈慧，母儀也。昭五美以理内，/體三從以飾外。内外正而人道備矣。雖伯姬之守節，敬姜之知禮，無以尚之。非/夫人之至柔，其孰能與於此？

而中年體道，知生生之不可以久恃也，有離俗之/志。金城諭而止之，而志不可奪。由是上聞有詔，度爲崇敬寺尼，法號圓/寂。以一乘妙用，見諸法皆空。非夫人之至精，其孰能與於此。夫富與貴是人之/所欲也，夫人視之猶塵垢秕糠焉。則知純德克明，不可及也。況始乎從人，中於/立身，終以歸真，行之盛也。

嗚呼哀哉！天胡不仁，獨與之靈而奪其壽，使貞松落/陰，寒泉不流。以大曆三年，閏六月十五日，寢疾於太原順天寺，因歸寂滅，時年/五十八。比以歲時未告，權厝晉陽。以十三年六月十日，啓殯西歸。有時將葬，/聖慈軫念，詔贈肅國夫人。備物典策，及乎哀榮，義之大者。以其年七月廿四日，/永窆于萬年杜陵之南原，禮也。

聖上以相府有保乂之勳，以夫人有明/哲之行，護問弔賻，用加恒制。有子曰浩，霜露增感，欒欒棘心，孝之至也。銘曰：/

本支茂族，百代良家。寔維邦媛，門配國華。才之難得，智也無涯。霜凋蕙草，風落/晴霞。天生淑人，深不可測。克邁乃訓，曰新其德。異室風儀，梁門禮則。慎始敬終，/温恭允塞。忽悟世諦，因歸善緣。不留彤管，直指青蓮。定水自滿，真容莫傳。應超/十地，無恨三泉。/

【注釋】

〔一〕金城郡王辛公：辛雲京，封金城郡王。《新唐書》有傳。

〔二〕獨孤愐：兩《唐書》無傳，但曾提及，時代相合，只是職官不同，當是歷職有變化。《新唐書·鮑防傳》載「右司郎中獨孤愐」；元結《朝陽巖序》載零陵「前攝刺史獨孤愐」；《唐會要》載興元元年「十一月，嶺南選補使右司郎中獨孤愐」。

〔三〕韓秀實：唐代書法家、畫家，善隸書。《通志·金石略》、《寶刻叢編》引《京兆金石録》、《書史會要》卷五均載有其所書墨迹。《畫史會要》：「韓秀實，涿州人，與商惟吉同時。人物亦佳，尤善畫馬。」

一九四　李公夫人郭氏墓誌

唐建中二年(七八一)正月二十五日

墓誌出土於河南省偃師市境，具體出土時間、地點不詳。拓片誌高、寬均30釐米；誌文十五行，滿行十五字，首題擠刻二十八字，均正書，有縱橫界格。誌蓋缺。

唐故銀青光禄大夫、漢州刺史，贈工部尚書李公夫人太原郭氏墓誌。/

夫人故洺州刺史襲珪第三之女，年始初/笄，出行李氏。一自配德，琴瑟無違；雍穆六/親，不虧四德。

夫人有六子：長子汜水縣令/澤，次子壽安縣令液，第三子陸渾縣令澄，/第四子天興縣令沔，第五子河東縣令潭，/季子武陟縣令懷，皆位列子男，並全忠孝。/乾元中，潭授河中府解縣令，其禄養也。

春/秋七十有六，遘疾而終。頃年卜擇非宜，遂/乃權厝。今五子早逝，唯武陟存焉。號天靡/從，垂血如雨。以建中二年正月廿五日，歸/葬于偃師縣薄邑鄉〔一〕，祔先塋，禮也。其銘/曰：/

再舉白日，重歸黄泉。夜臺無旦，万歲千年。/蒼蒼松柏，哀哀墳壘。以襲先古，刻石爲記。/

【注釋】

〔一〕薄邑鄉：位於偃師商城遺址附近，唐代墓誌或稱薄邑，或稱亳邑，「薄」通「亳」。以亳邑爲商湯都城亳舊地，故稱。

一九五　段履謙夫人劉氏墓誌

唐貞元元年（七八五）五月八日

墓誌出土時間、地點不詳。墓誌本身亦没有明載葬地，據墓誌暗示，疑當葬於陝西省西安市西北郊。拓片誌高35釐米，寬34釐米；從父弟段幼芬撰文，誌文十五行，滿行十五字，正書。誌蓋缺。

大唐故秦州參軍姑臧段府君夫人廣平劉氏墓誌。/

從父弟前恭王府主簿幼芬撰〔一〕。/

夫人劉氏，廣平易陽人也。漢景帝子趙/敬肅王之後。曾祖應道，皇朝祕/書少監。祖令植，皇朝銀青光禄大/夫、尚書禮部侍郎，贈太子少傅。父器之，/皇朝朝請大夫、秘書省著作佐郎。夫人/即著作府君之長女也。年及初笄，歸于/段氏。段君諱履謙，生一子，與段君早亡。/夫人以貞元元年正月四日，疾終於道/政里之私第〔二〕，春秋七十。即以其年五月/八日，遷祔于段君先塋，禮也。嗚呼！大雄/設教，尚留雙樹之文；孔聖託詞，亦著兩/楹之記。日來月往，庶紀於辛壬；地久天/長，式旌於陵谷者矣。/

【注釋】

〔一〕恭王：當指李神符，封恭王。詳參《新唐書·宗室傳》。

〔二〕道政里：墓誌不載其屬州郡縣鄉，顯得粗疏。疑當是唐代都城長安之道政里。如唐元和八年《馬倩墓誌》：「以元和七年秋八月寢疾，終於長安道政里之私第。」《舊唐書·元載傳》：「與杜鴻漸捨財造寺無限極。妻李氏卒，捨道政里第爲寺。」《太平廣記》卷三四一《道政坊宅》：「道政里十字街東，貞元中有小宅，怪異日見，人居者必大遭凶禍。」

一九六　斑愻墓誌

唐貞元六年（七九〇）十一月二十八日

墓誌出土於陝西省西安市長安區，具體出土時間、地點不詳。拓片誌高63釐米，寬61釐米；楊著撰文，孫叔武書丹；誌文三十行，滿行三十二字，正書，有不規則縱横界格。盝頂，誌蓋高、寬均63釐米；銘文四行，滿行三字，陰文篆書，題「唐故夔州刺史斑府君墓誌銘」；四周鐫刻牡丹圖，四煞鐫刻四神紋，間飾以牡丹紋。誌主女元和三年《田府君夫人斑氏墓誌》已出土，本書收録，父祖歷官基本吻合。斑愻夫人崔氏、杜氏墓誌本書亦收録，爲考證唐代斑氏提供史料。

唐故承議郎、守夔州刺史，扶風斑公墓誌銘并序。／

國子博士楊著撰。／

府君諱愻，字愻，扶風安陵人。楚相國子文之裔孫，漢太史公叔皮之華胄也。／曾祖无忌，皇朝蜀州晉原縣丞。祖思簡，禮部員外郎，贈許州刺史。妣賈氏〔一〕，／河東郡太夫人。考景倩，秘書監，贈尚書右僕射。妣賈氏，贈平陽郡太夫人。弟宏，／今户部尚書，充度支及天下鹽鐵租庸轉運副使。皆茂績淳仁，載光前古。清風懿範，叶慶當今。

夫位以旌能，百煉乃登于霄漢；賢惟象德，三代克復於公侯。況乎春闈／五字，石渠八座。玉昆鳳舉，頻分竹使之符；金友龍騰，行曳尚書之履。言唯不朽，禄以／世榮，稱于朝野，冠于邦族哉！

府君在家以忠讜聞，入仕以幹蠱進。釋褐右清道／率府兵曹參軍，轉邠州司兵、蜀州録事參軍、太府寺主簿、荆府江陵縣令。政皆尤異，／名登天聽。丁僕射艱，杖而後起。服闋，劍南租庸鹽鐵使辟爲從事，改授成／都府新都縣令。節度使郭英乂奏授成都縣令〔二〕，聲實逾前。山南劍南副元帥、相國杜／公特薦〔三〕，除梓州刺史，轉刺閬中。尋遷灃硤二州。居凡累年，理行課最，昭于天下。以／先僕射假殯梓州，上疏請從遷引。遂綿歷江峽，扶護岷嶓。達于京師，易星霜矣。/尋拜夔州刺史。戎蠻之俗，遵化良難。府君清直素懷，撫臨容易。

嗚呼！慭遺或爽，/鞠凶俄及。以大曆十四年，歲次丁巳，正月甲寅朔，四日丁巳，薨于官舍，春秋六十有/四。府君道契生知，學能師古。雖五步名藩之邸，七參大府之劇。掄材審官，未充/量也。夫人博陵崔氏，武功縣令晞之女。繼夫人京兆杜氏，太僕寺主簿佐/之女。咸雍容巽質，婉娩坤儀，嘉命不融，並先府君而逝。府君頃以日時未/兆，權厝長寧佛寺之園。即以貞元六年，歲次庚午，十一月癸亥朔，二十八日庚寅，遷/葬于長安縣之高陽原，祔前夫人也。長子楚，崇文館明經，以哀毀過人，没於/府君喪紀之內。次子贄，前殿中省進馬。有女八人，長適鄠縣丞京兆韋博，次適左金/吾倉曹滎陽鄭憑，皆已喪焉。次適故華原縣主簿京兆田沼，次適宮門郎范陽盧右，/餘猶未笄。皆孺慕充窮，號天泣血。感埏隧而將隔，悲怙恃而無從。聲哀哀而永思，痛/漫漫於長夜。懼遷陵谷，爰資金石。庶同旌識，以表令名。銘曰：/

彬彬相國，弼諧荆服。仁德式敷，華夷輯睦。迎監秦暴，爰歸漢禄。武慴戎狄，材昭簡牘。/春闈草奏，祕閣文郁。源濬靈長，慶其人而如玉。其一終南山旁，長安帝鄉。地連畢/陌，原帶高陽。窀穸沉沉，翳夫貞良。德音明明，千秋不忘。寒泉白楊，松柏蒼蒼。影息形悲，感親賓而載傷。

外生文林郎、守京兆府咸陽縣尉孫叔武書。/

【注釋】

〔一〕妣：應是「祖妣」，原刻脱「祖」字。

〔二〕郭英乂：官至劍南節度使，死於兵亂。兩《唐書》有傳。

〔三〕杜公：指杜鴻漸。兩《唐書》有傳。

一九七　郭府君夫人劉氏墓誌

唐貞元八年(七九二)閏十二月二十六日

墓誌近年出土於陝西省境内，具體出土時間、地點不詳。拓片誌高、寬均 52 釐米；韓卿撰文；誌文二十三行，滿行二十五字，正書，偶雜行書。誌蓋盝頂，高、寬均 55 釐米，頂面陰文篆書，三行，行三字，題「大唐故劉夫人墓誌銘」；四周綫刻牡丹紋，四角刻團花紋；四煞上下鐫刻牡丹紋，左右鐫刻卷雲圖案。

唐故金紫光禄大夫、開府同三司、行尚書兵部郎中，贈秘書少監、/樂平郡開國公郭府君夫人墓誌銘并序〔一〕。/

前太常寺奉禮郎韓卿撰。/

惟貞元七年三月景戌〔二〕，唐故尚書兵部郎郭府君夫人彭城劉氏/終，享年五十有四。不書祖考，從夫族也。爰以配德，遐歷艱危。有女/同車，是能通險。克光婦義，以事舅姑。殁奉蒸嘗，哀榮/祖禰，其在如也。嘻！則所期偕老，遐覩孫謀。羅衣忽孀，府君/先逝。十旬虧膳，殯徹帷堂。雖日月有時，而哀纏無數。教子以義，/非法不言；戒女以德，非禮不示。而乃發弘大願，心歸釋門。默乘忍/舟，宙合真諦。奉爲府君，永持大佛頂經尊勝陀羅尼真言。/無窮之遍，輿衛窀冥。因喪之蔬，永不血食。雖時茶肌瘠，情空夢/飛。瞻想真言，心不蹔捨。

夫人婦義母道之謂備矣。所恨不/列於女史，在位者之過也。孤露懷擗，猶寶天瓶。如何上蒼，降此大/戾。重遭譴罰，奪我劬勞。禍胎莫名，飢鷇喪哺。哀哉！木欲實而花/必落，子欲養而親不待。古難其報也。長子太子通事舍人錡，泣血/居喪，奉遵遺令。考時未協，闕祔先塋。即以逾年閏冬十二月/廿六日景子，權厝於先塋之次，禮也。嗚呼！欲往如慕，將返無歸。/鳴鶴在陰，形影相吊。寒泉片玉，孤峰一雲。次子錟，弘文館學生。次/曰錩，鄉貢明經。咸能練哭無時，孺子其慕。長女前鄭州刺史、兼御/史大夫、益昌郡王〔三〕，隴西李公妻。太原郡夫人偏承懿育，摧絶過制。/嗚呼，紀揚遺列，見託援毫。忝聞壼則，敢不承命。或申楚樊/讜正之言，或廣

螽斯娣姒之孕。並俟遷祔，略而不云。其銘曰：／

哀歌一旦，秋草千年。無母何怙，黃花野田。風悲拱木，／月吊寒泉。／

【注釋】

〔一〕欒平郡：即遼州，隋开皇十六年置，治乐平，大业初废。唐初复置，移治辽山。辖境相当今山西左权、和顺、榆社等县地。《舊唐書・地理志》：「天寶元年，改爲欒平郡。乾元元年，復爲儀州。中和三年八月，復爲遼州。」本墓誌製於貞元八年，仍稱欒平郡，則《舊唐書》所載恐不確。

〔二〕三月景戌：據長曆，貞元七年三月辛酉朔，景戌爲二十六日。

〔三〕益昌郡王：即李邈，唐代宗第二子，封益昌郡王，後改封鄭王。兩《唐書》有傳。

一九八　薛公夫人吴氏墓誌

唐貞元九年（七九三）八月十四日

墓誌出土於陝西省西安市長安區，具體出土時間、地點不詳。拓片誌高45釐米，寬46釐米；崔德元撰文，吴士矩書丹；誌文二十三行，滿行二十三字，正書。誌蓋盝頂，高、寬均50釐米，銘文四行，行三字，陰文篆書，題「大唐薛公故夫人吴氏墓誌銘」；四周及四煞鐫刻牡丹紋飾。吴氏爲唐代宗母章敬皇太后之侄女，兩《唐書》有傳。墓誌於研究李唐皇室有參考價值。

唐秘書省校書郎薛公夫人濮陽吴氏墓誌銘并序。／

大理評事賜緋魚袋崔德元撰。／

夫人姓氏靈長，史傳詳矣。曾祖諱思訓，皇漢州德陽縣令。／蹈道貞純，不居顯位。以貴孫章敬皇太后誕／先元聖，追贈司徒。祖令珪，仕至益州郫縣丞。秀鍾何岳，氣含／精粹。以太后之靈，追贈太尉。

夫人即兵部尚書、右金吾大/將軍湊之第二女也。尚書，帝之元舅，作聖股肱，/允武允文，智周萬物。娶河東裴氏，豊慶茂祉，而生夫人。夫人/端懿淑慎，温惠孝敏，長自榮貴，儉薄爲心，言必合禮。尚書聞/之，爲擇賢婿。河東薛公，地華望崇，精文志學。藴開濟之略，存/曾閔之行，故得配焉。自笄從夫，夏仲秋季，雖未助于祭，未説/于姑〔一〕，而承奉之容克柔，蘋蘩之敬已肅。方議流芳女史，作範/母儀。天乎不傭，陰沴暗寇，以貞元八年壬申，九月六日遘疾，/卒于楊州江都縣之旅次，享年二十。九年癸酉，八月十四日，/歸葬于長安縣高陽原，祔于先塋女氏之黨，從禮文也。初，/夫人之適也，君子謂以德配賢，宜其家室。齊體永慶，執手/偕老。孰期桐影遽孤，未昌胤嗣。蕣華凋落，已歷星霜。行路傷/嗟，六姻悼惜。嗚呼，德折其福，仁屈其壽。豈内則閨範之風，不/振於世乎，哀哉！恐年祀超忽，音容莫傳，刻石志之，以備陵谷。/銘曰：/

頎頎夫人，宜蕡其實。天不貽祀，遽凋貞質。鸞鏡虧輪，龍劍/喪匹。悠悠千春，固此泉室。/

兄士矩書。/

【注釋】

〔一〕未説：二字泐蝕，據輪廓録以備參。

一九九　任景墓誌

唐貞元九年（七九三）十月十五日

墓誌出土於山西省平遥縣境，具出土體時間、地點不詳。拓片高、寬均 50 釐米，誌文十七行，滿行二十二字，行書。誌蓋盝頂，高、寬亦均 50 釐米；陰文篆書，題「任君墓誌」四字；四周鐫刻雲水紋，每邊三朵雲；四煞鐫刻十二生肖紋飾，無裝飾。

唐故折衝、上柱國西河任府君墓誌銘。／

卓爾特立，超然出群，有矣夫，故府君西河任公歟！君諱景，字仙，其先軒轅黄帝之派裔。帝子各／以其德，皆賜姓焉。任氏者，第廿五子之後也。其次／漢末西河侯殊〔一〕，封食於此，因得其望。一門焕赫，／青史載之。曾祖爐，隋洺州臨洺縣丞，佐貳才也。祖强，京陵府果毅〔二〕。考忠，嘉善府折衝〔三〕，並武德士也。／

君紹先人之芳烈，爲當代之英才。於家則孝悌所推，於／國則公忠所著。授介休縣華夏府折衝〔四〕，功業致也。既功成／名遂，退老歸田。

享年八十有六，貞元七年四月十七日寢／疾，終於永昌里弟。夫人侯氏，秉大節而至老，惜耄年以／喪天。痛琴瑟之絶弦，悲鸞鳳之失侣。嗣子從濬，不幸早／喪。次子僧鸞，同季子僧幼、華，與嗣孫省、撫等，號叩／罔極，以貞元九年癸酉祀，十月丁未朔，十五日辛酉，／成葬禮於平遥縣城東十里平原，禮也。頌曰：／

痛矣哲人，殁乎窮塵。嗣孫令子，葬禮兹辰。佳城鬱鬱兮，永古湮湮。／

【注釋】

〔一〕西河侯殊：史籍不載，墓誌不知何據。

〔二〕京陵府：兩《唐書》均不載。唯《山西通志》卷五八載：「平遥縣，京陵城東七里。《檀弓》趙武曰：從先大夫於九京。鄭康成注：晉卿大夫墓地，京字誤，當爲九原。《城冢記》：尹吉甫北伐時所築。漢爲縣，屬太原郡，莽曰致城。師古曰：即九京。唐於縣治南置京陵府。《水經注》京陵縣，即趙文子與叔向遊處。其京尚存。漢興，增陵於下，故曰京陵。」

〔三〕嘉善府：兩《唐書》不載。《古今姓氏書辯證》「素和」下有「唐《嘉善府左果毅都尉誓狀》」，證明唐有嘉善府，墓誌亦爲一證。

〔四〕華夏府：兩《唐書》不載，其他典籍亦不載。墓誌可補其缺。

二〇〇　安元光墓誌

唐貞元十年（七九四）十一月八日

墓誌一九六七年出土於陝西省潼關縣城郊鄉管南村，石藏潼關縣文管辦。青石質，拓片高89釐米，寬87釐米；杜確撰文，安平書丹；誌文四十行，滿行約三十七字不等，正書；四周鐫刻回折幾何紋，四側鐫刻十二生肖紋飾，側失拓。誌主少任宮廷宿衛，爲宦官駱奉先所養，冒姓駱氏，名駱元光，又改名駱元諒。後以軍功，賜姓李氏。兩《唐書》均有傳。李元諒，實即安元光。墓誌還其本來面目。其夫人、子嗣，本傳均不載，墓誌可補史傳之缺。

唐故華州潼關鎮國軍隴右節度支度營田觀察處置臨洮軍等使、開府儀同三司、檢校尚書左僕射，兼華州刺/史、御史大夫、武康郡王，贈司空李公墓誌銘并序。/

朝議大夫、守國子司業、上輕車都尉杜確纂。/

公本安姓，諱元光，其先安息王之胄也。軒轅氏廿五子在四裔者，此其一焉。立國傳祚，歷世綿遠。及歸中土，猶宅西垂。/家於涼州，代爲著姓。三明盛族，每聯姻媾。五涼霸圖，累分珪組。曾祖羨，皇左驍衛將軍。祖延，左武衛翊府中郎將、/贈代州都督。考塞多，易州遂城府折衝、贈幽州大都督。武習將門，文傳儒行。載德不隕，貽慶無疆。

公神爽氣/雄，量弘識遠。鶚立其峻，鷹揚其威。瓌奇拓落之才，感激縱横之志，燒牛爇馬之變，沉船破釜之決。動必合宜，舉無遺/筭。實惟天假，匡我王國。少居幽薊，歷職塞垣。否傾泰授，方歸京邑。以才幹見推，列在環衛；以將校是選，爰副/戎昭。遷太子詹事，充潼關鎮國軍防禦副使。元戎在州，實惣留事。訓練綏撫，俾知向方，凡十數歲矣。建中末，賊泚僞/署何望之等，輕騎奄至，陷我郡城。公糾合師徒，鼓行電擊。撲滅收復，曾不崇朝。深惟遠圖，莫若持久。是用大蒐/卒乘，創立城池。被練盈於萬人，登陴逾於百雉。詔加御史中丞。尋遷御史大夫、華州刺史、潼關防禦使鎮國軍/使[一]，又加工部尚書，庸勳，且使能也。夏五月，詔公與副元帥李晟進收上都。師次滻川，壘培未設，賊衆悉出，以/逸待勞。公成列先馳，所向皆靡。是日之捷，獨冠諸軍。進次苑東，公又前合。淩峻巘，隳繚垣，騎翼舒，步/雲會。兇黨決死，既精且堅。公以小利啖之，奇陣誤之，鼓儳疾驅，旗靡毒逐。曾未晌息，灘然奔潰。元惡突走，脅從/降附。宮省已静，都人未知。清帝座於太階，候皇輿於平道〔二〕。秋七月，大駕還宮。/詔加尚書右僕射，實封九百户〔三〕，賜以甲第，申之女樂，旌殊效也。

懷光携貳，蒲津阻絶。相府東討，俾公副之。累建/長策，竟殲大憝。盟戎之役，實領後軍。戎以惡來，我以整待。賊不敢躡，全師以歸。尋丁内艱，毁瘠過甚。/詔旨頻降，起入視事。累表陳乞，天心莫從。加右金吾衛上將軍，復領舊職。尋又賜姓李氏，同屬籍也；改名/元諒，昭誠節也。

四年春，詔加隴右節度支度營田觀察處置臨洮軍等使。良原古城，隴東要塞，虜騎入寇，於/焉中休。詔公移鎮，以遏侵軼。遷尚書左僕射。諸侯戍兵，爰俾總統。規李牧守邊之議，擇充國屯田之謀。驅狐/狸，剪榛棘，補殘堞，濬舊隍，築新臺，彀連弩。撲斲陶瓬，墾發耕耘，歲收甫田數十萬斛。尋又進據便地，更營新/城。闢土開疆，日引月長。賊來寇抄，師輒擊却。由是豳涇汧隴，人獲按堵矣。

歲月逾邁，霜露云侵。美疹發於生瘍，/兇災成於夢豎。太醫御藥，頻降自天，有加無瘳，嗚呼不淑。貞元癸酉歲〔四〕，十有一月十五日，薨于良/原鎮之公館，享年六十七〔五〕。詔贈司空，哀有功也。聖情震悼，廢朝追念。爰命使臣宣/制臨吊，賻贈粟帛，加於常等。歸于上都開化里之正寢，其明年十一月一日八日〔六〕，靈輴啓路，祔葬/于華陰縣潼鄉原之新塋，禮也。笳簫鼓吹，戣瞿干鹵，騎士介夫，夾道衛轂。哀榮之典，於焉畢備。/生惟徇節，殁也歸全，忠孝並矣。油幢棨戟，胙土命氏，功業茂矣。參佐皆當時之選，偏裨亦百夫之特。殊/俗讋其威聲，部人懷其惠愛，皆名臣之大節也。周曰申甫，漢惟耿賈。異時共貫，我何謝焉？/

夫人河南阿史那氏，北海郡夫人，代北著姓也。建國沙朔，爲漢藩輔。言德工容，克遵典禮。蘋蘩沼沚，允/叶南風。以大曆六年十月廿七日，先公早終。謀於蓍龜，乃建兆域。遺命祔葬，勿令改遷。長/子朝散大夫、前太子右贊善大夫平；次子朝請郎、前將作監主簿莘。令德孝恭，有聞於代。虔卜/遠日，復啓舊埏。爰命不才，式銘洪烈。詞曰：/

天祚聖代，挺生良臣。俾蘊明略，以康時屯。建中之難，狂寇竊發。天臨下都，盜入/北闕。能以衆正，肅將九伐。推鋒決機，既書亦月。克復本郡，增修外城。叶力渭汭，進圖上京。擊敗兇/黨，前臨賊營。壞垣突入，敦陣駢衡。沴氣席卷，泰階砥平。河東險澁，承制誅討。勝在戰/前，師臨電掃。隴外猶梗，授公擁旄。東連折墌，西盡臨洮。增修堡障〔七〕，芟薙蓬蒿。戎馬遷迹，輿/徒不勞。在鎮累載，休有成績。董領衆軍，師長百辟。寒暑外侵，勤勞中積。遠圖未申，大限俄迫。/將星墜耀，關月復魄。聖心震悼，邦人痛惜。/天子三吏，實惟司空。優詔追贈，以酬茂功。鬱鬱佳城，式昭令終。巍巍太華，長與比崇。頌我/遺烈，凜然清風。貞石不朽，嘉名無窮。

孤子平書。/

【注釋】

〔一〕潼關防禦使鎮國軍使：《舊唐書》本傳作「潼關防禦鎮國軍節度使」，略有不同。

〔二〕平道：唐長安城東大道。本傳載「屯於章敬佛寺」，據《唐長安城詞典》「章敬寺」條：「位於長安城通化門外。」通化門是唐長安城東北面第一門，是通向關東大道的起點，彼此相合。收復京城之戰始末，《舊唐書》本傳叙述簡略，墓誌記載詳細，且生氣全出。

〔三〕實封九百户：兩《唐書》本傳載「實封七百户」，當以墓誌更可信。

〔四〕貞元癸酉歲：考長曆，貞元九年，歲次癸酉。《舊唐書》本傳作「貞元元年十一月，卒于良原」，時間與墓誌不合，當以墓誌正之。

〔五〕享年六十七：《舊唐書》本傳謂「年六十二」，當以墓誌爲正。

〔六〕一日八日：原爲刻後所改，刻痕尚存。但「一日八日」明顯有誤。疑「一日」當是記干支朔，誤刻而未改。

〔七〕障：原刻下有「土」旁，當是受「堡」的影響，文字類化而加偏旁，構成雙形符字。

二〇一　回鶻葛啜王子墓誌

唐貞元十一年（七九五）六月七日

墓誌出土於陝西省西安市郊區，具體出土時間、地點不詳。拓片誌高、寬均 39 釐米；崔述撰文；誌文二十三行，滿行二十三字，正書。右面大部石面刻漢文，左側鐫刻古回鶻文，橫書十八行，甚寶貴。誌蓋盝頂，高、寬均40釐米，剎面寬9釐米，頂面高29釐米，寬27釐米；陰文楷書，題「故迴鶻葛啜王子墓誌」；四周鐫刻牡丹紋飾，四角鐫刻曲折幾何紋；四煞刻纏枝卷葉紋飾。

故迴鶻葛啜王子、守左領軍衛將軍/墓誌并序〔一〕。/

給事郎、守秘書省著作郎，賜緋魚袋崔述撰〔二〕。/

迴鶻葛啜王子則可汗之諸孫。/我國家討平逆臣禄山之亂也，王子父車毗尸/特勤實統戎左右〔三〕，有功焉。故接荷之優〔四〕，寵錫之/厚，殊於他國。

王子以去年五月來/朝。秩班禁衛，賓籍鴻臚。方宜亨兹榮耀，光于蕃/部，奈何不淑，以貞元十一年五月廿日，遘疾云/殂。享年二十。以其年六月七日，葬於長安縣張/杜原。兄王子阿波啜，與諸部之屬，銜哀奉喪，送/終之飾，則有/詔所司備儀焉，禮無其闕。嗚呼！脩短命也，死者/生之終。乃刻石誌墓云：/

蕃之王子兮氣雄雄，生言始兮/死言終，魂神異兮丘墓同。/

（後爲古回鶻文。不録。）

【注釋】

〔一〕葛啜王子：出生於藥羅葛回鶻可汗族氏，父車毗尸特勤。根據魯尼文所記，葛啜王子之兄爲回鶻歷史上著名的頓莫賀可汗，唐朝册封爲天親可汗。韓儒林《突厥官號考釋》曾就突厥或回紇官號中多出現「啜」字的現象指出：「其職司雖不得詳，但據突厥東五部有五『啜』推之，其地位當亦爲一部之長。」

〔二〕崔述：曾任著作郎、房州刺史。權德輿曾作《崔述墓誌》對其生平事迹有比較詳細的記載，可以參考。

〔三〕王子父車毗尸特勤：「王」字泐蝕，「子」字上半泐蝕，下半基本可辨，據上下文意録以備參。車毗尸，唐人常音譯爲「車鼻施」或「車鼻」。墓誌稱葛啜之父車毗尸特勤在「討平逆臣禄山之亂」中「實統戎左右，有功焉」。據羅新考證，《舊唐書》曾有兩次相關記載，一次是收復兩都，一次是跟隨牟羽可汗第二次收復東都。前事在肅宗至德二年（七五七）十月，「初次於曲沃，葉護使其將軍車鼻施、吐撥、裴羅等旁南山而東，遇賊伏兵於谷中，盡殪之」。後事在肅宗寶應元年（七六二）十月，唐軍元帥雍王李適，即後來的唐德宗，與牟羽可汗相見於陝西黄河北岸的平陸，雍王大受困辱，主其事者就是「車鼻將軍」。雙方發生争執，「車鼻遂引（藥）」。車鼻和車鼻施無疑是同名異譯，是同一個人的可能性極大。

〔四〕荷：部分泐蝕，排除石花，據殘畫輪廓録文。或以爲是「待」字，文意亦通。兩存之，以備參考。

二〇二　王先奉墓誌

唐貞元十三年（七九七）十月二十一日

墓誌出土於陝西省西安市長安區，具體出土時間、地點不詳。拓片高34釐米，寬36釐米，誌文十六行，滿行十七字，首題二行擁刻，行字數不等，均正書。誌蓋缺。

大唐寶應功臣、雲麾將軍、守左金吾衛大將軍、上柱國、開國/男，食邑三百户，故王府君墓誌銘并序。/

府君諱先奉，字先奉，其先太原人也。隨/之遠裔，書之史册。曾祖隱迹園林，逍遥/不仕。琴書自樂，未禄而世。

公以忠心奉/國，勞秩成名。出則從師，入特衛主。崇勳/遷歷，命也何爲。

今以貞元十三年七月四日，/終於京兆府長安縣金城里之私第，享年七/十有一。不終偕老，遘疾而傾。府君逝矣，/嗚呼哀哉！

□□□痛深罔極〔一〕，無改於心。即以/其年冬十月廿一日，殯葬于長安縣高陽原/居安鄉，卜其吉辰，送終之禮也。恐陵移海變，/刻石銘云。辭曰：/

城南高陽，原之古崗。有我王公，/歸此玄堂。□□漣洟〔二〕，曰能絶漿。/無改之道，地久天長。/

【注釋】

〔一〕□□□痛深罔極：「痛」字以上三字，不知何故刻後鑿去。據文例，應是誌主子嗣之名。

〔二〕□□漣洟：「漣」上二字，亦刻後鑿去。疑亦應是子嗣之名，鑿去原因不明。

二〇三　崔府君夫人鄭恒墓誌

唐貞元十四年（七九八）十月二十六日

墓誌出土於河南省洛陽市萬安山南，具體出土時間、地點不詳。拓片高62.5釐米，寬61釐米；鄭餘慶撰文；誌文二十九行，滿行二十九字，正書。誌蓋缺。撰文人鄭餘慶，兩《唐書》有傳。

唐故使持節、渠州諸軍事、渠州刺史、充本州團練守捉使崔府君夫人滎陽鄭氏墓誌銘并序。/

表甥朝議郎、守尚書工部侍郎知吏部選事、輕車都尉、賜緋魚袋鄭餘慶撰。/

夫人諱恒，字同婉，滎陽開封人也。濬源盛烈，國史家諜詳矣，故不書。烈祖杲〔一〕，/皇朝歷刑户兵吏侍郎、尚書右丞，贈禮部尚書。大父放〔二〕，皇朝金吾將/軍、東都副留守。考毓〔三〕，皇棣州刺史。外祖朓，皇祕書郎。炳然華/胄，式是冠族，宜哉。

夫人天授淑姿，凜然端肅。玉潔而加潤，霜明而益清。洞/以表微，識以知遠。既笄有行，歸于崔氏。婦道全睦，女儀盡閑。惟夫人之門/華而茂，惟崔氏之族文而盛，惟夫人外族清而著。高朗繁縟，光華懿美，薰/灼于百氏，焜煌于四海。有子七人，曰照、達、勵、能、從、揔、憲。照，前試大理司直、兼/監察御史。達，前閬州録事參軍。勵，前郢州司馬。能，前侍御史内供奉。從，前試/大理評事。揔，前洋州興道縣主簿。憲，前慶州華池縣令。

夫人撫訓諸子，其/勤夙夜。聚以文學，紹于家聲，吏才兼優，公府交辟。乘使軒居憲職者，猶是舉/集其門矣。有女五人，長適范陽盧舒，次適盧嵩，次適廣平劉從一，次適南陽/張獻甫，次適天水趙需。凡厥命婿，斯爲得人。劉從一，户部尚書，和台鼎。張獻/甫，左僕射，掌旄鉞。趙需以文學至兵部郎中。和之至也，故有繁衍之報焉；義/莫重也，故有福禄之厚焉。每中外具來，尊幼咸叙。鋪筵席，陳罇俎。膳雖小/而必精，器無微而不稱。皆由夫人鑒裁，端一而然也。子孫欣和而知類，親戚/仰止而宗極，可不謂之爲盛歟。

夫人以貞元十四年正月三十日寢疾，終/于崇賢里之第，享年七十四。即以其年十月二十六日合祔，從周禮也。當/府君歸全于渠州，羣盜蠢起，夫人諸子時在閬中，崎嶇逼側，哀以堅決。乃/命第三子勵間道歷險，護帷裳歸于洛師，以大曆七年，祔于萬安山之南原，/禮也。感通神明，義貫今昔，此又人之難能也。崔氏官閥備詳前志。羣從左補/闕巨之文也。夫人以婦順宜家，以母儀訓子，仁愛廣博，親疏敬慕。小子忝/奉中外，猥以銘石，見託悲以從命，庶無愧辭。銘曰：/

浼浼滎水，洋洋清河。我族我歸，如琢如磨。鬱然軒裳，焕乎文章。人物焜煌，斯/焉允臧。恭惟夫人，天授淑姿。皓曜明潔，雪霜以之。儀訓具高，周旋皆適。動/致澄澈，居爲表的。慶保繁衍，厚居福禄。姻婭將相，階庭蘭玉。有子七人，半惟/朱紱。乘軒冠豸，藻秀風骨。榮貫未已，驚飈不留。奄忽無狀，悠然若休。衆子泣/血，帷裳東訣。萬安之南，以啓同穴。/

【注釋】

〔一〕烈祖杲：鄭杲，兩《唐書》無傳。《舊唐書·張文瓘傳》曾提及：「錫與鄭杲俱知天官選事，坐贓，則天將斬之以徇，臨刑而特赦之。」

〔二〕大父放：鄭放，兩《唐書》無傳。《唐書合鈔·許景先》：「十三年，玄宗令宰臣擇刺史之任，必在得人，景先首中其選，自吏部侍郎出爲虢州刺史。」下注：「太僕少卿鄭放定州。」不知是否即其人。

〔三〕考毓：鄭毓，兩《唐書》無傳。顔真卿《讓憲部尚書表》：「伏恐陛下貽憂，又恩敕先超授吴郡司士鄭毓樂安郡太守，令於江淮南兩道度僧道，取錢與臣召募士馬，令應接河北。」或即其人。

二〇四　楊鉷墓誌

唐貞元十四年（七九八）十一月四日

墓誌出土於陝西省西安市長安區，具體出土時間、地點不詳。拓片誌高63.5釐米，寬62釐米；張式撰文，史鎬書丹；誌文二十五行，滿行二十六字，隸書。誌蓋盝頂，加四煞高67.5釐米，寬68釐米，不加四煞高35釐米，寬36釐米；陰文篆書，題「大唐故楊府君墓誌銘」，四周鐫刻回折幾何紋；四煞刻牡丹紋飾，石左上下角、右下角殘毀，但花卉大體可見，文字不損。撰文人張式，兩《唐書》有載。書丹人史鎬，唐代書法家，善隸書，墓誌提供其隸書真迹，甚可貴。

唐故檢校秘書少監、兼蘇州別駕，弘農楊公墓誌銘并序。／

朝議郎守河南少尹張式撰〔一〕。

前太僕寺主簿史鎬書〔二〕。／

唐貞元十四年，歲次戊寅，秋八月有八日，檢校秘書少監、兼蘇州別／駕弘農楊公捐館于東都豐財里之私第。諱錤，字倬，春秋七十五。以／其年十一月四日，歸祔先塋於京兆府萬年縣義善鄉鳳栖原，禮也。／

四代祖諱汪〔三〕，隋銀青光禄大夫、刑部尚書、上柱國。戴翊之勳，焕乎史／傳。尚書庫部郎中志謙之曾孫，陳留郡太守令本之孫，工部尚書玄／珪之第十子也。先尊夫人京兆王氏，洛州鄁城令潛貞第六女也。噫！／錫土命氏，源深派遠，德義所藴，璋璧所淙，見於斯族歟；有其始，有其／終，處其厚，不處其薄，見於斯人歟。

公幼年課經，十五以明經擢第，重／以門子補千牛備身，授潤州丹楊縣丞，遷宋州單父長、大理司直，改／濟源、同官兩縣令。克揚頌聲，始爲華州刺史、鎮國軍使。尚書李公所／知，辟就賓位，拜殿中侍御史，轉秘書丞，兼侍御史。洎李公遷鎮，又請／爲磁邢節度判官，奏檢校尚書祠部員外郎。建中初，執事之臣，避六／宗之論，除越州別駕。時韓相國廉問二浙〔四〕，拔乎其萃，待以屬寮。因以／饋運託之，表授華州別駕。滿歲，有秘監蘇州之拜焉。公背關不怡，攬／轡興歎。以爲位當散地，年甫懸車。假興詠於海沂，寧繕性于洛涘。由／是良辰美景，釃酒擊鮮，扶衰疾以候門，啓中堂而下榻。多迴長者之／轍，必傾仁里之歡。以日繼年，逮乎没齒。與夫暮夜不息，龍鍾載馳者，／豈同日而言矣。君子以爲知止。不然者，綺襦紈絝之伍，擊鍾鼎食之／中。幼擅經明，長通吏理。歷參盛府，累製王畿，所至必聞，豈徒然耳。夫／人河東裴氏，嗣子晊，前懷州脩武主簿，泣血喪事，哀至極而禮無違。見／訪匪詞，直書無愧，銘曰：／

幼閱經藝，立年上第。筮仕馳名，克揚休聲。人則不已，我能知止。承命／得禮，賢妻令子。關西故國兮，壟樹泉扉，生所奉兮，没而歸。／

【注釋】

〔一〕張式：兩《唐書》有載。《舊唐書·德宗紀》：貞元十六年九月「癸酉，吴少誠賊迫官軍溵水砦下營。韓全義退保陳州，諸軍散還本道，官軍不振。以河南少尹張式爲河南尹、水陸轉運使」。

〔二〕史鎬：唐代書法家，長於隸書。《通志》卷七三、《吴興備志》引《談志》、《寶刻叢編》引《集古録目》有記載。墓誌爲史鎬隸書提供了真迹。

〔三〕四代祖諱汪：楊汪，字元度，本弘農華陰人。曾祖順，徙居河東。父琛，儀同三司。及汪貴，追贈平鄉縣公。楊汪專精《左氏傳》，通《三禮》。詳參《隋書·楊汪傳》。

〔四〕韓相國：韓弘，潁川人，其祖父無聞，世居滑之匡城。參與平息蔡州吴少誠叛亂。以嚴法治軍，入朝二十餘年，軍衆十萬，無敢怙亂。吴元濟誅，以統帥功，加檢校司徒，兼侍中，封許國公。憲宗崩，以弘攝冢宰。卒時年五十八，贈太尉。詳參兩《唐書·韓弘傳》。

二〇五　恒王府杜府君墓誌

唐貞元十五年（七九九）十月十五日

墓誌出土於陝西省西安市郊區，具體出土時間、地點不詳。拓片誌高44釐米，寬46釐米；誌文二十四行，滿行二十八字，正書。石面剥泐，文字多模糊缺損。名諱當泐蝕處，不知其名。誌蓋缺。

唐故試恒王府諮議杜府君墓誌銘并序〔一〕。

宏詞□□□□□。/

公諱□，厥先高辛氏之裔也。而太后懷妊，有精靈之異，遂攀□/以誕之。左手拳合，及其開〔二〕，中有杜字，帝奇之，曰賜杜氏。長乃封/爲杜侯。歷夏殷□□□著氏族，轉□至□，□□杜氏。有/杜伯者，明靈通鑒，□光史册。子孫□繼，遂列□□，則公之遠祖也。/□祖一託皇□□□□才，累遷黎州別駕，則專城之心，□別乘之榮。/祖訓勤學，兼達□□□幹，不重其官，唯精湛道術，博攬墳籍〔三〕，文武不墜。/

皇朝受恒王府咨議、上柱國。晚節崇寂，清虚自守，□□樂身〔四〕。故仁孝有□，/義合之美，於今是稱〔五〕。
以大曆六年正月廿五日寢疾，終於□□之私第，享/年六十。嗚呼，英哲云亡，梁木斯壞。鄉人闕社〔六〕，鄰女罷機。夫人上黨樊氏〔七〕，/
歷代名家，既恭睦於九族〔八〕，亦順和於六親。以貞元十四年，□□□日寢疾，終/于麟遊九城宫之□宅，春秋八十有四。胤嗣等絶漿泣
血〔九〕，痛徹骨髓。以貞元/十五年十月十五日，□於杜城故里，合葬於京兆長安縣□□荆山龍門之/前唐康之原〔一〇〕，禮也。嗣子温，解
褐受右武衛□執□□□州司户參軍，/又遷太子舍人，□□□□太尉□□□□□九成宫總監。/在官恭恪爲理□□□。公□
之□□□□□久積年□，歷官四任，前/後經廿五考，皆幹果□□□□□德□後子孫昌茂，童幼之美，⿰牜尭⿰牜尭/然莫可
□□□□□□□□□河紀□儒□，以旌明烈。/爲銘曰：/
□公之先，□□□□。群龍□俊，□□□□。□□□□，奇兮帝/嚳。苗裔賜氏，□□□□。堯之□□，□□□□。□表城南，名/
流類聚兮□□□，□□□□，□□□□□□□寶質於唐/康之原。嗟乎，□□之年，□□□□。/
貞元十五年，歲次己卯，十日辛未朔，十五日乙酉建。/

【注釋】

〔一〕杜府君：三字微泐，文字模糊，但尚存殘痕，隱隱可見，據以録文。
〔二〕及其閑：「及」字泐蝕，「其」字下部泐蝕，據殘畫，參以文例録文。
〔三〕唯精湛道術博攬墳籍：「湛」字部分泐蝕，僅存上部殘畫，録以備參。「術」字泐蝕，據殘痕，參以文例録文以備參。「博」字亦泐蝕，殘畫模糊，據文意録文以備參。
〔四〕樂身：二字泐蝕模糊，據殘痕録以備參。
〔五〕稱：泐蝕，據殘痕録文以備參。
〔六〕闕社：二字均有部分泐蝕，據殘畫，參以文例録文。
〔七〕夫人上黨樊氏：「夫人上」三字均已剥泐，僅隱隱可見殘痕。
〔八〕既恭睦於九族：「睦」字左半泐蝕，右半清楚，據殘畫，參以文例録文。「於」字亦模糊，據文例録文。
〔九〕絶漿泣血：「絶漿」二字微泐，但輪廓基本清楚。「泣血」泐蝕嚴重，僅隱隱可見殘痕，結合文例録文。

〔一〇〕長安：二字泐蝕，僅微見殘痕。

二〇六　韋娩墓誌

唐貞元十七年（八〇一）二月十七日

墓誌出土於陝西省西安市郊區高陽原，具體出土時間不詳。拓片誌高、寬均39釐米；李垍撰文；誌文二十四行，滿行二十四字，正書。誌蓋缺。誌主曾祖父韋孝寬，《周書》《北史》有傳。

亡妻京兆韋氏墓誌銘并序。／

萬年縣丞李垍撰。／

夫人韋氏，諱娩，字季柔，京兆杜陵人也。後周鄖國公曾孫生大王／父〔一〕，諱湜，潁王府司馬，贈魏郡太守。太守生大父昭訓，太子僕，贈散／騎常侍。常侍有子六人，皆踐九列，五爲郡守，輝光盛代，縉紳／榮之。第五曰光憲，今太僕少卿。

夫人，太僕之次女也。惟商伯啓姓，／漢相種德，英華靡絶，冠蓋所歸。夫人生於景胄，鍾乎淳懿。事親之／孝，率於自然；奉姑之禮，勤乎内則。穆姻之義，九族以彰。主天／之道，四德咸備。夫人年方廿，余實壯歲。歸我之日，迨乎仲春。君子曰：／時歟禮歟，若斯之謂也。自結褵之始，宜室以終。幽閑自持，端飭有／裕。不見喜愠之色，無替温恭之思。十有三年，相敬彌厚。余夙鍾／禍罰，七歲不天。捧檄之初，慈氏就養。既合嘉禮，遂拜／高堂。環珮其音，婉娩以聽。洎重罹艱酷，假日以生。既無伯／叔，靡有昆弟。煢然孤立，加乎賤貧。惟子之以義相敦，從儉而濟。／弘通塞之論，減薪粒之憂。矧乎蘋藻克羞，苫甴叶禮。雖古稱婦／德，又何加焉。

嗚呼，享年三十二，以貞元十三年十二月十二日遘／疾而終。卜兆未從，至十七年二月十七日，葬於長安縣之高陽原，禮也。蓋以先祔未吉，故園且遥，終窶而稱情不申，安神而／通歲可俟，是以夫人之窆，不從舊塋，時之宜也。

夫人凡生三/男六女，男並夭没，一女亦逝。積釁在我，痛如之何。嗚呼，粹儀懿範，/不得偕老。雖安仁之詞苦，奉倩之神傷，拘義抑哀，所不能已。銘曰：/

灼灼淑人，之德之純。恭以爲婦，孝於其親。明豔朝日，于歸仲春。/將大二姓，宜光六姻。釁積於余，禍丁于子。謂保偕福，旋悲逝水。/國郊之右，高陽之原。子去厚地，香無反魂。終同此穴，夭壽寧論。/

【注釋】

〔一〕鄖國公：即韋孝寬，名叔裕，字孝寬，以字行於世。京兆杜陵人，南北朝時期西魏、北周傑出的軍事家、戰略家。《韋孝寬墓誌》一九九〇年出土於長安縣韋曲鎮北原，誌蓋題「周上柱國鄖襄公墓誌」。

二〇七　沈權墓誌

唐貞元二十年（八〇四）六月十八日

墓誌出土於陝西省西安市郊，具體出土時間、地點不詳。拓片誌高44.5釐米，寬45釐米；沈渭撰文；誌文二十五行，滿行二十五字，正書。誌蓋盝頂，高、寬均45釐米；陰文篆書，題「大唐故沈府君墓誌銘」；四煞淺綫勾勒牡丹紋飾。誌主之姑沈氏是代宗李豫之妃，生德宗李适，死於安史之亂。德宗即位，於建中元年十一月，遥尊聖母沈氏爲皇太后，謚曰睿真，並大封沈氏父祖。詳參《舊唐書·代宗睿真皇后沈氏傳》。

唐故夔府别駕沈君墓誌銘并序。/

從父兄殿中少監渭撰。/

君諱權，字仲謨。其先出自少皞金天氏，廿一世祖述善侯戎，避王/莽亂，徙家於吴興郡，遂爲郡人焉。守祀承業，繼生明德。五代祖琳〔一〕，/司徒、徐國公。高祖士衡，德州刺史，贈太保。曾祖介福〔二〕，尚書司封員/外郎、贈太傅。祖易直〔三〕，銀青光禄大夫、秘書監、贈太師。父震，左諫議/大夫、秘書少監，贈太尉。

君即太尉之第六子也。有生知之學，負不/羈之才。弱冠歲，出掾郴郡，幹用貞恪，南方盛稱。建中初，以外戚/之近，特拜朝散大夫、試秘書丞。居無何，賊泚作逆，扈蹕巡省。著/翊衛之勳，例當酬庸，獲正其任。授朝請大夫，行河中府倉曹參軍，/歷江陵府士曹、河南府士曹、閬州司馬、滁州别駕、夔府别駕。凡所/更莅，皆播休裕。王祥之歌頌盈聽，季布之然諾冠時。秋山霽巖，巨/海洪注。峰巒峻遠，鮮覿其儔。劍南西川節度使、中書令韋公〔四〕，美君/之材，寵君之義，累加厚聘，侍以上賓。

貞元十九年，自荆浮岷，祇膺/辟命。至止未幾，故疾所臻。以其年九月十七日，終於成都縣之賓/館。嗚呼哀哉！所享之年，纔五十四歲，位不至顯，壽不及中。俾豐其/能，不富其壽。昊天不惠，痛莫痛焉。君之内子，京兆韋氏，故鳳翔府/寶雞縣令登之第十六女。夙承慈訓，備閑儀則。啓護得禮，哀號感/人。冒江山之艱險，赴封樹之宅兆。明年甲申歲，夏六月十八日，歸/葬於鳳栖原，祔先塋，禮也。送終之餴，無不備焉。稱家之儀，於斯/盡矣。君有男三人，女三人。長男曰宗儒，其餘皆在提幼。視其號踴，/切我肺肝。君之於余，愛越常等。分則同氣，官嘗並曹。望歸旦暮，寧/隔存殁。痛惜之甚，明神所知。刻石流德，庶乎不朽。銘曰：/

邈矣宏材，冠衆流兮。挺然峻節，難比儔兮。冀昌禄壽，承天休/兮。如何冥寞，歸山丘兮。家哀族慟，風雲愁兮。勒銘紀石，傳千秋兮。/

【注釋】

〔一〕五代祖琳：沈琳，隋陝令，《隋書》不載，其所封官爵爲唐德宗封其母沈氏而追贈。《舊唐書·代宗睿真皇后沈氏傳》：「貞元七年，詔外曾祖隋陝令沈琳贈司徒，追封徐國公。」「外曾祖」之説不可信，應是外五世祖。據墓誌，沈琳子士衡，士衡子介福，介福子易直，易直子震，易直女即代宗妃、德宗母沈后。震子即誌主。誌主與德宗同輩。

〔二〕曾祖介福：據《舊唐書·代宗睿真皇后沈氏傳》：「易直父庫部員外郎介福贈太傅。」

〔三〕祖易直：沈易直，睿真皇后之父。《舊唐書·代宗睿真皇后沈氏傳》：「德宗敦崇外族，贈太后父易直太師。」史傳不載本官「銀青光禄大夫、秘書監」。

〔四〕韋公：應指韋皐，字城武，京兆人。貞元元年拜檢校户部尚書，兼成都尹、御史大夫、劍南西川節度使，抵抗吐蕃入侵有功，加同中書門下平章事。暴疾卒，年六十一，贈太師。詳參《舊唐書・韋臯傳》、《憲宗紀》。

二〇八　羅公夫人米氏墓誌

唐貞元二十一年（八〇五）八月二十四日

墓誌出土於河北省定州市境内，具體出土時間、地點不詳。拓片高、寬均69釐米，誌文二十八行，滿行二十六字不等，正書，兼行書。誌蓋缺。

唐故朝議郎、試太子右贊善大夫長沙羅公夫人秦州米氏墓誌銘并序。/

大唐貞元廿一年，歲在乙酉，夏五月丁亥，夫人遘疾，遽至沉綿，壬辰/終于定府安樂里之私第，春秋六十有三。烏呼哀哉！節尚貞賢，道/高姆傳。邊城悲義，仁里輟舂。即以其年秋八月廿四日庚申，遷祔於定/府北平縣西北卅里富樂之原，得齊眉同穴之義，禮也。西域米國故/長史，貴號稟那。天寶初，遠從賢王[一]，來朝上國。玄宗奇之，俾有司/厚禮，每事加等，因遂願留不歸。夫人即長史之季女也。質同潔玉，行/等芳蘭。幼備閨儀，長弘禮教。聆音合雅，秉操惟仁。内明道源，外達時要。/瓌寶溢目，無掛於心。綺繡填室，匪能悦志。喜愠得喪，不見於形言。慶叶/齊陳，啓鳳凰之兆；體均秦晉，膺綵雁之請。是以出適羅氏，室家攸宜，琴瑟/諧韻。繁祉斯著，欽柔族姻。端守静恭，式崇孝享。

洎移天謝世，而年尚青/春，鬒首戚容，晝哭垂血。擇鄰誠嗣，高縱侔孟氏之規；誓節指舟，懿範並斑/家之美。諸孤成立，生涯轉豐。貞元初，家在上谷。默睹時變，審識危兆。尋約/諸子，徙居博陵。既遂計而上谷叛。其洞幽鑒微，避地就福也如此。昔括母免/於坐累，嚴母歸而掃墓。雖先見其咎，而不克早圖其吉，今古相並，夫人/動無吝焉。況敬信空王，殷崇勝業。造幡鑄像，施供寫經。佛事良緣，精進/不倦。憐貧濟乏，物無不周。食不味葷羶，心不惜珍異。其贊善宗祖，亦西/域名王貴種，具載前誌，略而不述。夫人有五子：孟曰惟謙，中大夫、試殿/中監、上柱國。仲曰玄佐，義武節度驅使官、承務郎、試左龍武軍兵曹。/次曰惟良，義武討擊副使、承奉郎、試右金吾衛兵曹。叔曰惟顒，童子出家，/持佛戒，兼持《法花經》，明大演。季曰惟恭，專經應孝廉，兩上雖未捷，昂/昂然長鳴之望非遠。咸紹贊善之風，服勤夫人之教。絶漿柴毀，蓬首/棘心。援諸曾閔，今見其人矣。其資終器備，得不豐不儉之度。摭實刊石，永/寘於隧，銘曰：

懿哉夫人，發源西域。降靈孕質，生我王國。冰霜潔行，仁惠藴德。温温明道，/翼翼贊賢。如彼瓊瑶，保此貞堅。審其事理，出於古先。相時避地，秉義家全。/修短有涯，音容已然。諸孤痛戀，隕血號天。永隔慈愛，空餘机筵。/爰依周禮〔二〕，祔窆兹土。紀實刊珉，用銘泉户。山月嵐烟，千秋萬古。/

【注釋】

〔一〕賢王：當指米國國王。天寶三載，唐賜米國王爲恭順王。

〔二〕爰：上部泐蝕，下部基本清楚，據殘畫輪廓，參以文例，應是「爰」字。

二〇九　路景祥及夫人劉氏墓誌

唐元和元年（八〇六）十一月十一日

墓誌出土於河南省安陽市境内，具體出土時間、地點不詳。拓片高 39 釐米，寬 42 釐米；誌文二十一行，滿行二十六字不等，正書，兼行書。誌蓋盝頂，高 39 釐米，寬 42 釐米；陰文篆書，題「唐故清河路府君墓誌」；四煞刻纏枝紋飾。

唐河南折衝清河郡故路公、夫人彭城劉氏墓誌銘并序。/

公諱景祥，其先黄帝之胤也。昔佐王家，積功累德，賜姓曰路。分/封甘陵，子孫遂爲相衛人也。曾祖□，祖□□□〔一〕，父賓。

頃屬金木不/常，干戈互起。公年尚幼，迫以時艱，闕紀先人之官諱，非脩文/之減省也。公抱堅貞之操，懷風雲之量。開張心腑，秘密六情。縱之/樞機，請謁侯伯。時之與命，會合一言。遂陳致身之功，得展雲/霄之志。遂別敕授河南府折衝，以酬勤也。首末卌餘祀，志不/易常，心無且變。

誰爲不幸〔二〕，倏然禍生。至興元元年九月十二日/寢疾，終於湯陰縣之私第，春秋五十九。嗚呼！珠巨圓而忽碎，月輪/滿而魄侵。惜哉悲哉，哀感朋黨。

夫人彭城劉氏，孀居守節卅/餘年。撫育遺孤，克存風範。豈意不祐，大夜俄臻。嗣五人，孟曰昇裕，仲/曰秀珍，季曰秀清。珍與清負不測之機，懷湧泉之智。珍職授雲麾/將軍、守左金吾衛大將軍、兼殿中監、上柱國。清亦授定遠將軍、/守左清道率府、上柱國、□騎□〔三〕。曰秀林、秀華，丁此憂號，有逾禮/制。以元和元年十一月十一日，再舉衣衾，改卜宅兆，遂遷祔於相州西北一十/五里辛安村南一里平原，禮也。左臨百雉，右帶千峰。廣陌據其前，長/河流其後。霜林寒草，交成新墳〔四〕。恐代別時遷，故勒銘記。其詞曰：/

帝鴻之後，德彰其衷。封邑分族，不絶清風。/幼展機辯，聲契蘭蕙。名未稱志〔五〕，大運何終。婉娩夫人，德配君子。誰爲不夭，同歸逝水。息胤五人，志存哀毀。霜墳岌然，月昭風起。/

【注釋】

〔一〕曾祖、祖：原刻「曾祖」下空一格，「祖」下空三格，不載名諱。據下文「頃屬金木不常，干戈互起。公年尚幼，迫以時艱，闕紀先人之官諱」，説明是因爲誌主先人死於戰亂，而誌主年幼，記不清先人名諱和歷官而闕如。

〔二〕幸：泐蝕，僅存垂足殘畫，據文例録文。

〔三〕騎：泐蝕，僅存殘畫，似「騎」字，録以備參。

〔四〕成：微泐，據殘畫録文。

〔五〕志：微泐，文字模糊，據殘畫，參以文意録文。

二一〇　杜佑夫人李氏墓誌

唐元和二年（八〇七）五月二十七日

墓誌出土於陝西省西安市長安區，具體出土時間、地點不詳。拓片誌高、寬均62釐米；杜佑撰文；誌文二十三行，滿行二十五字，正書。誌蓋缺。此文是杜佑爲其妻撰寫的墓誌。杜佑，唐代著名政治家、史學家，曾用三十六年時間撰成二百卷《通典》，創立史書編纂的新體裁，開創中國史學史的先河，兩《唐書》有傳。

大唐故密國夫人隴西李氏墓誌銘并序。/

金紫光禄大夫、守司徒、同中書門下平章事、岐國公杜佑撰。/

維元和二祀，歲在丁亥，四月戊午朔，十七日甲戌，司徒岐國公杜/佑妻，密國夫人李氏〔一〕，終於上都務本里第，享年五十有二。以其年/五月戊子朔，廿七日甲寅，安厝於少陵原先塋之次，從宜也。

夫人/六代祖世壽〔二〕，交州都督、遂安公。五代祖仲遠，光州刺史。高祖道和，/左清道率。曾祖茂初，河州刺史〔三〕。王父延安，陪位出身，無禄早世。皇/考殷，衡州衡陽縣尉。雖/皇室枝屬，而家代陵遲。故相麟〔四〕，樂安太守少知，並四從曾伯祖。

夫/人率性温恭，居家敬順。六姻化其雍睦，百口資其柔撫。穎悟莫比，/聰惠絶倫。在弱歲，則孤能備言。其祖因烈考遊宦鍾罰，隨外氏流/寓南方。大曆季年，佑都督容府，物論所屬，遂歸于我，以爲繼室。僅/三十年。佑旋更歷中外，累忝藩鎮。上奉/高堂，下修中饋。承顔順色，動止無違。洎領淮南，歲月滋久。特/蒙朝恩俯及，遂有石窌之錫。立身可謂積善，享齡不登下壽。/哀哉！

誕生四子，一兒一女，纔語夭枉。今一子憲祥，河南府參軍。一/子紹孜，國子監主簿。撫存悼往，哀慟何言。音容宛在目前，緬想遂/爲陳迹。誠世事已過，如夢幻皆空。然豈越常情，難勝沉痛。莊周放/達，實則未能；奉倩傷神，亦將不可。銜悲叙事，聊寫素懷。

銘曰：/

猗歟密國，聿修四德。性本惠和，生知禮則。閨門克敬，姻戚用睦。可/謂積善，如何不淑。二子號毁，舉宗酸惻。世事如夢，物理誠然。追痛/奚補，常情所纏。杳冥莫究，神道難詮。荀子失中，莊生太劇。合度適/宜，臨喪寧慼。少陵非遠，終天永隔。援毫刻石，用申平昔。/

【注釋】

〔一〕密國夫人李氏：《全唐文》卷五三一收王仲周《代杜司徒謝妻封邑表》提及，墓誌可以互證。

〔二〕世壽：據《李世壽墓誌》作「王諱安，字世壽」，首題：「大唐故使持節都督交州諸軍事、交州刺史、柱國、遂安王墓誌銘」。誌文稱武德七年任「使持節都督交州諸軍事，交州刺史」，《舊唐書·盧祖尚傳》載「交州都督、遂安公壽」，稍有不同。《李世壽墓誌》現藏西北大學文博學院。

〔三〕曾祖茂初河州刺史：河州刺史李茂初，《唐刺史考全編》失載。墓誌可以補充之。

〔四〕故相麟：李麟，褒國公，謚德。唐肅宗年間曾官至宰相，但並非唐肅宗所任，而爲肅宗之父唐玄宗所任。兩《唐書》有傳。

二一一　田府君夫人斑氏墓誌

唐元和三年（八〇八）十一月十八日

墓誌出土於陝西省西安市郊區，具體出土時間、地點不詳。拓片誌高、寬均61釐米；斑贊撰文，斑遇書丹；誌文二十三行，滿行二十三字，正書。誌蓋盝頂，高、寬均54釐米，陰文正書，三行，行三字，題「大唐故斑夫人墓誌銘」；蓋頂四周及四煞鐫刻纏枝卷葉紋飾。夫人斑氏，斑愻之第二女。唐貞元六年《斑愻墓誌》已出土，本書收録，可以互參。

唐故京兆府華原縣主簿田府君夫人扶風斑氏墓誌銘并序。/

親弟通直郎、前行京兆府武功縣尉、雲騎尉贇撰。／

堂兄萬年縣丞、驍騎尉遇書〔一〕。／

河之北，山之東，其土深，其氣渾。叢生衣冠，比爲德門。今稱士大夫，／率以山東爲稱首。

夫人其先衛人也。氏族生於楚，文章盛於漢。／沿二千年，茂數十葉。簪組嗣襲，世稱儒門。洎寇淪北方，士族南徙。／皇考大曆祀葬□□〔二〕。大父春，官于長安，今則京兆人也。曾祖思／簡，仕至文昌春官員外郎，生祖銀青光禄大夫、秘書監、贈右／僕射景倩。秘書有子七人，夫人則第五子梓閬澧硤夔等州刺／史悉之第二女〔三〕，博陵崔氏之出也〔四〕。幼而有明識，長而體儀範。及／笄，適于京兆田府君沼，宦達華原縣主簿。始自曰歸，僉謂宜爾。以禮／法榮本宗，以慈愛穆夫族。喪舅姑而禮聞中外，饋蘋藻而敬盡蒸／嘗。孝因嚴以成性，儉自己而率下。田府君始更三命，爰謝百齡。／經營喪葬，孤孀二紀。一子幼稚，不及父教。夫人撫視，以嚴配慈。／獲居鯉也之恭，及是大家之訓〔五〕。撤薦之給，俾知其□交；不有之／名，果聞於衆口。哭夫以晝，敬姜之禮宣；誓己全名，恭伯之妻著。鄰／里擇其善，姻黨稱其賢。

憂勤疾生，綿歷星歲。以元和三年六月十九／日，終于長安通化里之私第，享年五十一。從周制，用是歲十一月／十八日，祔葬於田府君之玄寢。嗣子好古，痛禄養之不逮，申罔極／於送形。居喪孝聞，知禮之自。請紀于石，慮其遷徙。贇終鮮之痛，痛／深不文。銘曰：／

長安南，古原道。風悲白楊，露霑草。雖稱天之則誣，亦福善之／難考。終天訣於此，慟哭冤穹昊。／

【注釋】

〔一〕堂兄萬年縣丞驍騎尉遇：唐大曆十三年《斑公崔夫人墓誌》題「姪汴州參軍斑遇書」。至此誌元和三年書，前後歷三十年，題銜「萬年縣丞、驍騎尉」，雖然官銜不同，但應爲一人。

〔二〕葬□□：「葬」下原刻空二字格，文意不明。

〔三〕梓閬澧硤夔等州刺史悉：《斑悉墓誌》：斑悉「除梓州刺史，轉刺閬中。尋遷澧硤二州。居凡累年，理行課最，昭于天下。以先僕射假殯梓州，上疏請從遷引。遂綿歷江峽，扶護岷嶓。達于京師，易星霜矣。尋拜夔州刺史。」歷官刺史，不在一年。本誌乃籠統言之。

〔四〕博：右側大部泐蝕，據殘畫，參以文例録文。
〔五〕及：原刻字形似「反」，形近易混。

二一二 田濟墓誌

唐元和四年（八〇九）七月五日

墓誌出土於陝西省西安市長安區，具體出土時間、地點不詳。拓片誌高、寬均54釐米；李宗回撰文；誌文二十八行，滿行二十九字，正書。誌蓋盝頂，加四煞高55.5釐米，寬55釐米，不加四煞高40釐米，寬39.5釐米；陰文篆書，題「大唐故田府君墓誌銘」，四周鐫刻牡丹紋，飾以纏枝卷葉；四煞刻四神紋，飾以牡丹紋。

唐故唐州長史知州事、兼侍御史、賜緋魚袋、攝山南東道節度營田副使田府君墓誌銘并序。/

山南東道節度巡官、試太常寺協律郎李宗回撰。/

公諱濟，字巨川，其先京兆人也。銀青光禄大夫、梁洋集壁等州諸軍大使、守/梁州刺史，諱臣文之曾孫。京兆府金城縣主簿，諱義弈之孫。朝散大夫、守太/子家令，諱璥之第四子也。

夫荃蘭珷玞，産庭寺，在樂懸，固宜其酷烈發越矣。/其有在窮巖絶壑，則亦藹薈磧礫，不能遏其芳，沉其光。是以梁州府君在神/龍、景雲之間，居能翊衛，克有勞績。出領藩鎮，灼乎勳庸。而金城府君，降及家/令□君〔一〕，亦皆游泳儒學，以戒嚴華胄。遇事就效，故不干禄，而禄至；與物以誠，/故不幾名，而名大。

公禀承教訓，通達詩禮。年十六，補左千牛備身。尋獻文章，/代宗賞異，授陝州芮城縣尉。滿歲，調集書判，甲於當時，授華原縣主簿。終秩，/又舉拔萃登首科，拜長安尉。剸割得青萍之利，出入生赤縣之風。特爲義成/軍節度使、工部尚書李公復所重〔二〕，疏能以聞，改監察御史裏行，充判官。時/德宗以翦胡爲心，行漢武故事，因詔公領山南東道轉運院，實能走五嶺、百/越之財貨，達于京師，程不移刻。當是時，相國于公〔三〕，初以刑部尚書，兼御/史大夫，來臨襄陽。屬鄰壤恣睢〔四〕，奉詔討伐，以任賢爲雄，乃辟公爲上從事。/連有尉薦，除殿中侍御史，判節度事。俄拜唐州長史，兼侍御史，知州事。銀印赤/韍，焕其生光。仍署營田副使，掌行營留務，民以富庶，軍以雄張。

亦既計事，來/侯公府。元和元年八月二日遇疾，卒于襄陽檀溪里之私第，享年五十有/四。凡動與機會是其智，君子或推誠息用，與不智同；急病奉志是其勇，君子/或任道室鋭，與無勇同。是知宰智勇者人，宰人者命。嗚呼！爲公之命，其道之/與誠歟。夫人金城騫氏，皇朝門下侍郎同平章事味道之曾孫女也。孀/得古禮，日間晝哭。至元和二年六月十六日，痛憤卒于檀溪里。其孤，前綿州/昌明縣主簿士則，柴毁血泣，遠護歸于故鄉。以元和四年七月五日，祔於長/安縣居安坊高陽原先塋，禮也。昌明以宗回嘗辱公之識待〔五〕，頗詳公之事業，/見託銘石，以誌玄壤云。銘曰：/

倐途如砥兮，胡驥之不得騰驤。高梧戛雲兮，胡鳳之不復來翔。存有工拙/兮，没歸一。既無怛化兮，又何爵秩。帝城之南決水陽，哀哉葬此高陽崗。龜/筮咸吉兮，祔之故鄉。/

【注釋】

〔一〕及：泐蝕，僅存上部殘畫，據殘痕輪廓，參以文意，似「及」字，録以備參。

〔二〕李公復：李復，兩《唐書》均有載，詳參《舊唐書·德宗紀》。

〔三〕相國于公：于頔，字允先，河南人。周太師、燕文公于謹之後。兩《唐書》有傳。

〔四〕鄰壤：當指蔡州。襄州地與蔡州相鄰。蔡州吴少誠叛，于頔組織軍隊討伐。詳參《舊唐書·于頔傳》、《吴少誠傳》。

〔五〕公：微泐，據殘痕，參以文例録文。

二一一三　張公夫人裴氏墓誌

唐元和五年（八一〇）七月十一日

墓誌近年出土於陝西省西安市郊區，具體出土時間、地點不詳。拓片誌高、寬均38釐米；張元夫撰文；誌文二十行，滿行十九字，正書。誌蓋盝頂，高、寬均35.5釐米，頂面陰文正書，題「唐故張公夫人墓誌銘」，四角刻折綫幾何紋，四周及四煞鐫刻簡筆纏枝紋飾，勾勒甚草率，石面有花。

尚書祠部郎中南陽張公夫人河東裴氏墓誌銘并序。/

姪鄉貢進士元夫撰。/

意性命之理，聖人之所罕言；福善之徵，經誥所以/垂教。夫人河東裴氏。母族曰平昌孟氏；外祖/醒，檢校兵部尚書、福建觀察使、贈司空，在/肅宗、代宗兩朝，有崇勳茂績，享高名顯位。源流濬/深，遠而逾潔。曾祖諱巽[一]，國子祭酒，封魏國公。/祖諱齊丘[二]，右千牛衛大將軍、駙馬都尉。父諱/恒，杭州於潛縣主簿。或道濟于時，或行成于家。故/慶流澤及，是生令德。

夫人幼失所怙，母師教/育。既長質性和柔，詞本恭順。奉上不失孝，撫下不/失慈。至元和四年，年十七，歸于我族。閨門之內，布/和如春。歲未周星，而德已茂。

與善福謙，神理何昧。/明年三月遘疾，至六月十五日，終于靖恭里第。於/呼！令聞所加，無不痛者。況五服之內，皆情逾於禮。/其年七月十一日，葬于京兆府萬年縣畢原。/高門先塋，成婦道也。猶子元夫，承叔父至命，敬述/尊行，銜追慕之慼。不敢以文爲誌。銘曰：/

茫茫大造，誰尸壽考。善不必永，惡不必夭。同歸永/夜，重泉閉曉。古木空□[三]，松風嫋嫋。/

【注釋】

〔一〕曾祖諱巽：官駙馬都尉之裴巽兩見，當是一人。其先後娶中宗女宜城公主、睿宗女薛國公主。詳參《新唐書·諸公主傳》。又，《新唐書·三宗諸子·譙王重福傳》載李重福事變，亦涉及裴巽。重福爲中宗之子，其謀亂，藏親姊妹之家，理所宜然。唐代封魏國公者甚多，但不見裴巽曾封此職，墓誌可補史缺。《舊唐書·高祖紀》：「癸酉，以尚書右僕射、魏國公裴寂爲左僕射。」是否裴寂是裴巽之父祖而裴巽襲封，不可知。

〔二〕祖諱齊丘：裴齊丘，駙馬都尉，娶唐玄宗之女永寧公主。《新唐書·諸公主傳》：「永寧公主下嫁裴齊丘。」史傳不載裴齊丘官「右千牛衛大將軍、駙馬都尉」，可補史傳之缺。

〔三〕古木空□：「空」下一字泐蝕不可見，據下句「松風嫋嫋」，疑上句或作「古木空空」。

二一四　李昇夫人鄭氏墓誌

唐元和五年（八一〇）七月十一日

墓誌出土於陝西省西安市郊區，具體出土時間、地點不詳。拓片誌高67.5釐米，寬68釐米；李汭撰文；誌文三十六行，滿行三十六字，正書。誌蓋缺。墓誌詳載鄭氏譜牒，有參考價值。

唐故銀青光禄大夫、守太子詹事，贈同州刺史李公〔一〕，滎陽郡夫人鄭氏墓誌銘并序。/

將仕郎、守京兆府功曹參軍李汭撰〔二〕。/

維唐元和四年七月十九日，故太子詹事李公諱昇滎陽郡夫人鄭氏，終于上都崇賢里之私/第，享年六十。嗚呼！嗣子宿奉遺意，越五年七月十一日，權厝于京兆之高陽原，從詹事府君之/塋，不克合祔，龜筮未同也。去詹事之墳八步而近，去太傅之墳四十步而遠。從子京兆府功曹/參軍汭〔三〕，具詳積行，請得而序之。

夫人之先，系自有姬。武公、莊公，夾輔周室。平王東遷，徙於溱洧。/以國爲謚〔四〕，子孫其蕃。西漢有大司農當時，東漢有大司農衆，俱以儒學軒冕著。言鄭氏者，本之/衆。四世生渾，渾生崇，崇爲尚書，又以正直剛中聞。曾孫略，生六子。次子豁，字君明，封濟南郡公。濟/南生四子：濤、曄、簡、恬。曄爲北祖，簡爲南祖，恬爲中祖。

夫人即北祖之後也。曾祖玄楷，皇朝/正議大夫、眉州刺史。祖崇鑒，邵陽郡太守。祖妣，扶風竇氏。外大王父懷恪，河南尹。父鵬，祕書丞、/蜀州別駕。妣，隴西李氏。外祖父嗣紀王澄。

夫人承華宗之茂緒，法柔謙之懿行。事舅姑孝，奉君子順。撫幼稚慈，視左右敬。睦族姻，和上下。喜怒不形於色，榮貴不矜於人。杜猜虞忿悍之萌，/詠螽斯鵲巢之美。袿褘之有儀範[五]，内外之所表式。皆有激人倫，以貽宗黨。此其大略者也。

年十三，/歸我詹事府君。而坤德早成，天與至性，氣必温裕，言必端詳。問安侍膳，動合典禮。爲先姑鄭國楊夫人之所愛，重稱德婦焉。府君即皇朝右僕射、太子太傅、薊國公諱叔明之長子[六]。太傅歷/事玄宗、肅宗、代宗、德宗，四朝賷臣，一門勳閥。與先兄御史中丞、劍南節度諱仲通，迭爲尹京。棣萼焜耀，一時莫比。繇是出總元戎，入司右揆。端嚴直亮，巍如也。詹事宿衛，德宗建中中，官/至太府少卿。會逆此構亂，翠華南幸。詹事奔走扈從，壺飧不食。洎于剋復，侍輦還宮，改/左龍武軍使，兼御史大夫，旋拜太子詹事。雖勁節凌飈，而克禀嚴訓。儀形家國，實有懋焉。

竟/以勳高，爲讒邪所中，貶康州司馬[七]。天不慭遺，終於所任。而薊公亦以高年薨。嗚呼，家禍薦臻，而/孤蒙未諭。噫！太傅之德，詹事之忠，勤勞王家，銘勳彝器，而歿代之後，其嗣綴然。賴哲婦承祧，/至誠所感。門生故吏，特爲獻狀。降九天之詔，雪重泉之寃。迎柩炎徼之外，會葬京兆之域。合/舅姑之玄室，序伯仲之墳壠。表闕竭峙，松楸儼行。送終之禮，罔不該備。然後祔廟以傳世嗣，建/碑以顯功德。追命授謚，恩加存殁。俾太傅之家事，不至泯絶。寔繇夫人。君子嗟稱，行路出/涕。僉曰義烈哉。婦德之賢，其難並矣。

夫人後詹事廿有三年而厭家，其間男必宦，女必歸。蘋藻/之祀，惟勤儉約之風，愈勵母家之道，無遺恨矣。不幸寢疾，奄然無救。天乎天乎！吾黨之昆弟曷怙？/吾宗之衆婦曷仰？識與不識，聞喪而哀。豈止鄰不相，巷不歌而已。長子察，官至太常寺協律郎。/次子審，官至成都府參軍，寮至當陽縣丞。及楊氏二女，皆早夭。嗣子容、宿、寵、寂。容、寵道遠未訃，/惟宿、寂居喪。第四女適京兆王助，第五女適吴興沈杞。女子從人者也。宿，前左龍武軍録事參軍，喪紀有聞，哀毁中禮。先遠遄及，欒棘盈懷，杖而後起。託於從祖兄汭，且虞陵谷之變。用銘其/處云。銘曰：/

地勢坤兮厚德載，婦道象兮母儀配。於詔賢淑兮家所賴，才智豐兮德行大。逮事舅姑執帉帨，/内奉君子整環珮。福禄宜兮慶愈會，榮耀極兮時不再。災生樂往兮胎咎悔，禍酷臻兮神理昧〔八〕。/孝婦哀兮傷幼种，精誠達兮幽感通。降玄鶴以雪戾，卜青烏而送終。哀榮得所兮教義攸豐，/既肥我家兮亦茂吾宗。如何不吊，重此殛凶。遺誨言以垂裕，必孝悌而克從。凡厥昆裔，孰不處恭。/嗚呼賢乎。/

【注釋】

〔一〕唐故銀青光禄大夫守太子詹事贈同州刺史李公：李昇，李叔明之子。本鮮于氏，春秋狄國鮮虞之後，以國爲氏，高車族。賜姓李氏。詳參《舊唐書·李叔明傳》。《舊唐書》不載其職官，墓誌可補其缺。

〔二〕李汭：兩《唐書》不載。《寶刻叢編》：「《高涼泉記》李汭撰并書。元和四年閏三月十二日記。」《册府元龜》卷九八〇：元和七年「七月，以京兆府功曹李汭爲殿中侍御史，充入新羅副使。」與本誌同時，職銜由京兆府功曹升任殿中侍御史，應是一人。《少室山房筆叢》載「李汭，清河郡王」。

〔三〕從子京兆府功曹參軍汭：墓誌稱從子李汭，疑當是李昇弟李翊之子。姑記於此以待考。

〔四〕謚：當作「氏」，原刻訛誤。

〔五〕袿禕：當作「閨闈」。

〔六〕薊國公諱叔明：李叔明封薊國公事，《舊唐書》不載。

〔七〕貶康州司馬：清沈炳震《唐書合鈔》卷一七三列傳七十三：「昇以少卿從有功，擢禁軍將軍。貞元初，遷太子詹事。坐部國公主，貶羅州别駕。」與墓誌所載不同。

〔八〕昧：殘泐較甚，僅存右半，今據文例和押韻脚字補。

二一五　趙素墓誌

唐元和六年（八一一）八月二十二日

墓誌近年出土於陝西省西安市長安區，具體出土時間、地點不詳。拓片高、寬均43釐米；李行簡撰文；誌文二十三行，滿行二十三字，正書，有縱横界格。誌蓋盝頂，拓片高、寬均42釐米；雙鈎正書，題「大唐故趙府君墓誌銘」，四煞鐫刻纏枝卷葉紋飾。誌主之父趙惠伯，兩《唐書》有載。撰文人李行簡，陳留八俊之一，兩《唐書》曾提及。

有唐試大理評事、攝臨晉縣令趙府君墓誌。/

進士李行簡撰〔一〕。/

公諱素，字〔二〕，天水人也。曾祖惠謙，隴州司馬。祖珽，義/王府友。父惠伯，正議大夫，河中晉絳慈隰等州/觀察使。公則長子。生無幼志，克荷乾訓。脩承家/法，清行不墜。勳臣以儒行高妙布衣，能剛能柔，有/蹤迹行世，奏授左金吾衛兵曹參軍，遂薨。唯公存故吏之/心，不變舊節，與諸感恩者異矣。易定節度張茂昭知之，/又奏試大理評事，爲易定戎佐。聖君以茂昭忠良，三朝/天而累加爵禄，意猶未足，遂酬河中節度。公亦隨之。茂昭思/求理一方，乃命攝桑泉長〔三〕。至止怨滯雪，豪强息，奸詐退。/清靜自處，人從乎化。蒲之君子，以爲公之理心，以及於物。移/公之理一邑，以及於國。節度美之，遂聞于天。詔書未下，/天之不與乎善。元和六年五月五日寢疾，終于桑泉官舍，享/年五十有二。嚮方之士，慟以相吊。公兄弟八人，孝友恭慎，善奉先業。自桑泉奉/公之櫬，將還萬年縣少陵原。以元和六年八月廿二日，/祔于先塋之次。公夫人陳氏，洛陽尉誠之愛女也。如何相對，一旦而/失。嗚呼！剖心隳肝，伏刃仰毒，何足爲痛。有子三：長曰絳，次曰綽，/幼曰未名〔四〕。皆煢煢在疚，泣血終日。存以禮制，未能隕絶。公，河東裴/氏之出也，爲門風中外，得而詳之。乃命備述家事，故煩而不文，銘曰：/

天雖高，所鑒不苟；人處也，非善必咎。莫莫趙公，善出於有。如何彼/蒼，不與乎壽。有妻淑而賢，有子冠之年。後事可知，慶流勘/焉。諸弟泣之，諸親送之。茫茫古原，魂兮可依。/

【注釋】

〔一〕李行簡：有文名，爲陳留八俊之一。《新唐書·格輔元傳》：「輔元者，汴州浚儀人，父處仁，仕隋爲剡丞，與同郡王孝逸、繁師玄、靖君亮、鄭祖咸、鄭師善、李行簡、盧協皆有名，號陳留八俊。」

〔二〕字：原刻「字」下有缺漏，墓誌刻寫草率。

〔三〕桑泉長：即桑泉縣令。《隋書·地理志》「河東郡」條：「桑泉，開皇十六年置。」《元和郡縣圖志》：「隋開皇十六年，分猗氏縣於今理置桑泉縣，因縣東桑泉故城以爲名也。天寶十二年改爲臨晉。」

〔四〕曰：衍文，古書無此文例。

二一六　王俊墓誌

唐元和六年（八一一）十二月十一日

墓誌出土於山西省長治市境內，具體出土時間、地點不詳。拓片高45釐米，寬46釐米；誌文二十行，滿行二十七字不等，正書。誌蓋缺。

唐故右武衛河南府懷音府折衝，太原王府君墓誌銘并序。/

都尉諱俊，字希俊，太原人也。其先自后稷，肇基王迹，王季其勤王/家。周文建國以丕宗，子晉賓天而翊聖。崇原岳峙，長淮慶流。茂績/殊勳，光昭百代。欽若德祖，諱守貞，皇考諱賓，以養高不仕，天子/莫得而臣。爰及府君，以忠良植性，孝友傳家。幼資報國之誠，長負/經時之用。屬兩河尚梗，虜難未平。公能杖義投艱，功昭朔野。折衝千里，/保大定功。有制特授東都懷音府折衝，賞勳勞也。

自三方無事，/懷道外身，始期養素安休。豈謂夢瓊生釁，命之斯否，天其謂何！曰以/貞元十四年十二月八日〔一〕，遘疾而終于潞之私第，春秋五十有一。哲人斯逝，/遠邇增哀。於戲！公之夫人，隴西李氏，皇故徵士景琛府君之令女/也。關雎樂德，會琴瑟於當年；翼子成家，恨存亡於晚歲。自懷撫二/子，僅至成人。至永貞年冬十一月廿二日，奄忽言終于府君之正室，享/齡六十有一。嗚呼！嗣子證議，次子證昌，及二孝婦李氏等，咸資孝節，負/土成墳。卜以辛卯歲之十二月十一日，合祔于郡城之北永泰鄉郭馬/村之古原。禮也。兆乃東連壺口，西帶漳濱。山川分坱軋之形，原隰起龜/龍之勢。宜夫君子，樂幽宅於斯。雖坤靈作固，與天地而相終〔二〕。而大化冥遷，在銘昭乎不朽。詞曰：/

英英令哲兮，帝子王孫。廣孝地義兮，光輝盛門。慶襲靈長兮，/謂流後昆。運窮數極兮，天理難論。悲哉良媛兮，撫孤徇節。命曆有/終兮〔三〕，同塵古穴。哀哀孝嗣兮日窮號，斲石刊銘兮耀丕烈。/

【注釋】

〔一〕貞元十四：下脱「年」字。

〔二〕天：上横畫與整字結構不甚協調，似「大」，文意亦可通，不能確定，姑録爲「天」以備參。

〔三〕終：左上角泐損，但殘畫輪廓可辨。

二一七　彭城劉氏墓誌

唐元和八年（八一三）三月十七日

墓誌具體出土時間、地點不詳。拓片高、寬均40釐米；□從政撰文并書丹；誌文十九行，滿行二十字，正書。石右側中部殘毀一塊，文字損三行。誌蓋缺。墓誌由誌主丈夫□從政撰寫，有叙而無銘。

唐故扶風縣□□□□□□□□〔一〕/

夫承務郎□□□□□□□□從政撰并書〔二〕。/

夫人本彭城劉氏，□□□□□隴西李氏〔三〕。夫人幼/小聰惠，有愛於親。萬氏姑遂將育爲女，便歸萬姓，/即萬氏之長女也，配事焉。

曾祖諱奇，祖諱託，父涉，/前任硤州遠安縣丞。叔惟直，見任守池州至德縣尉。/叔母太原王氏出家。叔惟正，寄住上都温國寺。季叔/惟晟，攝成都府録事。長弟克恭，翊府三衛。次克儉，季/克讓，學業未事。母弟隨禄，寄居漢南。夫人恨不見别，/悲泣腸斷。從政長幼東洛，曾未參承，每見深言，願歸/拜識。

嗚呼！善何不祐，惡何太逼。禄未濟身，良途奄極。不/幸以元和八年三月六日遘疾，終於永寧里私第，享/年廿九。有子曰鄭鄭，籍名全慶，年八歲，主奠奉/恩。有女曰官娘子，年四歲，幼稚傷人。夫人立性强幹，/恭敬過人。若長若幼，曾無簡然。知喪者，皆雨淚嗟歎。/

遺命再三，恐孤魂飾，請近祖婆安置。從政情深義/重，意不可違。卜用其月十七日吉兆，葬於長安縣積/德鄉胡趙村高陽原，俯近祖婆塋，禮也。痛不任情，/略述其記。/

【注釋】

〔一〕縣：缺損，僅微存上部殘畫，據殘痕，參以文意録文。

〔二〕郎：下半部分缺損，僅存上半，據文意録文。

〔三〕隴西：二字大部分缺損，僅存左側少許殘畫，據輪廓，參以文例録文。

二一八　王蒙墓誌

唐元和十二年（八一七）二月十九日

墓誌出土於陝西省西安市郊區，具體出土時間、地點不詳。拓片誌高50釐米，寬48釐米；張廡撰文，杜元式書丹；誌文二十一行，滿行二十一字，正書。誌蓋盝頂，高47釐米，寬49釐米，蓋頂素面無文，四煞鐫刻四神紋飾。

唐故將仕郎、守楊州參軍太原王公墓誌銘并序。／

儒林郎、前守衡州衡陽縣尉張廡撰。／

公諱蒙，字方策，霸陵人也。六代祖德真，西臺舍人，遷中／書侍郎，贈尚書左僕射。高祖文恩，江陰令。曾祖長，陳州／司功參軍。祖儆，高道不仕。父令金，忠義方古，智略罕儔。／投筆即戎，捨官就養。累遷朔州尚德府折衝都尉。公秉／操孤貞，志尚廉潔。以詩禮示訓，以孝悌承家。擇而後交，／事無偶合。虛心待物，必竭其有無；繼踵軒車，必資其聲實。然非儒墨忠良，難以造其境也。雖昔年入仕，早繼簪／纓。公曰：不以文字進身，非夫不武。卒淹其選序，爲日久／之。於是工藝屬詞，聲芳自振。智理精達，文華燦然。

方九／霄之可期，寧一簣而胡闕[一]。彼蒼不憖，寢疾俄鍾。葉墮冰／霜，花而不實。以元和十一年七月廿二日，終於長安縣／崇賢之里也，享齡五十有三。孀妻冤苦，痛舉案之長辭；／稚子哀號，恨終天之永訣。親族傷慟，鄰伍燠休，公平生／慈惠，周仁之所至也。以元和十二年二月十九日，歸葬于萬年縣少陵原長郝村之禮也。公修身克己，德茂名／芳，刻彼貞石，用旌衆善。其銘曰：／

四時代運兮，日月盈虧。良木斯壞兮，哲人其萎。逝水無／竭，物終有歸。誌茲幽壟，式表餘徽。／

宣德郎前左龍武冑曹杜元式書[二]。／

【注釋】

[一] 簣：原刻作「簹」，爲俗字。

[二] 冑：原刻作「胄」，應是「冑」俗字。

二一九　元蓍萊妻楊氏墓誌

唐元和十四年（八一九）十一月九日

墓誌出土於陝西省西安市郊，具體出土時間、地點不詳。拓片誌高44釐米，寬43釐米。元祐之撰文，誌文二十行，滿行二十字，正書，四周有單綫框。誌蓋缺。

唐故右領軍衛大將軍元蓍萊妻楊氏墓誌銘并叙。／

三從姪鄉貢進士祐之纂。／

河南元氏主婦，弘農楊姓，元和十四年，歲在乙亥，十／一月既望前七日，遷于靈幃，葬京兆之南十八里，地／曰□趙，從于先域。朝而堋，禮也。

楊氏之族，西漢爲鼎／胄。其蟬聯纓冕，歘于魏，著于唐。五千年間，休光繼／續，不假言而彰矣。夫人皇祖諱進，皇父諱休明，爲／工部尚書，出爲北庭連帥，贈司空。子曰淬，爲安陸郡／守。

夫人以天姿婉淑，莊肅雍和。動容而潛合禮文，／發旨而冥符道要。叶其室而夫家以肥，脩其誠而宗／族稱孝。元府君薨逝，而居孀之節，雍肅有嚴。堅習貞／白，從道居家。因安陸季弟出守，遂從于安。安府君卒／官，而撫其孤稚，常加慟切。未逾紀，遘疾而歿，享年七／十九。夫人一女，適河南房氏。長子曰克脩，齠年既／孤。夫人念之猶子，臨終遺懷，永言其託。送往事居，孝／孫終之；喪俾有主，孝孫承之。因請誌於祐之，曰將紀／績于泉宮，永垂于厥音。其銘曰：／

圓光何從兮泉夜何長，生理營營兮江漢湯湯。瑤臺無音兮鸞鏡沉光，□存没兮惟彼參商〔一〕。植墳柏兮喻／此肝腸，永千萬年兮清風淒涼。／

【注釋】

〔一〕存没：二字泐蝕，僅微見殘痕，據殘畫，參以文意録以備參。

二二〇　張公幹墓誌

唐長慶元年（八二一）十二月三日

墓誌出土於陝西省興原縣境，具體出土時間、地點不詳。拓片誌高、寬均48釐米；蔣防撰文，張澈書丹；誌文二十八行，滿行二十八字，正書，有淺綫縱横界格。誌蓋盝頂，加四煞高49.4釐米、寬48釐米，不加四煞頂面高32釐米，寬33釐米；陰文正書，題「大唐故張府君墓誌銘」，四煞鐫刻四神紋，飾以卷葉雲水花紋。

唐故朝散大夫、守汝州司馬、上柱國南陽張公墓誌銘并序。/

朝議郎、守尚書司封員外郎、翰林學士知制誥，賜緋魚袋蔣防述〔一〕。/

司馬諱公幹，字貞固，南陽人也。漢河間相平子之後，皇潞府録事參軍撰/之子，皇通州刺史善鶚之孫，皇同州白水縣令静之曾孫。器局天資，風標/嶽与〔二〕。長松之節落落，威鳳之儀婉婉。加以敦仁義以激俗，篤文雅以厲己。/於短行尤工，時彦多師友之。幼以挽郎調尉宋之楚丘尉，并之榆次、京兆/高陵主簿。自高陵銜，應六節科者四名〔三〕，到中書爲力者奪。嗟乎！力勝者得，/我才如何？遂弃之。調授昭應主簿，遇足疾，退休于延平門宋郭里墅。無何，/崔中丞穆廉察于晉，以幣馬辟爲觀察支使表御史。會崔薨，不報。既而調/補吴之嘉興令，爲知友潛狀，改授萬年尉，歷司農主簿，足疾故也。司農崔/少卿鄚，表司農丞，專知太倉。宗正卿上公表乾陵令。

時僕射河東公，秉/政當國，有撫塵之舊，方議一郡，用申長材。以其難於辭見，故除汝之司/馬。凡歷九任，無非上考。其在昭應也，覆申疑獄，不合極刑。尹皋奇之，引過/自罰，狀薦入臺。會尹貶，不報。其支使于晉也，機謀權略，同列推服。攝慈守/殆周，慈人大蘇，定洪洞等縣户税均一，民到于今歌之。創河次倉，發汾河/運，民到于今賴之。在萬年也，知賊曹，案讞無滯。時清明渠有中使奪水，/横于下民，尹實病之。公立陳利害，纂畎牌澮，擘澆分溉，民到于今稱之。其/司馬于汝也，汝守以公才用素重，汝之煩劇，多委任焉。嘗知汝之州事，知/汝也，猶囊之知慈也。君子曰，其古之循吏歟！

長慶元年九月丙辰，終于汝/之别館，春秋七十有二。以其年十一月丙申〔四〕，季子汶等護喪歸于京師。以/再朞之來月乙酉〔五〕，卜窆于興平北原先塋。夫人天水趙氏，啓而祔之，禮/也。有子八人，長曰放，德州安德尉；曰汶等，咸以孝友詞學稱于士林。女五/人，一人入道，一人適南陽韓氏。於戲！政術可以翊皇化，機略可以匡/霸道，位屈於用，名屈於才，朋寮以是增痛。樂安蔣防掇其茂實，爲之銘曰：/

閑氣烟熅，降爲賢臣。猗歟司馬，材高位下。詞學之子，三教之孫。文章雅/誥，不墜于門。四應甲科，一居薦首。中書考覆，佳句在口。力者争先，藝其何/有。馥馥蕙圃，曄兹瓊華。嗟嗟哲人，孰鞭逝波。興平北陌，蒼松古柏。祔窆/壘壘，風悽月悲。合葬非古，自周公始。億萬斯年，滔滔渭水。/

季子澈書。/

【注釋】

〔一〕蔣防：兩《唐書》曾提及。《舊唐書·敬宗紀》：寶曆元年二月「丙戌，貶翰林學士、駕部郎中知制誥龐嚴爲信州刺史，翰林學士、司封員外郎知制誥蔣防爲汀州刺史，皆紳之引用者。」與本誌所載官爵大同而小異。

〔二〕嶽与：費解，疑當作「嶽峻」。

〔三〕六節科：唐代科舉選士所設科目。典籍不載，其具體内容不詳。疑六節科，是選拔使節的科目，存疑待考。

〔四〕其年十一月丙申：考長曆，長慶元年十一月甲午朔，三日爲丙申。

〔五〕再朞之來月乙酉：據長曆，長慶元年十二癸亥朔，三日爲乙酉。

二二二 崔勵墓誌

唐寶曆元年（八二五）二月二十三日

墓誌出土於河南省洛陽市萬安山，具體出土時間、地點不詳。拓片高51.5釐米，寬52釐米。鄭君房撰文，崔璵書丹誌文二十五行，滿行二十五字，正書。誌蓋缺。

唐故朝議郎、守陝州大都督府左司馬、驍騎尉，賜緋魚袋清河崔公墓誌并序。/

將仕郎、前守陳州太康縣尉鄭君房撰。/

公諱勵，字佐元，清河人。濬源遠派，其來尚矣。皇朝鳳閣舍/人、國子司業、修國史、贈衛州刺史，謚曰文，諱融〔一〕，曾王父也。銀青光/禄大夫、禮部尚書、東都留守、贈太子太傅，謚曰成，諱翹〔二〕，大父也。尚/書水部員外郎、渠州刺史、累贈太子太保，諱異〔三〕，烈考也。代垂高名，/保其元貞。公之門望，官婚其爲盛歟。

公幼補崇文生，釋褐宣德郎、/左司禦率府兵曹參軍。每有大志，不就常調。屬梁崇義反襄州，時/山南西道連帥賈公耽受詔征之，請公隨軍，待以客禮，奇/謀密算，悉以資之。襄州平，特表試光禄寺丞，賜緋魚袋，旌其庸也。/後參畫于江陵、襄陽二府，轉郢州司馬。復從事于岐，入拜通事舍/人，賜勳雲騎尉，加朝議郎。無何，出爲鄂州司馬，歷滁州長史。/朝廷陟明，拜權知陝府左司馬。歲滿，爲真。公三佐戎軒，四毗郡府，/事必歸正，議無曲從，人以直清稱焉。矧宗族以孝聞，昆弟以悌聞，/斯非全美乎？公之伯仲，秉旄鉞，擁郡符，連行盛朝，焜燿當/代，抑士林之無儔矣。公，鄭之出，棣州刺史諱鯨，外大父也。

公以長/慶四年夏六月有六日，終于陝州官舍，降齡七十有三。嗚呼哀哉！/越以寶曆元年二月廿三日，歸葬于河南府潁陽縣萬安山之南/原，祔先塋也。夫人滎陽鄭氏，故鳳翔少尹兼御史中丞，贈/汝州刺史，諱士良弟二女。柔明恭懿，克和娣姒。元和四年三月十/六日，終于漢南，因以權窆。長子泣往啓護歸萬安之塋，從周/禮也。二子：長曰次璵，幼曰季珩。四女：長適范陽盧全節。三幼在室。/皆孝乃天性，哭無常聲，咸以陵谷之虞，泣請其誌。銘曰：/

閱水兮如馳，祖庭兮可悲。劍雙淪兮已而，傷孤生兮垂涕交頤。佳/城永閉兮松柏參差。

男次璵書。/

【注釋】

〔一〕諱融：崔融，兩《唐書》有傳，歷官基本相合，可以互參。

〔二〕諱翹：崔翹，兩《唐書》無傳，但曾兩次提及。《舊唐書·玄宗紀》開元二十九年「冬十月丙申，幸温泉宫。戊戌，分遣大理卿崔翹等八人往諸道黜陟官吏」。天寶五載正月「丙子，遣禮部尚書席豫、左丞崔翹、御史中丞王鉷等七人分行天下，黜陟官吏」。其官職與本誌均不合。

〔三〕諱異：崔異，兩《唐書》無傳，唐人著作中偶爾提及。如《唐詩紀事·劉灣》：「元結《送王契佐卿入蜀序》曰：與佐卿去者有清河崔異。」墓誌可補史傳之缺。

二二二　韋廑夫人裴娟墓誌

唐寶曆二年（八二六）十月九日

墓誌出土於陝西省西安市郊，具體出土時間、地點不詳。拓片誌高、寬均 49.5 釐米；裴潾撰文；誌文二十八行，滿行二十八字，正書。誌蓋盝頂，高 45 釐米，寬 44 釐米；陰文隸書，題「唐故河東裴夫人墓誌」，四周鐫刻回折幾何綫條，四煞鐫刻四神紋飾。裴潾，兩《唐書》皆有傳。墓誌爲父親給愛女所撰，情辭婉轉纏綿，深懷哀痛之情，一掃墓誌四六文的舊習，辭意清新感人。

唐京兆府奉天縣尉京兆韋君夫人河東裴氏墓誌銘并序。/
父給事中潾文。/

唯寶曆二年六月廿五日，京兆韋廔妻河東裴氏，既免乳，至廿七日，蓐疾亟/作，殁于父家，京師崇義之里第，享年廿。太子少詹事，贈太府卿卓/之曾孫〔一〕；秘書監，贈太子太傅，河東忠公清之孫〔二〕；其父即潾，今爲給事/中〔三〕。

嗚呼，天既生於我族矣，又授之以淑氣，又賦之以令質，曷暴毁其成/哉！爾名娟，字玉。式余以其比德于玉也，故以是字之。伊余不天，夙遭閔/凶。年過壯室，方獲娉淑儷于崔氏。欽若柔懿，預奉粢盛，養/高堂者，廿有二年。生一男三女。長女及男，不成而隕。而二女長於母覆，方/稟内訓。長慶二年，博陵縣君捐館舍，爾至性自天，其哀可以感異類，動無/情。迨于六旬，哀氣振踴，攻其咽喉，發爲瘰癧之疾，每哀至輒劇。以其最幼，/親視于父者二歲。後稍間，時年十八，慎簡端士，乃得韋君。而授之德義，所/合宜永昌熾。元年季月〔四〕，以余夕拜左掖，乃自夫任所來寧。既慶父遷，又傷/母不及禄。且榮且悲，父子相持而泣者終日。

其明年夏四月，余奉詔使海/壖，以爾方娠。及期曰京兆移，爾夫尉赤縣，慮亦周矣。自迴車止于都亭，以/未謁見，不得省家，咫步有變，不及臨訣，可哀也哉！吾嘗異爾在孩稚，/無幼志。其食甘也，先長而後己；其翫物也，捨精而取粗；其服弊也，知有而/後請。終歲無墮弛愠怒之容。其至夫室，韋嘗欲易首飾，致鮮麗，每讓之。請/以奉蒸嘗，供長上，韋深感焉。

嗟乎！人之念女，矜其柔弱，衆皆憐小，貸其驕/饒。所以子文鍾愛，有甚於男；左師念少，願補其缺。況爾兼此，情其可愛〔五〕。況/承爾祖上仁之祥，受之王母種德之祉，爾父又不敢爲惡，爾妣又庶嗣/徽音，何餘慶而不及爾哉！天道神理，不可問已。

其年十月九日，祔葬於長/安縣居安鄉，韋氏之先塋。爾父爲叟，爾苕而折，於情之/所鍾，詎可理遣。以淚濡翰，而銘於壙曰：/

仁乃性，華乃質，宜華且實。選厥良，以柔承剛〔六〕，/宜並其昌。欻火發兮玄之圃，熸芝田兮灰蕙畝。又如飛雹兮/撲芳春，珊英瓊蕊兮消爲塵。魂其歸來兮無去爾親，願還爲/□兮永託吾身。垂白之父兮失幼女，玄天冥冥兮不可訴。/

【注釋】

〔一〕裴卓：《陝西通志》卷二一「岐州刺史」下有裴卓，或即此人。但「太子少詹事，贈太府卿」，史傳不載。

〔二〕裴清：《太平寰宇記》卷九四：「謝塘，在縣西四里。晉太守謝安開。唐大曆間，刺史裴清於州西起謝塘館。」《唐會要》：「故秘書監裴清贈禮部尚書。」《寶刻叢編》引復齋碑録：「《唐立晉謝公碣》，唐裴清撰。」或即此人，録以備參。

〔三〕今爲給事中：《舊唐書》本傳載「寶曆初，拜給事中」。墓誌作於寶曆二年，彼此基本相合。

〔四〕元年季月：表義不明，應指寶曆元年十二月。

〔五〕愛：泐蝕，僅存殘痕，據文意録以備參。

〔六〕柔：泐蝕，排除石花，輪廓依稀可辨。

二一三　田洪夫人竇氏墓誌

唐大和元年（八二七）五月十一日

墓誌出土於陜西省西安市長安區，具體出土時間、地點不詳。拓片誌高 62 釐米，寬 61.5 釐米；田洪撰文；誌文從左向右豎書，凡三十一行，滿行約三十八字不等，正書，有縱綫界格。誌蓋盝頂，僅拓頂面，高、寬均 45 釐米，陰文篆書，題「竇氏墓誌」，四周外層鐫刻花卉卷草紋飾，外層及四角刻折綫幾何紋飾。誌文是丈夫田洪爲竇氏亡妻所作。

亡妻扶風竇氏墓誌銘并序。

知鹽鐵宋州院事、將仕郎、前試大理評事田洪述。／

古人云：合二姓之好，繼先聖之後，不亦重乎〔一〕！余衰門薄祚，嗣先垂後，早無怙恃，終鮮兄弟。／衡門之下，弱冠之年，未有名位。求結姻援，得于扶風竇氏。

夫君始笄之年也，蓋杞公之後，／太宗自出。祖承胤，衛州參軍事。父連，知鹽鐵淮西院、試大理評事，即當院第三女也。遠父母／兄弟，作配于我洪。望隸京兆。先人珵，佐藩東川，試大理少卿，兼侍御史，賜紫金魚袋。先妣／蕭氏，封蘭陵縣君。

烏乎！既宜室家，如鼓瑟琴。先外舅性本廉直，事無依違，迫救兇謀〔二〕，竟／落奸便，非罪受譴，掾于泉州。時也，婚姻未久，情禮相迫，旋則將領，遠爲唁問。比及覲見，稍□歡娛。又以微眇一身，繼統百代。名且未立，家何以安？去無所歸，住將不可。抑情爲別，奉身北來。/求名未成，擇木不定。荏苒離阻，殆六七年。其間浮議毁聲，匪朝即夕。而君確然自斷，曾無異心。/果契素懷，竟如宿意。

於戲！家門不天，外舅殁世。禍且未已，内艱相因。哀毁過人，任情合禮。粗食/惡服，骸形灰心。雖適以道，終哀不解。及余偶逢見知，縻職徐府。事力俸入，駈馳十年。使奏勤悴，/寒暑三接。雖王事靡盬，而私情晏如。家安脩整，耳飽勸勵。得無患累，實賴仁明。

然氣滯生疾，/嗜偏成灾。歲月滋深，根源沉痼。害于行步，終在床蓐。烏呼！天生聰明，達于教義。事極本末，/情無滯留。豈才能之有餘，而禄壽之不足。以大唐大和元年二月廿六日，殁于宋州宋城縣化城坊鹽鐵/院之官舍，享年五十有五。烏呼哀哉！自同牢結褵，于今卅九歲矣，惟君女儀婦德。移天于人，率自工巧。/寘于飲食，撫御孤幼。接待朋類，無不該備。人所欽伏，何桃李之陰深，而松桂之摧折。寘我室内，/凡誕育之數逾十。洎羈丱成童，皆珠玉墜掌。唯長女能立，適于滎陽鄭繁，僅二十年，兒孫/多矣！煢煢在疚，哀情自天。早養長孫，今則主奠，曰蘄兒。撫視之恩，號慕何極。夫惟不存一男，已慮絶後，是家門之咎也，豈夫君之罪歟！烏乎！洪也耳順年逾，心氣將秏。臨喪盡淚，撫棺/吞聲。想同穴之幾時，痛和鳴之無日。終身獨鶴，永夕鰥魚。此則已焉，夫何言矣。

初，君凋喪之後，有/弟一人。性本因循，久爲遊蕩。舊塋在遠，先志未終。每一形言，必干常性。余之所奉，胡敢異心。去/年事終，弟亦隨殁。又復歸祔，曲成孝心。豈深誠之能終，亦見託之意厚。今日之事，固有中情，/欲祔夫家之兆，嘗乏執婦之儀。且安父母之側，猶依骨肉之愛。洪修養已久，宗旨可尋。於此輪迴，所/希出離。儻或不免，當俟同歸。今之反宗，未違正義。越以五月十一日，窆于河南府鞏縣西原，北訾/鄉竇氏新塋之側，田氏别墅也。銜悲吐氣，乃爲誌云：

我祖宗不負天，身遵教而敬天。何配余之妻明且賢，与其德兮不与其年。/雖有答而子不全，豈祚薄而不享焉。將播氣而有偏，叫叫欲問問不言，/空在上而蒼然。

竇氏之門，皇家之源。先漢母后，國朝配坤。/彤管煒煒，貽于子孫。淑慎儀則，圓明性根。女容婦德，景善流恩。/烏乎！洪也不才，謬此作配。遠慮嘉言，自中形外。濁氣何同，陋形非對。/座右玉摧，眼中珠碎。凋枯盈前，錐刀在内。已焉哉。痛將未艾。/

【注釋】

〔一〕亦：泐蝕，據殘痕，參以文意録文。

〔二〕救：泐蝕，僅存殘畫，録以備參。

二二四　李昌汶墓誌

唐大和二年（八二八）五月六日

墓誌出土於陝西省西安市長安區，具體出土時間、地點不詳。拓片誌高54.5釐米，寬53釐米；崔蠡撰文，蔣涯書丹，李公佶鐫刻；誌文二十九行，滿行二十九字，正書，有不規則淺綫界格。誌蓋盝頂，僅拓頂面，高、寬均40釐米；陰文篆書，題「大唐故李府君墓誌銘」，四周内層鐫刻牡丹紋，外層刻牡丹及纏枝卷葉紋飾。誌主之父李奉仙，兩《唐書》曾提及。撰文人崔蠡，崔寧從孫，兩《唐書·崔寧傳》附傳。

唐故朝議郎、行茂王府參軍〔一〕、上柱國趙郡李君墓誌銘并序。/

朝議郎、行監察御史、雲騎尉崔蠡撰〔二〕。

鄉貢進士蔣涯書。/

君諱昌汶，字子之。以門蔭補崇文館明經，初選撫王府參軍〔三〕，再選茂王府參/軍。春秋四十有四，大和二年閏三月七日寢疾，終于長安頒政里之私第。以/其年五月六日，祔先塋於京兆府長安縣福陽鄉高陽原。將葬，其季弟鄉/貢進士籌以痛切友于，事存不朽，録兄行實，求銘於余。哀慇既深，愚何敢讓。/

按李氏，趙郡西祖人也。曾祖附光，朝散大夫、相州内黄縣令。曾祖妣彭城/劉氏。祖岫，雲麾將軍，贈太子少保。祖妣彭城劉氏，贈沛國太夫人。父/諱奉仙，特進、檢校左散騎常侍、右羽林將軍、兼御史中丞、邠國公，食邑三千/户，食實封一百五十户。轉右金吾將軍，又轉天德軍都防禦使、豐州刺史，兼/御史大夫。後以霜露之疾，抗表陳乞，授大理卿致仕，贈洪州都督。大理娶/汝南周氏，從大理功封隴西郡夫人。有子六人，皆藴才能。

君即大理之/長子也。初大理從軍浙右。元和初，李庶人錡爲節度使〔四〕，挾六州之地，恃界大江，筦天下鹽鐵。而又承貞元之末，天子優禮將帥，雖過不問。永貞間，/上以疾未及整理天下。洎憲宗即位，萬化振起。錡滿盈不軌且久，故懼誅，/因舉兵反。於時，大理仕于朱方，戎權最重。以忠誠感激，不顧鼎鑊，獨深陳/逆順禍福之理，詞氣切直，至于再三，以救錡，錡不可入，心益堅。後大理與/張奉國、田少卿計擒錡，檻車送于京師。大理首其謀，於是詔徵掌衛兵禁/中爲功臣。遷官領鎮，内外迭任。凡慕節義者，皆榮之。

君爲大理嗣子，克承/家風，洞究文武，不苟於進取，尤薦於儒學。故不牽外事，手常有書。知者薦用，/輒拒不出。仁浹九族，儉在克己，而家致於肥。常以孀稚相依，恭守孝節。每言/婚媾之道，協睦是繄，故難於婦氏。荏苒而未及娶焉。修飾有成，宗族所賴。

而/天不與壽，故官止再命。嗚呼！有子一人，曰存質，前弘文館明經，年未及冠。女/一人，未許嫁。銘曰：/

李氏名族，魁其纘耀。英英大理，克廣忠孝。潤帥狂兇〔五〕，六州在燎。擒惡正刑，遂/清江徼。入居顯重，出統襟要。文武殊致，一張一弛。君爲令嗣，雅究其理。儒學/孜孜，有薦不起。謙儉治家，九族以倚。天胡不仁，凋我賢良。劍埋幽壤，珠失紅/芒。幼男幼女，哀叫彼蒼。于仲于季，血淚滂滂。見者情惻，聞者心傷。葬乃祔塋，/原曰高陽。誌其行實，萬古傳芳。

隴西郡李公佶鐫。/

【注釋】

〔一〕茂王：李愔，唐憲宗第十二子，穆宗之弟，長慶元年封茂王。詳參《舊唐書·穆宗紀》、《憲宗二十子傳》。

〔二〕崔蠡：兩《唐書·崔寧傳》附，歷官與墓誌基本相合，可以互參。

〔三〕撫王：李紘，順宗第十七子。參《舊唐書·順宗諸子傳》。

〔四〕李錡：唐宗室。憲宗即位，不假借方鎮，故崛强者稍稍自新。錡以僕射召，數日而反。元和二年十月癸酉，潤州大將張子良、李奉仙等執李錡以獻。辛巳，錡從父弟宋州刺史銛、通事舍人銑坐貶嶺外。十一月甲申，斬李錡於獨柳樹下，削錡屬籍。故稱庶人。詳參《舊唐書·憲宗紀》。

〔五〕潤帥：潤州之帥，當指李錡。

二二五　廣平宋氏墓誌

唐大和二年（八二八）十一月八日

墓誌出土於陝西省西安市長安區，具體出土時間、地點不詳。拓片誌高70釐米，寬69釐米；宋申錫撰文，徐幼文書丹；誌文二十六行，滿行二十六字，正書；四側鐫刻十二壺門，内鐫十二生肖紋飾，動物首，人身，儒冠博帶。誌蓋缺。撰文人爲誌主之從姪宋申錫，兩《唐書》有傳。

大唐内學士廣平宋氏墓誌銘并序〔一〕。／

從姪朝議郎、守中書舍人、翰林學士、上柱國，賜紫金魚袋申錫撰〔二〕。／

姪女婿朝散大夫、行楊州大都督府法曹參軍、翰林學士院待詔、上柱國，賜魚袋徐幼文書。／

有唐内學士，字若昭，廣平第五房之孫，贈大理府君，諱庭芬之第二／女也，春秋六十八。大和戊申歲〔三〕，七月廿七日，屬纊于大明宫，就／殯于永穆道觀。以其年十一月八日，祔葬于萬年縣鳳栖原先塋，禮／也。

大理之父，諱敏，官贈祕書少監；祕監之父，諱仁永，宦止萊州録事／參軍，皆高陽公之胤緒也。徽猷懿範，代業人物，聞於諸父伯仲，故得／以譔述。

原夫積善之慶，集于大理卿君，而位不顯於代。固清粹之氣，／降鍾女德。府君有五女，咸酷嗜文學，貫穿墳史。約先儒旨要，撰女論／語廿篇。其發爲詞華，著于翰簡。雖班謝之家，不能過也。貞元四年，嘗／從先大理客于上黨，節將李尚書抱真録，其所著書與所業之文，列／收慰薦〔四〕。／

德宗在位，方敦尚辭學。彤管女史之職，尤愛其才。即日降／詔，疾徵姊妹五人，傳乘而入。引謁内殿，禮容閑雅。繇是錫／以學士之號。時更/六朝，代餘三紀。後宮嬪御之傳授，四方表奏之典綜，顧問啓/付，動成師法。/穆宗之在春宮，獨以經訓，講貫左右。大明繼照，益用加敬。至於危/言亮節，密勿匡飭，皆自信于心，不形于外，故不得而知也。廢床之日，/贈襚之外，主辦於令弟前太子宮門郎稷，哀敬加於人，葬祭中於禮。/山東之風，罔或失墜。用刻貞石，寘于幽壤。銘曰：/

輝顯吾門，綿屬靈光。宜生德賢，弈代熾昌。不爲公侯，亦絅錦裳。全集/女師，左右/穆皇。履道無迹，出言□□〔五〕。□管是承〔六〕，青簡流芳。秦原蒼蒼，滈水/湯湯。安神于玆，唯□□□〔七〕。/

【注釋】

〔一〕內學士：唐代所設職官名，屬於文散官，在內朝備顧問。本墓誌則指女官名，見下文德宗「錫以學士之號」，説明唐代內宫女官亦有學士。典籍未見，可補史書之缺。

〔二〕申錫：宋申錫，字慶臣，祖宋素，父宋叔夜。大和七年七月卒于開州。詳參兩《唐書》。墓誌題銜與史傳基本相合。

〔三〕大和戊申歲：據長曆，唐文宗大和二年，歲次戊申。

〔四〕收：上部泐蝕，據殘畫録以備參。

〔五〕出言□□：「言」下二字全泐，據文例，應是「有章」。「無迹」與「有章」對舉，文意通暢，行文諧婉，且亦叶韻。

〔六〕□管是承：「管」上一字泐蝕，隱隱可見垂足，據殘痕，參以文例，應是「彤」字。

〔七〕唯□□□：「唯」下泐蝕，疑闕三字，據文意，參以押韻，後二字疑是「久長」。

二一六　趙逸及夫人孟氏墓誌

唐大和三年（八二九）十月二十日

墓誌二〇〇三年出土於河南省安陽市境南水北調工程工地，地在今安陽市北關區自由路西段農貿市場家屬院。拓片誌高69釐米，寬68釐米；趙貽亮撰文；誌文三十一行，滿行三十九字不等，正書。誌蓋盝頂，連同四煞，高86.5釐米，寬95.5釐米；蓋頂陰文篆書，題「大唐故天水趙公清河孟氏夫人墓誌銘」；四煞鐫刻四神紋，飾以雲水紋飾。誌主遠祖諱令勝，與《元和姓纂》所載相合。

唐故趙府君墓誌銘并序。／

從姪文林郎、前守蓬州良山縣令貽亮撰文。貽亮，於府君從姪也，臨文不敢以昭穆序，示製述無私焉。／

送終之禮大者，銘誌焉。君子所以稱揚遺美，將極孝思，著名於後代者也。周穆王封造／父于趙城，子孫因封得姓〔一〕。今天水郡是其地焉。趙氏遠祖諱令勝，仕後魏，爲河北太守。子孫／因處魏中。府君則太守翁之一派也，遂於魏州魏縣相成里繼籍焉。公諱逸。公平生才識／遠大〔二〕，行義精實。嘗時寄名戎府，非展效也。且媢奥不施於廟器，長材寧稱乎短用？是以澡／身戢羽〔三〕，動欲待時。

奈何百齡未半，虹梁忽壞。積善不增於筭壽，慶餘流及於子孫。惜乎府君，／時命如此。以貞元十五年八月十四日，奄從極運於相州安陽縣履信里宅，紀年三十九。皇考諱／□，處士。王父諱慎言，皇曹州司士參軍。曾王父諱君謀，皇濮州臨濮縣尉。積代英異，不混塵俗，／達士也。

夫人清河孟氏，皇考諱昌，家傳儒素，志慕清簡。枝葉繁大，譜籍失序，蓋孟侍中軻之／後也。三從休德，千載不泯。夫人賢異，果出其門，不然，安能今古異時，節行同體者也。《禮》曰：子產猶衆人之母，能食之，不能教之。則衆人之母，但能撫育，不能教訓，明矣。夫人之道則不／然。當府君謝代也〔四〕，長纔總角，次未齠齔。夫人亦蕣華之年，能以勤儉持家，苦節頤育。馨／熏杜口，經戒在心〔五〕，實爲中外欽尚高義。及夫人之將不禄也，長未强仕，次方壯年。清袟榮／班，弟恭兄友。見婦于廟，稱太于堂。車馬盈門，賓朋瞻館。長新婦張氏，清河張茂宰之賢女。次／新婦尉遲氏，司徒、鄂國公之貴孫〔六〕。門帶嚴風，人傳敬色，豈不由夫人能食能教，理治有方者乎。

嗚／呼！天逞無私，不饒令德。以大和二年十月廿一日，奄棄榮養于魏州元城縣延福里私宅，享年六十／五。長子文雅，幼習詩書，少干仕進。廉使以公勤録奏，初授權知潭州司功參軍，能解日新，職／守逾謹。元戎嘉之，續奏，遷朝散大夫，權知魏州大都督府功曹參軍，兼節度隨軍。朱研益丹，劍／淬增利。相府以誠績上聞，遷試大理評事兼正拜，舊官階職如故。中以材多應用，從舊職本／官，兼節度押衙。尋又復職守官，讓押衙之任。懿夫致身於雲霄之上，守道於信義之中。揚名顯／親，君子所謂能孝者也。次子文英，見賢不離雁序，惟孝出於天性。不求文達，優游武袟。轅門/遂推能任將，凡數百夫，授制於麾下。可謂棣萼連茂，鵾鵬接翼者矣。諸孫自學樂已下至初歲，/同堂十人，皆尊太夫人存日，及所撫念。男曰妘奴、奸奴、方奴、嬴奴，女曰姹子、師師、好子、嫆子、嬪子、/婠婠，其於穎麗，真鳳雛玉苗也。

方今喪具既畢，二孝子號慕不及，抑哀就禮。卜以大和三年十月/廿日，啓祔于相州安陽縣大同鄉通德之原舊塋，遵禮也。大凡川澮盤繞，巒阜坱軋，宅兆之安也。/棺槨之厚，斂藏之固也。埏隧之深，靈神之尚也。塗芻之制，哀戚之發也。其往如慕，孝子之情/也。有一于此，是謂得禮，而況能備者乎。銘曰：

既卜佳城，在乎昔年。今修啓祔，是闢寒埏。悲風白楊，蕭蕭儼然。其一 惟公令名，身歿不墜。惟公令子，孝大不匱。其誰不曰，有後于魏。其二，美府君也。從石之磐，移松之寒。日慎一日，以馨以蘭。/不泯四德，流芳二難。其三 安陽之水，東流于北。湯湯何營，晝夜不息。同茲哀慕，萬古罔極。/

【注釋】

〔一〕子：泐蝕，全不可見，據文例，録以備參。

〔二〕公平生才識遠大：「公」字泐蝕，微見殘痕，録以備參。「遠」字微泐，據殘畫録文。

〔三〕戢：泐蝕，僅隱隱見殘痕，據殘畫，參以文例，似是「戢」字。「澡身」與「戢羽」對舉。戢羽，收斂羽翼，比喻蓄勢待發，文意亦通暢，録以備參。

〔四〕謝：泐蝕，僅存右邊殘痕，據殘畫，參以文意録以備參。謝代，即「謝世」，逝世。

〔五〕在：微泐，有石花干擾，據輪廓録文。

〔六〕鄂國公：本指尉遲敬德，《舊唐書》有傳。墓誌所載「司徒、鄂國公」，是尉遲敬德之後代襲封者。

二一二七　韓貞公夫人李温墓誌

唐大和三年（八二九）十月二十六日

墓誌出土於陝西省西安市長安區，具體出土時間、地點不詳。拓片誌高、寬均 61.5 釐米；楊嗣復撰文，韓解書丹；誌文二十六行，滿行三十一字，正書。

誌蓋缺。誌主遠祖淮安王神通，撰文人楊嗣復，兩《唐書》皆有傳。

唐故尚書左僕射、贈太子太保、潁川韓貞公夫人隴西郡夫人李氏墓誌銘并序。／

正議大夫、尚書吏部侍郎、上柱國、弘農縣開國伯，賜紫金魚袋楊嗣復撰〔一〕。／

夫人諱温，字端。太祖景皇帝之後。淮安王神通之／六代孫。曾祖仲卿，皇太子洗馬。洗馬生舒州長史宏。長史／生婺州録事參軍蒙。淮安有大勳力，翊成／帝業。不以親貴自居，子孫或仕朝廷，或官郡國。故其婚姻禮法，儕／於卿大夫之家。

夫人即録事府君之女。河東柳氏之出，／實太保貞公之從母弟。情靈聰哲，姿貌穠秀。功德言容，生而知／之。推於人事，而諧會古訓。居親族諸女間，固已超然不群矣。／先府君殁於下寮，家寄吴越。太保繇京兆尹出牧杭州。迎侍／姨母，因而配合。邵南之賦鵲巢，仲子之歸魯館。古今相望，其在兹乎？／

太保自餘杭徵還，榮位相襲。五爲八座，四命師長。領戎鉞者三，守／洛師者再。從夫之貴，詔授隴西郡夫人。

長慶四年春，／太保以左僕射薨。嗣子前夭，童孫主祭。自室老而下，手指二千，急則怨／咨，寬則終吝。門内之理，識者以爲難。夫人鬉首垢面，銜哀襄事。喪／祭由乎禮，豐儉稱乎家。頒賻布以拯孤貧，焚丹書以散僕隸。繕修庭宇，／嚴奉蒸嘗。展如在之誠，申罔極之思，故得其家，不困其下。歸仁消／嫌隙於事前，致族姻之心服。大和三年六月廿有八日，遘疾，終于昇平／里第，享年卌六。童孫約既冠而仕矣，齋縗削杖，喪祖母如母，禮也。／以其年十月癸酉〔二〕，遷窆于萬年縣少陵原東，距太保塋二十／步。讓元妃而從吉卜也。銘曰：／

貞公三娶，禮秩如一。韋惟元妃，鄭惟繼室。無無主婦，耄耋則然。乃眷才／淑，公猶壯年。姻不失親，卜云其吉。自時厥後，禄位充溢。晦明迭／代，哀樂相隨。亦既晝哭，從而夭之。同封別隧，折衷情義。有惻人倫，莊姜／不字。／

堂姪朝議郎、守太子中允、上柱國，賜紫金魚袋解書。／

【注釋】

〔一〕楊嗣復：字繼之，僕射楊於陵之子。墓誌題銜與兩《唐書》本傳有合有不合，可以互參。

〔三〕十月癸酉：唐文宗大和三年己酉歲，十月戊申朔，癸酉爲廿六日。

二二八　尹承恩墓誌

唐大和三年（八二九）十一月七日

墓誌出土於陝西省西安市長安區，具體出土時間、地點不詳。拓片誌高35釐米，寬35.5釐米；滕邁撰文，尹承愨書丹，末行又有「書人郭□□」；誌文二十七行，滿行二十六字，四周鐫刻三角形幾何紋。誌蓋盝頂，加四煞高、寬均62釐米，不加四煞高37釐米、寬38釐米；陰文篆書，頂面題「大唐故尹公墓誌之銘」，四周綫刻花草紋飾；四煞鐫刻四神紋，飾以花卉紋。

唐故開府儀同三司、檢校太子賓客、行恭王府長史〔一〕、上柱國、永陽郡王，食邑三千户尹公墓誌并序。/

前廣文館進士滕邁撰〔二〕。

季弟承愨書。/

夫疊勳華於世德，耀簪組於當年。杖運以立功，策名以就列。皆積/德之所由來也。

公諱承恩，字承恩，其先天水也。系氏詳于家諜，軒冕/茂於當代。曾祖鍠，臨洮軍司馬。祖正用，左清道率府率。烈考濤，安州/刺史，贈光禄卿。

公少以良家子，世有戰伐功，從仕五十餘年，歷官一十四政。/自善訓府別將，至開府儀同，八任，以功勳序；自左武衛長史，至恭王府/長史，六任，以政事遷。當建中艱難，公以隨難受偏師之任，在重圍之中。/天子嘉其誠節，數月之内，五加寵命，官階一品，食邑三千。貞元中，/以舊勳特詔拜左衛長史，兼充栽接大使，始用才也。/帝以園苑之職，控帶宫掖。事親寄重，非周密精慎之臣不可，非勳舊/信重之臣不可，故有此授。公日絲棼在於精理，務煩在乎倚辦。故億/萬上供而事無闕。公私下濟而地有餘，能事尤彰，累加顯拜。

自左衛/長史轉右衛。由通王府司馬〔三〕，遷恭王府長史。階緣方漸，位望彌崇。

天/其不惠，以元和十一年八月十日遘疾，薨于延壽里之私第，春秋六/十有九。嗚呼！勳高而官不臻極位，善積而壽不逾中年。

神理何哉？以/十二月五日，葬于長安縣福陽鄉高陽原，從先夫人。公性達權略，不/假孫吴之書；動合禮經，非從馬鄭之學，蓋天授

歟！先娶清河崔氏，先/公而没。崔氏有子一人，有女二人。子曰察，既冠而逝。女曰爹心娘，適/吴郡陸存，存早逝而寡。繼室夫人城

南韋氏，/德宗賢妃之娣女也。歸公十年，無子而公没。降自/宮禁，識后妃之貴族；痛結絲蘿，有恭姜之誓志。遺命以察之子日寓承/

重，以季弟承嘏主喪事。悲夫！世存事往，陵谷可虞。銘德鏤勳，芬烈斯在。詞曰：/

儲祉疊慶，世德相資。忠勳蟬聯，簪□葳蕤〔四〕。縻爵天朝，鏘金玉墀。王/官再升，禁園是司。政有遺塵，吏有去思。天道茫昧，

神道亦欺。爲善/不壽，善亦何爲。秦原蒼茫，松門巍巍。千秋萬古兮，于此同歸。/

故扶風郡夫人京兆韋氏，大和三年四月廿六日，終於長安縣布政坊私第。以其年十一月七日，合祔於此墓。

書人/郭□□〔五〕。/

【注釋】

〔一〕恭王：李通，唐代宗第十八子，封恭王。詳參《舊唐書·代宗諸子傳》、《新唐書·十一宗諸子傳》。

〔二〕滕邁：唐代文士，兩《唐書》不載，而《太平廣記》卷四九七引《雲溪友議》有「滕邁」條，《蜀中廣記》卷一〇二亦提及，可以參考。

〔三〕通王：李諶，唐德宗第三子，詳參《舊唐書·德宗諸子傳》。

〔四〕簪□葳蕤：「簪」下原石空一個字格，據文意，疑是「冠」或「紱」，不能定。

〔五〕書人郭□□：墓誌前文有「季弟承嘏書」，末行又有「書人郭□□」，墓誌不見此文例。以書法風格，不應是二人合書，或是其中一人篆蓋，或「書人」指刻寫誌文人。至於還有其他原因，不可確知，姑存疑。

二二一九　李賁夫人劉氏墓誌

唐大和四年（八三〇）二月四日

墓誌出土於山西省上黨地區，具體出土時間、地點不詳。拓片誌高38釐米，寬38.5釐米；誌文十七行，滿行約二十二字不等，正書，間以行書，有烏絲欄界格，書法拙劣。誌蓋缺。

唐故夫人劉氏墓誌銘并序。／

夫人彭城劉氏，府君隴西李賁夫人。初笄，府君弱冠，合巹／秦晉之禮也。節儀相敬，宜乎偕老。俱以少孤，年代已遠，不録／祖考之名諱也。

猗歟中路，悲梧桐之半枯。夫人哭泣無時，／享奠有禮。喪夫之歲，不易杞妻；訓女之年，何殊孟母。夫人／不幸無兒，有女令淑昭著，適天水趙氏。夫人乃隨女于趙氏之／高弟也，賢女晨昏之不闕也。有外孫兒女六人，三男三女。奈何趙／氏不幸早亡也。一男公榮，二女已外適，並邐迤淪喪也。今有女壻／趙士儀，外孫公楚、公慶，外孫女酈氏十二娘，並起敬起孝，如己／之親，無愠無怒，出入不形于色。時人欽奉，咸曰：自古之未有也。／享年八十有三，正月十六日，終于女壻之私弟也。屬以年月未便，／不遂合祔，中心悵然也。爰以大和四年，二月四日己酉，權殯于上黨西／南七里，太平鄉亡夫先塋之右，禮也。於乎！子壻外孫崇卜築，而辰／夕驅馳。緒女諸孫争修葬，以孰不表微。方感鄰罷舂而助葬，／巷絶歌以增悲。每奉子壻，頻請斯文，用爲不朽。詞曰：／

哀哉令則，奈何孤苦。緒女修葬，外孫扶護。／子壻仁孝，敬如諸母。終老百年，名播千古。／

二三〇　張熙真墓誌

唐大和四年（八三〇）八月十一日

墓誌出土於陝西省西安市長安區境，具體出土時間、地點不詳。拓片誌高 35.5 釐米，寬 35 釐米；張又新撰文，張敦簡書丹；誌文十九行，滿行約二十三字不等，正書。誌蓋盝頂，加四煞高 38 釐米，寬 37.5 釐米，不加四煞高、寬均 27.5 釐米；頂面陰文篆書，題「唐故常山張鍊師墓誌」；四周鐫刻牡丹紋飾，四角鐫刻折綫幾何紋；四煞鐫刻牡丹紋飾。

唐故女道士常山張氏墓誌。/

弟宣武軍節度行軍司馬、檢校司封郎中、攝御史中丞，賜紫金魚袋又新撰。/

鍊師諱熙真，趙人也。其先漢景王耳。曾祖諱文成，皇司門員外/郎。祖諱不忒，揚州天長令。烈考憲公諱薦，工部侍郎。/外族潁州陳氏，有陳淮陽王峴之後。高祖諱崇業，皇御史大夫。/祖諱寧，廬州別駕。

鍊師以貞元丁卯歲〔一〕，八月廿四日，誕生于號/州開元寺〔二〕。大和庚戌歲〔三〕，七月五日委化于上都親仁里，凡四十年〔四〕。明悟慈/孝，惠和勤約。幼因戲弄，誤傷支體，遂棲心道門，兼貫佛理。其/曉達家政，該通事情，雖千數百家，求不若也。貞元末，禍集/私室，長兄以家事託之。

鍊師勤身以率下，剋己以節用。/□惡衣常布於燠寒，菲食必均乎蚤暮，卒使諸弟得就/藝業〔五〕。又新再忝科選，二季各膺名第，僅乎成立，鍊師之/方也。自又新佐戎兩府，被罪南服，侍行不可支離者五年。道/途遠艱，音耗不時。煢孑憂勞，竟作沉疾。

洎又新奉使京轂，方/榮懽覲。膏肓已熟，衆療莫可致。茲禍舋由鄙罪戾，況嬰/疾瘵，仍歲不閒逮乎。喪紀朝晡皆闕，終天慙痛，殁身何/贖。以其年八月十一日，奉遷于萬年縣之少陵原，先大夫塋。/左小子體力方羸，伏枕號殞。力疾紀事，期乎質勝。謹誌。/

兄左春坊太子典設郎敦簡書。／

【注釋】

〔一〕貞元丁卯歲：據長曆，唐德宗貞元三年，歲次丁卯。

〔二〕開元寺：唐代官方佛寺名，唐玄宗於開元二十六年，敕令各郡建立開元寺，作爲官方寺院，主要負責國家之祝典法儀，或從已有寺院轉用爲地方官祈求國運儀式之場所。今已無文獻可考當年全國各州府是否都奉敕造寺，僅于《舊唐書·玄宗紀》有天寶三載四月「敕兩京、天下州郡取官物鑄金銅天尊及佛各一軀，送開元觀、開元寺」的記載。現存佛教史文獻，如唐鑒真和尚東征傳，來華留學日僧圓載、圓仁、圓珍等人旅行記中，載有較具體的資料。另據《大明一統志》載有部分各地開元寺。墓誌提供了虢州開元寺的信息，有史料價值。

〔三〕大和庚戌歲：據長曆，唐文宗大和四年，歲次庚戌。

〔四〕凡四十年：據長曆，貞元三年至大和四年，誌主從誕生至委化，歷四十四年。墓誌謂「凡四十年」，不確，或舉成數而已。

〔五〕藝：泐蝕，僅存殘痕，殘畫似「藝」字。

二三一　王君夫人史氏墓誌

唐大和四年（八三〇）十月二十九日

墓誌具體出土時間、地點不詳。石現藏西南大學石刻研究中心。誌石高40釐米，寬40釐米；王穜撰文；誌文十六行，滿行十六字，正書，無界格。原石尚存大量石面，而墓誌有叙文無韻文。誌蓋缺。誌主與丈夫乃遭横禍而卒。

唐故史夫人墓誌文。／

史氏廿五娘子，其先不知何許人也，無名而／稱焉。史之女弟、女兄，皆爲將相媵姬焉，而史／氏亦爲吾伯兄之側室矣。有絶世之藝，稟/閑雅之姿。動止可規，抑揚成則。

悲夫！掌上方/寵，桃李始花，而夭横殂矣。吾伯兄刺部平/原，倅戎横海，爲國大用。廉察有嫌，以長慶/貳年玖月捌日，獲無辜之禍，史氏與焉。有二/女一同歸于難〔一〕。惟一女以幼脱禍，號乞歸骸。/穜感傷之，因以附櫬，歸于周。以大和肆年，歲/次庚戌，拾月壬寅朔，貳拾玖日庚午，得葬于/吾家之裔地也。遂紀于佐。/

鄉貢進士王穜撰文〔二〕。/

【注釋】

〔一〕有二女一同歸於難："一"下應有一"子"字。

〔二〕王穜：誌主丈夫之弟。

一二三一　崔公夫人温氏墓誌

唐大和四年（八三〇）十一月十四日

墓誌出土於陝西省西安市郊區，具體出土時間、地點不詳。拓片誌高、寬均44釐米；王玄之撰文；誌文十六行，滿行二十三字不等，正書。誌蓋盝頂，高36釐米，寬34釐米；頂面銘文三行，行三字，陰文正書，題「大唐故温氏夫人墓誌」；四周鐫刻半團花紋，四角刻對稱折綫幾何紋；四煞鐫刻四神紋，神圖左右飾以流雲紋。

大唐涇原節度押衙、兼監察御史博陵崔公夫人太原温氏墓誌銘并序。/

試太常寺協律郎王玄之撰。/

維大和庚戌歲〔一〕，十月十三日甲寅，兼監察御史崔公武，不幸／於喪紀之內，又喪妃耦。人之屯否〔二〕，有如是耶！夫人姓温氏，太原／人也。父暐，皇朝議大夫、晉州長史。兄德彝，檢校國子祭酒，／兼御史中丞。以大和三年三月，於兄手屬事崔公。姿容端／麗，頗見傳於六親；孝性和柔，更以睦於二族。閨門之內，如賓／之敬。轉加堂宇之前，事姑之禮彌謹。嗚呼！將謂與君／子偕老，何中路忽先。夫人之亡，春秋廿有八，以十一月十四日啓／舉，從先姑於京師，歸殯大塋之側，禮也。崔公悲兒／女之偏露，痛齊體之忽乖。悼夜壑以藏舟，感逝川而不息。／因序尊夫人銘誌之末，又固請不佞，序亡夫人之誌。銘曰：／叢蘭方茂，春霜忽飛。仙花落蘂，穠李摧菲。娥月晦色，／香閨永違。鳳棲滅影，鸞鏡藏輝。容華既泯，精魄何依。／傷哉崔男，凶釁重罹。臨棺搵臆，淚血霏霏。／

【注釋】

〔一〕大和庚戌歲：據長曆，爲大和四年。該年十月壬寅朔，十三日爲甲寅，干支相合。

〔二〕否：「口」闕刻下横畫。

二三三　趙公夫人張氏墓誌

唐大和五年（八三一）五月二十九日

墓誌出土於陝西省西安市長安區，具體出土時間、地點不詳。拓片誌高、寬均43釐米；陳來章撰文，高文英書丹；誌文二十行，滿行二十字，行書。誌蓋缺。

唐銀青光禄大夫、檢校光禄卿、右龍武軍大將兵馬／都知、天水縣開國子、食邑五百户、上柱國趙公故張／氏夫人墓誌銘并序。

前五經潁川陳來章撰。/

夫人清河人也，其先軒轅黄帝之後裔也。夫人曾祖/諱謇，祖諱鼎，父岸，俱以聲揚幹舉。門望崇高，或仕或/處。正氣剛毅，大節家風。冠冕史册，詳列遠祖。

夫人即/岸之長女也。禀性純潔〔一〕，言容婉娩。有淑慎之德，窈窕/之賢。長於公宫，少習婦道。纔始笄年，歸于趙氏之/門。儼恪以理家壺，温恭以事君子。慕勤婦則，禮奉/舅姑。内諧九族，外睦六親。肅肅穆穆，禮節不虧。即夫/人之德行也〔二〕。

於戲！享年三十有八，以大和五年，歲在/辛亥〔三〕，五月廿日遘疾，終于昌化坊私第。有子一人曰/□從，不能自殞，泣血送終。洎乎啓殯，龜筮協從。以其/年是月廿九日，禮葬于萬年縣長樂鄉古城村新建/塋兆，禮也。嗚呼哀哉！玉琯飛灰，何琴瑟之失媲，鸞匣/之沉輝。恐陵頽谷徙，海變桑田。爰叙徽猷，永刊貞石。/銘曰：/

于嗟夫人，淑德如春。氣含冰潔，窈窕若神。天乎不祐，降此□迍〔四〕。一扃幽室〔五〕，千古長存。/

試左武衛長史高文英書。/

【注釋】

〔一〕純：原刻缺筆，避唐憲宗李純諱。

〔二〕人：泐蝕，據文例録文。

〔三〕歲在辛亥：「辛」字全泐，「亥」字部分泐蝕。據長曆，唐文宗大和五年，歲次辛亥，故補録以備參。

〔四〕降此□迍：「迍」上一字缺，石面無痕迹，原刻脱刻，據文例，應是「遭」字。

〔五〕室：略有石花，據殘畫，參以文例録文。

一二三四　裴謇墓誌

唐大和六年（八三二）十一月二十六日

墓誌近年出土於陝西省西安市郊区，具體出土時間、地點不詳。拓片誌高38釐米，寬39釐米；裴寅撰文；誌文二十六行，滿行二十六字，正書。石面部分泐蝕，多石花。誌蓋盝頂，高、寬均41釐米；陰文篆書，三行，行三字，題「大唐故裴府君墓誌銘」；蓋頂四周及四煞均綫刻牡丹紋飾。誌主之祖裴遵慶，兩《唐書》有傳。

唐故京兆府士曹參軍河東裴公墓誌銘并序。／

公諱謇，字正言，河東聞喜人也。其先或以德行著于士林，或以文華／揭於當世，或立大名而扞大患者，前史書之，備于典册，固不待文而／知也。大王父惓〔一〕，皇給事中，贈司空。事業孝行，天實資之。有遺訓流于／子孫，扇之以爲門户風。王父遵慶〔二〕，皇尚書右僕射，累贈太保。上元中，／黄門侍郎、平章丞相事。禀司空遺教，承之而不墜者，郁郁然又甚美。／皇考會〔三〕，正郎、膳部亞卿、衛尉卿。實長於家，慈均之道。雖生甚約，而下／心率饒，氣甚和，而陶融無聞。當時識者，咸以卿之行，可移於風俗也。／卿娶博陵崔公陽元之女〔四〕。

士曹公即崔夫人之出也。士曹幼以太保／蔭第名籍兩館，選補陝州參〔五〕、奉常、協律尉。洛陽秩滿，遇邠帥李公光／顔上章〔六〕，辟爲賓佐。策兼戴豸。後李公聞〔七〕，薦于丞相府，復宰朝邑。秩滿，／而從常調，掾曹京邑。公幼而疾目，視力不足，以此志在學，而業不就。／公性踈誕，且無機束。惟好謳歌，而逸興有餘。每逢花臨水，未嘗不縱／酒高歌，以快當時之志。或聞歌而善者，必使及之，而後和之。每語及／氣義交論之際，肺腸一虚，胸襟豁然。其爲落落無細故如此，亦足以／爲男子之心。

□公官罷居閑，俄爲客風所中，手足不理，抱疾逾年而／彌篤。俾醫視之，曰疾不可爲也，雖有兄弟，爲之奈何。竟以大和六年／十一月廿六日，殁于滻川之别墅。嗚呼！善之無報也如此，享年五十／有四。娶故監察御史李公稜之女。李夫人先公而亡。有二子，皆夫人／之出也。長曰盧十三，次曰道保，幼而無述焉。公之先塋，在河南縣萬／安山之側。未剋東歸，未祔李夫人之宅兆者，時未就也。權厝于萬年／縣智原鄉之南原者，禮也。寅於公爲叔弟也。哀之不足，故辭之以銘／云。銘曰：／

公之先兮流德甚長，公承之兮道且不忘。跖有顔夭，豈壽夭／之有常。繐帷之下，昔歌之堂，今則已而。新墳朗月兮，零露／瀼瀼。幸將銘公之道。公之道兮，行有遺芳。／

【注釋】

〔一〕大王父惓：裴惓，《舊唐書》曾提及，見《岑文本傳》。

〔二〕王父遵慶：裴遵慶，兩《唐書》有傳。墓誌「累贈太保」，史傳不載，當是死後贈官。

〔三〕皇考會：裴會，史傳不載，唯《佩文齋書畫譜目録》於唐代載有裴會。墓誌爲之提供一史料。

〔四〕崔公陽元：崔陽元，唐代書畫家。《歷代名畫記》列唐二百六人，中有崔陽元之名。該書卷一〇：「崔陽元、李炅、張惟亘、李滔、張通、耿昌言、弟昌期。已上七人，並工山水雜畫，通尢精贍。」《繪事備考》列崔陽元等三十八人姓名，並云：「已上三十八人，皆唐中葉以來名手畫工。春蘭秋菊，各極一時之勝。雖爵里無考，而蹤迹布在人間，姓名不可遺棄也。」墓誌爲之提供了可靠信息。

〔五〕陝州參：當是「陝州參軍」，原刻脱「軍」字。

〔六〕邠帥李公光顔：字光遠。突厥阿趺族，河曲人，原名阿趺光顔，因功賜姓李，尚書左僕射李光進之弟。曾任邠寧節度使，故稱。詳參兩《唐書》。

〔七〕李公：當是指李德裕。兩《唐書》有傳。

二三五　郭皓夫人宇文倚墓誌

唐大和八年（八三四）十一月十四日

墓誌近年出土於陝西省西安市長安區，具體出土時間、地點不詳。拓片誌高70釐米，寬69釐米；鄭希聲撰文；誌文二十七行，滿行二十七字，正書，隱隱有不規則縱横界格。誌蓋缺。誌主曾祖宇文融曾官同中書門下平章事，兩《唐書》均有傳，職官與墓誌相合。誌主之夫郭皓，《元和姓纂》有載。

唐故太僕少卿郭公夫人臨汝郡君河南宇文氏墓誌銘并序〔一〕。/

鄉貢進士鄭希聲撰。/

夫人諱倚〔二〕，河南人也。曾祖融，皇黄門侍郎、同中書門下平章事。祖宙，皇/監察御史。父倚〔三〕，皇潞州上黨縣令。

夫人稟相門積德之慶，宜君/子承家之重。既笄年，歸于故太僕少卿郭公，諱皓。幼而淵敏，動/中儀律。奉姑章，家有美稱；居娣姒，人無閒言。自上下下，莫不適順。/太僕公世勳高〔三〕，榮耀當時。

夫人不以侈貴居心，不以豪華勝人。/和敬之德，發自天性。故能俾良人居家理，與朋友信。而久出入中外，服勤官常。誠府君貞義之心固，得非夫人内助之功至焉。長/慶二年，以府君進秩，封臨汝郡君。姻族奔賀於其門，而/夫人情貌自若，不爲改色，賀者咸稱之。嗚呼！府君昆弟五人〔四〕，率有/名譽。唯公享事特久。歲時子弟領新婦暨諸女、諸壻，奉觴上壽，/羅拜於堂下，幾二十人。誠府君厚德之所鍾，得非夫人淑/懿之所感召焉。

於戲，府君終禄于今七年。夫人教諸孫/修祭器，閨門之内，一皆法式。而又念持經誡，崇嚴佛事，亦頗以未亡爲/苦。歲月易得，形神終勞。粵以大和八年七月廿二日，棄養于親仁里第，/享壽六十六。以其年十一月十四日庚申，遷神于京兆府萬年縣義善/鄉少陵原，祔府君之塋，禮也。

男二人：長曰從簡，京兆府三原縣/丞。次曰從規，京兆府萬年縣尉。皆至性加等，居喪得禮。女四人：長適京/兆韋璥，兼殿中侍御史。次適博陵崔均晦，檢校主客員外郎，賜魚袋。次/適彭城劉士寀，京兆府奉先縣尉。次適河東薛正辭，太子通事舍人。噫，/從簡之於希聲，實維内弟。他日顧謂希聲曰：維世德宗系子之所/熟，將思夫垂於不泯，敢託銘誌。希聲菲薄，懼不免稱，且以遂孝子之心。/斂容進牘，敬纘休德。銘曰：

相門繁祉，遠降德美。既生淑人，克配/嘉士。柔謙茂華，播于夫家。諸婦尊章，玩瞻咨嗟。男立女歸，歡榮百口。繩/繩孫子，左右前後。古典有從，臨□是封〔五〕。主饋承家，曷不肅雍。川原匪遐，/精魄先往。禮周象物，慶合泉壤。崔嵬南山，逶遲五門。有慰我者，期爾後昆。/

【注釋】

〔二〕太僕少卿郭公：郭皓。據《元和姓纂》「郭」姓下，郭子儀弟「幼明，少府監、太原公，生昫、晅、曅、皓、晫。昫，鴻臚少卿；皓，兼殿中御史。」則郭皓是郭子儀之侄。《元和姓纂》謂「皓兼殿中御史」，而墓誌則謂官「太僕少卿」，彼此不同，或是《元和姓纂》缺載。

〔二〕夫人諱倚，父倚：父女同名。是墓誌本身有誤，還是少數民族不避諱，存疑待考。
〔三〕世勳高：疑原刻脱一字。墓誌謂「世勳高」，乃是因郭皓爲郭子儀家族。
〔四〕府君昆弟五人：即《元和姓纂》所載「煦、晅、皥、皓、晫」。
〔五〕臨□是封：「臨」下一字泐蝕，疑是「穴」字。《詩・秦風・黃鳥》：「臨其穴，惴惴其慄。」

一二三六　邢昌墓誌

唐大和九年（八三五）四月二十五日

墓誌出土於陝西省西安市郊區，具體出土時間、地點不詳。拓片誌高、寬均 42 釐米；卜炎撰，王亮書；誌文二十三行，滿行二十三字，首題擠刻三十六字，正書，有縱橫界格。誌蓋盝頂，拓片高 39.5 釐米，寬 39 釐米；蓋頂陰文篆書，題「大唐故邢府君墓誌銘」，四周及四煞鐫刻牡丹紋飾。

唐銀青光禄大夫、撿校太子賓客、兼殿中侍御史、賜紫金魚袋、上柱國河間邢公墓志銘并叙。/

將仕郎、試左武衛兵曹參軍太原王亮書。鄉貢進士西河卜炎撰。/

嗚呼！雲飛雨散，天地之數。生榮死休，古全之道。河間邢公，諱/昌，今爲京兆萬年人。始以周公七子，其一封邢，因命氏也。其/後東祖簡〔一〕，西祖穆，/北祖粹。

公即東祖之後也。大父彬，朝議郎，/行楚州司馬。父郊，朝散郎、試左威衛長史。邢公稟道育德，從/善循禮〔二〕，保色養而敬愛並茂，睦宗族而謙和允實。而以堅/貞守事，檢校太子賓客，兼殿中侍御史。以勤勞奉公，兼賜紫/金魚袋。以趨時不佞，又轉上柱國。娶于彭城郡范夫人。鸞鳳/和鳴，梧桐連榮。不盡繁華，先奄泉臺。又娶太原王夫人。貽訓/風雅，而使鳳雛知進退，彝英習規誡。然後深貞諒而内嘿，挺/剛毅而外肅。皎然而王倚寒夜，卓爾而鶴立春曉。以是親族/仰其仁也，賓朋仰其信也，閭里仰其和也。

噫夫貞幹脩脩，陰/風俄摧。以太和八年，龍集甲寅，二月十八日，歿于長興之私/第，享齡六十三。有兄汎，銀光禄大夫〔三〕、檢校太子賓客、兼侍御/史，賜紫金魚袋。棣華不堅，白日早凋。夫人泣涕流恨，想象如/疾。有子二人：長綽，次紹，承家有道，守事無改。哀慟終日，形容/若枯。有女五人：長適靳，次適楊，次適孟，次適高，次在室，攀慕/號泣無時。最幼潺潺，偏潰肝膽。備葬以禮，罄于血誠。即以大/和九年四月廿五日，附于少陵原之大塋，以吉凶異宜，不獲/合櫬。命紀德行，銘於夜臺。恭而述之，敬陳詞曰：/

沉沉白日兮正中則移，杳杳玄穹兮有盛必衰。泣葬以禮兮/血淚交垂，寥落千古兮松柏風吹。/

【注釋】

〔一〕東祖簡：邢簡，唐以前典籍不見，存疑待考。墓誌以誌主爲東祖之後，可補史缺。

〔二〕循：原刻異體，與「脩」的異體同形，漢碑銘文已經如此。

〔三〕銀光禄大夫：「銀」下原刻脱一「青」字。

二二三七　元惟乂墓誌

唐文宗大和年間（八二七—八三五）七月二十五日

墓誌出土於陝西省西安市郊區，具體出土時間、地點不詳。拓片誌高、寬均35釐米；誌文十五行，滿行十五字，正書。誌石右下角殘毁，文字有殘損。誌蓋缺。誌主是北魏皇室拓跋氏的後裔，其祖父元萬頃，兩《唐書》有傳。

公諱惟乂，魏景穆帝京兆王之□□□〔一〕。/皇朝新安公、都督梁利十一州□□□/閣侍郎萬頃〔二〕，弈世有光。至常州□□□/簿，諱晟，而生公。

公幼服儒器，宇□□□，/言有清韻。習小篆，究玄象，沖退默□，□/爲人言之，或指必隨驗。從祖父季方使/新羅〔三〕，奏公孝謹以從。解巾授湖州參軍，/轉陝州硤石尉，爲度支山南院巡官，三/川稱其廉能〔四〕。調補藍田縣主簿。時沈愬/爲湖南觀察使，公辭滿來游。未逾時，得/風恙沉冥，復于長安開化里第，彌歲遂/革。前娶范陽盧氏早世，繼夫人京兆韋/氏。收子現以主嗣焉，銘曰：/

太和始秋五五日，半百之年奇有七。/□寅在辰白露節，窆于鳳栖玄壤畢。/

【注釋】

〔一〕京兆王之□□□：京兆王，元子推，北魏景穆帝之子，尉椒房生。謚康，史稱京兆康王。詳參《魏書·景穆十二王傳》。據此「之」下所闕三字，疑是「推後裔」，録以備參。

〔二〕萬頃：元萬頃，兩《唐書》有傳。據本傳，則上所缺應是「刺史鳳」三字。不過，「新安公、都督梁利十一州刺史」者，是元萬頃之祖元白澤。元萬頃官至「鳳閣侍郎」而已。墓誌混爲一談，誤。

〔三〕從祖父季方使新羅：事見《新唐書·東夷列傳》。墓誌爲其提供一個證據。

〔四〕三川：唐中葉後以劍南西川、劍南東川及山南西道三鎮合稱「三川」。《舊唐書·食貨志》：「度支山南西道分巡院官充三川兩税使。」因誌主官「爲度支山南院巡官」，故有三川之語。

二三八　韋全直墓誌

唐開成元年（八三六）閏五月四日

墓誌出土於陝西省西安市長安區，具體出土時間、地點不詳。拓片高、寬均56釐米；韋蕃撰文並書丹；誌文三十行，滿行三十字，正書。誌蓋缺。誌主兩《唐書》無傳，但墓誌所記涉及唐代征討李同捷等幾個重大歷史事件。

唐故銀青光禄大夫、行光王府諮議參軍〔一〕、扶陽縣開國子，食邑五百户韋府／君墓誌銘并叙。／

將仕郎、前守國子監四門博士韋蕃撰并書。／

韋氏始於陶唐，於西漢遠祖扶陽侯，聯世作相，光在漢籍。後之軒冕，不敢詳／述。曾祖諱陽，皇朝任楚州別駕。祖諱博雅，任淄州淄川縣令。顯考諱潛，／任蘇州長州縣丞。

府君諱全直，一身承家，少任氣概，不屑屑於名利。性本仁誼，／才長於謀。元和中，以司徒薛公，累世勳賢，節將之特，因造焉。辱以殊禮，曰國家／方戡難，以致太平。幸吾子光老夫之軍府。義以詞激，遂授車幣，職命之留。未幾，／詔誅吴元濟。公游軍之鋒，旁午規整，厥勳茂焉。蔡平討鄆公領偏師，收臨濮縣／節帥，俾公持所得□籍，隨表以獻。憲宗皇帝褒其功，面拜試太子賓客，兼／監察御史、充義成軍節度押衙，有金帶錦綵之賜。李師道戮薛公，遷平盧軍節／度使，表公隨之。恩授銀青光禄大夫、檢校秘書監、兼殿中侍御史、河清縣開／國男，食邑三百户，充平盧軍節度押衙，兼衙内兵馬使。後李同捷反，詔僕射／康公節制而征之。發徐州全軍，統諸道兵士，椅角征討，供億之重，公實總之。屢／下城邑，大建勳功，拜青州長史，餘如故。俄爲右厢都押衙，兼侍御史，遷御史中／丞，進封扶陽縣開國子，食邑五百户，轉左厢都押衙。始下棣州，終隸本道刺史。／

闕公假郡，事將耆焉。繕城郭，歸流傭〔二〕，緝軍中之器用，復剽掠之餘糧，完復郡縣〔三〕。／理有殊績，師表真拜。會已詔牧守，乃爽群望。康公入覲，上薦書。方議寵授，康／公拜涇原，請復邊鄙同事。詔爲原州別駕、御史中丞，餘／如故。牙門之任如北／海焉。康薨，帥易職，委如舊。朝廷熟公儒家子，有功名，授光王府諮議參軍，餘／如故。俾復儒官，用明朝獎。

開成元年景辰，四月廿二日辛卯，遘疾，卒于京／師常樂里之私第，享年五十八。以其年閏五月四日壬申，葬於京兆萬年縣畢／原，祔大塋也。位列王庭，不爲不達；封紹先祖，不爲不榮。惜乎不永，未登將壇。／其先旅殯故林，俟孫而歸之外族河東柳氏。夫人彭城劉氏，三子：長曰還，年十／六，次曰迺，小曰逄。子率幼，禀質皆奇。二女：長歸霍氏，孀於家。呱呱孺慕，哀動鄰／比。再從弟汾，銜悲庀事。既葬，夫人護筵挈孤于華之郊。蕃於公，從父之弟，嘗在／康公賓府〔四〕，熟其勳業，敢叙其實，泣而銘之，詞曰：

積世儒素，簪裾是承。文武之／道，惟材所膺。苟利社稷，慶門則興。仁不尚勇，其伐惟謀。造膝帷幄，厥書孔休。制／敵之用，爲時罕儔。列位厠賢，名芳價重。登朝復儒，方期展用。天速其殞，寃歎公/共。帝城之南，韋氏之鄉。卜筮叶吉，松楸以行。紀勳名於片石，實幽隧而昭彰。/

【注釋】

〔一〕光王：穆宗之弟李怡，於穆宗時封光王。見《舊唐書·穆宗紀》。

〔二〕流：微泐，但輪廓基本可辨。

〔三〕完：原刻似「皃」。「完」、「皃」、「皃」三字，形近易誤。

〔四〕康：微泐，僅存殘畫，據輪廓，應是「康」字。

二三九　韋璘墓誌

唐開成二年（八三七）十一月十二日

墓誌出土於河南省洛陽市洛龍區龍門鎮境内，具體出土時間、地點不詳。拓片高、寬均33釐米；田可封撰文；誌文二十一行，滿行二十一字，正書。誌蓋缺。

大唐故京兆韋府君墓誌銘并序。/

東都畿都防禦都虞候判官田可封述。/

韋氏之先豕也，有翼商之勳，孟之有傅楚之烈，遷於魯。/五世而至賢及子玄成〔一〕，承世相漢，軒裳不絶。繼于/聖唐，京兆之茂族也。

府君諱璘，字韞玉。父諱賁，隱迹丘/園，高尚不仕。公則處士之次子也。肥遁居貞，家風不墜。/幼也食貧陋巷，色養無違；長也直道事人，財力自給。不/非道以求利，好煞身以成仁。酒食宴樂，逍遥自適。門多/長者之轍，家肥屋潤，救物愛人，洛陽之名士也。開成元/年十月十六日，天不與善，暴終于修善里之私第，春秋七十。明年十一月十二日，與四房季弟同葬于河南縣/龍門鄉午橋村皇考之先塋安窆，禮也。先娶雁門田/氏，先公之歿，今合祔焉。後娶太原王氏，琴瑟和鳴，不享/偕老。歎未亡於此夕，冀同穴於後期。撫視諸孤，哀貫白/日。一男名本立，未登於弱冠。一女名太玄，尚在於閨帷。/聚哭高堂，傷感親戚。猶子元簡，禮承遺訓，泣血承家。葬/父伯於同時。痛凶酷之重疊，仁孝之道備矣。恐虞陵谷，/請誌幽泉，其詞曰：

豕韋之氏，弈世簪纓。公猷禄位，遯然居貞。/昊天匪忱，不享遐齡。玉折無玷，蘭萎有馨。/卜祔先塋，午橋之側。地久天長，蒼蒼松柏。/

【注釋】

〔一〕世：原刻作「卄」，避李世民諱缺筆。後同。

二四〇　孫繼和墓誌

唐開成三年（八三八）十一月十二日

墓誌出土於河南省洛陽市境内，具體出土時間、地點不詳。拓片誌高、寬均25釐米；誌文十五行，滿行十三字，正書。誌蓋缺。

唐故孫府君墓誌銘并序。/

公樂安公之後也。祖諱進，父諱濟。/公諱繼和。蘊乎聰敏，善勒碑銘。内/侍省使欽其妙能，遂乃上聞，授本司/局〔一〕。

公早喪慈母，躬事父兄。其勤公家，/夙夜匪懈。尤於弱冠之歲，由未及其/婚姻。嗟乎芳盛，遘癘而亡，享年廿/三。以開成三年

十月廿七日，卒于河南/修善里之私第。以其年十一月十二日，歸窆于洛陽縣三川鄉密妃里，附/先妣塋之禮也。其銘曰：/
元精清淳，其氣温和。剋己復禮，/孰知其他。時屬窮通，中道而廢。/天監孔明，胡爲不惠。嗟乎此公，/早遘泉途。生無所負，殁無所辜。/

【注釋】

〔一〕授本司局："司"字殘泐，據殘畫，參以文例録文以備參。誌主因善勒碑銘，而獲得官職，説明唐代對於碑銘製作的重視。也透露出在國家層面有管理碑銘製作的機構，設置官吏負責其事，隸屬内侍省管轄。

二四一　韋道昇墓誌

唐開成四年（八三九）正月二十九日

墓誌出土於陝西省西安市郊區，具體出土時間、地點不詳。拓片誌高、寬均 34 釐米；誌文十二行，滿行十二字，正書。誌蓋盝頂，頂面高 23.5 釐米，寬 22.5 釐米；銘文三行，行三字，陰文正書，題「京兆韋氏女子墓誌銘」；四周鐫刻卷葉紋飾，畫面已模糊，四煞失拓。

唐故韋氏女子道昇墓銘。/
開成四年正月丁丑〔一〕，左補闕韋/絢女道昇殁〔二〕。壬午〔三〕，葬城南焦村。/暱祖先之塋也。其父濡毫爲/之銘曰：/
天惠其生，天攘其壽。撫膺仰瞻，/難問曷咎。霜殺寒梅，風摧弱柳。/母兮卧病淚不下，父兮氣阨哭/不久。淚盡血添，痛燒腸朽〔四〕。蓬顆/孤墳大如斗。隔生相别一杯酒，/逝水何悲前與後。/
母元氏号洞照。/

【注釋】

〔一〕開成四年正月丁丑：據長曆，開成四年正月甲寅朔，丁丑爲二十四日。

〔二〕左補闕韋絢女道昇殁：「闕」字泐蝕，僅存殘畫，據文例録文。關於韋絢，據《新唐書・上官儀傳》：「時以雍州司士參軍韋絢爲殿中侍御史，或疑非遷，儀曰：『此野人語耳。御史供奉赤墀下，接武夔龍，簉羽鵷鷺，豈雍州判佐比乎？』」因職官、時代均不合，非同一人。《宋史・藝文志》載「韋絢《戎幕閑談》一卷」。《陝西通志》引《郡齋讀書志》：「《戎幕閑談》一卷，晁氏曰：唐韋絢撰，太和中爲李德裕從事，記德裕所談。」《四庫提要》：「《劉賓客嘉話録》一卷，唐韋絢撰。絢，字文明，京兆人。《唐書・藝文志》載韋絢《劉公嘉話録》一卷，注曰：絢，執誼子也。咸通義武軍節度使劉公萬錫也。」應即其人。

〔三〕壬午：據長曆，壬午應爲開成四年正月二十九日。誌主死五日即安葬。

〔四〕朽：輪廓基本清楚，排除石花，當是「朽」字。

二四二　王簡墓誌

唐開成四年（八三九）四月

墓誌出土於陝西省西安市長安區境内，具體出土時間、地點不詳。拓片誌高 54 釐米，寬 53 釐米；楊元屺撰文；誌文二十七行，滿行二十八字，正書。右側上方石面微殘，文字略有毁損。

□朝□□□□□□□史〔一〕、上柱國，賜緋魚袋王府君墓誌銘并序。／

朝議郎、行興元府户曹參軍、上柱國楊元屺撰。／

巨唐有長史王公，諱簡，字敬文。其先太原晉陽人也。得氏於周靈太子之／後，世居興平，中皆以文武迪身，勳庸顯祑。曾祖休徵，鴻臚卿；祖日謙，殿中／監；父執瑶，檢校太子賓客；叔恕，左清道率府率。咸少尚勇義，貞幹濟時，聲／振於當代。公則賓客之長子也。器識明敏，抱風雲之節操；雅志潔矩，懷英／義之弘規〔二〕，大略有方，根由天性也。公學自少始，以文藝立身。

言行忠信，才/包六美。掌奉邦本，游泳鳳池。公勤昔賢，翰文/堯化。公初任宣州旌德縣尉。歷考勤績，又轉楚州司法參軍。去大和乙卯/祀冬仲月，兇狂竊發，紊亂朝章。公堅赤誠，忠貞效順，固存/國符，不染瑕累。功績明著，特降章綬。又轉授池州長史，頗歷資考，旋蒙/許其守任。赴任未幾，乃廉察使聽其茂異，尋蒙署職，委質爪牙。公/歷官守職，以挺直爲心，不私於物。修日新之道，履無咎之言。自貽厥德，利/有攸往，於其事也，皆著殊異之迹，清白朗然。

嗚呼惜哉！雲衢未幾，天命不/佑，開成四年二月二日寢疾，終于宣城官舍。享年三十有九，嗚呼痛哉！即/以其年四月□□日〔三〕，迎魂遠歸。祗聖人宅兆之義，龜莁叶從，葬于萬年縣/龍首原之禮也。有嗣子倫，夏州節度押衙，守夏州兵曹參軍。次子集、次子/季、次子楚，並風神儁朗，早奉義方之訓。四連居喪，銜哀泣血，禮逮過制。有/女三，敢娘子、小娘子、池娘子，冰姿玉容，皆蘊賢淑。何當割愛之痛！夫人李/氏，禀柔和之性；次夫人張氏，含蘊粹之儀。並懷永慕，哀慟嬰身。撫毓孤藐，/悲有餘哀。於戲！奈何壽夭之數者，皆天命也。

若奮揚景行，宜在知己。元屺/與公平生分義，實備聞見，足可詞焉。恐陵谷之變易，俾爲銘誌。庶美德流/于無窮，垂芳名於不朽。銘曰：/

長史神姿，磊落瓌奇。蘊德懷義，居安履危。如松之榮，匪寒不知；如玉之貞，/琢磨不虧。心中洞開，萬里雲披。持奉/國章，嚴慎有方。榮位始明，秋風霣霜。雲愁烟慘，松櫝森行。摛翰琢石，永顯/名光。附此泉户，千秋萬古。嗚呼！夜臺悄悄，孤墳月苦。/

【注釋】

〔一〕□朝□□□□□□史：「史」上三字泐蝕，據下文「又轉授池州長史」，應是「池州長」三字。

〔二〕英：下部泐蝕，據上部輪廓，參以文例録以備參。

〔三〕即以其年四月□□日：「月」下原刻空二字格，當是製墓誌時，尚未確定葬期，故留空待填，而葬時未補，遂脱其葬日。

二四三　張文約墓誌

唐開成五年（八四〇）二月二日

墓誌出土於河南省洛陽市郊區，具體出土時間、地點不詳。拓片誌高34釐米，寬34.5釐米；鍾行夷撰文，高從年鐫字；誌文十九行，滿行十九字，正書。誌蓋缺。

唐故張公墓誌銘并序。／

穎川鍾行夷述。／

開成四年三月廿九日，清河張公終于東都尊賢／里第〔一〕，享年五十五。

公諱文約，字藏之。姓氏源蔓，自／高王父已上，紀在家牒，此故不書。

公即琮之曾孫，／英之孫，霞之子。幼敦質，蹈高道。及長，慕夷皓之風，／視榮名軒綬，若埃滓桎梏。嘗語所知曰：予之志，以／爲漁釣清流，偃息廣厦。賓朋晤語，旨酒盈缶，足□／敵貴位矣〔二〕。

嗚呼！脩短限定，非無仁善。逮終之日，□／與不知〔三〕，莫不慘沮歔欷。公夫人京兆杜氏，淑德□／順，爲閨門母婦之則。痛公先逝，撫孤泣血。嗣子□／孟宣，因心稟訓，欒棘其貌。卜其年己未不吉，庚□／二月吉朔日〔四〕，備塗蒭輤帷，翌日，祖葬於洛陽縣□／川鄉楊魏村〔五〕，祔先塋，不忘本也。遠虞陵谷，遂□／誌之銘曰：／

生行死歸，人誰不然。若浮若休，貴令且全。／戴仁抱義，匪貴貂蟬。幽户礱月，冥冥娟娟。／瘞玉樹兮，千年萬年。／

鐫字匠高從年。／

【注釋】

〔一〕尊賢里：據《唐兩京城坊考》，地在「長夏門之東第三街」，或稱「尊賢坊」。張淑子夫妻誌記載其家住處，一稱尊賢里，一稱尊賢坊。說明唐代里、坊不別。

〔二〕足□敵貴位矣：「足」下一字泐蝕，據文例，似應爲「以」或「可」字。

〔三〕□與不知：「與」上一字泐蝕，據文例，應是「知」字。

〔四〕庚□二月吉朔日：「庚」下一字泐蝕，據長曆，己未之下一年應爲庚申，故所缺字應是「申」字。考長曆，唐文宗開成五年，歲次庚申，二月戊申朔。

〔五〕祖葬於洛陽縣□川鄉楊魏村：「川」上一字泐蝕，疑是「伊」字。

二四四　蕭寧墓誌

唐開成五年（八四〇）八月二十三日

墓誌出土於陝西省西安市北郊，具體出土時間、地點不詳。拓片誌高、寬均53釐米；蕭郃撰文並書丹；誌文二十七行，滿行二十七字，正書，四周有單綫框。石面有部分剝泐，文字稍損。誌蓋盝頂，加四煞高、寬均57釐米，不加四煞頂面高、寬均34釐米；陰文正書，題「大唐故蕭府君墓誌銘」，四周各綫刻花卉一朵；四煞鐫刻四神紋，飾以雲水花卉紋。

唐故朝議郎、行門下省符寶郎、上柱國蕭府君墓誌銘并序。/

三從姪鄉貢進士郃撰并書。/

府君諱寧，字暢之。其先東海蘭陵人也。則殷湯微子之後，食菜于蕭，因/氏焉。漢相酇侯及前將軍，皆遠祖也。齊高皇帝十一代之孫。曾大父諱/寡尤，字慎詞，朝請大夫、嘉州長史，贈衛尉卿。大父諱惟孝，字子敬，中散/大夫、郢州刺史。父諱隱，字德夫，中散大夫、秘書丞。妣壽昌縣主，故/涼王之第九女〔一〕，即/今皇帝之三從姑。

府君少而明敏，長而温良。執德不回，俟時進取。與朋/友交，雖當代名儒豪族，未嘗不以言行忠信而見稱焉。以天蔭從調，/釋褐授潭州參軍，首仕郡長，年尚穉幼。至於執板趍庭，揖讓進退，司職／兼曹，雖長吏嚴酷，不可以加纖晬之過。再授越州會稽縣尉，三授殿中／省尚舍直長，四授門下省符寶郎。言其官，皆以謙讓恭默，秉節峻義爲／名。代之尚浮侈，矜夸游騁，□附□□□朱紫可拾，而府君之不從也。居／其家，歡養晨昏，冬温夏清，未尚□闕。雖成人，而入其門猶童子。娶太／原郭氏女，即唐故中書令、汾陽王之曾孫〔二〕。有子四人：長頊，次現，／季瓘，幼璟。頊好讀古人書，崇儒行業。其文自孩幼端確，整肅容貌。非道／不履，非義不言。未弱冠，友朋無非儒術鴻漸之士也。現少夭。瓘、璟尚童／稚，皆習詩書，宗于孔聖。斯有以見善之流慶矣。有女一人，將適太原郭／氏仲素。咸以天蔭，授尉于延州金明。未有吉日。

嗚呼！府君享年五十一，／開成四年閏正月八日寢疾，薨于京師新昌里之私第。以明年八月廿／三日，將葬于京兆府萬年縣龍首鄉孟里，遵遺命也。嗚呼！天不輔德，／降灾于仁，所謂五福而闕於壽。今日月有時，窀穸斯備。送終之道，無逾／禮焉。

府君即郤之三從叔也。嗣子頊，以郤詳其事實，見命爲文。多愧不／敏，乃直書其美，無敢飾詞。詞曰：

天生哲人，惟賢與德。作吏江南，／爲臣上國。赫赫名族，炎炎貴戚。覆簣成山，秉心匪石。何福／善之斯謬，而如歸之遽來。逝波東去兮，白日西頹。消息無回兮，／掩于黄埃。立石紀德，悲風徘徊。冀陵谷代變，而斯文在哉。／

【注釋】

〔一〕涼王：唐玄宗第二十九子李璿，初名漎，開元二十四年二月改名璿，武賢儀所生。詳參《舊唐書·玄宗諸子傳》。

〔二〕汾陽王：「汾」字右半泐蝕，「氵」尚可見。「陽」字僅隱隱見殘畫。據文意録文。汾陽王，即郭子儀，以大勳，官至中書令，封汾陽王。詳參兩《唐書》本傳。

二四五　李悦墓誌

唐開成五年（八四〇）十二月十三日

墓誌出土於陝西省西安市北郊，具體出土時間、地點不詳。拓片高53釐米，寬54釐米；敬皋撰文，安景之書丹，唐玄度篆額，邢公素鐫字；誌文二十五行，滿行二十五字，正書，兼行書。誌蓋缺。誌主爲唐憲宗第九子，兩《唐書》有載，文甚簡，墓誌可補史傳之缺。書丹人安景之，《寶刻叢編》曾録其行書碑一通。篆額人唐玄度，曾作《九經字樣》，兩《唐書》提及。

大唐故瓊王墓誌銘并序〔一〕。／

翰林學士、朝散郎、權知尚書兵部員外郎，臣敬皥奉／敕撰。

翰林待詔、將仕郎、守徐州豐縣尉，臣安景之奉／敕書〔二〕。

翰林待詔、朝議郎、守梁王府司馬、上柱國、賜緋魚袋，臣唐玄度奉／敕篆額。〔三〕／

開成五年，／皇帝踐位之歲，恩加于邸里，義切於展親，禮豐于賢王，天下／聳教睦之道。其十月十九日，憲宗皇帝第九子瓊王，薨于／親邸。上賢而悼之，軫歎有加。越十二月十三日，葬于萬年／縣崇道鄉，禮也。命侍臣皥書其懿行，刻石誌于墓云：

王諱悦，母曰／太儀楊氏〔四〕。幼而慧敏，長而知教，冠而端莊。好讀儒書，涉獵勤求。至／仁義禮樂、忠敬孝友之道，未嘗不沉吟，循省日念。是足以上奉／君父，旁親骨肉。伊東平之樂善，沛獻之好古，彼何王也，豈自孱也。／動守法度，居必沖約。分寶玉不以自侈，享茅社不以自貴。車馬輿／服之厚，飲食財貨之隆，禮比家人，歡接族食。／聖渥日澤，而王躬益薄。亹亹勉勉，斯須不懈。《詩》所謂令問不已，王實有焉。君子以言行無尤，明哲保躬，爲得壽考。不然何遽辭／宸念，永孤屏周之望。臣皥文學朽拙，恭命力文，無以宣縟禮，／謹爲銘曰：／

聖道有訓，公宫有教。善充性習，生知仁孝。玉德潔朗，／金枝焜耀。風既老成，志惟克劭。恭慎居心，畏忌在貌。／口無遏差，履必簡要。帝念磐石，國瞻維城。忽驚川逝，／無復輦迎。賻賵增數，鼓吹加榮。青烏告吉，朱邸傷情。／西靡成行，東阡何遠。銘兹堅石，永永不轉。／

刻字人邢公素。／

【注釋】

〔一〕瓊王：李悦，唐憲宗第九子，穆宗之弟，長慶元年封瓊王。《舊唐書·穆宗紀》：長慶元年三月「戊午，封皇弟憬爲鄜王，悦爲瓊王……」《憲宗諸子傳》：「瓊王悦，長慶元年封。第二子津，河間郡王。」文甚簡，墓誌可補其缺。

〔二〕安景之：唐代書家，兩《唐書》無傳，但《寶刻叢編》卷八引《京兆金石録》有「《唐安國寺經藏院碑》，唐鄭薰撰，安景之行書」。

〔三〕唐玄度：唐代文字學家，曾作《九經字樣》的規範經文用字，是唐代正字運動的代表人物之一。《舊唐書·文宗紀》：「時上好文，鄭覃以經義啓導，稍折文章之士，遂奏置五經博士，依後漢蔡伯喈刊碑列于太學，創立《石壁九經》，諸儒校正訛謬。上又令翰林勒字官唐玄度復校字體，又乖師法，故石經立後數十年，名儒皆不窺之，以爲蕪累甚矣。」

〔四〕太儀：公主之母的稱號。唐以諸王之母爲太妃，貞元六年又從吏部郎中柳冕議，以公主之母爲太儀，以公主本封加太儀之上。《舊唐書·德宗紀下》：貞元六年七月「癸酉，復呼親王母曰太妃，公主母曰太儀。」詳參唐柳冕《請定公主母稱號狀》、宋王溥《唐會要·内職雜録》。但據墓誌，諸王之母亦可稱太儀，則有諸王、有公主者似可通稱。

二四六　崔行宣墓誌

唐會昌元年（八四一）八月十三日

墓誌出土於陝西省西安市長安區境内，具體出土時間、地點不詳，石現藏陝西考古博物館。拓片誌高、寬均 43.5 釐米；昔耘撰文；誌文二十五行，滿行二十五字，正書，四周有雙綫邊欄。誌蓋缺。

大唐故汝州司户參軍崔君墓誌銘并序。/

鄉貢進士昔耘述。/

崔君諱行宣，字魯風，代曰博陵人也。始自食菜而得氏焉。/祖同暉，皇懷州河内縣令。優深文史，博達吏能。祖政，/皇試大理評事、兼監察御史，賜緋魚袋。早昇詞科，歷應交辟。父掖，皇河南府濟源縣令。化清畿邑，事達京師。

君名冑所傳，/器業特異。弱歲慕學，贍有詞華。尋以時稱，數受鄉薦。十上不震，中/年遽臨，遂适從容之才，入爲趨走之吏。輒達天命，詩酒自娱。未嘗以沉下寮，愧在顔色。累佐嘉邑，洎遷掾曹，所至之官，必聞其政。可／謂才周識廣，道古亮弘。子物君人，率無儔比。君侯選之際，會／詔授雁門太守者，乃君之知己也。因奉私請之禮，遠參戎事／之籌。詣職辭家，未逾星歲。俄瘼疾恙，莫副所邀。奈何屬纊之晨，不／及孺人之手；泣門之日，徒興朋友之悲。去會昌元年，歲次辛酉，春／三月壬申〔一〕，廿一日壬辰，君旅喪於代州官舍，享年六十有一。／時公備權禮元從護還，迢迢了畢，忽達京國。生往死復，人之所哀。／

嗣子二人：長曰敬璋，次曰敬紳。似續之後，温良可觀，已聆義／方，足保餘慶。並處喪銷毀，飲血苫廬。議稱有無，終全孝禮。以是年／秋八月十三日，大事于京兆府萬年縣寧安鄉通安里，不及／赴元塋也。慎年祀更易，陵谷推遷，爰命紀銘，用資刊刻。其詞曰：／

積善之門，必生令孫。幼而則敏，鶴迥雞群。身松比磵，白玉方崑。亭／亭秀氣，曄曄奇文。克履儒逕，高期進身。秋貢頻就，春官幾親。命不時／齊，中年滯君。既釋麻衣，旋加彩綬。未以卑秩，不爲謙乎。累在公門，迴然無咎。／偶於晚歲，遠佐君侯。將副知己，寧禄是求。彫謝忽至，西光莫留。厩馬誰主，／篋書僮收〔二〕。單柩孤魂，遠復京國。行道傷歎，親知匍匐。窀穸云啓，掩／心有期。松楸未列，颯颯風悲。千悲之後，德有所歸。／

【注釋】

〔一〕三月壬申：據文例，「申」字下應有「朔」字，原刻脱。

〔二〕篋：模糊，據輪廓録文。「厩馬」與「篋書」對舉，文意亦諧。

二四七　令狐覽墓誌

唐會昌三年（八四三）十月十五日

墓誌出土於陝西省西安市長安區，具體出土時間、地點不詳。拓片誌高 42 釐米，寬 44 釐米；令狐温撰文；誌文三十行，滿行二十九字，正書。誌蓋盝項，高、寬均48釐米，煞面寬11釐米，頂面高31釐米，寬27釐米；陰文正書，題「大唐故令狐公墓誌銘」。誌主五代祖令狐德棻，兩《唐書》有傳。

唐故朝散大夫、前守同州長史、上柱國燉煌令狐公墓誌銘并序。／

堂姪鄉貢進士温撰。／

世父名覽，字玄觀。其先燉煌人也。五代祖德棻，金紫光録大夫、禮／部侍郎、國子祭酒，封彭陽郡公。祭酒生脩己〔一〕，司議郎、獻陵令。獻陵生／暢，京兆府鄠縣令、瀛洲長史。瀛洲生滔，朝請大夫、陵陽郡司馬〔二〕，贈池／州刺史〔三〕。池州生頻，中大夫、和州刺史〔四〕。世父即和州之長子，河東薛出也。／外王父諱茂先，官任鄭州中牟縣主簿。

嗚呼！內外之華族，閨門之慶／幸。旌善於學，茂德以仁。弱冠，以門陰補元陵挽郎，調授太子內局丞、／右神武軍兵曹參軍、大理評事、大理司直。已官皆潔白，爲事有聞。／見者必推以能官，然後出爲河南府登封縣令。臨之兼善，治亦有／聲。邑人瞻之，如戴父母。其他則去繳繞之權，弘愷悌之政。美揚于外，德實於／衷。秩滿，宋州刺史田肇舉茂材，辟爲團練副使，遷宋州司馬，加朝散／大夫。旋領汝州別駕。大和九年春，除替歸城。相府以直聲未泯，厥迹猶／存。再命舊官，以永終譽。是年冬十月，再授汝州別駕。開成四年夏六月，除授／同州長史。自出身洎于長史，凡九任，皆德其名聲，所痛者而奪於中位。／會昌元年夏五月，授代歸城安居別業。且又慕止足之分，去貪愛之心。自罷／同州，趨馳迹絶。知者以喜，聞者以嘆。

噫其淑人，胡不永久？會昌二年冬十一／月十三日寢疾，終于京兆府鄠縣封巒鄉長樂里之郊□，享年七十有／八。嗚呼！世父之景行也，在閨門，無疏密之心；於賓朋，□□□之愛。內／則有慈有孝，外則如珪如璋。怡怡然，實君子之風。

夫人河東薛氏，皇汝／州臨汝縣令羨之女也。無子，有女四人。長適范陽盧存庶，次適前宋州柘／城縣尉張續，次適前汝州參軍杜郢。次一人幼稚在室。嗚呼！杜氏之女，不／幸短命。噫，可歎哉。薛夫人終于長史二十年之前。龜筮良辰，協于大／葬。以會昌三年十月十五日，合祔於京兆府萬年縣□鄉鮑陂里〔五〕，夫人之舊塋，親／友觀之，可謂盡禮。堂姪鄉貢進士温，哀痛未已，泣拜爲銘。乃奉銘曰：／

天之生德，岳以降神。動不逾矩，言必成仁。克生世父，／再掾神武。俄命端詳，必興厥士〔六〕。珪邑邦甸，直聲有聞。／擢毗宋國，言佐汝墳。材謂膺特，官豈逾德。昌睹大位，/以彰勳則。宿草之中，行楸之下。水咽谿源，風悲松檟。/舊丘將祔，觀者增欷〔七〕。刻石勒銘，以永千祀。/

【注釋】

〔一〕祭酒生脩己：脩己，《新唐書·宰相世系表》與墓誌同，《元和姓纂》：「德棻，唐禮部侍郎、國子祭酒，生循己。」

〔二〕陵：殘泐，據殘畫，似「陵」字。

〔三〕刺：微泐，僅存殘痕，據殘畫，參以文例録以備參。

〔四〕和：上部微泐，僅存殘痕，據下文録文。「脩己」以下至此，《姓纂》不載，墓誌可補其缺。

〔五〕合祔於京兆府萬年縣□鄉鮑陂里：「鄉」字上，原刻空一字格，失其鄉名。

〔六〕土：微泐，但輪廓基本清楚，且文意通暢，亦叶韻。

〔七〕增：原刻作「憎」，訛誤。

二四八　嚴公夫人崔氏墓誌

唐會昌五年（八四五）七月二十二日

墓誌出土於陝西省西安市長安區，具體出土時間、地點不詳。拓片誌高、寬均39釐米；嚴茂卿撰文，嚴脩睦書丹；誌文二十五行，滿行二十五字，楷書。誌蓋缺。誌主曾祖崔融是唐代著名文人，兩《唐書》有傳。

唐大理司直嚴公夫人清河崔氏墓誌銘并序。/

鄉貢進士嚴茂卿撰。/

夫朝議郎、行大理司直、上柱國嚴脩睦書。／

夫人崔氏，清河人也。會昌五年七月九日，終於脩行里。高祖融，／進士擢第。垂拱中，累踐清途，才華足以潤色。王言拜鳳閣舍人，／學富而辭簡。轉國子司業，脩國史。天后時，洛出寶圖，而藻思濬／發，獻文美焉。因是休祥，遂上尊号。后既厭代，又製哀册文。獨／掩顏謝，編於史傳。曾祖翹，拔萃登科，筮仕名高，早登朝列。克／紹雅望，拜中書舍人。時以爲重德復命，爲東西二京留守。祖同〔一〕，／負奇偉之行，蕴清秀之才。歷官有政，拜右司郎中，轉秘書少監，剖／符劍郡。皇考平仲，鳳翔少尹，潁王傅〔二〕。風概無雙，藝術難敵。莅官／恭恪，理著廉能。盛哉！文業冠冕，繼代炳然。

夫人早茹荼蓼，至性／形于家。孀姊素彰孝友。以夫人甫及年笄，禮許適人。因曰必擇／令族而配。今熟聞嚴氏之門有嘉子弟，且又長嫡，作尉長安，清慎／有名，可以歸焉。家兄趨庭奉命，遂結嘉姻。夫人婦道彰／著，輝映閨門，承奉不虧，語言柔愻。至於指使下輩，未嘗變色。有不／如其意者，必以智教之，有過者，不掠，俾其改之。道絶兩端，歸之一／致。以是心暢志寧，無所貽恨。凡在親屬，嘉而尚之。復好閲墳籍，工／書可觀，雖古之賢女，莫能過也。

無何遘疾，旬日不救，悲夫！物有其／極，命無不終。故莊氏推乎定分，諒難久視哉。夫人有女四人，皆／不育於孩提之歲。他人與親，莫不傷歎。

嗚呼，龜著習吉，窀穸有期。／以七月廿二日，葬于長安縣居安鄉高陽原，禮也。家兄顧茂卿，洵／涕而言曰：爾文可紀事，無讓不能，宜爲誌。茂卿遂操翰而述。銘曰：／

天實性謙柔與淑德，何不壽之如金石。終奪藏壑之固□，／悲夫孰爲是之力。地厚泉重兮日不下光，閟冥冥兮千萬□〔三〕。／

【注釋】

〔一〕祖同：兩《唐書》未載崔翹之子崔同，墓誌可補其缺。

〔二〕潁王：李璬，唐玄宗之子，高婕妤所生。見兩《唐書·玄宗諸子傳》。

〔三〕閟冥冥兮千萬□：「萬」下一字泐蝕，據文意，參以押韻，似「葉」字。

二四九　邵搏墓誌

唐會昌五年（八四五）七月二十七日

墓誌出土於陝西省西安市長安區，具體出土時間、地點不詳。拓片高36釐米，寬35.5釐米；陳稼撰文；誌文二十行，滿行二十字，正書。誌蓋缺。

故邵公墓誌文〔一〕。/

鄉貢三史陳稼撰。/

邵公諱搏，前渠州渠江縣主簿。廿歲學習，從事京師。/吏職惟勤，小心夕惕。公睦州青溪縣太平鄉安昌里人/也。曾祖季參，祖万莊，考幹。

公頃赴京師，抵親仁里，從/事天官、侍郎，隨使興元、東川，各皆綰職，夙夜不/怠，憂公如家。本使以其勞效，特表上聞，請授其官，以終考秩。至會昌二年末夏，本使朝覲，改大司成，/轉戎曹。侍郎後判度支事，公又署其要職。

未逾/旬月，間忽抱微瘵，致殞其身。會昌五年乙丑歲，七月/丙午，十九日甲子，卒於上都親仁坊。公春秋卅八，/中路夭喪。以七月廿七日壬申，葬於京兆府萬年縣/洪固鄉冑貴里李永村，買曹友幹之地也。即啓夏門/外，直南約六七里，在本使莊西北，去莊約一百廿/步。銘曰：/

元精之和〔二〕，其氣温厚。與義爲明，資忠不苟。/仁人之言，其則擇口。時有窮通〔三〕，事有興廢。/天鑒甚明，胡寧不惠。木皆春榮，川皆東逝。/地久天長，人生若浮。吁嗟邵公，歸此山丘。/生似顯名，殁垂令謀。/

【注釋】

〔一〕故邵公墓誌文：「文」下隱隱似有「并序」二字，因石面剥泐，不能確定。

〔二〕元：右側泐蝕，據殘畫輪廓録文。

〔三〕窮：原刻作「竆」，訛誤。

二五〇　杜公夫人史恬墓誌　唐大中元年（八四七）四月十五日

墓誌出土於陝西省西安市郊區，具體出土時間、地點不詳。拓片誌高、寬均52釐米；史同撰文；誌文二十三行，滿行二十三字，正書。誌蓋缺。

唐故河南史夫人墓銘并序。/

承務郎、前行京兆府武功縣尉史同撰。/

杜氏二子，曰祕，曰禮，皆余之出也。居喪未除，一日往省之。杖/而哭，止之不已，久而號咽。告余以遠事有期，恐懿範湮泯，請/具茂實，將書玄珉。余哭以告，遲暮衰竭，不理文字有日矣。況/哀傷中迫，忍叙平生之事耶！哭請不已，不得已而叙之。

女弟/曰恬，庚申而生，乙丑而謝〔一〕。蓍龜未吉，凡六十八旬，後/杜公十二歲，周一紀。大中初四月望，歸祔兆域，從周也。其幼/也，習女工，奉慈訓，脩吉蠲，事君子。肅雍和鳴，叶詩人之詠；/慈仁明惠，爲中壼所宗。曾王父獻，皇朝右金吾衛大/將軍、關内支度營田甲杖、右街使。王父震，皇朝右監門/衛大將軍，贈太常卿。顯考宷，皇朝自殿中丞，歷丹延/二州刺史、御史中丞、冀王傅，賜紫金魚袋。以理行光著，自丹/陟延。王人賫璽書金章，敦勉授印。憲皇明獎，時爲/寵榮。

杜公清慎廉能，雅有名迹。宰邑紀郡，出貨入糴。脂/膏不潤，毫髮無欺。擢掾於岐，處事迴出。恬淡自得，勢利不萌/於心。位卑屢空，抑有由也。夫夫婦婦，垂三十年。才業不展于/盛時，輝華不及乎紱珮。非操剸之不至，誠居位者所闕。聖人言命，良足悲夫。祕以詞藻舉秀才，禮以博覽資待問。一女尚/幼，禮法有自。棘心苴貌，君子爲難。積善流光，慶必鍾於後嗣；/殘年抆泣，情不暇於飾詞。銘曰：/

逝川不返，佳城不春。來爲哲婦，去爲窮塵。冥冥孤光，哀哀孝/子。樹有風兮薤有露，終天地兮情何已。/

【注釋】

〔一〕庚申而生乙丑而謝：墓誌於誌主生卒年均不明言，而以干支代之。考其干支，六十年爲一輪，知唐德宗建中元年，歲次庚申，則當生於建中元年（七八〇）；唐武宗會昌五年，歲次乙丑，則當歿於會昌五年（八四五）。享年應六十六歲。

二五一　韋居實夫人李氏墓誌

唐大中二年（八四八）八月十五日

墓誌近年出土於陝西省西安市長安區，具體出土時間、地點不詳。拓片誌高、寬均 42.5 釐米；韋元實撰文，韋承嗣書丹；誌文二十四行，滿行二十四字，正書。誌蓋盝頂，僅拓頂面，高 28.5 釐米，寬 28 釐米；銘文三行，行三字，陰文篆書，題「唐故隴西李氏墓誌銘」，四周鐫刻纏枝卷葉紋飾。

故京兆府興平縣主簿韋君夫人隴西李氏墓誌銘并叙。/

宣德郎、守詹事府司直韋元實譔。/

李氏自景皇帝之先〔一〕，派流甚遠。紀於圖諜者，唐朝迭爲卿/大夫。夫人，燉煌公之胄胤，景皇帝之令孫，長安令播之長女。/自長安府君至大王父母、王父母，官業揚歷。祖母之氏族，附宗/正籍，固不紀于銘誌。

夫人，故京兆杜公式方之外孫〔二〕，未及笄，丁/太夫人艱，長于外祖母。祖母薨，養于叔舅，今蜀帥、相國悰〔三〕。/相國尚貴主〔四〕，主由相國教，士大夫之風行于貴主。夫人稟貴主/之誨導，奉相國之慈育。故婦德婦功，首出六親之表；雍和仁/惠，實爲九族之規。長安府君爲富平令，夫人自叔舅還于家。元/實伯兄居實，爲京兆府興平主簿，以孝悌行義聞於士林間。/公才文業，諠於交遊，論長安府君自富平令貳殿中監，益重東/床之選，又熟南北之範，故因媒請爲婚。夫人歸于我，自始/嫁至丁興平府君喪，纔六稔，爲孀婦垂十年。行婦禮益固，奉/長上彌孝。

始有外祖母喪，以驚悸發心病，遂無□餌，及久而神/少理。嬰疾無何，奄忽而謝。以大中二年三月十六日，終于萬年/縣安邑里，享年卅五。有子一人，曰行者；有女一人，曰玄珠。興平/府君有他室子，曰智者。夫人顧謂侍婢曰：奪于母，爲我服之，以/子服。其年八月十五日，葬于長安縣居安鄉盧宋村高陽原〔五〕，祔/先舅姑塋，禮也。以年爲陰陽忌，葬不得啓夫之穴，期乎通年□/月矣。元實泣而爲銘。銘曰：/

婉婉其德，綽綽其姿。胡不永年，昭世俄辭。/良玉亦折，堅金亦鑠。矧彼幻影，比乎山嶽。/

侄鄉貢進士承嗣書。/

【注釋】

〔一〕景皇帝：即李虎，李淵之父。西魏、北周八柱國之一，官至太尉。李淵受禪登基，建立唐王朝，追謚李虎爲景皇帝，廟號太祖，陵墓稱永康。《周書》《北史》有傳。

〔二〕杜公式方：杜式方，字孝元，杜佑次子。事迹附兩《唐書·杜佑傳》。《杜式方墓誌》已出土，首題列銜「唐故正議大夫、使持節、都督桂州諸軍事、守桂州刺史、兼御史中丞、充桂州本管都防禦觀察處置等使、上柱國、南陽縣開國男，食邑三百户，賜紫金魚袋，贈禮部尚書」。

〔三〕相國悰：即杜悰，字允裕。司徒杜佑之孫，禮部尚書杜式方之子。事迹附兩《唐書·杜佑傳》。

〔四〕貴主：指唐憲宗第十一女岐陽公主。杜悰於元和九年娶唐憲宗第十一女岐陽公主爲妻。詳參《舊唐書·憲宗紀下》。

〔五〕長安縣居安鄉盧宋村高陽原：唐總章元年於長安縣分置乾封縣，治懷真坊，如唐長安二年《史懷訓墓誌》載「雍州乾封縣居安鄉高陽原」。武周長安二年廢，以其地復歸長安縣。開元二年《李君妻王氏墓誌》載「京兆府長安縣居安鄉高陽之原」；貞元十六年《孫宥顔墓誌》載「長安縣居安鄉杜河村高陽原」；元和七年《韋庸妻王媛墓誌》載「長安縣居安鄉清明里高陽原」。至於盧宋村，在出土唐代墓誌中尚屬首見。

二五二　王知道先生墓誌

唐大中二年（八四八）十月五日

墓誌出土於河南省新安縣，具體出土時間、地點不詳。拓片高 40 釐米，寬 40.5 釐米；誌文二十八行，滿行二十七字，正書，有界格而不規則；因石面有磨泐，有缺字。誌蓋缺。該墓誌是誌主生前自撰，其死、葬則是死後旁人所加。誌文涉及大量中唐後期文人。

大唐故亳州城父縣令王府君墓誌。

未終前一年，自號知道先生撰遺誌文。/

先生大中二年五月廿三日，卒城父縣官舍。名魯復，字夢周，周靈王太/子子晉卌六代孫，晉司徒導十九枝子，源始會稽，自右將軍羲之十八/葉，後詳家諜。開元中，上祖九思，銜命誅海夷不利，隱南越。時天下將泰，/家豐稼穡。築室退耕，恥言官禄。第三叔祖翁信，大曆八年售藝京師，名/震宦薄。

其先諱華，娶下邳夫人，有二子，先生次也。三歲偏罰，九歲繼憂。/無學可入，無家可安，飄梗飛蓬。至十三，自求衣食，遊而兼學。味群籍，識/興亡道理；吟古詩，知風格輕重。數粒折薪，飯菽食蘖，殆不堪憂，骨肉無/助。廿五有諱，闋服無衫，以短褐行焉。寶曆中，由江西遷客尉遲司業汾/成、庶子杭，皆賜器重，酬唱不一。嘗推引於劉京兆，未行去世。及壯，勇於/道義。大和四年，肩書夷門，訪張權輿[一]，由鄭侯李翱入洛，詣皇甫湜昭應，/問鄭還古挈文[二]，見靖安相，優遊儒墨之宛，裴兵部潾也[三]。後二年，以外祕/正，寄名邕州，將漸用焉。靖安出捨，邕又轉黔，不食辭免。

南謝所知，自潮/陽畢經封川。遇舊御史李甘。既宿，且話及婚嫁事，云桂府陳監察越石/女德具，因娶之。五年無子。授新安尉。

又一年，夫人逝。尉失意，尋谷窮，慟/而請告〔四〕。會昌三年冬，客許州侯從事，固説於盧留後，萬求留滯一季。因/□□□□陝太師孫，其先河南丞。弘早孤，又貧，在出家姑所，真与相尚/□□□□。明年春〔五〕，成禮。又明年，育一子，曰孫師，耀其宗□。其秋〔六〕，夫人又/去世，天雨絶食。居不恥下，窮不言乞。債奴而葬，抉菜而粥。吾無違天〔七〕，天/姑耗我。切聞男子衰俗不震，爵位地下，必以直用。兩夢陰間，召我將任。/有兄且病，弟異外氏，各專其善。所惜志業，所念孫師，吾之道□舒無悶〔八〕，/著詩二千七百首，文二百卅篇。後必有歎韓非者。臨卒，告家人，以吾尸/盡所蓄，雇四夫，一函，送陳夫人塋之東北舊卜地，以小男訪良期，以某/月日葬，具禮而已。墳高三尺，深七尺，置帋墨於玄堂。吾官於新安，有愛/於民，必有祝我者云：/

百年孤夢，夢内若醉。盡化北邙，何賤何貴。文不盡誌，/誌不盡意。天黯恨色，海封愁淚。大道茫茫，斯文若墜。/

以十月五日，葬于新安縣東界圍陽村。

【注釋】

〔一〕張權輿：唐李逢吉黨人，兩《唐書》有載。誌主「肩書夷門，訪張權輿」者，大抵亦是納賂求官，只是尚無更多記載，録以備參。

〔二〕鄭還古：元和中登進士第，終國子博士。存詩三首。《寶刻叢編》引《金石録》載開成五年四月《唐散騎常侍裴公碑》，唐盧術文，鄭還古正書。

〔三〕裴兵部潾：裴潾，河東聞喜人。少篤學，善隸書，以門蔭入仕。元和初，遷右拾遺，轉左補闕，累擢起居舍人。開成中，終兵部侍郎，故墓誌稱裴兵部。裴潾能詩，存詩十五首。

〔四〕而：左半及上横泐蝕，據殘畫，參以文例録文。

〔五〕明年：二字泐蝕，僅隱隱見部分殘畫，據殘痕輪廓録文。下文有「又明年」，可爲旁證。

〔六〕其：泐蝕，據殘畫，參以文例録文。

〔七〕吾：「五」缺刻筆畫爲「丑」，幾不成字。

〔八〕吾之道□舒無悶：「之」、「道」二字泐蝕，僅存殘畫，據輪廓，參以文意録文。

二五三　李渙夫人裴琡墓誌

唐大中三年（八四九）十二月二十七日

墓誌出土於陝西省西安市長安區，具體出土時間、地點不詳。拓片誌高、寬均53釐米；李渙撰文；誌文從左至右，竪書二十七行，滿行二十七字，正書，有不規則縱横界格。誌蓋盝頂，高、寬均58釐米，銘文三行，行三字，陰文篆書，題「唐故河東裴夫人墓誌」，亦從左至右竪書；蓋頂四周綫刻牡丹紋飾，四煞鐫刻四神紋。誌主丈夫即撰文人李渙，《舊唐書》、《唐會要》曾提及。

唐故河東裴氏夫人墓誌銘并序。/

朝請郎、行河南府河南縣□□集賢殿校理李渙撰[一]。/

夫人名琡，字子玉，河東聞喜人。開元中宰相文憲公之玄孫也[二]。文憲諱/耀卿，生城門府君，諱延[三]；城門生江陵縣尉府君，諱翊；江陵生新繁主簿/府君，諱敬。新繁娶京兆韋氏，生夫人，即新繁長女也。年十三，歸于隴西/李渙，即夫人外兄也。奉事先舅中丞，先姑郡君，見渙舉進士第，調參/荆州軍，辟浙江東道府，除協律，轉廷尉評，爲祭中部從事。

俄而，渙丁/內外艱。終制，授河南縣丞、書殿讎校。將述職，而夫人殁于揚州。時大中/三年八月二日也。凡爲婦廿四年，得壽卅六歲。早誕兒女，中多凋失。其/殁也，有二男一女，皆稚孺矣。幼子曰何老，惠利無雙。不幸後夫人一月，/亦殁于楚州。其年十二月廿七日丙子，渙以夫人之喪及幼子之喪，葬/于京兆府萬年縣義善鄉之鳳棲原，從先塋，禮也。

夫人姿質端明，至/性卓異。早喪父母，終尠兄弟。罔極之感，加人數等。逮事舅姑，孝養備/至。傍睦姻族，率禮無違。知和守謙，柔明幹事。渙之從鄉賦也，家方困窮。/夫人怡然安貧，躬執勞苦。暨乎獲知己之譽，列賢侯之門，幸無尤違，抑/多內助。而又秉樛木逮下之德，鳲鳩均壹之仁。歸心真乘，鋭志詩禮。疾/將不起，神用愈明。自審始終，誡以儉薄。唯曰二代未祔，越在他鄉。此志/

不申，殁以爲恨。

嗚呼！夫人可謂孝順賢達矣，而不享大年，不及榮禄。天/之報施，竟何如哉？子曰：關師年方在齔，哭無常聲。夫人季妹，韋氏婦也。/銜涕襄事，哀感路人。涣志沮神傷，痛妻及子。撫存懷昔，觸目增欷。拉淚/援毫，直銘泉户，銘曰：/

鹿原迴合鳳城前，上森拱木下窮泉。如何夫人夭芳妍，/未耀才德閟仁賢。幼子英英珠皎圓，謂其似續慶蟬聯。/悠悠報施無徵甄，咫尺淮楚皆逝川。藐嗣崩號妹悉填，/莫喻神理怨皇天。鰥夫恨獨痛纏綿，□分托葬心難肩[四]。/玄堂幽隧儼新阡，會此同歸終百年。/

塋後衙九步，幼子何老墳，時年四歲。以其年九月二日葬[五]。/

【注釋】

〔一〕李涣：唐代文人，善屬文，曾任國史館修撰。《舊唐書·宣宗紀》載，大中十二年春二月，「以庫部員外郎、史館修撰李涣爲長安令」。《唐會要》：大中「八年正月，監修國史鄭朗奏，當館修撰直館共四員，準故事以未通籍爲直館。伏以修史重事，合置修撰。諸臣秩次或卑，筆削不稱其直館，伏請停廢，更添修撰二員。從之。其舊館萬年尉張範、涇陽尉李節勒守本官，以户部郎中孟穆、駕部員外郎李涣，並充修撰。通舊爲四員，分修四季之事。」皆不載「朝請郎、行河南府河南縣□□」等職務，墓誌可補其缺。

〔二〕宰相文憲公：裴耀卿，字焕之。兩《唐書》本傳謂「謚號文獻」，而墓誌作「文憲公」，彼此有異。

〔三〕諱延：裴延，據《舊唐書·裴耀卿傳》：耀卿「子綜，吏部郎中。綜子佶。佶子弘正」。不載裴延一支，墓誌可補史缺。

〔四〕托：微泐，又似「北」字，不能確定，暫録爲「托」以備參。

〔五〕葬：泐蝕，僅存殘痕，據殘畫，參以文例，録以備參。

二五四　郭從諒墓誌

唐大中四年（八五〇）正月六日

墓誌出土於陝西省西安市長安區，具體出土時間、地點不詳。拓片誌高 65 釐米，寬 64.5 釐米；陶温撰文；誌文二十七行，滿行二十八字，正書。誌蓋盝頂，加四煞高67.5釐米，寬67釐米，不加四煞高、寬均38釐米；頂面陰文篆書，題「唐太原郭府君墓誌銘」，四周綫刻牡丹紋飾，四煞刻四神紋飾以花卉圖案。

唐故正議大夫、殿中省尚衣奉御太原郭府君墓誌銘并序。／

鄉貢進士陶温撰。／

郭宗厥先，族望于太原。王季英裔，世有賢哲。號叔源遠，有道生焉。積德泉／深，懿續演大。我唐洸洸赫烈，弼匡扶持，宗社嶽資，／汾陽即府君之大世父也。／

府君諱從諒，字復言。曾祖敬之，壽州刺史，贈太保。祖幼明[一]，少府／監，贈太師。父晅[二]，尚舍奉御，贈鴻臚少卿。府君寔家嫡焉，生居綺／紈間，自然知禮誼。習爲雅素，通於吏能。丱歲充左千牛備身，奇童近侍，／老成稱譽。轉左羽林衛倉曹，改昭應縣尉。佐羽翼如林之盛，助華清近甸／之雄。調授富平縣丞、司農寺丞、太子舍人、杞王府諮議[三]。倅理薦推於赤縣，／貳官課最於大農。俄高步於青宫，忽曳裾於朱邸。清班美洽，銀艾榮深。

會／昌初，北狄未銷，猶事和好。大君有命，使乎得人。邀公爲入回鶻使／判官，兼殿中侍御史。韜其宏略，展于盛時。方乘驄於晉陽，聞破虜於／朔塞。詔嘉于役，授左贊善大夫。君之棣蕚五人，四衣朱紱。／令弟從郁，時任洗馬焉。解系之兄弟，連官晉史，編爲美説。郭氏之伯／仲，同日國典，豈其闕歟。累歲，始爲尚衣奉御，加正議大夫。嗟乎！士君／子之能，恭肅慶茂，濟濟蹌蹌。入奉紫宸，出居洪族，宜其顯重班列，鎮／臨州邦。

志未申而聲已銷，首未華而勢已歇。不幸遘癘，以大中戊辰年三／月廿四日[四]，奄終于親仁里舊第，春秋六十有一。越庚午歲正月六日乙酉[五]，／始祔于萬年縣義善鄉鳳栖原之先兆。

夫人丹陽縣君陶氏，寔／大京兆公之孫，當會昌四年冬暮，早俟君於下泉。休則淑範，固／備于前志。一子亞初，前左武衛騎曹參軍，克紹家聲，欒棘奉事。温忝諸舅，／詳其慶門。追伯姊之仁深，感大夫之知舊。不讓玄石，寫詞／幽陰。銘曰：／

猗歟正議，秉彼昭懿。誠然康壽，宜矣軒貴。／天胡奄抑，代忽遐棄。孰顯孰悴，冥焉一致。／帝里南垌，佳城故地。松風颯兮以

悲，暢徽音於千萬祀。／

【注釋】

〔一〕祖幼明：郭幼明，據《舊唐書·郭子儀傳》：「幼明，尚父子儀之母弟也。性謹愿無過，不工武藝，喜賓客飲讌。居家御衆，皆得其歡心。以子儀勳業，累歷大卿監。大曆八年卒，贈太子太傅。」墓誌作「贈太師」，與史傳不同。

〔二〕父晅：據《舊唐書·郭子儀傳》，郭幼明子郭昕，肅宗末爲四鎮留後。不載郭晅，墓誌可補史缺。

〔三〕杞王：當爲李峻。《舊唐書·武宗五子傳》：「武宗五子：杞王峻，開成五年封。」

〔四〕大中戊辰年：不載帝王，據長曆，唐宣宗大中二年，歲次戊辰。

〔五〕庚午歲：不載帝王，據長曆，唐宣宗大中四年，歲次庚午。

二五五　韋誎夫人崔氏墓誌

唐大中六年（八五二）五月四日

墓誌出土於陝西省西安市長安區，具體出土時間、地點不詳。拓片高、寬均 44 釐米；崔讓撰文，崔誼書丹；誌文二十一行，滿行約二十四字不等，正書，四周雙綫邊欄；原刻末尾有「銘曰」，但没有銘辭。石面部分泐蝕，文字略有殘損。誌蓋盝頂，加四煞高 49 釐米、寬 48 釐米，不加四煞高、寬均 29.5 釐米；頂面陰文隸書，題「唐故博陵崔夫人墓誌」；四邊鐫刻牡丹紋飾；四煞鐫刻四神紋，飾以花卉、雲水紋。《韋誎墓誌》亦出土，本書收録，可以互參。

唐京兆府倉曹參軍韋君故夫人博陵崔氏墓誌銘。／

兄讓撰。

兄誼書。／

夫人姓崔氏，博陵安平人也，山東之右族。先世齊之穆伯，漢之文/陽侯。迄于晉、宋、陳、隋，紱冕尤盛。五代祖諱確〔一〕，唐中書舍人。大王/父諱述〔二〕，普州安居縣令〔三〕。王父諱朝用，廬州巢縣令。烈考諱□〔四〕，□□節/度參謀，後爲江州尋陽縣令。兄兢、鑄、讓、誼。其伯姊適振州刺史韋豐，/即夫天之嫂也，夫人之姒也。外族弘農楊氏，外王父諱綬，屯田郎中、/光禄少列〔五〕。

夫人天資孝理，生禀淑圖。承□慈訓，得女師之風，侍伯/姊有女娣之節。紡塼之暇，博覽古文，尤精《周禮》、《魯論》之言，兼明釋/氏、老氏之教。善理筆札，真隸入神。昭範之由，莫非箴史〔六〕。□親響附，/族屬馨聞。既以笄年，俄膺紹介，而嬪于京兆韋諫。寶曆二年冬，/自尋陽魚軒迎于宣州當塗縣〔七〕，筮仕之邑也。邑□□滿，和鳴北歸。/相敬如賓。臻禄□任中，貴爲主二十餘年〔八〕。爰訓大成，娶配欲畢。其/寅位之長曰勖，小字尚六〔九〕，汝州梁縣主簿，娶河東枚氏。有男嫡庶/四人。其庚位之長，適隴西李從方，有外孫女一人。其庚位之季，將及髡/儀，欲擇好逑。

值大中六年，獻歲之節，夫人力終春薦之禮，/忽嬰勞瘵，百藥無瘳。二月廿七日甲子，捐舍于長安棠化里，享壽/壬午之曆。是年五月四日庚午，祔于萬年縣洪原鄉洪濟里，少陵原/之西，神和原之北，先舅、先姑塋之東，夫家外王父、外王母塋之/西。卜兆之日，勒石之時，其兄乃叩問四封。哭記年月，血筆書甲子日，/事哀也；書庚午日，事禮也。銘云。/

【注釋】

〔一〕五代祖諱確：崔確，兩《唐書》不載。《册府元龜》卷一二五：「至夜半，軍臨賊城，守陴者皆亂，争自投而下。仁杲窮蹙，開門請降，頓顙於道左。高祖聞之大悦，遣内史舍人崔確齎錦袍，馳賚有功者。」或即此人。

〔二〕大王父諱述：崔述，兩《唐書》不載。《寶刻類編》卷三載崔述撰《裴耀卿宗族碑》，八分書，天寶元年立。《唐音癸籤》卷三三載：「《薛苹唱和詩》，唐薛苹詩，不著書人名氏，崔述等凡十七首。紹興。」

〔三〕令：微泐，據殘痕録文。

〔四〕烈考諱□：「諱」下一字泐蝕，隱隱可見殘痕，似「漳」字，存疑待考。

〔五〕列：考職官，似當作「卿」。

〔六〕史：泐蝕，據殘畫輪廓録文。
〔七〕塗：泐蝕，僅存殘畫，據殘痕，參以文意録文以備參。
〔八〕貴：泐蝕，排除石花，輪廓似「貴」字，録以備參。
〔九〕六：泐蝕，有石花，録以備參。

二五六　薛弘休夫人裴氏墓誌

唐大中六年（八五二）五月十九日

墓誌出土於陝西省西安市郊，具體出土時間、地點不詳。拓片誌高、寬均 48 釐米；薛弘休撰文，裴恪書丹；誌文二十二行，滿行二十五字，正書。誌蓋盝頂，加四煞高 47 釐米、寬 46 釐米，不加四煞頂面高 31 釐米、寬 32 釐米；陰文正書，題「大唐薛氏夫人墓誌銘」；四周各鐫刻牡丹花一朵，四角刻折綫幾何紋，四煞鐫刻四神紋飾以纏枝雲水花紋。誌主之祖裴度，兩《唐書》有傳；其父裴譔，典籍曾提及。

唐薛氏故裴夫人墓誌銘并引。／

河東薛弘休述。／

夫人裴姓，其先河東聞喜人也。祖度，皇司徒，兼中書令，晉／國公。父譔〔一〕，皇尚書司封、兵部二郎中、常潁二州刺史。相國／以勳庸翊聖，正郎以文業承家〔二〕。盛德清名，列在／國史。此不復備録。夫人崔出也，故諫議大夫備之外孫，崔亦／名族，復華令望〔三〕，夫人伯父、季父，皆有重名，或擁旌鉞以鎮雄／藩，或堂經綸以參密命。軒冕之盛，輝冠一門。

夫人即正郎／之季女也。自小聰敏，性不與群稚同。幼而發言皆有奇語，故中外親／愛，無不器之。年纔十餘歲，并屬家難。號天泣血，仕禮無虧。孝敬／之心，乃自天得。喪服既闋，尚在閨闈。女工之餘，兼好文籍。手抄諸家集／數十卷，古今女德婦行，無不姸詳，柔順持心，珪璋表德，實爲之間氣。／年十八，將娉于薛氏子弘休。自契合鳴，纔經四載，齊眉擧案，無謝／古人。

弘休常以爲夫人受性慈和〔四〕，必鍾天祐。何期蕣華易謝，風燭/難留。以大中六年三月廿三日寢疾，歿于長安永樂里之私第，享齡廿/一。有女一人，未及其名，先夫人一年而卒。嗚呼！粉匣鸞空，瑤臺月/落。龜筮叶吉，宅兆有期。以其年五月十九日，葬于京兆府萬年縣洪/原鄉邑陽里，薛氏先塋之側，禮也。嗟乎！松菀霜苦，泉扃夜/長。何以紀時，存之銘曰：/

花爲容兮玉爲性，威儀祑祑兮保家慶。歲云暮兮鳳孤鳴，寒/燈耿兮閉佳城。日悠揚兮雲霮䨴，松風颯颯兮千万代。/

五月九日，兄恪書。/

【注釋】

〔一〕父譔：裴譔，《舊唐書·裴度傳》載裴度有子五人：識、譔、讓、論、議。裴譔歷官，史傳不載，墓誌可補其缺。

〔二〕正郎以文業承家：關於裴譔長慶元年登進士第事，涉及黨争。《資治通鑒·穆宗睿聖文惠孝皇帝上》有詳載。墓誌「以文業承家」，避開其事。

〔三〕華：泐蝕，據殘痕録以備參。

〔四〕爲：泐蝕，據殘畫録以備參。

二五七　宗進興夫人楊氏墓誌

唐大中七年（八五三）正月五日

墓誌近年出土於陝西省西安市郊區，具體出土時間、地點不詳。拓片誌加邊高、寬均74釐米，不加邊石面高53釐米、寬52釐米；誌文十九行，滿行二十字不等，行書；四側鐫刻十二壺門，內分別鐫刻十二生肖圖文。誌蓋盝頂，高、寬均57釐米，頂面高、寬均29釐米；陰文正書，題「唐故楊氏夫人墓誌銘」，四周鐫刻團花紋，四煞鐫刻四神紋飾，圖美精細。

唐故太中大夫、行內侍省內府局丞員外置同正員、上柱/國宗公故夫人楊氏墓誌銘并序。/

宗公之夫人，弘農楊氏之女也。公諱進興，先並具祖/考銘誌，此不重述。夫人繼世官爵，盛聞於時。及/笄之年，以令得歸于宗公。夫人貞婉自天，淑範/姿睦，教傳孟母，名冠鴻妻。静以自安，動無失得。容止可法，箴誡合儀。性植幽閑，因心孝愛。嚴母之訓，家風可書。

豈其魚軒始賜，鸞鏡俄空。瓊樹芳茂，/金風遽折。悲哉！以大中六年九月廿九日終于脩德/里之私宅，其年春秋六十有七。以七年正月五日，葬於/長安縣承平鄉李村，祔于先塋之禮。是日也，奉/夫人之柩祔於故阡，而就其新壙焉[一]。佳城相鄰，松/楸對碧。順而合禮，神魂永康，孝敬之心備矣。有子一人，/丞務郎、行内侍省内府局丞員外置同正員、上柱國元致。/有女一人，茹荼泣血，同奉喪事。宗公恐年移歲改，封/樹無據。命紀德行，用旌泉門。嗚呼哀哉！乃爲銘曰：/

世道云云兮紛然是非，來如寄兮去矣如歸。紀貞德兮百代是希，閉泉户兮萬古餘/輝。/

【注釋】

[一] 壙：原刻作「曠」，訛誤。

二五八　徐公夫人王慕光墓誌

唐大中八年（八五四）十二月九日

墓誌出土於陝西省西安市長安區，具體出土時間、地點不詳。拓片高、寬均46釐米；許温玉撰文；誌文二十五行，滿行二十五字，正書，兼行書。誌蓋缺。

大唐前左神策軍判官、承務郎、監察御史東海徐公故夫人太原王氏墓誌銘并序。/

鄉貢進士許温玉撰。/

夫人字慕光。曾祖宏，皇朝散大夫、蔡州司馬。祖妣清河崔氏。祖儦，/皇朝請大夫、太子僕、兼通事舍人、知館事，贈左散騎常侍。祖妣隴/西李氏，贈渭源縣太夫人。考真，皇陝州刺史、殿中大監，贈工部尚/書。妣隴西李氏，封隴西郡夫人。夫人在家，貞孝柔順，淑德蘭芳。年/廿四，歸于徐氏。心奉蘋蘩，而禮供祭祀。事長撫幼，糾合宗黨，恭敬/内外。孝愛備於五常六律，然動必由禮，非法度，未嘗輒踐也。生二/子，長曰彦昭，年十八，見修三史，業未就試。其於尚禮教，承事長幼，/皆以義方。而夙夜貞厲其志。次曰道者，奉夫人訓導以從道，叶冠/去虚，而年幼，體纔勝服。有女四人：長適惠氏，其次三人，並未去室，而/孝節俱明於堂室。其夫人執婦道，少入于徐氏，廿五年矣。六親服/其義，鄉閭奉其德，内外稱其慈。其輔佐君子，執禮無闕。候待賓客，/俎豆不乾。向使神不助正直，天不降考壽，然不得偕老。

嗚呼不造，/享年卌九，而殁於萬年縣永樂里中寓，喪聞元覲。夫人立志以副/其心，宜于室家，能睦其族，能匡婦道，以義而形于夙夜。操禮範無/闕，在閨門有序。慈奉佛，持禪念道，機弘有知，極其所尚。以大中八/年十二月九日，卜宅兆京兆府萬年縣寧安鄉方趙村鳳栖原，祔先/塋。追紀往行，以誌幽石，其禮也。温玉忝在門館，故嘗聞清德。逝殁可嗟，見備大道。具録實根，以將不朽。其詞曰：

貞孝柔和，婦道世稀。夫人秉禮，六親是依。衿鞶爲誡，/蘋藻飾帷。四始之美，九姻是追。仁而必答，不登壽機。/天實匪忱，古今同歸。變化忽怳，魂散魂飛。闌石紀範，/是儆不誰。謂仁者永，天實者違。同塵殞傷，歸根大非。/于以刊石，永播淑姿。/

二五九　趙元符墓誌

唐大中九年（八五五）閏四月十八日

墓誌出土於陝西省西安市長安區，具體出土時間、地點不詳。拓片高、寬均40釐米；趙因撰文；誌文二十一行，滿行二十三字。誌蓋盝頂，加四煞高43釐米、寬42釐米，不加四煞頂面高、寬均23釐米；陰文篆書，題「天水郡趙府君墓誌銘」；四周鐫刻牡丹紋飾，四角刻折綫幾何紋；四煞刻四神紋飾以雲水紋。

唐故河中府寶鼎縣令趙府君墓誌銘。

姪因譔。/

士有冰潔泉瑩，整乎政制。抱英奇之性，曠河海之量。居世不/長，豈非歎歟，痛歟！

府君諱元符，字□□〔一〕，版籍宗派，隴西天/水人也。軒冕簪紱，傳聞于今。祖列宗代，不復繁紀。高祖默，/皇邛州臨邛縣令。曾祖訶〔二〕，皇右庶子、殿中監。祖約，皇右衛率/府倉曹參軍，是娶京兆韋氏〔三〕。

府君即倉曹之次子也，韋氏/之出也。温柔博學，禮樂爲飾。修持天爵，以著嘉猷。齠齔之歲，/早失怙恃。用蔭補三衛出身，歷官六任。後選授汾州西河/縣令。政聲滿衢，百里清謐。考秩畢日，舉轅盈街。太守潘公/珍奇呻嘆。再署假宰，三換炎涼，出入戴星，剸割憑法。再選，/恩除蒲州永樂縣令。下車問俗，撫綏耄耋，剗弊勞勤，咸恭其/範。秩滿復選，天官折資，又除河中府寶鼎縣令。入境愛人，紀/綱遍溥。霜雪之令，風化始行。

大中九年三月九日暴疾，終于/京之署。春秋五十有九。嗚呼！實謂天不福善，秋風敗蘭。玉有/緇璘，兩成痛惋。夫人河東衛氏，早年無子，亦足爲悲。姪孫樂/兒，用續胤嗣。唯女一人，先適崔氏。以夫人去年傾落，權窆/汾州。今遇年月不利，未及啓合。大中九年閏四月十八日，/護喪歸葬于京兆府萬年縣寧安鄉通安里三趙村，祔曾祖/之塋也。伏虞時祀深遠，陵谷變徙，刊石爲銘。詞曰：/

青烏占筮兮吉秋，窀穸永固兮雲愁。/松柏肅肅兮丹旐道，馨香祁祁兮千古流。/

【注釋】

〔一〕字□□：「字」下原刻空二字格，失其字。

〔二〕訶：右半下部模糊，因是人名，所憑語境信息少，僅據輪廓録以備參。

〔三〕是：下部似未刻完，是否「是」字不能確定，録文以備參。

二六〇　薛芻墓誌

唐大中十年（八五六）四月十三日

墓誌近年出土於陝西省西安市郊區，具體出土時間、地點不詳。拓片誌高、寬均38釐米；薛臨撰文；誌文二十四行，滿行二十五字，正書。誌蓋缺。誌文爲誌主之父薛臨爲兒子所撰。與一般誌文風格不同，多用散句，典故亦少，似乎與唐代古文運動有關。

有唐大中十年，二月廿七日，守監察御史薛臨長男芻遘疾，/没于長安縣懷真里。其年四月十三日，歸葬于萬年縣中趙/村，附于王夫人之塋，禮也。曾祖播，禮部侍郎，贈右僕/射。祖公幹，太子右庶子，贈刑部侍郎。世載其德，位顯其官。/臨獲奉前訓，謬昇邦憲。造理無狀，禍遘于芻。噫！古稱知子/莫若父，信矣。故得刊石以表之。余始鞠芻，褓未始提，髫未始/挈。及識是非，余家貧，每客于四方。芻留于京，育于慈叔慈姑，/乃授業于姑氏。芻性和而能容衆，仁而恤下。與同等處，未嘗/較己而求勝，必默默退自檢。及余上第，調補參馮翊軍，署長/春宫巡官，掌記番禺郡，佐天平軍幕，爲襄州節度判官，拜/監察御史，四鎮從軍。芻得侍温清，調膳餌，受琴書，弓劍者，廿八/年矣。

余憐其尨厚，而不處於有過之地；念其業學，不俟余教/誨成[一]。孜孜兢兢，不捨晝夜。文已盈篋，賦已盈軸。爲古詩，往往/合風雅；坐室[二]，悄若其無人。侍余家不能贍，潛搜囊質衣，以補/其闕。乃謂使令輩日無以寠空而告家君，使口體之不寧也。/丁王夫人艱，一號而動人；奉諸父訓，委曲而不渝。事/長獲愛，撫弟甚慈。

仲春遘疾，咽不下，食少。長持藥投針石，不/能瘳。以至于終聚哭于寢室。嗚呼！芻字秐叟，生有令名，彰于/代，其父也信。及没，骨肉憐其誠，其哭也哀。喪未既而没身，孝/也；道且肥而無位，命也。余哀爾無嗣以慶後，有喪而無主。撫/其棺而銘曰：

司寇之孫，察視之子。有至行可書，無禄位可紀。天爵既富，人/爵已矣。爾不負世，世實負爾。噫！戴義服仁，何籍朱紫。貞石

不/泯，誌其行於此。/

【注釋】

〔一〕不俟余教誨成：此句行文不協調，疑當作「不俟余教誨而有成」，録以備參。

〔二〕坐室：此句似脱一字，一般作「坐静室」，與上文「爲古詩」彼此相應。

二六一　韋諫墓誌

唐大中十年（八五六）七月二十日

墓誌近年出土於陝西省西安市郊區，具體出土時間、地點不詳。拓片誌高 49.5 釐米，寬 47 釐米；崔誼撰文并書丹，李公武刻字；誌文二十三行，滿行二十八字不等，正書。誌蓋盝頂，拓片高、寬均 46 釐米，蓋頂陰文隸書，題「唐故京兆韋府君墓誌」，四周鐫刻卷草紋飾，四煞刻四神紋。誌文散行，敘事爲主，風格平易清新，與過去碑銘體用典使事，四六對文迥然不同，當是受古文運動的影響。誌主夫人崔氏墓誌亦出土，本書收録，可以互參。

唐故京兆府士曹京兆韋公墓誌。/

博陵崔誼撰并書。/

公諱諫，字正夫，京兆人也。曾祖縝〔一〕，申王府司馬。祖幼卿，河南府洛陽縣/丞。烈考羽，户部員外郎、西川南道運糧使。案公家牒，其先出自顓頊/大彭之後，當夏帝少康之時，封彭氏之子于豕韋。及周赧〔二〕，以國爲氏，因/家彭城。至楚，太傅孟復徙于魯。後至漢丞相賢，又遷於京兆之杜陵。自/丞相之後，皆稱京兆杜陵之人。以是弈葉分派，韋氏益大。丞相十七世生隋/尚書右丞、南皮公瓚〔三〕。

公即南皮六世之孫〔四〕。至公之世，伯仲朱紱紫綬，繼踵/於朝。公弱冠，明經擢第，釋褐宣州當塗尉，復從事交趾〔五〕。歷官七任，兩爲/西府掾。爲人和粹深厚，謙光自牧。爲官清廉篤下，剋己奉公。每莅一官，惕/然翼翼。不施刑樸，而吏畏伏。務無鉅細，先期而集。辭滿之後，茂績藹然。繼/莅者皆法其績，不能改作。近俗稱良吏者，有一善，必自書於簡牘，持以干/公卿門，誇衒求禄。公揚歷七任，未嘗一曹無卓然之迹。不獨不書於簡牘，/而亦不言於人。人將以詰公，公曰：自媒而售，必爲賢哲嗤責。所以自筮仕洎卒官，/餘卅年，尚縈墨綬。聞公之歿者，無不痛之。

公外族博陵崔氏，公夫人即/從舅季女，先公而終。生男曰勔，右衛倉曹參軍。女二人，長適隴西李從方，次始/及笄。勔娶河東柳氏，生子三人。公於大中十年五月廿七日，自前京兆府士曹掾/捐館崇化里，享年六十六。以其年七月廿日，啓夫人之兆，將合葬焉，禮也。/公於誼，維私之親，尤熟懿德。屬先遠之期，吉辰迫近。癖於腐毫，不果盡/書。悲憒其道，託詞於銘。銘曰：/

謂德延齡而壽虧七十，謂德稱官而朱紫不及。德即無違，慶復/何欺。其幽其明，誰其職之。石火道飆〔六〕，嗚呼已而。/

石工李公武刻字。/

【注釋】

〔一〕曾祖縝：關於韋縝，據《寶刻叢編》引《京兆金石録》載，唐獨孤及撰、顔真卿書《唐贈太常卿韋縝神道碑》，寶應二年立。應即其人。至於《舊唐書·文宗下》在開成元年正月「丁未，以秘書監韋縝爲工部尚書」，時代不合，恐非。

〔二〕赧：略有石花，據輪廓，參以文意録文。

〔三〕南皮公瓚：韋瓚，《隋書》無傳，但《隋書·食貨志》載，開皇三年「又遣倉部侍郎韋瓚，向蒲、陝以東，募人能於洛陽運米四十石，經砥柱之險，達於常平者，免其征戍」。應即其人。墓誌之「尚書右丞、南皮公」，史傳不載，可補史缺。

〔四〕孫：剥泐，但尚存殘畫，據殘痕輪廓，參以文例録文。

〔五〕從事：二字部分泐蝕，排除石花，輪廓尚可見。

〔六〕石：微泐，上横畫不可見，據殘畫輪廓，參以文意，應是「石」字。

二六二　渤海高氏墓誌

唐大中十二年（八五八）十月十二日

墓誌出土於陝西省西安市郊區，具體出土時間、地點不詳。拓片高、寬均39釐米；高勛撰書；誌文十四行，滿行十五字，正書。因誌主未出嫁而亡，誌文詳載其父兄，而於誌主則無行事，且無銘辭。誌蓋缺。誌主祖父高崇文官至宰相，兩《唐書》有傳。

唐故渤海高氏墓誌銘。/

姪朝請郎、前行莊陵丞勛書。/

前振武節度使、檢校刑部尚書，兼御史/大夫高公第五女〔一〕。曾祖行暉，皇任懷/州別駕，贈户部尚書。祖崇文〔二〕，皇任邠寧/慶等州節度使、同中書門下平章事，贈/太尉。親兄弘，見任右金吾衛將軍。親兄/聿，前守衢王府長史〔三〕。親兄弘宣，見任易/州刺史。親兄宏，前右司禦率府兵曹。親/弟弘言，見任涇州參軍。

大中十二年八/月十七日，因染微疾，九月三日，歿于安/業里。享年廿。取其年十月十二日，窆于/京兆府萬年縣神禾鄉神禾原任王村，/故勒石于紀。/

【注釋】

〔一〕高公：墓誌不載其名字。兩《唐書·高崇文傳》僅載崇文之一子承簡，官「拜兗海沂密節度使。遷義成軍，檢校尚書左僕射。入拜右金吾衛大將軍，復節度邠寧」，均與墓誌歷官不合，當非其人。

〔二〕祖崇文：高崇文及其孫高駢，官至同中書門下平章事，兩《唐書》均各有傳。而墓誌所涉其他人員，史傳無載，墓誌可以提供參考。

〔三〕衢王：當指李憺。《舊唐書·穆宗紀》長慶元年以李憺爲衢王。

二六三　杜傳慶墓誌

唐咸通七年（八六六）閏三月二十七日

墓誌出土於陝西省西安市長安區，具體出土時間、地點不詳。拓片誌高 55 釐米，寬 54 釐米；林速撰文，杜振書丹；誌文三十七行，滿行約三十七字不等，正書。誌蓋盝頂，加四煞高 58 釐米、寬 57.5 釐米，不加四煞高 42 釐米、寬 41 釐米；陰文正書，題「唐京兆杜府君墓誌銘」，以團花作井字界格，縱橫各三朵小花，外框菱形圖案；四周内層爲四神圖紋，並以團花裝飾，外層刻八卦符號，間以團花紋；四煞鐫刻十二生肖圖紋，峨冠博帶，雙手捧笏版，構圖巧妙，製作亦精細。誌主卒於咸通七年閏三月二十七日，不載具體葬年。

大唐故朝議郎、守河中府河東縣令杜府君墓誌銘并序。/

魯人鄉貢進士林速撰〔一〕。

親弟文林郎、權知汾州録事參軍振書。/

《易經》曰：「觀乎天文，以察時變，觀乎人文，以化成天下。」日月明，星辰正，四時序，賢人作，剛柔交錯，/雷雨不紊，此天文也；禮樂興，文章秀，敬讓肅，事業著，家道和睦，孝悌成風，此人文也。於戲！聖人垂家，/世有稟之者，則我唐京兆杜公，實人文之英傑，衣冠之標準耳。公十六代祖，後魏大將軍、雍州刺史顒〔二〕，以/德封安平公，贈太尉。十一代祖，晉鎮南將軍、荆州刺史預，以道封當陽侯，實天地之人瑞，仲尼之門弟耳。/秀氣轉熾，慶澤滂流。綿綿而隆，藻藻而起。斯非積道德而昌，孰至如是大者乎。公顯考元同，許/州司馬，襲安衆公〔三〕。曾祖彦，先太子率更令，襲安衆公。祖咸，開州別駕，贈同州刺史。考叔近，/慈州刺史。自許州司馬，達于慈州太守，偕懿德淑慎，龔慈惠和。容止與人爲師，發言皆成典誥。/太守年逾弱冠，娶夫人博陵崔氏，後封博陵郡君，二姓皆貴族。

公則慈州之次子也。名傳慶，字/彛美。學行生知，孝有天授。雖承蔭入仕，而文藝夐絶。亦愛乎天文學，所謂學究天人也。慜秀/而敬，克己而光。慎立不葸，取捨合禮。初仕于宋州下邑縣尉，下邑而仁布風清；知已奏請爲邢州/任縣令，而任人畏法孝立。自任辭袟，調爲潞州上黨之長。其德轉明，其道轉泰。時相國裴公/罷相鎮潞，於公敦往還之分，去趨拜之禮，每延東閣，別施一榻。至議及公務，論貫訟庭，常目公爲/吏師。其仰法如是。既去上黨，相國之煦不衰；送名相庭，即海内之人顒竚。

其歲，今壺關李公蟦/署京畿大尹，仰公於古人之際，知公在鄒魯之鄉。雖密不齊之生存，言偃之在世，亦未肯下公之/肩，而多前儒也。遂拜章疏，聞于聖聰。聖旨悦從，拜公爲渭南宰。自此麒麟傅翼，鳳皇施/角。視霄漢于咫尺，揖天路以翱翔。自國家重難之地，貴大之位，無不俟公於旦夕也。公薄於名而/厚於孝，言其人乃曾冉之儔耳。時公伯長嘗任于蒲州河東尉，爵袟既罷，疾恙彌留。公垂泗屈身，/再三乞爲河東宰，冀俸入爲藥餌之償，貴朝夕睹湯饍之良。日就休徵，壽我棣萼。

何期上天不照，/神理昧然，有加無瘳，奄從逝水。公哀抱痛裂，血涕綆縻。上號穹蒼，中悼骨肉。不之旬日，相次云亡。即咸通/七年，歲在丙戌，閏三月癸巳，二十七日壬申，終於縣之官舍正寢之西偏。屬傾于位，非輦轂舊居也。時/春秋五十二。寰宇爲其慘慓，草木以至淒涼。遺愛如生，清風不散。嗚呼！仁者必壽，公仁深矣；德者必永，/公德高矣。何天道如是，幽明未詳，福慶何人，喪我大君子。

公令弟曰振，時倅戎汾川，求假之蒲。丁此重禍，殞/身于地，絶而復蘇。既哭且呼，風物痛色。之明年，謂魯人林速曰：「我兄好學立信，行出夷齊。地理天文，觀/在指掌。費用節儉，天性不嗜酒杯。咸臨事典從，以全汎愛之道。前後莅官，兼職約十餘任。所得金帛，與骨/肉親友周之。家無餘財，食不兼味。嘗謂振曰：弟兄之間，吾最依爾。」魯人林速敬再拜受，遂傳如右。其時/二喪旅于河東。公令弟振哀訴於蒲侯夏侯公，馮翊侯王公，各濟清俸，卹從歸路。公令弟哭泣匍匐，/與孤姪等扶護，權殯長安城南。以年月未吉，未克葬也。今以歸/葬于京兆府萬年縣洪源鄉司馬村，祔九世之先塋，禮也。

公夫人滎陽鄭氏，有女一人，曰渭，渭纔三歲/矣。側室劉氏，子三人，女三人。其子孟曰徐八，仲曰穎子，季曰何僧，亦偕孺稚，未達名宦。讀書有文，各立名/節。二儀初分，造于鉅唐。杜氏得姓，未有不公不侯者，則公之三子，有季父訓道，示故公侯瑚璉之器矣。/悲矣乎！公之三子，爰女四人，鞠在憫兇，慟厲荼苦。各未成立，失天何依。日居月諸，抑歸先王之禮制。/銘曰：

公之仁，出古之人；公之德，古人不克。居家惟貞，莅官惟清。棣萼之秀，遠播嘉聲。/常宰西畿，廓廟之資。屈請河東，爲伯氏求醫。既不蒙愈，奄至大期。泣血相繼，/泉壤同之。天胡不仁，手足一時。積善福慶，何虚其辭。令子三人，挺然天格。卜歸文禮，/祔先塋松栢。懼日月彌厲，春秋異陌。具載斯文，刻此貞石。/

【注釋】

〔一〕林速：兩《唐書》無傳。唐黄滔《黄御史集》卷六《司直陳公墓誌銘》：「其後詞人，亹亹若陳厚慶、陳泛、陳黯、林顥、許温、林速、許龜圖、黄彦脩、許超、林郁，俱以夢筆之詞，籝金之學，半生隨計。」可知其人飽學而善爲文。

〔二〕後魏大將軍雍州刺史顒：杜顒，據《魏書·杜銓傳》：「祖悦弟顒，字思顔……除鎮西將軍、光禄大夫。以勳又賞安平縣開國伯，食邑五百户。以平陽伯轉授弟二子景仲。後爲征西將軍、金紫光禄大夫。」歷官與墓誌不合。墓誌時代玄遠，不可信。又以杜顒爲誌主十六代祖，錯得更離奇。

〔三〕襲安衆公：誰首封「安衆公」，前文無交代，後文亦未補記，突兀無根。據文意，疑「襲」當作「封」，則下文「曾祖彦，先太子率更令，襲安衆公」順暢了。

二六四　劇誨夫人史氏墓誌

唐咸通七年（八六六）六月二十三日

墓誌出土於河南省洛陽市洛龍區龍門鎮，具體出土時間、地點不詳。拓片高、寬均39釐米。李坦撰文，劇韜書丹；誌文二十二行，滿行二十二字，正書。誌蓋缺。

唐故如夫人渤海史氏墓誌銘并叙。/

外甥朝議郎、前守洛陽縣令、柱國、賜緋魚袋李坦撰。/

女順章明於深壼，女功茂麗於静窗。克究令儀，式顯懿範。/有昔之五可，故君子得以納之。

如夫人姓史氏。其先/陰山達官，在高宗朝内附，鬱爲中華之豪族。父昭，/代州水運押衙。策功塞垣，樹德軍旅。門風自肅，家聲共高。/故有是淑女，獲執君子之箕帚。

如夫人移天之初，宜/家有裕。事長上以敬立，撫幼弱以慈聞。舉按而豈止齊/眉，進賢而無非後己。中表宗族，曾無間言。始終一如，垂二/十七祀。蓐勞十載，身累三年。

瞑眩無徵，兇短俄及。以咸通/七年，歲在丙戌，六月廿三日，易簀于河南府道化里之私舍[一]。/享年五十。有子一人，沙彌，年十九。有女一，小沙，年十三。/良人劇誨，前邠州録事參軍、宿州軍事判官，閑居洛師軍/事。以陰陽所忌，歸葬未期。權窆於河南府河南縣龍門鄉/南王村南原也。沙彌、小沙哀毀逾制，號慕無節。鄰伍爲之/雪涕，行路莫不興嗟。軍事慮其年代寖遠，原隰超遷。謂爲/舅甥，夙詳事實，固命紀録，敢讓鏤銘。

鐘磬如之何，匪扣/不揚；絲蘿如之何，匪高不彰。因聲結感，託蔓增光。/九十令儀，閨闈克備。二八穠華，里巷傳懿。果從/德門，垂範後昆。方期永福，忽奄歸魂。芳蕙易折，/皎月先缺。永閟泉臺，空留婦節。/

姪鄉貢進士劇韜書。/

【注釋】

〔一〕私：原刻作「税」，疑是訛誤。

二六五　房公佐墓誌

唐咸通八年（八六七）十一月二十五日

墓誌出土於陝西省西安市郊區，具體出土時間、地點不詳。拓片誌高、寬均53釐米；誌文十九行，滿行二十八字不等，正書。石面殘毀嚴重，銘文缺損較多。誌蓋缺。

唐故承務郎、行内侍省掖庭□□教博士員外置〔一〕，□□□□□□□□□光陵使，賜緋魚袋，清河郡房公墓誌并序。／

公諱公佐，清河人也。曾祖玉，退仕高尚。考岌，朝請郎、行内侍省掖庭／局宫教博士員外置同正員、上騎都尉。門傳朱紱，羽衛九重。譜牒相／承，可略言也。

公德風間受，容止可殊。岳瀆降靈，稟神洽異。能天假□□／明時，取儉脩身，奉公清瑾。久承渥澤，宣譽方隅。表□□□□□□□。／君臣德合，宇宙匡寧。志道志仁，能温能厲。功勳□□□□□□□□□，／詔授光陵使。虔奉嚴禁，無憚劬勞。翼□□□□□□□謂膏肓／瘵。夢奠兩楹，痛疾彌留。脩□□□□□八年七月廿六日，終於奉先彤／光陵之私第，春秋六十□□□□□□□行路□□悲厥子匡諫，乃兆□／□□□先域，選於勝地。而□□□□□□□下旬有五〔二〕，適窆於京／兆府高陵縣脩真鄉西霍村崇信里原之禮也〔三〕。慮□郊原迷錯，／阡陌迴移。松柏頗常，凋摧變易。故刊貞石，勒銘以書／其誌。詞曰：／

弼時英哲，匡直偉哉。謀陳大略，／量異群才。恪勤於國，處儉於家。／忠□諧協，舉直除邪。空傳榮譽，／德閟形沉。千秋永寐，柏聽風吟。／

咸通八年，歲次丁亥，十一月景申朔，廿五日庚申日葬。／

【注釋】

〔一〕行内侍省掖庭□□教博士員外置：「庭」下二字缺泐，據下文，參以唐代職官，應是「局宫」。

〔二〕而□□□□□□□下旬有五：據下文之年款，此處缺字疑當是「咸通八年十一月」。「下旬有五」，即該月之二十五日。

〔三〕適窆於京兆府高陵縣脩真鄉西霍村崇信里原之禮也：「京」字下部殘泐，上部殘畫存，據文意録文；「禮」字泐蝕，僅存殘畫，據文例録文。

二六六　令狐緯墓誌

唐咸通九年（八六八）十月二十五日

墓誌出土於陝西省西安市長安區，具體出土時間、地點不詳。拓片誌高40.5釐米，寬41.5釐米；誌主仲兄令狐氏撰文，令狐洵書丹並篆額；誌文二十五行，滿行二十五字，正書。石面缺泐，文字有殘損。誌蓋缺。關於葬日，墓誌只云「其年十月廿五日」，未明載紀元，據前後文推測，暫定爲咸通九年。誌主伯父令狐楚，兩《唐書》有傳。其父、祖、曾祖，《令狐楚傳》亦提及。

唐故好畤縣令令狐府君墓誌銘并序。/

仲兄朝議郎、守尚書金部郎中、上柱國賜□□□□□□。/

恭惟遥源，系自有周。文子食菜，因封命氏。秦漢已□，□□□□，/代不絶書。移孝資忠，世有明德。焕列史紬，昭彰令猷。□□□/崇亮〔一〕，皇綿州昌明縣令，贈左僕射。王父承簡，皇太原□□□/參軍〔二〕，贈太尉。烈考定〔三〕，皇桂管都防禦觀察處置等使、檢校□/散騎常侍，兼御史大夫，贈司空。先妣清河郡夫人崔氏，贈魏/國太夫人。

府君諱緯〔四〕，字厚之。生而温愿，幼彰孝謹。大/和中，專經上第，調補梓州梓潼主簿。秩滿，復授華州華陰尉。解龜/未幾，户部署三川院巡官。直躬不回，率履以正。處脂膏而不潤，遇/盤節而立分。尋授興平尉，縣直右界，車蓋交馳。舉職無荒，司傅有/羨。俄而，詔以薛公弘宗爲夏帥，乃授辟署安撫判官，以察視充/職。尋轉觀察判官，仍加殿内。洎薛公歸闕，詔除好畤令。再歲謝/秩，里人詠而思之。

大京兆方以善狀聞，請授劇邑。成命未降，值/隴守崔公紹，早與之遊，思其晤語，遂歷岐山而抵于隴。纔授館，會/疾遘于中，謁醫請巫，涉旬不間。九月十二日，終於隴州官舍，享年/四十有三。男二人：長曰揆兒，次曰梅六。女二人，率皆提孩，未及成/立。即以其年十月廿五日〔五〕，歸葬于萬年縣少陵原，祔先塋，從/吉卜也。噫！才具長而壽不淑，何與善之言，竟虚設耶？咸通乙酉歲〔六〕，/天奪吾兄〔七〕，孤煢抱疚。其年，汝夏臺府罷歸于京師，形影相親，/朝夕以慰。今又閲世，俾予疇依。抆血摧心，志于荒隧。銘曰：/爾之生兮守道飾躬，爾之仕兮絜己奉公。言之文兮禮有容，學/無常兮善則從。處士不偶兮名未崇，溘先朝露兮命何窮。佳城一/閉兮千古同，塹山堙谷兮萬恨無窮。/

親姪鄉貢進士洵書，并篆額。/

【注釋】

〔一〕□□□崇亮：「崇」上所缺三字，據下文烈考、王父推之，按文例應是「曾王父」或「大王父」，即曾祖。《舊唐書·令狐楚傳》：「令狐楚，字殼士，自言國初十八學士德棻之裔。祖崇亮，綿州昌明縣令。父承簡，太原府功曹。」如此則誌主是令狐楚之侄。

〔二〕皇太原□□□參軍：「原」下缺三字，據《舊唐書·令狐楚傳》「父承簡，太原府功曹」，可知缺字應是「府功曹」。

〔三〕烈考定：令狐定，令狐楚之弟。《舊唐書·令狐楚傳》：「楚弟定，字履常。元和十一年進士及第，累辟使府。大和九年，累遷至職方員外郎、弘文館直學士、檢校右散騎常侍、桂州刺史、桂管都防禦觀察等使。卒贈禮部尚書。」據此後文「檢校□散騎常侍」，「校」下一缺字應是「右」。又，後文云「贈司空」，與史傳載「卒贈禮部尚書」有異。

〔四〕府君諱緯：據《舊唐書》，令狐定有子令狐緒、令狐綯、令狐緘，而不及令狐緯，墓誌可補史缺。

〔五〕其年十月廿五日：未明載紀元，考前文「大和中，專經上第」，後文「再歲謝秩」、「咸通乙酉歲」，而薛弘宗任邠寧節度使擊退吐蕃在咸通七年，誌主年壽四十三，則誌主應在中唐以後。今暫定爲唐懿宗咸通九年以後。

〔六〕咸通乙酉歲：據長曆，咸通六年，歲次乙酉。

〔七〕吾兄：似指誌主，但薛弘宗任邠寧節度使擊退吐蕃在咸通七年，彼此不合。故「吾兄」不知具體何指，存疑待考。

二六七　李緯墓誌

唐咸通十一年（八七〇）八月二十二日

墓誌出土於陝西省西安市長安區，具體出土時間、地點不詳。拓片誌高 42.5 釐米，寬 43 釐米；李衢撰文並書丹；誌文二十五行，滿行二十五字，正書；

四周有雙綫界欄。誌蓋缺。

大唐故朝議郎、使持節、銀州諸軍事、守銀州刺史、充本州押蕃落/使、兼度支營田供軍等使、柱國，賜緋魚袋隴西李府君墓誌并序。/

從姪新授通直郎、行嘉州峨眉縣令衢撰并書。/

維咸通十一年，歲次庚寅，六月壬午朔，廿一日壬寅，前銀州/刺史隴西李公，啓手足于鄜州洛交縣河南之私第，享年五十有/五。以其年八月廿二日，歸葬于京兆府萬年縣寧安鄉杜光村。

嗚/呼！善人斯終，邦國殄瘁〔一〕。風雲改觀，士族興嗟。誠則形亡氣散，/火滅光銷。自陰陽之所繼□〔二〕，□天地之常理〔三〕。存兮若寄，歿乃喻歸。有/始必終，既明則晦。推此道□，□□也悲。

公諱緯，字大，本絳郡/房。其先隴西人也。曾祖□□，皇殿中侍御史、京兆府咸陽縣令。/祖諱澈，皇宣州長史。考諱檀，皇濮州刺史。妣丹陽陶氏。父勣，/皇鄧州刺史。公實長子，幼以資蔭調集，累官至銀州刺史，兼/度支營田供軍等使。公器量宏遠，襟靈豁開。松落落以千尋，/陂汪汪而萬頃。其爲人也直，其於財也廉。生前有潔己之能，身後無一廛之産。慎獨處約，爲世之先。其來也，屹爾孤標；其去也，奄然/潛化。超彼高士，寔爲正人。

夫人鉅鹿魏氏。代襲簪紱，家傳懿/猷。德被於閨門，言遵乎典禮。六男一女。長男曰龜蒙，權知通事舍/人，綽有令圖，國之良器。次曰龜符，舉進士，愿而知禮，博學多聞。/次曰龜圖，曰龜錫，曰龜長，曰龜齡。女六歲，小字小最。

龜蒙等悉懷/許國之心，皆受趨庭之訓。肥家雍穆，親友多之。履公之閾/者，見公之義方，咸知諸龍，必大李氏之門也。衢嘗忝前席/之遇，實蒙傾蓋之歡。慙無叙述之功，謬承刊紀之託。嗚呼！/公之仕至刺史，公之嗣有令子。書遍他山，莫盡厥美。今之/所誌，唯年與地而已。銘曰：

都門之外，東南二里。/□鳳崗，葬龍耳。昌五侯，福千祀。公乎歸乎，安於此。/

【注釋】

〔一〕瘁：左側微泐，但輪廓大體可辨。

〔二〕繼：上部尚存殘畫，下大部泐蝕，據殘痕，似「繼」字，録以備參。

〔三〕天：僅見右下角垂足，據文例録以備參。「天地」與「陰陽」對舉，行文亦暢。

二六八　郭行脩墓誌

唐咸通十一年（八七〇）十一月二十八日

墓誌出土於陝西省西安市長安區，具體出土時間、地點不詳。拓片誌高、寬均 40 釐米；姚瓚撰文，郭弘裕書丹；誌文二十三行，滿行二十三字，正書，有不規則縱横界格，未按格填刻。誌蓋盝頂，高、寬均 43 釐米；頂面陰文正書，題「唐故太原郭府君墓銘」，銘文四周有雙綫框，外鐫刻牡丹紋飾；四煞鐫刻四神紋飾。

唐故絳州龍門縣尉太原郭府君墓誌銘并序。/

鄉貢進士姚瓚撰。

季兄前華州鄭縣尉弘裕書。/

君諱行脩，字彦沖，其先太原人。虢叔之後，因封以命氏。洎遠/祖孟儒〔一〕，西漢時爲左馮翊太守。子孫因家于華，今爲華州鄭/縣人也。皇太尉、中書令、汾陽郡王尚父、贈太師，諱子儀，君/之高祖也。皇檢校工部尚書、太子賓客，諱晞〔二〕，君之曾王父/也。皇光王傅〔三〕，諱鏶，君之王父也。皇鄭州別駕，諱從實，君/之烈考也。簪組輝映，聯蟬不絶。功臣偉士，代有其人。

君即鄭州第三子也。幼稟義方，長爲律度。明敏恬淡，信天縱之。器/度宏達，有傑人之表。窮考經籍，移晷忘倦。識之者期復大其/門。惟尚父翊亮四朝，勳德冠代。僉謂克嗣者，/其在君乎。以蔭入仕，調授左衛率府倉曹參軍事，再調尉絳/之龍門。温茂沖和，益爲人之所器。

秩罷，將還京師。無何嬰恙，/以咸通十一年五月三日，終於親仁里之私第，享年二十有/八。噫！材與壽不侔，遠矣。天奚富其材，而奪其壽耶！親族之内，/莫不隕涕承睫，謂陰隲福善，何其紿哉！

娶故刑部郎中、汲郡/康復之女，無子。哲人不嗣，痛在兹乎。蓍龜告吉，以其年十一/月二十八日，葬于京兆府萬年縣義善鄉鳳栖原，祔先府/君之塋，禮也。窆有日，元昆前淄太守弘業，潸然出涕，以誌地/文見請。瓚幸承親懿，得熟仁義。辭不克遂。而爲銘云：/

羊公登峴，孔聖在川。積感傷逝，聞諸昔賢。隙駟難駐，浮生甚/遄。自古如此，夫何恨焉。惟君體善，孰與同年。材志未展，零落/奚先。松風晝咽，壟月宵懸。空留淑問，永閉窮泉。/

【注釋】

〔一〕遠祖孟儒：兩《漢書》不載。《山西通志》卷六四：「華陰郭氏，亦出自太原。漢有郭亭，亭曾孫光禄大夫廣智，玄孫馮翊太守孟儒，子孫自太原徙馮翊。」所載與墓誌基本相合。

〔二〕諱晞：郭晞，郭子儀之子。兩《唐書·郭子儀傳》附載。職官與墓誌有所不同，可以彼此互補。

〔三〕光王：唐宣宗李怡，後改名忱，即位前曾封光王，與墓誌相合。

二六九　靳鄘墓誌

唐咸通十二年（八七一）十月十三日

墓誌近年出土於陝西省西安市長安區，舊長安縣界，具體出土時間、地點不詳。拓片誌高41釐米，寬40釐米；胡蒙撰文並書丹，李從鐫字；誌文二十四行，滿行約二十五字不等，正書，間雜行書；石面有剥泐，多石花，文字略有殘損。誌蓋缺。

唐故右金吾衛引駕押衙〔一〕、銀青光禄大夫，除授太子賓客、上柱國清河/郡靳府君墓誌銘并序〔二〕。/

鄉貢進士胡蒙撰并書。/

府君諱鄘，字□□〔三〕，清河郡人也。洎乎周邦賜姓，楚國封賢。迄至/聖朝，咸分爵序。曾祖諱□，祖諱順。傲睨雲霄，高尚不仕。父諱盛，/皇右金吾街使押衙引駕，同正將。

公即先君之長子也。性/本淳和，爲人正直。素藴孤貞之節，夙懷敦厚之風。在公惟幹蠱/之能〔四〕，居家守清廉之譽。而乃篤崇釋氏，深究空門。常淨六根，盡/袪三毒〔五〕。求無滅無生之果，脩不增不減之□。布仁義而匪枉，□/陰騭而無倦。

豈期天不佑善，喪我吉人。以咸通十二年六月廿六/日，終于長安布政里之私弟，春秋七十有三矣。前娶荆南節度/衙前兵馬使博陵崔汶之長女。婦儀有準，母德無虧。相敬盡齊/眉之禮，訓育如截髮之歡。不幸以咸通三年三月九月先逝。再/娶隴西李氏之女，禮敬甚謹，垂愛有方。嗣子二人，長曰則，任職/門下省；次曰愿，未干録位。皆孝悌有聞，守德無比，清勤奉職，端/謹修身。女秦娘，心澄玉水，性潔秋蓮。厭離俗塵，樂居禪寂。幼年/出家，住延唐寺。有孫三人，長曰貞郎，次曰貴郎，女賞師，皆壼中/玉潔，掌上珠明。各爲瑚璉之容，盡有風雲之望。妹廿三娘子，適/彭城劉氏，不幸早已孀居。親戚相歡，將期吉慶。聞兄傾逝，匍/匐奔喪。情同慈父之恩，如展斬衰之禮。哀纏摧苦，攀號罔極。以/其年十月十三日，歸葬于長安縣積德鄉胡兆村，祔先君之/塋，禮也。送終禮畢，荼蓼哀深。慮其陵谷遷移，乃刻貞石銘矣。/

倬彼蒼昊，喪我哲人。逝川遽歎，夜壑迷深〔六〕。/□崗是啓，馬鬣俄新。泉扃得吉，松柏長春。/

李從刻字。/

【注釋】

〔一〕右金吾衛引駕押衙：「衛」、「引」二字均泐蝕，據殘痕録以備參。

〔二〕上柱國清河郡蘄府君：「國」字微泐，僅存輪廓，據文例録文；「清河」二字泐蝕嚴重，僅隱隱見殘痕，據下文「清河郡人也」録文，以備參考。

〔三〕字□□：「字」下原刻空二字格，乃留空待填，而終未補刻，故缺其字。

〔四〕蟲：泐蝕，據殘痕，參以文例，似「蟲」字。幹蟲，幹練有才能。録以備參。

〔五〕盡：泐蝕，據殘痕，參以文意録文以備參。

〔六〕深：泐蝕，僅存殘畫，據殘痕，參以文例録以備參。

二七〇　李欽説夫人趙氏墓誌

唐咸通十二年（八七一）十月二十四日

墓誌出土於陝西省西安市長安區，具體出土時間、地點不詳。拓片誌高33釐米，寬35釐米；李欽説撰文，宋知微書丹；誌文二十二行，滿行二十四字，正書，有細綫界格。誌蓋盝頂，高、寬均35釐米，煞面寬10釐米，頂面高、寬均9釐米；陰文篆書，題「唐故天水趙夫人墓銘」；四煞鐫刻纏枝卷葉紋飾。

唐前鳳翔府麟遊縣令李公故夫人天水趙氏墓誌銘并序。／

夫朝議郎、前麟遊縣令李欽説撰。／

夫人蘭茝襲芳，松筠潔操。生知懿範，天與聰明。族盛國禎，門昌／人瑞。曾祖諱驊，皇任秘書少監。大父諱宗儒，皇任司空致仕。

皇／考諱真齡，皇任太子賓客。

夫人幼丁外疚，隨諸姊昏曉問安。／訓誨得自躬親，言行動知詩禮。及笄之日，大禍復鍾。孝友成人，／依於兄嫂。昔予莅職，仰慕婚姻。致意媒官，克諧琴瑟。匪薄名卑／位下，方隆道泰家肥。每敩安貧，强相慰撓。雖情疏富貴，而氣軋／雲霄。嚴整有條，欺邪無措〔一〕。介居物表〔二〕，不尚穠華。

宜其厚福長年，／何謂遘災速禍〔三〕。以咸通辛卯歲，閏八月一日寢疾，終於奉天縣／客舍。享年三十四。嗚呼！將臨大漸，齋沐俟時。視兒女以哀傷，泫/然血淚；捨服用於功德，願濟幽冥。不亂營神，奄從瞑目。有子四/人，長男趙八。腹生兩男一女。女曰趙九，男趙十。其遺腹子未字，/皆在襁抱，罔識攀號。嗚呼痛寃，穹蒼莫訴。以其年十月廿四日/卜歸京兆府長安縣高陽原，祔太皇姑之塋西，續張夫人墳北，/禮也。恐年代悠久，桑海變遷，刻誌貞珉。乃爲銘曰：/有美一人兮顔如桃李，乘化三秋兮魂遊逝水。諒後會兮何因，/痛沉痾兮不起。風散兮想像存神，德音兮依然在耳。朱絃斷兮/響絶，素娥藏兮魄毀。撫幼稚兮興哀，目壼奥兮誰理。鸞鏡匣兮/塵生〔四〕，紫蘭敗兮露委。攬衾枕兮形銷，假夢寐兮容止。沉埋龍劍/兮精粹飛光，冥寞夜臺兮生涯已矣。/

儒林郎、試太常寺奉禮郎宋知微書。/

【注釋】

〔一〕措：右下角泐蝕，據殘畫録文。

〔二〕介：有石花，且兩竪畫不甚明顯，據殘畫，似「介」，録以備參。

〔三〕何：泐蝕，據殘痕，參以文例録以備參。

〔四〕塵：「土」泐蝕，據殘畫，參以文義録文。

二七一　楊收墓誌

唐咸通十四年（八七三）二月二十五日

墓誌出土於河南省洛陽市鞏縣境，具體出土時間、地點不詳。拓片連四側高118釐米，寬120釐米；裴坦撰文；誌文五十一行，滿行五十字；正書，有縱横界格。四側鐫刻十二生肖圖案，飾以牡丹花卉紋飾。誌蓋缺。楊收，兩《唐書》有傳。

唐故特進、門下侍郎、兼尚書右僕射、同中書門下平章事、弘文館大學士、太清太微宮使、晉陽縣開國男，食邑三百户馮翊楊公墓誌銘并序。／

東都留守、東都畿汝州都防禦使、銀青光禄大夫、檢校刑部尚書、兼判東都尚書省事、御史大夫裴坦撰〔一〕。／

我唐受命二百餘載，廟堂之上，群公間出。房魏行之於前，姚宋繼之于後。故有貞觀、開元，聲明禮樂文物之盛，輝赫千古。暨于／我皇承十七葉之丕烈，帝家天下，光宅四海，厥有賢輔，馮翊楊公則其人歟。

公諱收，字成之〔二〕。得姓于周，伯僑昌有姬之胤，／赤泉啓大漢之封。自皇祖始居同州，循諸土斷，今爲同州馮翊人。漢太尉廿二代孫，隋越公素之仍孫也。高祖諱悟虚，登制／策極諫科，授杭州錢塘令，終朔州司馬。曾祖諱幼烈，官至寧州司馬。祖妣河南于氏。皇祖諱藏器，邠州三水縣丞，娶伯舅日用／之女，是生皇考諱遺直〔三〕。貞元中，獻封章，拜婺州蘭溪縣丞，轉濠州録事參軍，累贈尚書工部侍郎。娶河南元氏。父遊道，登進士第。／夫人追封河南郡太君，生公伯兄廣州節度使發，仲兄常州刺史假。長孫夫人生公及前中書舍人浙東觀察使，今任汝州員外／司馬嚴。公伯仲叔季，皆以人物至行孝睦，文章禮樂推重於時。譬猶珪璋琮璧，無有瑕纇。光明特達，各擅其美。

公未齔喜學，一／覽無遺，五行俱下。洎丱而貫通百家，傍精六藝。至于禮儀樂律，星算卜祝，靡不究窮奥妙。宿儒老生，唇腐齒脱，洎星翁樂師輩皆見／而心服，自以爲不可階。爲兒時已有章句傳詠於江南爲聞人矣。以伯仲未捷，誓不議鄉賦。尚積廿年，涵詠雱漬於文學百家之説。／洎伯氏、仲氏各登高科，後公乃躍而喜曰：「吾今而後知不免矣。亦猶謝文靖在江東之旨，時人莫可量也。」將隨計吏，以鄉先生書至。／有司閱公名且喜。未至京師，群公卿士交口稱贊。薦章疊委，唯恐後時。至有北省諫官，始三日以補衮舉公自代，時未之有也。由／是一上而登甲科。同升名者，皆聞公之聲華而未面，榜下跂踵，疊足相押於萬衆中，争望見之。

公幼不飲酒，不茹葷，血清入神骨，／皎如冰珪，咸疑仙鶴雲鸞，降爲人瑞。澹然無隅，潔而不染。始也，同門生或就而親焉，則貌温言厲，煦然而和，濳皆動魄而敬慕之。久／而歸寧，江南東諸侯挹公之名，皆虚上館以俟之。故丞相汝南公時在華州，先遲于客館，勞無苦外，延入州，引于内閣，獨設二／榻。問公匡濟之術，公抑謙而謝，久而不已。後對榻高話達旦。汝南得之心服，如餌玉膏，飽不能已。

至于大梁，時太原王公尚書/彦威在鎮，素聞公學識深博，先未面，一見後，與之探討。王公禮學經術該通，近古無比。著《曲臺新禮》初成，盡以緗裛全示公詳焉。/因述禮意及曲臺之本義，王公敬服，命裒簡以謝。其爲前輩推重如此。過淮南，今江陵司徒杜公在鎮〔四〕，一見唯恐失之，遽請爲節/度推官，授秘書省校書郎。杜公入判度支，旋平章大政，皆以公佐理。杜公出鎮東蜀，表掌書奏，轉協律郎。後移鎮西川，復以/爲觀察判官。時公季弟嚴在東川佐故丞相汝南公幕。汝南未幾薨于鎮。杜公復邀，置在西蜀。時公伯兄、仲兄皆已在臺省。/公與季弟奉板輿在丞相幕中，入則並轡歸侍，出則合食公堂。榮慶之盛，舉世無比。

入拜監察御史，轉太常博士。丁/太夫人憂，公天性至孝，殆不勝喪。始生七年，鍾濠州府君之喪，不食五日，晝夜哭不絶聲，目赤不開，淚膠其瞼。人畏其遂將/失明，欲傅之藥。則曰：「安有無天而忍視日月乎？得瞽爲幸。」長孫夫人博通經史，志尚真寂。一章一句，皆教導之。公始孤，得經史/之文于夫人之訓，求經史之意於伯仲之誨。然天資悟達，蓋生而知之。服既除，故丞相魏國崔公鎮淮南〔五〕，奏在幕中，授檢校尚/書司勳員外郎。徵入西臺，爲侍御史，遷職方員外郎，改司勳員外判鹽鐵案，除長安縣令，拜吏部員外郎。未幾，召入内廷，爲學士，/兼尚書庫部郎中，知制。遷中書舍人，旋授尚書兵部侍郎，充承旨學士。恩意日隆。未周星，拜銀青光禄大夫、中書侍郎、同中/書門下平章事，俄加金紫光禄大夫，改門下侍郎。

時聖主留心政事，求理意切。喜得新相，雖舊人皆在列，獨屬目焉。公於理/道，相業軍國之機，出於天資，人之所難折。若斤斧内有刀尺，外無鋒鋩。落筆如神，率皆破的。時也，南蠻攻陷邕交，官軍屢有敗失，徵/發輓運，遠邇艱虞。上意切在攻討，督戰益急。公奏於江西建置鎮南軍以統之，稍減北兵。獨以洪虔等州强弩三萬人，皆勁卒/鋭師，習於土風。始至邕南，大破蠻寇，奔北讋竄，如山摧地陷，煞戮數十萬，威聲大振〔六〕。驛騎以聞，上大喜，嘉公之謀，階升特進，拜尚/書右僕射，依前門下侍郎平章事。

既而自推忠正，體國意深，頗露真剛，善善惡惡，稍漸分白，始爲褻近者之所疑矣。時有侍從大臣/上議宗祧，如漢匡衡事。上未之許，而下其事。公以爲非禮，因獨上疏懇陳所議。上以公居宰輔，當與百寮定議，不膺獨疏，/由是不悦。後數日罷相，出爲宣州觀察使。未朞月，重貶端州司馬，又明年，徙于驩州〔七〕。

方理舟抵日南，三月望，薨于端溪，享年五十有/五〔八〕。海内士人，慘然相吊。公夫人京兆韋氏，封韓國夫人。父審規，皇壽州刺史，兼御史中丞，贈左散騎常侍。族望高華，纓綏百世。/女儀婦道，爲時表則。克盡孝敬，以奉尊嫜。鸞鳳協德，和鳴嗈嗈。自居公喪，驚惶泣血，哀哭日夜，號不絶音。後數月，竟歿于/公喪側。

男子五人〔九〕：長曰鑒，至性孝悌，襲於門風。禮樂儒範，不學而至矣。次曰鉅，曰鍔，曰鏻，曰鎬。女子四人：長女嫁進士張惲，今爲連/州桂陽縣尉員外同正。餘未笄。公昆弟四人，率用文華，聲光友睦。次第取殊科，赫弈當代。公生而才智有異，二昆奇之。嘗私曰：/「我家漢代四世五公，歷魏晉及隋，蔚有光耀，將紹繼者，其在此子乎。」公既登台輔，器局恢弘，能斷大事，當軸奉公，不顧細忌，已爲/近臣側目。公猶不悟，日就月將，罙其深矣。至于是而無怨。乃曰：「蕭長蒨有師資之重，陳仲舉居太傅之尊，猶不克免。我生平爲善，/尚不蒙報，況不爲善，其能免乎？」公玉季自服公喪。銜哀茹毒，晝夜啜泣。過時，衣服不除，恒如在喪紀。進狀乞解官，親奉喪事。/會有恩制，自涔陽移官汝海，爰自沅江，迎護喪櫬，抵于汝洛。果蒙皇澤，昭洗克復。官勳爵袟，一以還之。

舍人撫視諸孤，且慰且/號，哀哀銜恤。克用咸通十四年二月廿五日，與韓國夫人同歸窆于河南府鞏縣鞏川鄉橋西村，用古法，祔于先公侍郎/墓左，禮也。坦早與公伯仲遊友，遂皆兄，余而加敬焉。以愚嘗銘廣州之墓詳實〔一〇〕，乃與其孤鑒等議文，誌而哀號，泣余而請。固謝不/敢當。使者往復四三，訖讓不獲，又以世系、歷官、行事、功狀而至是，何敢辭，謹序而爲銘曰：/

清濁始分，有亂有理。興替在運，決不以義。治具既設，將奮而否。時之未泰，匪我之躓。抑抑相君，生而特異。學授慈親，文通伯氏。/嶷然既成，傑爲廟器。兆興爵祥，昌于魚瑞。厥初有光，在漢太尉。關西右族，焕乎秉賜。耿耿烈烈，莫克終既。剛正之風，貫于萬祀。珪璧/琳琅，伯仲叔季。滿室芝蘭，盈庭朱紫。洎公入相，恩洽魚水。侃然廟朝，山苞嶽峙。忠正有依，黠吏知畏。人皆嚮方，大君注意。建軍/鎮南，折衝萬里。强弩三萬，刷國之恥。蠻蜒摧敗，勢沮氣死。狙猱讋竄，黎元悦喜。決敗算成，效於屈指。惟帝念功，特進端揆。奏疏/引經，宗祧大事。理宜據古，勿容輕議。正言不入，大道多訾。公胡不悟，如簧深矣。弘博閎達，不護細忌。追蹤遠祖，焜耀青史。盛德/大業，未極斯已。道固難行，恩胡可恃。歿無怨色，言必及義。儒苑苑人，廟堂君子。所不盡者，昌于令嗣。/

【注釋】

〔一〕裴坦：《舊唐書》屢見，《新唐書》有傳。墓誌所載歷官與本傳多不合。

〔二〕公諱收字成之：兩《唐書》本傳云字藏之，與墓誌不同。

〔三〕皇考諱遺直：楊遺直，據《舊唐書·楊收傳》：「父遺直，位終濠州録事參軍。家世爲儒。遺直客於蘇州，講學爲事，因家于吴。遺直生四子：發、假、收、嚴。」楊收是第三子。「累贈尚書工部侍郎」，史傳不載，應是其兒子貴後追贈。

〔四〕杜公：即杜悰，兩《唐書》有傳。《舊唐書·楊收傳》：「收得第東歸，路由淮右。故相司徒杜悰鎮揚州，延收署節度推官，奏授校書郎。悰領度支，以收爲巡官。悰罷相鎮東蜀，奏授掌書記，得協律郎。悰移鎮西川，復管記室。」與墓誌基本吻合。

〔五〕故丞相魏國崔公：當指魏國公崔珙。《舊唐書·楊收傳》：「崔珙罷相，鎮淮南，以收爲觀察支使。」

〔六〕時也南蠻攻陷邕交……威聲大振：《舊唐書·楊收傳》：「收以交阯未復，南蠻擾亂，請治軍江西，以壯出嶺之師。乃於洪州置鎮南軍，屯兵積粟，以餉南海。」墓誌較史傳詳細。

〔七〕時有侍從大臣上議宗祧……徙于驩州：墓誌以楊收罷相是因爲議宗祧事，但《舊唐書·楊收傳》載：「八年十月，罷知政事，檢校工部尚書，出爲宣歙觀察使。韋保衡作相，又發收陰事，言前用嚴譔爲江西節度，納賂百萬。明年八月，貶爲端州司馬，尋盡削官封，長流驩州。」既有他人攻擊，亦有自身問題。墓誌諱之。

〔八〕薨于端溪享年五十有五：楊收實賜死，墓誌諱之。《舊唐書·楊收傳》：「又令内養郭全穆齎詔賜死。九年三月十五日，全穆追及之。宣詔訖，收謂全穆曰：『收爲宰相無狀，得死爲幸。心所悲者，弟兄淪喪將盡，只有弟嚴一人以奉先人之祀。予欲昧死上塵天聽，可容一刻之命，以俟秉筆乎？』全穆許之。收自書曰……」史傳載有遺書，懇請懿宗寬宥，懿宗愍而寬之。史傳不載楊收年壽，可據墓誌補之。

〔九〕男子五人：《舊唐書》本傳不載楊鍔、楊鎬，墓誌可補其闕。

〔一〇〕以愚嘗銘廣州之墓詳實：楊收異母兄楊發，官至廣州節度使，裴坦曾撰《楊發墓誌》，惜今不見。

二七二　華霖墓誌

唐咸通十五年（八七四）六月四日

墓誌出土於陝西省西安市長安區，具體出土時間、地點不詳。拓片誌高、寬均33釐米；趙蘧撰文；誌文二十行，滿行二十字，正書。石面略剥泐，有石花。誌蓋缺。

唐故平原華府君墓誌銘并序。/

朝議郎、行尚書都事、柱國趙遷撰。/

公諱霖，苑陵人也。祖初，皇考悦，皆弈世傳芳，繼年/胤嗣。

公風姿雅澹，韻表孤高。少傳書劍之功，不廢/弓裘之業。始齠齔而異常氣概，洎弱冠而躭味詩書。/將屬學而求知，竟從戎而備位。尋參武幕，列職祈門。/衆推未墮之才，咸仰任賢之重。旋以愛憐骨肉，辭職/晝階，馳名上國。

所期事招百福，壽及千春，何期忽/此沉痾，遽成倏忽。以咸通甲午歲五月廿五日〔一〕，逝于/興化里寄第〔二〕，享年五十三。

公娶周氏，□德有譽〔三〕，閨/壼無虧。令嗣曰瑠，夙禀義方，早聞鄉里。咸仰而共傳/忠孝，衆推而並濟公私。所謂兩全，可欽獨步。令女二/人，皆如珪如璧，蘭馥桂薰，規範自天，表儀得性。男女/痛傾於西日，聲動風哀，淚垂雨泣。今則宅兆叶吉，龜/筮已從。將歸窆於荒郊，寄哀詞於片石。以其年六月/四日，權葬於京兆府長安縣義陽鄉任賈村。遷文慙/鄙拙，承請再三，勉勵荒蕪，乃爲銘曰：/

倏短定兮，今古攸同。青魂殞露，/玉韻飄風。望丘墟而月朗，見松柏而烟籠。/願靈兮而永保，刻片石於無窮。/

【注釋】

〔一〕咸通甲午歲五月廿五日：據長曆，咸通甲午歲，值咸通十五年，該年十一月，唐僖宗改元乾符。此爲五月，故仍稱咸通。

〔二〕逝：微泐，僅存殘畫，據殘痕，參以文例，疑是「逝」字，録以備參。

〔三〕□德有譽：「德」上一字泐蝕，據文例，疑當是「婦」字。

二七三　郭鏐墓誌

唐乾符四年（八七七）正月二十二日

墓誌近年出土於陝西省西安市長安區，具體出土時間、地點不詳。拓片誌高60釐米，寬59釐米；韋弘矩撰文，郭瓊書丹；誌文三十三行，滿行三十三字，正書。誌蓋盝定，高 61 釐米，寬 60 釐米；陰文篆書，題「唐太原郭府君墓誌銘」，三行，行三字；頂面四周鐫刻纏枝紋，四角鐫刻回折幾何紋，四煞刻四神紋，間以纏枝紋。同時出土的還有其夫人《郭鏐夫人韋珏墓誌》，石現藏西安碑林博物館，本書收録，可以互參。

唐故興州刺史太原郭府君墓誌銘并序。／

鄉貢進士韋弘矩撰。／

親姪朝請郎、前行襄州義清縣主簿瓊書。／

公諱鏐，字剛美，太原郡人。肇自有周世，建封命氏。厥後公族蕃衍，根本枝分。垂翠綏，佩／鳴玉者，翳翳無絶，焕然圖諜，雖百代可見也。大王父諱敬之〔一〕，皇壽州刺史，贈太保。／王父諱幼儒〔二〕，皇成都少尹，贈少保。烈考諱曒〔三〕，皇右庶子致仕，贈光禄卿。／公即致政府君之元子。先太夫人弘農楊氏，封弘農郡君。外大父諱亘，／皇鄭州司馬。公乃郡君太夫人之出。昔尚父汾陽王閒生巨唐，手揭白日，析／圭問鼎，功蓋萬邦。昭昭耿光，襲我令胄。公實汾陽之裔孫也。種德樹善，／承家流慶。素履高蹈，清風滿門。爲九流之龜鏡，作三族之模楷。

公一子，出身釋褐／授太子通事舍人，次衛尉寺主簿，次國子監丞，次鳳翔府虢縣令，次權知興／元府南鄭／縣令，次興／元府少尹，次成都府少尹。洎春宮筮仕，禁衛提綱。贊膠庠而雅頌宣，宰武城／而弦歌備。再優府亞，爰寵郡符，恩授通州刺史，政簡事莅，其道愈光。累拜密州刺／史、彭州刺史、磁州刺史、興州刺史。自通迨于興，五分天子憂寄。凡佐朝廷，利／蒼生，如此類事，率由忠讜。雖挫毫絶簡，莫能備載。人或相謂曰：真漢之良二千石哉。及／歲滿于興，公乃揖雙旌，言歸魏闕下。漸以步屣不快，耳目生癘。頤毓自便，時／權不窺。晏然几榻，三周星律。

嗚呼，天不憖遺，哲人斯隕。乾符三年十月廿三日，終于長／壽里之私第，享年八十。公娶京兆韋氏夫人，皇考諱俛〔四〕，故總監監。夫人／自配于公室，逾四十春。鸞鳳嗈嗈，宜家克肥。未嘗闕中閫一事，以掛公念。使／公保嘉節，令名之攸著也。有子二人，女三人。長子珽，前太子司議郎，娶潁川陳氏。次子／知禮，前興元府三泉縣尉。知禮，非韋夫人之出。而皆德風繼洽，公器自成。俾泣血／居憂，母夫人並撫于左右手。所以知禮之身，且不知其同異也。長女適前潞州潞／城縣令隴西李瑫。次女適江陵府士曹瑯琊王郜，早歲遘疾，先公十一年而歿。生／一女曰慈兒，自襁褓間失所恃，鞠育于外氏之門，以至成人。公每加於膝，必煦煦／立，垂範他門，亦禀訓之嚴矣。即以明年正月廿二日，卜擇叶兆，歸葬于萬年縣義善鄉／鳳栖原，祔先塋，禮也。弘矩乃珽等親内兄，熟得姑夫公平生操執事，將欲刻／貞石。所冀摭實去華。弘矩三讓，而後援筆。銘曰：／

大峰盤根，大河渾渾。二氣都會，貫于純坤。積慶之祖，／積德之尊。百世叢聚，成乎令門。人爵自貴，天爵自敦。／是曰景福，鍾於後昆。七换美秩，五分列國。既公既侯，／令儀令色。享禄斯豐，享壽斯極。自古難兼，惟公乃克。／馬鬣新丘，鳳原舊域。萬代千齡，傳兹刊勒。／

【注釋】

〔一〕大王父諱敬之：郭敬之，唐名將郭子儀之父，郭鏐之曾祖父。顔真卿《郭家廟碑》即爲郭敬之撰寫。《陝西通志》卷七〇：「公之子子儀追贈亡考太保」，但不載曾官「壽州刺史」，墓誌可補史缺。

〔二〕王父諱幼儒：郭幼儒，郭子儀之弟，郭鏐的祖父。《元和姓纂》郭姓「華陰」一門下載：「進曾孫通，美原尉，生敬之，天寶中，渭吉壽三州刺史。生子琇、子儀、子瑛、幼賢、幼儒、幼明、幼沖。」其官「成都少尹，贈少保」，史傳不載，可據墓誌補之。

〔三〕烈考諱瑊：郭瑊，郭幼儒續弦屈突氏所生，爲郭鏐之父。詳見《郭幼儒墓誌》，石藏大唐西市博物館。《郭鏐夫人韋珏墓誌》亦載：「出適國子監丞太原郭君鏐，汾陽王之令孫，左宫相之愛子。」

〔四〕皇考諱俛：韋俛，韋登之子。《元和姓纂》所載與墓誌相合。亦可與《郭鏐夫人韋珏墓誌》「登生總監監，諱俛」互相參證。

二七四　郭鏐夫人韋珏墓誌

唐乾符四年（八七七）四月二日

墓誌近年出土於陝西省西安市郊，具體出土時間、地點不詳。拓片誌高、寬均54釐米；韋孝立撰文，郭瓊書丹；誌文三十二行，滿行三十三字，正書。

誌蓋缺。同時出土的其夫《郭鏐墓誌》，本書收録，可以互參。原石現藏西安碑林博物館。

唐故興州刺史太原郭公夫人京兆韋氏扶風縣君墓誌銘并叙。／

堂姪承奉郎、前守懷州獲嘉縣令孝立撰上。／

郭氏親姪朝請郎、前襄州義清縣主簿瓊書。／

墓必有銘，其來尚矣。男志功行，女述儀則。篆刻貞閟，期常存於久久然。

夫人諱／珏，字寶元，京兆杜陵人也。其先苗裔顓頊，興流夏殷。漢魏以降，皆爲茂族。是後，世濟／德美，間生英賢。國朝開元中，侍御史諱元晨，於夫人爲曾王父。元晨生王／父秘書郎、兼監察御史，諱登。登生總監監，諱俛。

先妣夫人清河崔氏，生子七人，三爲／女子子，夫人即三女之長。天與柔淑，性能慧和。姆傅不勤，自有幽閑之德。年十／八，出適國子監丞太原郭君鏐，汾陽王之令孫、左宫相之愛子。肅宗朝，汾陽載／安社稷，閥閱無等，宫相與配。夫人在堂，擇子婦之姻，納采問名，實爲重慎。

夫／人躬執婦道，進克奉舅姑之儀，退不失如賓之敬。浹下承上，衎衎如也。無何，監丞丁／先考妣憂，居喪。家貧，饘粥齋祭，皆夫人約束而辦，事無闕者。比監丞從吉，轉遷／畿赤令，連牧大邦，復任興州刺史。使君理外，夫人理内，内外匪差，家國冥符。故／使君所至，下車多來暮之謡，離任傳去思之譽，皆夫人輔佐明徵，式契關雎之／義也。

乾符三年冬十月，使君遘疾殂逝。夫人既臻年壽，復降移天之慼。撫孤慟／哭，感極他人。始以使君喪歸祔先塋，禮用適畢，而夫人得疾。骨肉家隸，趍召醫／藥。夫人曰：婦之失儷，謂未亡人，待亡者也。巫醫不徵，藥餌不前。以乾符四年二／月七日，奄終于長壽里第，享年六十五。

有男二人：長曰珽，太子司議郎，娶滁州刺史／潁川陳鮪女；季曰知禮，興元府三泉縣尉。女三人：長適同州韓城縣令李瑫；次適江／陵府士曹王郃，蕣華先落；季適京兆府司録李運。珽、知禮皆純孝子也，連丁痛毒，僅／能勝喪，泣血叫天，備盡稱家之道。其年四月二日，歸葬於萬年縣鳳栖原，合祔使君／之塋，禮也。

嗚呼，夫人令德懿行，刑于閨壼；慈仁孝愛，睦視孤弱。左右侍人，常假/借顔色，説有因果，應答如響。故自初笄，慶衿聲於郭氏，琴瑟好合，垂五十載。起家乃/監丞之歸，卒爲諸侯内子，封崇邑號之顯。男結高姻，女得良壻。同穴偕老，瞑目無恨。/是因果應答之效，不其然歟？宿種善根，不起三業。彌棲心於黄褐二教，悟大時可逃。/故適去無撓，嬰疾不藥，委順而化。斯古之達人上士，所操無以加也。將葬前月，二孤/號踴，訴陳議銘於韋孝立。孝立於夫人爲堂姪，於二孤爲内兄。淑行素詳，誰易中/外。不敢以訥鈍固辭，乃進哭再拜，謹叙銘曰：/

幽陰者坤，惟女之貞。雅叶夫人，令淑賢明。猶蘭之薫，如玉之英。四/德皆修，六禮爰備。來嬪大家，柔聲順意。母儀婦道，天然自致。及嗣内/事，小大咸式。輔佐之勤，關雎之則。封君號邑，稱功表德。夫先婦後，/同穴歸真。人代長辭，松檟亦薪。唯銘斯石，千秋不磷。/

二七五　何琮墓誌

唐中和五年（八八五）十一月四日

墓誌出土於河南省安陽市西郊，具體出土時間、地點不詳。拓片誌高、寬均68.5釐米；誌文三十行，滿行三十二字不等，正書，無界格。誌蓋盝頂，高93.5釐米，寬89釐米，頂面陰文篆書，題「何公墓銘」四字，四周鐫刻對稱花紋圖案，構圖奇異。

大唐故文林郎、相州鄴縣令何誌銘并序公墓銘并序[一]。/

於戲！自古迄今，德壽罕齊，富與貴罕備，而公齊焉。雖家不富，位不尊，而十/爲宰字，南面稱孤，施惠于人，亦非易也。

公諱琮，字子玉，其先廬江人也。後漢/大將軍進之後。曾祖諱遊仙，皇靈州大都督府長史，兼靈州刺史、開府儀同三/司，贈右僕射。祖文哲，皇鄜坊節度觀察處置等使、檢校工部尚書，贈太子少保。/考諱賁，皇銀州諸軍事、銀州刺史，兼御史大夫。妣趙郡李氏，內外輝赫〔二〕，簪組蟬/聯，授脤分茅，勳庸蓋代。顯于國史家諜，固不盡其休烈也。

公甫嶽降靈，陳星/讓德。坦情田而黄陂萬傾，疑瑞質而碧峭千尋。陸龍擅譽於人寰，荀鶴徒彰於/海内。而又達聖賢之旨，知成敗之機。孑孑蹈中，不苟進取。頃以兗海節度使、贈尚書右/僕射公貞，即公之季父也。陟公之行，薦于魏帥〔三〕、故太尉廬江公。以公才器適時，/署衛州參軍，累授永濟、共城、汲縣、武城、冠氏五縣尉，咸謂公曰：枳棘非鸞鳳所/棲，小冠豈大賢之位。公樂天知道，無歎位卑。佐命施澤，如水東注。滔滔者，孰知/公之量也。改攝相博二州掾，未幾，遷宰黎陽、新鄉、衛縣、臨漳、歷亭、臨黄、博平、頓丘、鄴縣令。府主表從政之績，聞之於天。初奏博州司士參軍，又正授衛州黎/陽縣令。今司徒、相國樂公，又奏相州鄴縣令，改攝澶州頓丘令。而能茹柔吐剛，善節/安命。聲動律外，氣横人間。

方侯陟明，未期寢疾。以中和五年正月廿五日，終于頓丘/之官舍，享年七十二。仁德洽聞，親朋仰止。熟公之士，無不痛心。百里之人，罔不流涕。/即以中和五年十一月四日，權窆于相州安陽縣西通樂鄉招善里孫平疃〔四〕。

公夫人閭/丘氏，皇魏博觀察判官、兵部員外郎廣之女也。夫人懿德淑範，列乎前賢。輝容焯/序于閨門，柔順昭宣于姻戚。不由姆師之訓，式合坤象之則。孝愛仁慈，不閒其父母/兄弟之言；謙讓温和，不失宗黨閭里之敬。光配有德，適于賢人。

生子四人：長曰虔/範，前浙東觀察隨軍。次曰虔規，又次曰虔禮，幼曰虔嗣，皆勇于仁義，壯其節概，耽/經閲史，爲時所推。有女三人：長適武威安氏。次適常山閻氏，前德州平原縣尉。寔/士林之杞梓，迺文囿之英華。幼女未笄，已彰令淑。虔範等柴容相告〔五〕，請余/爲銘。忝在懿親，飽公之德，辭不及讓，乃爲銘曰：/

公之生，爲家之榮，作國之禎〔六〕；公之壯，唯賢是尚〔七〕，遠邇咸仰；/公之神，恩及下民，令德如春；公之襄，唯道是肥，人無所依。/

重曰：

立身揚名兮，天經地義。才大位卑兮，期于後嗣。有唐/中和兮，乙巳之歲。蓍蔡叶從兮，塗蒭告備。玄扃一掩兮，/萬古幽閟。/

中和五年十一月廿五日刻石。/

【注釋】

〔一〕何誌銘并序公墓銘并序：「何」字下「銘并序」三字爲衍文，「誌」字應在「墓」字下，誤倒。

〔二〕内：部分泐蝕，據殘畫，參以文例録文。

〔三〕帥：略有石花，原刻作「帥」，應是「帥」的俗字。

〔四〕孫平疃：村落名。《張阤墓誌》：「合葬於安陽縣西十二里孫平村東北一里平原。」孫平村，當即「孫平疃」，録以待考。

〔五〕虔：部分泐蝕，尚存上下之殘畫，據輪廓，參以上文「長曰虔範」，應爲「虔」字。

〔六〕禎：應作「楨」。

〔七〕尚：泐蝕，僅存殘痕，據輪廓參以文意和押韻録文。

二七六　董政及夫人郭氏墓誌

唐乾寧元年（八九四）十一月十五日

墓誌出土時間、地點不詳。拓片誌高、寬均40釐米；誌文十九行，行字數不等，正書，兼行書，文字草率拙劣，以刀代筆，隨手鐫刻，不曾書丹，文字大小參差，有烏絲欄縱綫界格。誌蓋缺。

大唐故隴西郡董府君并夫人郭氏墓誌銘并序。/

夫董氏者，后稷之苗裔，維周之胤緒。伐□之後，各在□方。□/封官□州長牧，安邦立功，樹廣枝遥。文武兩皆，具標經史。子孫流浪，□/處生厓。起置園林，便爲桑梓。貫拘上黨鄉。屬雄山古有聖之人，生因此/号，名東火社。爾乃一宗，即自周靈王董隆之後也。/曾祖諱端，夫人韓氏。祖諱劍，夫人程氏。

府君諱政，行若□□，/義若哀陶。立性忠嚴，神情肅穆。於樂部之有能，取帝俊之法則。歲/年七十，以景福元年三月十九日，終於私弟。夫人郭氏，貞結自天，邕和成性。/外榮九族，内守三從。訓女以嚴，顯母儀而咸敬。享年五十有九，以大順/元年十月五日，終於寢室。

嗣子元緒，雄雄武藝，功著七能。弓開羽之飛，/矢發穿楊之中。望榮宗嗣，祔祖之靈儀。何圖忽奄盛久，居泉墳新〔一〕。/婦趙氏，孀居累歲，侍養無虧。撫育孤遺，貞心一志。孫福兒李十，/嗣子元殷，新婦盧氏。孫婆女七兒，嗣子元德，新婦李氏。孫留德，嗣子元/亮，新婦郭氏。孫僧留等，恒虧五孝，養闕三牲。難申乳哺之恩，不報/懷耽之愛。親姻會合，房曲儔儀。氣竭難蘇，修崇葬事。越以乾寧元/年，歲在甲寅，十一月己未朔，十五日癸酉〔二〕，葬莊北五百步〔三〕。創栽松移，玘合璋□。地/屈盤龍，四神俱備。東觀華蓋，古塔猶存；西望長郊，雄山宛鎮。前眺□□，/世号長關。後以群羊，崗連遠野。伏恐山河改變，海岳遷移。故録斯文，充/爲遠記，詞曰：

哀慟□□，□□雲昏。路轜□□，流并葱氛。何料□□，□□□□。/

【注釋】

〔一〕墳新：二字微泐，據殘畫録文以備參。

〔二〕十一月己未朔十五日癸酉：「未」字下部泐蝕，「朔」字全泐，「酉」字亦泐。考長曆，唐昭宗乾寧元年十一月己未朔，十五日癸酉，故據此録文。

〔三〕葬：微泐，據殘畫，參以文例，録以備參。

二七七　趙朗墓誌

唐□年（六一八—九〇七）十月十九日

墓誌近年出土於河南省安陽市西北南水北調工程工地，具體出土時間、地點不詳。拓片高 50 釐米，寬 51 釐米；誌文十八行，滿行十八字，正書，有縱横界格。誌蓋盝頂，拓片高 49 釐米，寬 50 釐米；頂面陽文篆書，題「趙君墓誌」，四周以及界格鐫刻心形連環圖案，四煞刻纏枝卷葉紋飾。

唐故趙府君墓誌銘并序。／

君諱朗，字行弼，其先晉大夫盾之後也〔一〕。粤若京／兆廉平，漢陽才傑。詳諸史册，可略言焉。曾祖、／祖寬、父仁，並松竹抽翠，珪璋禀潤。

君器宇深沉，／風徽綿邈。威神早著，齠齔不驚於駭雷；岐嶷夙／彰，童子已閑於對日。桑弘揚之術數，遇目闇通；／洛下宏之圖書，經心懸解。以黼紱爲纓繳，以冠冕爲囂塵。遂乃廣宅棲閑，拂衣不仕。每欲紫芝／於丹谷〔二〕，控玄鶴於碧霄。而仙路杳冥，泉途奄忽。／嗚呼哀哉！春秋五十有九，卒於私第。即以其年／十月十九日，權殯於州西北五里平原，禮也。嗚／呼哀哉！名香鬱兮銷翡帳，精靈遊兮魂不歸。風雲兮悽愴，賓徒兮淚揮。勒芳猷於翠琰，庶旌烈於泉扉。銘曰：／

赫赫祖禰，源流浩漾〔三〕。析珪仕晉，分符佐趙。松貞桂馥，珠明玉皦。令問佳聲，君其攸紹。其一達人止足，琴書安放。築室栖閑，拂衣高尚。昆丘綿邈，玄霜熟餉。蕙歎芝樊，人淪道喪。／

【注釋】

〔一〕盾：原作「遁」，訛誤，據《左傳》改。

〔二〕每欲紫芝於丹谷：此句與下句行文不和諧，當有一動詞與下句「控」相應，疑原刻脱。

〔三〕漾：原刻作「漾」，爲俗訛字。